〈동아시아연구총서 제9권〉

일본 속 마이너리티의 시대사적 표상

동의대학교 동아시아연구소 편

권오정 · 스즈키 히로타카 · 게이다 가쓰히코 · 이수경
이창익 · 시모다 겐타로 · 가무로 유미 · 임상민 공저

박문사

동아시아연구총서 제9권을 발간하면서

　다문화공생을 이루기 위해서는 국가·구성원·민족이 안정된 상호 작용을 통해서 더불어 사는 관계가 전제되어야 한다. 메이저리티와 마이너리티의 관계는 다문화공생의 가능성을 엿볼 수 있는 가장 중요한 척도이기도 하다. 이때 메이저리티의 지위가 국가에 집중되면서 마이너리티에 대하여 차별·배제·박탈·억압을 가하는 것은 곧 유해성이 큰 국가주의 내셔널리즘의 등장을 의미한다. 이렇게 국가주의 내셔널리즘이 최고·절대의 기준으로 작용할 때 필연적으로 공생의 윤리와 질서는 파괴될 수밖에 없다.

　일본 속에는 「일본국」이라는 국가로 대표되는 국가권력으로서의 메이저리티와 그에 의해 억압과 배제 그리고 차별받는 마이너리티가 존재해 왔고 그 두 집단 간의 파행적 관계가 지속되어 왔다. 일본에서는 일반화된 패턴에서 벗어난 메이저리티와 마이너리티의 관계를 볼 수 있고 거기에서는 일본 특유의 것이라고 할 만한 강력한 국가주의 내셔널리즘이 작용해왔던 것이 사실이다. 내셔널리즘이 정치 권력의 시녀가 되었을 때 근대의 국민국가들이 지향했던 배타적인 독점적 지배구조가 강화될 수밖에 없다는 사실이 일본 어디서나 오늘날에도 그대로 살아있음이 확인되고 있다.

메이저리티에는 국가권력의 필요에 따라 내셔널리즘의 대중화를 꾀하는 정책을 수행한 결과 국가주의 내셔널리즘을 내재화한 집단도 포함된다. 이들 집단이 마이너리티를 차별하고 괴롭히는 사례도 보고되어 왔고 최근에는 이들 집단이 마이너리티를 적대시하는 포퓰리즘의 중심에 서는 경우도 많아졌다. 이러한 국가주의 이데올로기는 다분히 국수주의적 경향으로 경도되어 자기도취적인 일국주의 내셔널리즘을 만들어냈다. 단일민족의 신화를 국민통합의 강화에 이용해온 일본의 단일민족론은 은근히 자민족의 우수성을 전제로 하며, 자국에서 다양한 문화와 정체성을 가지고 살아가는 마이너리티의 존재를 무시하고 차별과 편견을 조장한다. 이주노동자, 다문화가정을 비롯한 마이너리티에 대한 작금의 일부 우익 일본인들의 인식은 마치 관동대지진 때 일본인들이 조선인들에게 가지고 있던 인식에서 크게 벗어나지 않은 것처럼 보인다.

어느 사회든 차별은 존재한다. 그리고 차별의 이유도 다양하다. 그러나 그 어떤 이유로도 차별은 정당화될 수 없다. 일본 사회로부터 정당화될 수 없는 이유로 인해 차별을 받는 이들, 바로 아이누와 오키나와인, 재일한인, 장애인과 병자를 비롯한 일본 사회의 마이너리티 계층이 이에 속한다. 이 책에서는 일본의 국가주의 내셔널리즘에 의해 파괴되어 온 공생 질서 또는 일본의 국가주의 내셔널리즘에서 출발하는 파행적인 다문화정책에 대해 아이누나 오키나와인 등의 원주민과의 관계, 재일한인을 비롯한 이주민과의 관계, 장애자나 병자 등의 사회적 약자와의 관계를 중심으로 살펴보고자 한다.

　이 책의 출간은 일본 속의 마이너리티 계층이 어떻게 형성되고 어떤 모습으로 표상되어가고 있는지에 대해 시대사적인 관점에서 논의해보고자 하는 취지에서 비롯되었다. 코로나19 팬데믹 기간 동안에도 저희 동의대학교 동아시아연구소와 도쿄가쿠게이대학 코리아연구실 그리고 구마모토대학 국제인문사회과학연구센터와의 적극적인 학술교류를 통해서 한국과 일본의 마이너리티 문제에 대해 끊임없는 연구자 간 의견교환이 이루어졌다. 그러한 연구자 상호 간의 지속적인 학술교류가 도출해낸 성과물의 하나가 바로 이 책이다. 그 동안 동의대학교 동아시아연구소와 도쿄가쿠게이대학·구마모토대학의 각 연구소가 학술교류를 추진하는 과정에서 적극적으로 협조해주신 권오정 교수님과 이수경 교수님, 게이다 가쓰히코 교수님, 스즈키 히로타카 교수님을 비롯한 연구소 스탭 선생님들께 깊이 감사드리며 이러한 교류 활동이 차세대 연구자들의 상호교류에도 면면히 이어지기를 바라마지 않는다.

2023년 2월
동의대학교 동아시아연구소
소장　이경규

5

목차

제2부

일본 속 마이너리티의 현재적 표상

제1부

일본 속 마이너리티의 역사와 그 중층적 표상

동아시아연구총서 제9권

일본 속 마이너리티의 시대사적 표상

일본의 「국가주의」 내셔널리즘과 공생 윤리

권오정(權五定)

일본 히로시마대학에서 교육학 박사학위를 받고 경희대학교·한국교원대학교·류코쿠대학 교수를 역임했다. 현재 류코쿠대학 명예교수, 도쿄가쿠게이대학 연구원 겸 Korea연구실 고문, 학술교류단체 BOA이사장, 한국사회교과교육학회 고문으로 연구활동 범위 안에 살고 있다. 『국제화시대의 인간형성』, 『민주시민교육론』(공저), 『사회과교육학의 구조와 쟁점』(공저), 『暴力と非暴力』(공저), 『「多文化共生」を問い直す』(공편), 『誠心交隣に生きる』(감수), 『多文化共生社会に生きる』(감수) 등의 저서가 있다.

1 프롤로그

　1930년에 시작된 FIFA 월드컵 대회, 92년이 지나 2022년 11월 21일부터 개막된 「제22회 FIFA월드컵 카타르 2022」도 12월 19일 아르헨티나와 프랑스의 결승전을 끝으로 막을 내렸다. 결승전답게 숨막히는 공방이 90분을 순간으로 느끼게 했고 연장전 30분은 없었던 시간처럼 지났다. 결국 페널티킥으로 아르헨티나의 우승이 결정되었지만 프랑스도 공동 우승으로 해주고 싶은 경기였다. 거의 1개월간 시합이 계속되는 사이 최후에 우승 트로피를 안게 되는 아르헨티나가 사우디아라비아에게 패배하는 의외의 순간도 있었고 축구의 명문 독일과 FIFA 랭킹 2위의 벨기에가 각각 일본과 모로코에 덜미를 잡히면서 결승 토너먼트에도 나가지 못하는 이변이 일어나기도 했다. FIFA 월드컵 대회가 시작된 이래 세계에서 유일하게 빠짐없이 본선에 진출해 5번이나 우승했고 지금도 FIFA랭킹 1위인 브라질은 예선리그에서 카메룬에게 지더니 준준결승전에서는 크로아티아에게 패배하여 준결승에도 가지 못하는 아쉬움을 안고 카타르를 떠나야 했다. 아프리카의 국가로서는 처음으로 준결승에까지 진출한 모로코만큼 선풍은 일으키지는 못했지만 일본은 유럽의 전통적인 축구 명문 독일과 스페인을 잡으면서 조1위로 결승 토너먼트에까지 올라 축구팬들을 놀라게 했다. 한국도 유럽의 강호 포르투갈에 이겨 어렵사리 결승 토너먼트에 합류해 체면을 지켰다. 이번에도 월드컵 경기에 나온 여러 나라의 팀 안에는 자기 나라 팀이 아닌 유럽 팀에서 활약하는 선수가 많았다. 유럽의 각 팀이 인종차별적 혹은 국가선별적 선수 수용 원칙을 버린 것이 결과적으로 국가간 혹은 대륙간 경기 수준의 격차를 좁히는데 공헌했다고 본다. 유럽의 각 팀이 더불어 하는 축구를 활성화시키면서 세계 축구의 다양한 발전에 이바지한 것이다.

스타 선수들에게 세계의 시선이 모아졌고 그들의 플레이에 관객도 시청자도 찬사를 보냈다. 한편 제 기량을 다 발휘할 수 있는 기회도 충분히 주어지지 않은 호날두의 불운, 재량을 다 펴지 못한 채 경기장을 떠나야 했던 네이마르의 한스러운 모습은 그들의 축구를 선망하고 사랑해온 팬들의 가슴을 아프게 했다. 그렇다고 그들의 존재가 축구의 역사에서 빛이 바랠 리는 없을 것이다. 팀 우승을 놓쳤기 때문에 최다득점상을 수상하면서도 어두운 얼굴이었던 음바페에게도 세계는 박수를 보냈고 우승 트로피를 높이 든 메시에게서는 승자의 권위를 느낄 수 있었다.

이번 월드컵에서는 배타적인 레이시즘이 바래고 더불어 사는 삶의 빛이 돋보이는 것 같은 기쁨과 기대를 안고 심야나 새벽 시간임에도 중계하는 시합은 거의 빼놓지 않고 관전했다. 「백인의 나라」로 인식이 굳어져 온 국가의 대표로서 다양한 피부색의 선수가 필드를 누비는 모습은 참으로 인상적이었다. 결승전 후반 이후 프랑스 팀 선수 전원이 하얀 피부를 가지고 있지 않았다. 영국 팀에서도 벨기에 팀에서도 스페인 팀에서도 … 다양한 피부색의 선수가 함께 뛰고 있었다. 이 사실만으로 레이시즘이 퇴색되고 있다고 말한다면 어리석은 단견이라고 핀잔을 받겠지만 내가 기억하는 그리 오래되지 않은 몇십 년 전만 해도 백인 나라의 대표팀에서 피부색이 다른 선수를 찾아보기 어려웠다.

한정된 스포츠의 세계이기는 하지만 개인의 노력과 능력이 빛을 발하는 곳에서는 배타적이고 편견에 치우친 레이시즘이 퇴색하고 더불어 사는 삶을 실천하는 성숙된 역사를 볼 수 있게 되었다고 믿고 싶은 2022년도 월드컵 시합이었다. 물론 피부색으로 배제하지 않고 평등하게 경쟁하는 같은 공간의 스탠드에서 내 나라 팀을 응원하는 함성이 터지고 있었다. 스포츠 내셔널리즘의 열광이다. 그러나 이 자연스러운 원초적 내셔널리즘의 열광을 탓할 수는 없다. 월드컵 대회를 열광시키는 에너지원은 필드에 펼쳐지는 축구의 힘과 기량의 아름다움 그리고 자연스러운 원초적 내셔널리즘의 조화였는지 모른다.

어떤 집단이든 자연스럽게 형성되어 공유하는 집단정서를 갖을 수 있다. 내가 일상적으로 자주, 쉽게 자기 주변 사람들과 함께 보아온 팀을 응원하고 팀의 승리에 열광하는 것도 집단정서이다. 열광하는 집단정서는 자기 나라 대표팀을 향한 것이기 때문에 그 열광은 곧 내셔널리즘의 표현으로 비친다. 아르헨티나 축구팀이 개선한 부에노스아이레스에서는 FIFA 월드컵의 우승을 함께 축복하는 400만 시민의 환호와 열광이 지축을 흔들었다. 이 역시 자연스럽게 형성된 원초적 내셔널리즘의 표출이었다고 할 수 있다. 주목할 것은 자연스러운 원초적 내셔널리즘은 기본적으로 배타와 차별을 동반하지 않는다는 사실이다. 부에노스아이레스의 400만 시민의 환호와 열광의 대열에 세계의 시민, 아니, 우승을 다투던 영국의 시민이 참가한다고 해서 이를 거부할 리가 없다. 정치적 목적을 위해 원초적 집단정서를 배타적인 체제유용성 우선의 내셔널리즘으로 변질시키는 정치권력이 작용하지 않는 한 아르헨티나의 시민들은 세계의 시민과 더불어 우승을 축복했을 것이다.

축구는 본래 영국에서 노동자까지 더불어 하는 스포츠로 출발했다. 공업화, 도시화의 진행과 함께 자본주의체제에 의한 노동자에 대한 통제가 쉬워지고 자본과 결탁한 배타적인 정치권력이 스포츠까지 독점하면서 축구는 노동자를 제외시키고 치외법권적인 퍼브릭스쿨 혹은 옥스포드, 캠브리지 대학과 같은 엘리트 집단의 스포츠로 자리잡게 되었다. 1880년대 이후 자본주의체제에 여유와 유연성이 생기면서 토요일 오후의 특정 그라운드에 한정되기는 했지만 노동자들도 축구를 즐길 수 있게 되었다. 그리고 그 축구 경기에 관중들이 모이기 시작했고 관중들도 축구의 한 부분으로 축구와 일체화되어 갔다. 뿐만 아니라 축구를 공유하는 공간이 확산되어 전국적인 보급은 물론 이미 1872년에 도버해협을 건너간 축구가 프랑스에서도 협회를 만들어 체계적으로 발전해감으로써 국제적인 스포츠로 성장해갔다.1)

축구의 역사에서 우리는 공생·공유의 빛과 배제의 그림자를 볼 수 있고 공생·공유의 확산이 곧 다양한 발전을 약속한다는 진실을 확인할 수 있다.

카타르 월드컵 대회의 준비에서 경기에 이르기까지 거기에서도 빛과 그림자를 보아야 했다. 이번 카타르 대회의 축구 경기장은 박진감 넘치는 아름다운 플레이, 그리고 그와 일체화된 관중의 열광을 담아내고 넘칠 만큼, 역대 어떤 대회 경기장보다 화려하고 멋졌다. 사막 가운데에 이렇게 훌륭한 경기장을 만들 수 있었다는 게 믿어지지 않을 정도다. 대회를 열광케 한 요인으로서 틀림없이 이 멋진 경기장도 꼽힐 것이라고 본다. 그런데 이 경기장을 건설하는 과정에서 많은 외국인 노동자가 혹사·착취를 당하고, 그 결과 과로사를 한 사람들도 적지 않았다고 한다. 열광의 그늘에 이 외국인 노동자들이 가려져 있었던 것이다. 방글라데시의 H씨는 큰 빚을 얻어 알선업자에게 건네고 2년 계약으로 카타르에 취업할 수 있었다. 카타르에서는 축구 경기장뿐만 아니라 도시 전체를

---

1) Thomas, Raymond(1991) Histoire du Sport(蔵持不三也訳(1993)『スポーツの歴史』白水, pp.70-72 참조.

개조하는 공사가 이루어지고 있었다. 지하철・도로 건설, 빌딩 건축 등 일찍이 볼 수 없었던 모습이었다. 그러나 기대했던 것과는 전혀 달리 혹독한 노동조건, 비참한 생활환경이었다. 당시 카타르 공사장 노동자의 9할 이상을 차지하는 외국인 노동자들은 급료도 제대로 받지 못했다. 급료가 밀리는 건 예사였고 두세 달 건너뛰기도 했다. 결국 H씨는 2년 계약이었음에도 불구하고 1년여 만에 해고되고 말았다고 한다. 월드컵 대회를 정치적 프로파간다로 활용하려는 국가권력의 횡포가 더불어 사는 삶의 질서와 윤리를 파괴시키면서 마이너리티 H씨를 희생시킨 것이다.

카타르 대회와 직접 관련된 것은 아니지만 이번 대회 중 또 하나의 어두운 기억이 새겨졌다. 필드에 나온 이란 대표팀이 국내에서 벌어지고 있는 여성 학대에 반대하는 군중에 대해 또 다른 학대를 자행하고 있는 이란 정부에 경기에 앞서 저항의 의사표시를 했다. 여성이라는 이유로 학대받는 마이너리티를 걱정하고, 시민의 인권을 짓밟는 권력에 저항하는 선수들의 모습이 눈물겹도록 대견했다. 이 선수들이 처벌・처형당한다고 한다. 아직도 지구사회에는 더불어 살아가려는 시민의 인권을 짓밟는 국가주의 내셔널리즘의 세력이 건재하고 있다는 현실이 어둡고 무겁기만 하다. (FIFA 카타르 월드컵 축구대회 기간 2022.11.21~2022.12.20 중의 BBC・NHK의 기사를 참조하여 작성했다.)

이 글은 지금까지 발표한 일본에서의 다문화공생과 관련된 내용에 대한 「주문」이라는 형식의 비판에 답하려는 의도에서 준비한 것이다. 그동안 동의대학교 동아시아연구소 총서를 비롯해 한국일본근대학회, 도쿄가쿠게이대학 Korea연구실・동의대학교 동아시아연구소 공동주최 국제학술대회 등의 발표를 통해 주로 재일한국인과 아이누를 비롯한 일본 속의 마이너리티와의 관계에서 보는 일본의 다문화정책을 비판적 시각에서 다루어왔다. 그 비판적 시각의 중심에는 체제유용성을 우선시키는 국가주의 내셔널리즘이 공생 파괴 요인으로 자리해온 점을 분명히 해왔다고 스스로는 믿고 있었다. 그러나 이에 대하여 내셔널리즘이 다문화정책·다문화공생의 실현을 저해하는 요인으로 기능해왔다는 사실을 우회적으로 표현해 양자의 관계를 선명하게 이해하기가 어려웠다는 비판을 받아온 것이다.

내셔널리즘과 다문화주의 혹은 다문화정책을 인과적으로 설명한다는 대작업은 지금의 나에게는 불가능하다. 지금 나에게 가능한 일은 근대의 국민국가가 배타적 내셔널리즘을 통치이념으로 한 독점적인 계층적 지배구조를 구축하고 그 속에 원주민을 비롯한 마이너리티를 감금함으로써 인류의 공생질서를 파괴시켜온 과정을 스켓치하는 정도라고 스스로 판단하고 있다. 다만 그 스켓치 속에는 내셔널리즘의 형성 과정, 내셔널리즘의 변질, 변질된 내셔널리즘에 의한 혹은 그를 위한 마이너리티의 권리와 존엄의 훼손에 대한 기존의 일반화된 견해를 정리해 그려넣지 않으면 안된다. 이 스켓치를 통해 내셔널리즘과 다문화정책·다문화공생의 실현과의 관계를 생각해보는 계기를 제공할 수 있어야 하기 때문이다.

내셔널리즘은 네이션(국가·국가 구성원·민족)의 정서·가치·인식과 사고가 이념적 형식으로 나타나는 현상이다. 국가에는 일반 구성원과 권력 엘리트와의 상호작용의 결과로 만들어지는 「국민국가」[2] 뿐

---

2) 「국민국가」는 nation state의 번역어로 정착되어 있지만 국민국가의 탄생 과정에서 정치권력과 상호작용을 전개한 주체적 당사자는 「국민」이 아니었다는 점에서 이 번역은 오역일 수 있다. 「국민」은 근대국가가 탄생한 이후에 국가에 의해 만들어진 것이다.

만 아니라 그러한 상호작용과 상관없이 만들어진 더 많은 국가가 포함된다. 이는 국가의 정서·가치·인식은 구성원 혹은 민족의 그것과 일치하지 않을 수 있다는 것을 의미한다. 어느 경우든 국가의 정서·가치·인식은 정치권력에 의해 표현된다. 국가 구성원의 자리는 프랑스 혁명 때에 보았던 것처럼 주체적으로 자신의 정서·가치·인식을 표현할 수 있는 「시민」으로서 정치권력과의 상호작용을 통하여 국민국가를 만든 당사자가 차지할 수도 있지만 대부분 국가에 의한 내셔널리즘의 대중화를 통하여 「국민」이 된 자가 차지한다. 국민은 국가에 의해 만들어지는 것이다. 그 과정에서 정서·가치·인식에 의해 다른 여러 그룹의 국민이 나타날 수 있다. 민족과 구성원은 일치하는 경우도 있고 일치하지 않는 경우도 있다. 한민족은 한국과 북한의 구성원으로 나뉘어져 있고 중국처럼 한 국가 안에 복수의 민족이 존재하기도 한다. 「한 민족 한 국가」라는 요구가 내셔널리즘으로 간주되기도 한다. 이러한 국가·구성원·민족의 관계가 내셔널리즘의 성격을 결정짓는다. 여기서 주목할 것은 3자의 안정된 관계가 유지되지 않을 때 유해하고 위험한 내셔널리즘이 출현할 수 있다는 사실이다. 특히 국가가 자기 체제유용성만을 우선시켜 네이션의 정서·가치·인식을 독점할 때 나타나는 「국가주의」 내셔널리즘은 배타적·독선적·침략적이 될 가능성이 높아진다. 다문화공생은 국가·구성원·민족의 안정된 상호작용 즉 더불어 사는 「관계」 위에서 성립한다. 다문화공생에서 주목해온 메이저리티와 마이너리티는 3자의 관계에서 결정된다. 이때 국가가 메이저리티의 지위를 혼자 누리면서 마이너리티에 대하여 차별·제외·박탈·억압을 가하는 것은 곧 유해성이 큰 국가주의 내셔널리즘의 등장을 의미한다. 이렇게 국가주의 내셔널리즘이 최고·절대의 기준으로 작용할 때 공생의 윤리·질서는 파괴될 수밖에 없다. 내셔널리즘과 공생이 구조적으로 분리될 수 없는 관계임을 알 수 있다.

일본 속에는 「일본국」이라는 국가로 대표되는 국가권력으로서의 메이저리티와 그에 의해 억압·박탈·배제 당하는 마이너리티가 존재해 왔고 그 두 집단 간의 파행적 관계가 지속되어 왔다. 일본에서는 일반화된 패턴에서 벗어난 메이저리티와 마이너리티의 관계를 볼 수 있고 거기에서는 일본 특유의 것이라고 할 만한 강력한 국가주의 내셔널리즘이 작용해왔던 것이다. 일본의 국가주의 내셔널리즘에 의해 파괴되어 온 공생 질서 혹은 일본의 국가주의 내셔널리즘에서 출발하는 파행적인 다문화정책을 원주민(아이누)과의 관계, 재일한국인을 비롯한 이주민(외국인)과의 관계, 장애자·병자와의 관계를 중심으로 살펴 확인하려고 한다.

메이저리티에는 국가권력의 필요에 따라 내셔널리즘의 대중화를 꾀하는 정책을 수행한 결과 국가주의 내셔널리즘을 내재화한 집단도 포함된다. 이들 집단이 마이너리티를 차별하고 괴롭히는 사례도 보고되어 왔고 최근에는 이들 집단이 마이너리티를 적대시하는 포퓰리즘의 중심에 서는 경우도 많아졌다. 다만 이 글에서는 국가권력과 한정된 마이너리티와의 한정된 시기의 관계만을 다루기 때문에 내셔널리즘의 대중화 혹은 포퓰리즘과 관련된 다문화공생 문제에 관해서는 다음 기회로 미루기로 한다.

아이누와 재일한국인과의 관계에 대해서는 이전에 발표한 내용(특히 동의대학교 동아시아연구소 총서 제8권의 권오정 「일본 속의 올드 마이너리티와 뉴 마이너리티」의 내용)과 중복되는 부분이 있음을 밝혀둔다. 다만 그들에 대한 차별·박탈·억압의 에너지가 국가주의 내셔널리즘

으로부터 나온 사실을 재조명하고 있으므로 중복의 지루함을 잊어주기
바란다.

2 내셔널리즘의 형성과 변질 그리고 공생 질서

2.1 유럽 내셔널리즘의 출현

내셔널리즘은 근대적 현상으로 1800년을 전후하여 「처음으로」 유럽
에 등장하였다는 점에 대해서는 학술적으로 거의 합의에 이르고 있다
고 볼 수 있다. 겔너(Ernest Gellner), 홉스봄(Eric Hobsbawm), 앤더슨
(Benedict Anderson), 브르이리(John Breuilly) 등 내셔널리즘의 지도
적인 연구자들이 모두 내셔널리즘을 근대에 전개된 현상으로 보고 있
는 것이다.[3] 다만 어떤 과정을 거쳐 내셔널리즘 현상이 나타나게 되었
는지에 대해서는 아직도 논쟁이 계속되고 있다. 이데올로기 혹은 정치
적 종교로서 성숙된 결과인가, 국가권력을 추구하는 정치운동의 결과
인가, 문화 영위 과정에서 형성된 것인가 아니면 인식 · 지식 발달의
결과로 「만들어진」 것인가 … 이러한 논쟁이 지속되고 있으며 논쟁의
과정에서 내셔널리즘이란 무엇인가에 대한 다양한 견해가 산출되기도
한다.

내셔널리즘의 형성 혹은 출현과 관련하여 케두리(Elie Kedourie)는
다음과 같은 견해를 밝히고 있으며 이는 내셔널리즘에 대한 주요 논쟁

---

3) Zimmer, Oliver(2003) *Nationalism in Europe 1890~1940* Palgrave: 5 참조.

거리가 되어 왔다.

첫째, 인류는 제각각 특징을 갖는 여러 네이션으로 나뉘어져 있고 각 네이션은 스스로 결정·선택할 수 있는 자결권을 갖고 있으며 이 자결권 위에서 이루어지는 통치형식이야말로 유일하게 정당하다. 이는 네이션을 단위로 하는 자치 정부나 네이션과 네이션의 결합 조직을 정 당화시키는 원리로서 근대 국민국가의 틀을 만드는데 크게 공헌하였다.

둘째, 정치와 사상은 다이나믹한 상호작용의 관계에 있으며 자결권 (주권)의 원천이 네이션(국민)이라는 원칙을 모색하며 전개된 정치와 사상의 전형적인 상호작용을 프랑스 혁명에서 볼 수 있다. 프랑스 혁명 은 네이션을 주체로 한 그치지 않는 혁신에 대한 정열·기대·지지를 이끌어냄으로써 내셔널리즘의 형성에 중요한 역할을 수행해냈다.

셋째, 그러나 내셔널리즘을 출현시킨 것은 프랑스 혁명이 아니라 독 일의 지적·사상적 논의와 성숙의 결과였다. 독일에서는 19세기 초부 터 ① 인간의 참된 자유·도덕·가치의 창출은 외부의 신이 아닌 인간 스스로의 결정에 의한 것이라는 생각(Immanuel Kant, 1724~1804), ② 인간의 자기 결정은 개인적인 차원이 아니라 그가 속한 집단의 차원(네 이션의 독자적인 문화·언어)에서 보아야 하고 그 집단의 자결이 곧 내셔널리즘으로 나타난다는 견해(Johann Gottlieb Fichte, 1762~1814), ③ 문화적 다양성은 본질적인 가치를 내재하고 있으며 문화적 다양성 은 민족 집단이나 네이션 속에 저장되어 있으므로 그들 집단의 공통 언어, 문화야말로 네이션 정통성의 열쇠라는 주장(Johann Gottfried Herder, 1744~1803) 등의 사상이 논의·성숙되어 왔다. 그 결과가 내셔 널리즘 출현의 바탕이 되었다.[4]

---

4) 위의 책, pp.10-13 참조. 이 내용은 다음 원전에서 확인할 수 있다. Kedourie,

962년 독일의 왕이 신성로마제국의 황제가 된 이후 1806년 나폴레옹과의 전쟁에서 패배할 때까지 당시의 독일(신성로마제국)은 지금의 독일, 오스트리아, 이탈리아, 프랑스의 일부를 포용하는 거대 국가였다. 그러나 봉건체제로서 전체적인 통합 정도는 약했고 특히 중세 후기 이후 영내의 영주들이 독립성을 강화하여 국가로서의 실체를 잃어갔다. 그러는 사이 영국, 프랑스 등은 근대 국민국가로 탈바꿈해 갔고 독일은 지리멸렬한 「후진국」으로 남겨져 있었다. 이러한 상황에서 독일에서는 민족·네이션의 통합과 근대 국민국가로의 체제변화를 요구하는 소리가 커져가고 있었다. 케두리가 든 칸트, 피히테, 헤르더는 그러한 독일의 소리를 리드하는 사상가들이었다. 특히 나폴레옹의 점령 하인 1807년 12월부터 다음 해 3월까지 14회에 걸쳐 이루어진 피히테의 강연 「독일 국민에게 고함」은 우수한 독일 문화를 양식으로 국민정신을 함양해야 한다는 내용으로 독일인의 집단의식을 높이는데 크게 공헌했다. 네이션 의식의 고취, 네이션의 통합, 네이션 국가 건설의 촉구는 곧 내셔널리즘의 출현이라고 볼 수 있다. 이러한 독일의 상황을 보고 있었던 케두리는 독일에서의 국민문화, 국민통합, 국민국가에 대한 논의·성숙의 결과가 내셔널리즘을 출현시킬 수 있었다고 본 것이다.

내셔널리즘과 관련된 사상의 논의·성숙이 곧바로 내셔널리즘을 출현시켰다는 생각에 대하여는 많은 의문 혹은 부정적 견해가 제기되었다. 브르이리는 내셔널리즘 사상은 정치 과정에서 제외되어온 엘리트나 집단의 지지를 얻는데 효과적으로 기능을 할 수 있을 때, 국가의 모양새를 바꾸려는 운동 혹은 단일 국민국가로의 통일을 지향하는 운동 등의 정치운동을 정당화시킬 수 있을 때에 비로소 내셔널리즘의 산

Elie(1960) *Nationalism* 4th ed. Blackwell Publishers.

파가 될 수 있다고 보았다. 요컨대 내셔널리즘은 정치운동의 결과 출현했다는 것이다.[5] 그리고 독일에서 논의·성숙되어온 내셔널리즘 사상이 내셔널리즘을 출현시켰다는 생각에 정면으로 반대 의견을 제기한 것은 겔너였다.

겔너는 내셔널리즘은 이와 관련된 일련의 사상의 결합으로 출현한 것이 아니라 근대사회의 구조 전환의 부산물이라고 본다. 근대사회는 전근대의 농업사회와 달리 효율적으로 기능하지 않으면 안되고 그러기 위해서는 언어를 기반으로 하는 동질적이고 고도의 문화를 필요로 하기 때문에 내셔널리즘이 대두했다는 것이다. 근대국가 그리고 이를 경영하는 높은 수준의 교육을 받은 자들이 주로 공교육을 통해 집단 구성원으로서의 일체감, 동질성을 갖게 함으로써 네이션, 내셔널리즘을 구성하는 언어적인 고도문화에의 귀속의식을 공유하게 된다는 것이다. 근대사회에서의 이러한 변화과정에서 내셔널리즘이 출현했다는 것이 겔너의 생각이다.[6]

내셔널리즘의 출현 혹은 대두의 과정에 대해 케두리, 브르이리, 겔너는 각각 다른 생각을 가지고 있지만 내셔널리즘이 스스로 「출현」했다는 점에 대해서는 견해를 같이하고 있다. 이에 대하여 홉스봄, 앤더슨은 내셔널리즘은 인위적으로 「구축」되었다고 보고 있다. 홉스봄에 따르면 국가나 권력 엘리트가 일반 대중을 학교교육이나 군사훈련을 통하여 혹은 국민제전, 의례, 축제 등을 통하여 「전통의 창출」에 참가시킴으로써 권력기반을 지지하는 이데올로기 즉 내셔널리즘이 구축되었다. 선

---

5) Breuilly, John(1993) *Nationalism and the State* 2*nd* ed. Manchester University Press 참조.
6) Gellner, Ernest(1983) *Nations and Nationalism* Blackwell Publishers(加藤節 監訳 『民族とナショナリズム』岩波書店), 특히 번역본 제3장, 제4장 참조.

거민주주의, 대중민주주의가 보편화되면서 국가나 권력 엘리트의 권위 혹은 정통성이 흔들리는 위기를 맞게 되어 국가의 권위를 보전하고 권력 엘리트의 권력 기반을 지탱할 수 있는 의도적인 노력이 필요했다는 것이다.7) 이는 내셔널리즘의 출현 혹은 창출에 대한 설명이라기보다 내셔널리즘의 대중화를 위한 정치적·문화적 운동의 스케치라고 볼 수도 있다.

내셔널리즘은 그에 관련된 사상의 성숙을 기다려 출현했다, 아니, 그 것이 출현한 것은 정치운동의 결과에 의한 것이다, 아니, 내셔널리즘은 몇 사람의 사상이나 운동으로 태어난 것이 아니라 산업화에 의한 사회구조의 전환 때문에 나타난 현상이다, 아니, 내셔널리즘은 스스로 출현한 것이 아니라 국가나 권력 엘리트의 의도적인 노력으로 만들어진 것이다 … 등 내셔널리즘의 출현이나 창출 혹은 그 본질에 대한 견해는 다양하다. 다만 이들이 말하는 사상·정치운동·산업화 그리고 국가나 권력 엘리트의 교육적·문화적 노력은 모두 근대적 현상들이다. 내셔널리즘은 근대의 산물인 것이다.

2.2 유럽 내 내셔널리즘의 확산과 국민국가

내셔널리즘은 이데올로기다. 이를 알기 위하여 혹은 알도록 하기 위해서는 관찰할 구체적인 형상이 없기 때문에 언어를 구사하여 설명하거나 스케치할 수밖에 없다. 다만 그 언어란 스스로 형상을 갖지 않으면서 다만 대상을 추상화된 개념으로 그리고 있을 뿐이기 때문에 언어에

---

7) Hobsbawm, E. T.(1990) Nations and Nationalism Since 1780(浜林正夫·嶋田耕也·庄司信 訳『ナショナリズムの歴史と現在』大月書店) 참조.

의한 이데올로기 — 내셔널리즘의 설명, 스케치는 애매하고 한계를 갖을 수밖에 없다. 그러나 언어에 의한 설명, 스케치가 있음으로써 내셔널리즘의 실체가 정확하고 빠짐없이 파악되지는 않는다 해도 그 존재는 확인된다. 내셔널리즘은 근대의 산물이라는 「사실」도 그렇게 확인된 것이다. 언어(개념)가 사실을 만들지는 않지만 사실을 보이게 한 것이다. 이는 언어적인 설명, 스케치가 내셔널리즘을 가시적 대상으로 형상화시키기 전에도 내셔널리즘 혹은 유사 내셔널리즘이 존재할 수 있다는 것을 의미한다.

실제로 근대 이전부터 내셔널리즘 적어도 내셔널리즘의 원형은 존재해왔다고 본다. 인간은 관계 속에서 살아왔다. 크든 작든 관계를 맺는 여러 사람들과 함께하는 집단 속에서 살아온 것이다. 그렇게 살아가는 동안 그 집단에 대한 신뢰, 애착, 의무, 일체감, 다른 집단과의 구별의식 … 을 갖게 된다. 근대 내셔널리즘의 출현, 창출에 잠재적으로 기능했을 것으로 보이는 이러한 집단적 귀속감·정서를 홉스봄은 프로토 내셔널리즘(Proto Nationalism)이라고 불렀다.[8]

내셔널리즘은 무형상의 이데올로기이기 때문에 언어적인 설명이나 스케치가 없는 한 파악하기 어려운데다 특히 프로토 내셔널리즘은 문자를 모르는 대중들 사이에 잠재해있어 더욱 파악이 곤란하다. 예컨대 에스토니아인들은 스웨덴, 러시아, 독일 등의 침략자·지배자들이 자신들을 Maarahvas(에스토니아족)라고 불러도 그저 「시골 사람」이라는 정도의 의미로 받아들였고 자신들 스스로도 서로 Maarahvas라고 불렀으며 침략자들에 대한 원한이나 울분 같은 걸 입밖에 낸(언어로 표현

---

8) 위의 책(번역본), p.58 참조. proto nationalism을 원기적(原基的), 원초적 혹은 잠재적 내셔널리즘이라고 번역하기도 한다.

한) 적이 없었다. 그들에게는 언어로 표현될 수 있는 민족이라는 의식
도 없었고 침략에 대한 원한이나 울분도 없었다. 그러나 침략자들은 그
들로부터 「머리 위의 다모크레스의 검」[9])과 같은 위협을 느끼고 있었다
고 한다. 에스토니아인들 사이에는 언어로 표현할 수 없는 원한, 울분
그리고 집단의 일체감, 동질감, 귀속감이 공기처럼 존재하고 있으면서
공유되고 있었던 것이다. 이것이 프로토 내셔널리즘이다.[10])

개념화된 내셔널리즘을 학습하기 전 한국인들도 이와 비슷한 잠재적
내셔널리즘을 품고 있었는지 모른다. 어린 시절, 학교 교육을 받은 적도
없고 문자도 모르는 할머니가, 도요토미 히데요시의 왜군이 조선을 침
략했을 때 서산대사가 왜군을 혼내주었다는 얘기를 들려주면 분함과
쾌감을 함께 느꼈던 기억이 지금도 생생하다. 그 얘기에서는 민족, 애
국, 반일 … 과 같은 말은 하나도 나오지 않았다. 그러나 할머니는 한국
인들이 대대로 기억해온 기억을 잊지 않고 다시 손주의 기억 속에 심어
주었다. 그 기억이 한국인의 프로토 내셔널리즘이 아닐까.

출현 혹은 구축 과정에서 볼 수 있었던 시민과 국가 혹은 정치권력과
의 상호작용이 안정되면서 내셔널리즘은 국가의 통합 원리로서 혹은
정치권력의 지지와 권위 확보 에너지로서 기능하기 시작했다. 그리고
국가나 정치권력은 그 에너지를 보다 강화하기 위하여 교육과 그 밖의

---

9) 「다모크레스(Damokles)의 검」이란 고대 그리스의 영향권 안에 있던 시라쿠사이
(시라쿠사)의 지배자 디오니시오스가 왕국의 번영을 생각 없이 지나치게 찬양하는
신하 다모크레스의 머리 위에 말 꼬리털 하나로 검을 매달아 놓고 번영에는 항상
위험이 따른다는 사실을 일깨워주었다는 그리스의 고사에서 온 말이다. 1961년
UN 총회에서 케네디 미국 대통령이 「인류는 핵이라는 다모크레스의 검 아래 살고
있다」라는 연설을 한 뒤에 많은 사람의 인용구가 되었다.
10) Hobsbawm 앞의 책(번역본), p.60 참조.

교화, 프로파간다 수단을 통하여 내셔널리즘의 국민화·대중화를 추진했고 대부분의 경우 성공했다. 내셔널리즘의 국민화·대중화가 성공하는데 프로토 내셔널리즘은 지대한 공헌을 했다. 국민·대중의 입장에서 보면 그들이 귀속해야 할 중심체가 네이션이나 국가라고 명시됨으로써 지금까지 막연하게 품고 있던 집단귀속 의지가 네이션 혹은 국가 귀속 의지로 분명하게 확인되었던 것이다. 국가나 정치권력으로서는 네이션에 충성하고 국가를 사랑하는(애국하는) 국민·대중을 얻었다. 그리고 근대 국민국가는 가정·사회·학교교육을 통하여 애국·애족하는 국민의 형성을 위한 노력을 지속해갔다. 이렇게 내셔널리즘은 국가에 의해 강화되어 갔고 그 결과 배타적이고 침략적인 국가주의 내셔널리즘이 대두하게 된 것이다.

국가주의 내셔널리즘은 1796년 이탈리아 원정으로 시작되어 1815년 워털루 전투로 끝나는 나폴레옹 전쟁을 계기로 전 유럽에 확산되었다. 나폴레옹 전쟁이라면 한 영웅의 욕망 때문에 일어났고 한 영웅의 지략으로 승리를 거듭한 전쟁이었다고 기억하는 사람이 많지만 근본적으로 국민국가와 봉건체제와의 싸움 혹은 내셔널리즘의 국민화·대중화가 이루어진 체제와 그렇지 못한 체제와의 싸움이었다. 그리고 내셔널리즘의 국민화·대중화가 이루어진 국민국가가 승리할 수 있었다. 실제의 상황에서 보면 프랑스 혁명과 함께 등장하는 국민국가 프랑스(나폴레옹)는 대량 동원이 가능한 내셔널리즘으로 정신무장된 국민군대를 가지고 있었고 국민노동력에 의해 생산되는 대량의 무기를 공급할 수 있었으며 국민의 지혜가 응집된 효율적·합리적인 전략·전술로 전쟁을 수행했다. 내셔널리즘이라는 이데올로기는 효율적·합리적 에너지를 산출시키는 역할을 하고 있었던 것이다. 이에 대하여 주로 신성로마제국의 봉건체제 속에 있던 프로이센(2차대전 후 대부분 독일과 폴란드로 분할), 오스트리아 등의 영주와 지주들은 국민국가(내셔널리즘의 국민화·대중화)의 확산으로부터 자신들의 체제를 지키기 위하여 동맹을 맺고 프랑스에 대항했지만 역부족이었다. 그리고 1806년 신성로마제국은 붕괴되고 말았다. 승승장구하던 나폴레옹도 국민국가의 원칙에서 벗어나 스스로 황제가 되고 합리성이 결여된 러시아, 스페인 등의 전투에서 고전을 거듭하다 결국 역시 국민국가 영국과의 워털루 전투에서 패전, 그의 시대에 막을 내렸다.

2.3 국가주의 내셔널리즘의 알력과 공생 질서의 파괴

나폴레옹 전쟁은 영웅시대의 유배로 끝났지만 내셔널리즘의 국민화·대중화 혹은 국민화된 내셔널리즘과 함께 국민국가의 시대가 열리는 계기를 제공했다. 유럽에서는 국민국가의 탄생이 이어졌고 국가주의 내셔널리즘이 확산되면서 서로 부딪히는 알력의 시대가 시작되었다. 내셔널리즘의 알력이 반복되면서 국민국가의 내셔널리즘 교육은 강화되어 갔고 내셔널리즘은 배타적 성격을 더해가는 악순환이 지속되었던 것이다. 내셔널리즘의 알력이 확산·심화되는 가운데 마이너리티의 희생은 커져 갔다. 공생 질서 파괴의 시대이기도 했던 것이다.

프란츠는 그날도 지각했다. 담임선생님으로부터 혼날 줄 알고 있었는데 의외로 선생님은 조용하고 부드러운 표정으로 자리에 앉으라고 손짓했다. 정신을 차리고 보니 교실 뒤에 정장을 차려 입은 어른들이 서있었다. 선생님의 말씀이 시작되었다. 「내가 여기서 프랑스어를 가르치는 것은 이것이 마지막입니다. 프랑스가 프로이센과의 전쟁에서 졌기 때문에 알자스에서는 독일어밖에 가르칠 수 없게 되었습니다. 이것이 프랑스어의 마지막 수업입니다.」이 말씀을 듣는 순간 프란츠는 엄청난 충격을 받았고 오늘 학교를 쉬려고 했던 자신을 깊이 반성했다.

선생님의 말씀이 이어졌다.「프랑스어는 세계에서 가장 아름답고 명쾌한 말입니다. …어떤 민족이든 자신들의 국어를 지키는 한 감옥에 갇혀도 감옥의 열쇠를 가지고 있는 것과 같습니다.」수업이 끝나는 종이 울리자 창백해진 선생님은 칠판에「프랑스 만세!」라고 크게 썼다.

중학교 때 국어 시간에 배운『마지막 수업』중 감동과 함께 기억하고 있는 부분이다.「일민주의」를 표방하던 1950~60년대 내셔널리즘 교육을 위한 교재의 하나로 한국의 국어교과서에 도데의 이 단편소설이 실려 있었다. 도데(Alphonse Daudet, 1840~1897)의『마지막 수업(La Derniere Classe)』은 보불전쟁(1871)에서 프로이센(독일)에게 패배한 프랑스에 내셔널리즘이 팽배해 있을 때인 1871~73년 매주 월요일 신문에 연재했던 단편 중의 하나다. 소설의 무대인 알자스 지방에는 원래 켈트족이 살고 있었지만 로마제국의 지배에서 벗어난 이후 프로이센, 프랑스로부터 번갈아 침략을 받는 사이에 켈트족, 켈트 문화는 희미해졌고 신성로마제국에 속하게 되었지만 30년 전쟁(1618~1648)에서 신성로마제국이 패배하여 프랑스의 영토가 되어 있었다. 그것이 다시 보불전쟁에서 프랑스가 패배하여 알자스는 프로이센의 영토가 되었고 프랑스어의 수업이 끝나게 되었던 것이다. 도데는 프랑스인의 분노에 찬 내셔널리즘을 달래는 혹은 자극하는 소설을 썼고 70년이 지난 날 한국에서는 그 소설을 교재로 내셔널리즘을 가르치고 있었다.『마지막 수업』의 집필에서 교재로 사용하기까지의 일련의 과정에서, 내셔널리즘 특히 국가주의 내셔널리즘은 역사의 총체적인 문맥의 진실성보다 주관적인 자기만의 진실성(authenticity)에 더 충실하고 따라서 타자와의 관계에서는 인색하다는 것을 엿볼 수 있다.

나폴레옹의 침략으로부터 자신들의 체제를 지키기 위하여 동맹을 맺고 대항했던 프로이센과 오스트리아(영주, 지주들의 연맹)는 번번이 패배해 영토를 잃고 막대한 배상금을 물어야 했다. 그리고 나폴레옹에 제압된 상황 아래 특히 나폴레옹의 친족이 지배하는 「괴뢰 영주국」을 중심으로 프랑스와 같은 국민국가 체제로의 「근대화」 작업이 시도되었다. 그러나 위로부터의 혁명은 순조롭게 진행되지 않았다. 프로이센은 여전히 봉건영주들의 느슨한 집합체였고 귀족을 중심으로 하는 신분제도 역시 타파되지 않고 있었다.[11] 이러한 상황에서 피히테의 「독일 국민에게 고함」이라는 강연이 이루어졌던 것이다.

피히테의 강연은 엘리트 층의 내셔널리즘을 크게 자극했고 그들 사이의 내셔널리즘의 공감대를 확고히 하는 결실을 얻었다. 독일 근대교육의 주춧돌을 놓았다는 훔볼트(Karl Wilhelm Humboldt, 1767~1835)는 「독일 전체가 하나가 되어야 한다는 생각은 독일인 누구의 가슴에서도 지울 수 없다. … 독일은 하나의 국민, 하나의 민족, 하나의 국가다. … 독일은 자유롭고 강하지 않으면 안된다」는 의미의 반응을 보였고, 애국심의 육성을 지향하는 교육개혁을 단행했다. 또 애국시인 아른트(Ernst Moritz Arndt, 1769~1860)는 더욱 명쾌하게 「독일어가 들리는 곳, 그곳은 모두 독일이어야 한다!」고 애국적인 내셔널리즘을 토로했다. 다만 당시의 일반 대중들에게는 엘리트가 주장하는 애국적 내셔널

---

11) 谷川稔(1999) 『国民国家とナショナリズム』 山川出版社, pp.13-15 참조.

리즘이 공허하게 느껴졌다. 대중들에게는 하나의 독일이란 허구에 지나지 않았고 그들 자신 스스로 독일 국민이라는 의식도 없었다. 프로이센은 하나의 국가라기보다 봉건 영주국의 엉성한 집합체에 지나지 않았고 국민이란 신성로마제국의 황제를 겸하고 있는 합스부르크(오스트리아) 왕 아래의 주민을 가리키는 것이라면, 거기에는 슬라브족, 마자르(헝가리)족 등 11개 민족이 있었고 그중 독일인은 20%밖에 없었다.[12]

그러나 하나의 독일을 지향하는 내셔널리즘은 점차 확산·성숙되어 갔고 프로이센의 개혁 등 우여곡절을 거쳐 1871년 드디어 정치적 통일체로서의 독일의 근대 국민국가가 탄생하였다. 독일 국민국가의 탄생은 그 후 유럽의 국민국가 간의 관계, 내셔널리즘의 알력과 충돌에 큰 영향을 미쳤고 그 알력과 충돌 사이에서 마이너리티의 희생은 커져 갔고 공생의 윤리·질서는 파괴되어 갔다. 이때의 내셔널리즘은 이미 배타적, 침략적 성격이 두드러져 있었던 것이다.

출현 혹은 구축될 당시 내셔너리즘은 ① 신으로부터 해방된 인간 존엄성의 상징인 자기 결정권(self decision making)의 존중 원칙, ② 일반대중과 정치(권력) 엘리트 간의 평등한 상호작용(equal relationship)의 원칙, ③ 문화 공유의 확산을 위해서는 상호가치의 교환이 이루어져야 한다는 가치교환(reciprocity)의 원칙 위에 성립할 수 있었다. 제한적이기는 하지만 내셔널리즘은 공생의 윤리·질서를 내포하는 이데올로기였던 것이다. 그러나 19세기 유럽의 제국주의 국민국가의 무한경쟁의 에너지 역할을 하게 된 내셔널리즘은 배타적, 침략적 성격을 강화, 실천하면서 공생의 윤리·질서를 파괴하는 국가주의 내셔널리즘 즉 정치권력 중심의 내셔널리즘(Political Power Centered Nationalism)으로

12) 위의 책, pp.16-17 참조.

변질되고 있었다.

　국민국가의 내셔널리즘은 이렇게 변질되어, 자기결정권의 원칙은 국가의 체제유용성 원칙으로, 평등한 상호작용의 원칙은 배타적 내셔널리즘을 더욱 심화시킨 국가 간 권리 독점의 원칙으로, 가치교환의 원칙은 자문화중심 원칙으로 바뀌어 파행적으로 기능하게 되었다. 네이션의 경계선을 유지 혹은 확장하기 위하여 일단 복수의 네이션을 포섭하는 공생의 모양새를 갖추지만 오히려 경계선 안에서의 배타적 내셔널리즘 간의 알력을 심화시키는 경우도 있었다. 1866년 프로이센과의 전쟁에서 패한 오스트리아는 헝가리와 손을 잡고 오스트리아-헝가리「이중왕국」13)이라는 보기 어려운 국가형태를 만들었다. 그리고 다음과 같은 내용의 조문이 들어 있는「공생 헌법」을 제정했다.

> ① 국가내의 모든 네이션은 평등한 권리를 갖는다. 또 각자 자기 네이션으로의 귀속과 자기 언어를 유지하고 함양할 불가침의 권리를 갖는다.
> ② 국가는 학교, 공공기관, 공공생활에서 다양한 언어의 평등을 보장한다.
> ③ 복수의 네이션이 거주하는 지역의 공교육기관에서는 제2언어(메이저리티 언어)의 습득 의무를 강요하지 않고 각자의 모어에 의한 학습이 가능하도록 준비해야 한다.14)

---

13) 오스트리아 왕이 헝가리의 왕도 겸하고 있어 하나의 왕국처럼 보였지만 각각 별도의 정부와 의회를 갖고 있었다.
14) Fichtner, Paula Sutter(1997) *The Habsburg Empire: From Dynasticism to Multinationalism* Krieger Publishing Co., p.156 참조

이 내용은 분명히 공생의 원칙 위에서 만들어진 것이다. 당시 유럽에 공생의 윤리, 질서가 가치 있는 선택이라는 이념은 살아 있었음을 알 수 있다. 그러나 이 헌법은 제대로 시행되지 않았고 오히려 경계선 내 혹은 주변의 루마니아, 슬라브, 슬로바키아, 체코, 폴란드인 등에 대한 차별과 그들의 저항으로 내셔널리즘의 파열음은 커져만 갔다. 이러한 내셔널리즘의 알력과 갈등은 결국 제1차 세계대전을 일으키는 주요 원인이 되고 말았던 것이다. 경계선 내의 모든 네이션이 평등하게 더불어 살아야 한다는 국가경영의 기본법까지 마련했던 오스트리아가 제1차 세계대전의 진원지가 되었다. 국가주의 내셔널리즘의 배타적 파괴력의 무서움을 알 수 있다.

제1차 세계대전이 끝난 다음에도 유럽에는 평화와 공생의 시간이 와 주지 않았다. 배타적 내셔널리즘의 격동의 시간만 연장되고 있었다. 그 격동의 모습을 가장 보기 쉬운 곳의 하나가 폴란드였다. 폴란드는 14~16세기에는 리투아니아, 벨라루스, 우크라이나에 걸친 봉건체제의 왕국으로서 위세를 떨쳤지만 1700년대 세 차례에 걸쳐 프로이센, 오스트리아, 러시아에 분할되었고 1815년 러시아에 편입되고 말았다. 제1차 세계대전의 강화조약(「베르사이유조약 1919」)은 그 폴란드의 독립국가로서의 재건을 인정하였다. 영국, 프랑스 등 서방측 연합국의 입장에서 보자면 폴란드는 독일을 억제하고 러시아의 위협으로부터 서방을 방어해줄 수 있는 요충지였던 것이다.[15]

신생국가로 재출발할 당시 폴란드는 국민국가로서의 통일된 모습을

---

15) Pearson, Raymond(1983) *National Minorities in Eastern Europe, 1848~1945* Palgrave Macmillan: 161 참조.

갖추지 못하고 있었다. 「국민형성」이 이루어지지 않고 있었던 것이다. 국가 구성원 중 폴란드인은 69%에 지나지 않았고 우크라이나인, 리투아니아인, 벨라루스인, 독일인, 유대인 등이 각각 지역과 산업(직업)에 따라 「분리공존」하고 있었다. 그럼에도 불구하고 폴란드는 폴란드어를 사용하는 폴란드인이라는 네이션의 국가라고 인식되고 있었으며 1921년 폴란드인의 중앙집권적인 국민국가 헌법을 제정하였다. 그 헌법에는 폴란드인 이외의 마이너리티에 대한 동화 또는 배제의 정책 방향이 명시되어 있었다. 헌법의 집행 즉 국민국가의 구축 과정에서 메이저리티와 마이너리티의 갈등은 물론 종교적 입장, 정치적 혹은 경제적 이해관계의 충돌로 인한 혼란은 예상을 넘는 것이었다. 그 중에서도 폴란드 정부와 갈리시아 지방(현재는 대부분 우크라이나 영토)의 내셔널리스트 간의 분쟁, 문화적 자율성 보장을 요구하는 유대인과의 관계에서 배타적 내셔널리즘의 알력과 갈등이 격렬하게 표출되었다.[16]

　폴란드 정부는 마이너리티의 교육에 대해서 지극히 비관용적이었다. 1926년 실레시아(슐레지엔)의 독일계 마이너리티의 어린이가 다니는 학교의 정원을 제한하여 폴란드계의 학교에서 폴란드어를 배우도록 하는 강제 정책을 시행하기도 했다. 이에 대하여 독일계 민족단체가 국제연맹에 마이너리티의 네이션 귀속의 선택권을 요구하는 항의문을 제출했지만 국제연맹의 조치는 애매했고 오히려 폴란드 정부는 독일계 마이너리티의 동화는 불가능하다고 보고 배제의 정책을 강화했다. 실레시아 지방의 공무원은 폴란드인만 채용할 것, 반 독일 시위를 독려할

---

16) Zimmer 앞의 책, pp.112-113 및 Rothschild, Joseph(1974) *East Central Europe between the Two World Wars* University of Washington Press(大津留厚 監訳(1994) 『大戦間期の東欧—民族国家の幻影』 刀水書房) 참조.

것, 독일인 소유의 토지를 몰수할 것, 기업은 폴란드인 이외의 채용을 금지할 것, 학교 및 공공기관에서는 한 언어(폴란드어)만 사용할 것 등 그야말로 공생의 윤리·질서를 완전히 파괴하는 정책이었다. 결국 이 지방에 살던 독일인의 3분의 2 정도는 폴란드를 떠나고 말았다.[17]

유럽의 마이너리티 폴란드는 주변 국가들로부터의 침략·정복·분할·박탈·제외·억압을 견뎌야 했고 역사의 무대에서 국가로서의 자취를 감춘 때도 있었다. 그러나 국가로서 다시 출발했을 때 나라 안의 마이너리티에 대하여 똑같이 박탈·제외·억압을 가했다. 이것이 유럽의 국가주의 내셔널리즘의 모습이었다. 유럽의 국가주의 내셔널리즘에서 공생의 윤리나 질서라는 이념은 찾아볼 수 없었다. 공생의 윤리를 파괴하는 국가주의 내셔널리즘의 알력은 결국 두 번의 세계대전을 일으켰던 것이다.

세계대전의 종식과 함께 근대 이후의 배타적인 국가주의 내셔널리즘에 대한 반성의 소리가 커졌고 그 반성 위에서 「세계인권선언」을 비롯해 마이너리티의 인권 존중과 공생을 촉구하는 「선언적 장치」가 마련되었다. 그에 촉발되어 국가주의 내셔널리즘을 강화, 확산시켜온 제국주의 국민국가들을 중심으로 다문화주의·다문화공생정책이 주창 혹은 시행되기 시작했다.[18] 그러나 그 다문화주의·다문화공생정책은 공생의 질서를 파괴해온 국가의 승인(recognition)에 의한 것이다. 다문화

17) Zimmer 위의 책, pp.114-115 참조.
18) 다문화주의 혹은 그 정책은 UN이 주도하는 인권혁명에 촉발되어 지난날의 제국주의 국민국가들이 시작했다는 Kymlicka 등의 견해가 가장 유력하지만 경제 발전 속도가 빠른 국가로의 노동인구의 이동으로 인한 다문화화에 대한 대응책으로, 혹은 미국에서의 시민권운동(흑인 중심의 인권운동)의 결과로 다문화정책이 시작되었다는 견해도 설득력이 있다.

3 일본 내셔널리즘의 구조와 성격

내셔널리즘은 근대의 산물이라는 점에 대해서는 거의 합의에 이르고 있다는 것은 앞에서 본대로이다. 근대의 산물이란 근대 이전부터 가지고 있던 향토애・애향심・patriotism 혹은 프로토 내셔널리즘과 달리 제도화된 조직 안에서, 조직과의 관계에서 기능하는 정서나 이념으로서의 내셔널리즘은 근대국가와 함께 만들어지고 공유되기 시작했다는 것을 의미한다.

근대 이전부터 인간은 본래 자유롭게 살 권리(자연권)[19]를 갖고 태어났으며 그 권리의 일부를 국가(법률)에 위임하여 자유를 보장받아야 한다는 생각이 제시되었고(Thomas Hobbes, 1588~1679), 이에 대하여 절대군주제를 긍정하는 생각이라 비판하면서 국가의 이념과 국가를 전복할 수 있는 혁명권이 동시에 보장되어야 한다는 수정된 생각이 제시되고 있었다(John Locke, 1632~1704). 이러한 생각이 시대와 더불어 성숙해졌으며 루소(Jean-Jacques Rousseau, 1712~1778)에 이르러서는 「일반의지」[20]에 토대를 두는 공동체(국가)의 법률 아래 자유롭고 평등하

---

19) 자연권(natural right)이란 인간이 태어나면서 가지고 있는, 국가 이전에 존재하는 권리로 국가에 의해 인위적으로 주어진 것이 아니기 때문에 국가는 이를 침해할 수 없다는 생각이 근대의 자연법론 속에서 성숙되어 갔다.
20) 일반의지(volonte generale)란 루소의 사회계약론의 주요 개념 중의 하나로 사적인 이해관계에서 나온 개개인의 의지의 총화가 아니라 개개인의 이기심을 버리고 하나가 된 모든 사람의 공통의 의지를 말한다.

게 결속된 네이션(nation)이 공유하는 정서나 이념(nationalism)의 실현을 이상으로 보았다. 루소의 이상 실현을 지향한 것이 자유・평등・박애를 국시로 하는 프랑스 혁명 후에 탄생하는 국민국가였다. 근대를 향하는 과정에서 성숙되어 가는 생각이나 그 생각을 실현하려는 노력이 실현되는 과정에서 가시화되는 내셔널리즘은 구성원의 「일반의지」에 토대를 두고 있고 구성원의 자유・평등・박애(공생)를 보장하는 이념적 장치였다. 구성원의 「일반의지」에 토대한 약속이었던 것이다. 이렇게 태어난 내셔널리즘이 나폴레옹 전쟁, 제국주의의 무한경쟁이 이어지면서 침략의 에너지가 되었고 배타의 장벽으로 변질되어 갔다. 다만 자유・평등・박애를 보장하는 장치로서의 내셔널리즘은 완전히 잊혀지지는 않았고 향수처럼 인류의 가슴에 남아온 것까지 부인할 수는 없다.

서구에서의 내셔널리즘의 형성・성숙・변질 과정에 대해 일본이 어떻게 얼마나 학습했는지는 정확히 파악할 수 없지만 향수처럼 간직되어온 것과는 다른 일본제 국산(made in Japan) 내셔널리즘이 만들어져온 것은 분명하다.

3.1 일본제(made in Japan) 내셔널리즘의 전통

일본의 헤이안시대(平安時代)21)의 후지와라(藤原) 씨는 자신들이 실권을 잡고 있었던 때가 영광스럽고 화려한 세상이었음을 후대에 전하기 위하여 『에이카모노가타리(栄華物語)』라는 역사책을 남기고 있다. 이 책에 주목하고 싶은 것은 역사책이면서 한자가 아닌 일본어(가나문

---

21) 나라(奈良)에서 교토(京都)로 천도(794년)한 이후 가마쿠라 바쿠후(鎌倉幕府, 1183?~1333)가 성립할 때까지의 약 400년간을 가리킴.

자)로 쓰여져 있고 허구를 극구 피하는 중국식 사서 집필 방법과 달리 픽션이 들어가 있다는 사실이다. 이 책 이외에도 역사책은 아니지만 거의 같은 시기에 나오는 『겐지모노가타리(源氏物語)』나 『고킨와카슈(古今和歌集)』도 일본어로 쓰여졌다. 귀족들이 문화(문자)의 독점을 꾀하여 한자를 중시하던 시대에 일본어로 중요한 기록물을 남겼다는 것은 문화적 내셔널리즘이 이 시기에 싹트고 있었다는 것을 의미한다고 볼 수 있다. 이 책들이 쓰여지는 시기에 조금 앞서 중국에 사신(견당사)을 보내던 것도 중지했다(894).[22]

일본에는 민간신앙 신토(神道 이후 신도로 표기)・유교・불교가 함께 어우러져 있어 왔다. 거기에 중국의 도교와 그 사상도 섞여 있었다. 수천 명의 제자를 거느리고 큰 학파를 이루었던 야마자키 안사이(山崎闇斎, 1618~1682)처럼 한 인간이 승려로 출발하여 주자학의 체계화, 일본화에 대단한 업적을 남기고 주자학의 사상과 신도의 윤리를 접목하여 후세에 크게 영향을 미친 경우도 있었다. 그러나 외견과는 달리 서로 다른 종교, 사상, 윤리가 더불어 공존・공생하고 있었던 것은 아니다. 이런 다양한 종교, 사상, 윤리가 결국 「존왕사상」으로 결집되고 중국이나 그 밖의 나라들보다 일본이 우월하다는 자국 중심의 국가주의적, 나아가 국수주의적 배타적인 내셔널리즘의 발판이 되어 갔다. 주자학, 불교의 생각을 내포시킨 신도사상에 토대하여 일본 천황가의 연속성이 중국보다 우월함을 증명한다는 주장도 있었다. 이와 같은 국가주의 내셔널리즘이 활기를 띠게 된 배경에 몽골의 침략이라는 국난이 있었던 것도 무시할 수 없다.[23]

---

22) 鈴木貞美(2005) 『日本の文化ナショナリズム』 平凡社新書, pp.55-56 참조.
23) 위의 책, pp.57-58 참조.

일본의 내셔널리즘을 내포한 중요한 통사는 당시의 권력에 의해 편찬되었다. 천황가가 편찬한 『릿코쿠시(六国史)』, 앞에서 본 후지와라 씨가 편찬한 『가가미모노(鏡もの)』, 토쿠가와 바쿠후가 편찬한 『혼쵸츠칸(本朝通鑑)』, 그리고 미토한(水戸藩)[24]이 편찬한 『다이닛폰시(大日本史)』가 그것이다. 이들은 모두 자신들의 권력의 정통성·정당성을 주장하면서 일본 역사의 연속성, 우월성을 강조하는 국가주의 내셔널리즘을 내포하고 있었던 것이다.

도쿠가와 바쿠후가 신도와 불교 및 유교와의 분리 정책을 추진하면서 일본의 사상적 기반은 신도를 중심으로 재구성되기 시작했다. 모토오리 노리나가(本居宣長, 1730~1801) 등이 주도하여, 공론에 치우치는 유교나 불교와 달리 사실과 실제를 중시하는 신도를 소중히 해야 한다는 소위 「국학(国学)」이 주창되기 시작한 것이다. 신도는 일본의 건국신화와 이어지는 천황의 조상신 「아마테라스오미카미(天照大御神)」가 천상(우주)의 최고 신이며 세계의 모든 국가가 이 신에 의하여 만들어졌다는 황당무계한 「이론」을 전개하기도 했다. 일본의 위상은 세계의 정상이며 신도는 인류의 보편적 신앙이고 윤리의 근원이라는 것이다. 이처럼 자국우월주의, 자국중심주의 내셔널리즘은 멈출 줄 모르고 성장·확산되어 갔다. 다만 여기까지의 일본의 내셔널리즘은 자기만족의 경지를 벗어나지 않았고 타인에 대해서는 무해한 차원에 머물고 있었다. 대륙에 대한 열등의식이 거꾸로 나타난 우월의식의 표현이었기 때

---

24) 도쿠가와 씨는 정권의 안정을 위하여 지정학적으로 중요한 세 곳에 도쿠가와 씨 일가가 다스리는 영토를 가지고 있었다. 도쿠가와 씨의 고향 오와리(尾張: 지금의 아이치켄), 해로의 요충지 기슈(紀州: 지금의 와카야마켄), 그리고 관동평야의 곡창이고 에도에 가까운 미토(水戸: 지금의 미토시를 포함하는 이바라키켄)이며 이들을 「토쿠가와 고산케(御三家)」라고 불렀다.

문에 소박하기까지 했던 이 내셔널리즘이 타인 공격의 에너지원이 되지는 않았던 것이다.

3.2 국민국가 일본의 「국가주의」 내셔널리즘

메이지유신을 거쳐 일본의 국가 모양새는 국민국가로 바뀌었다. 그러나 유럽에서 보는 바와 같은 경제적·정치적 세력으로서의 시민 집단이 형성되고 이들 시민이 주도하는 혁명에 의해 만들어진 국민국가와는 달랐다. 메이지유신 자체가 시민혁명과는 전혀 달리 토쿠가와 바쿠후(무사정부)가 천황에게 통치권을 「돌려줌으로써」[25] 성립한 정치변혁이었다. 형식상 「왕정복고」가 이루어진 것이다. 왕정을 붕괴시키는 시민혁명에 의해 국민국가가 탄생하는 유럽에서의 정치변혁과는 전혀 다르다는 것을 알 수 있다.

메이지유신이 천황(조정)에게 통치권을 반환(다이세이호칸, 大政奉還)함으로써 성립했다고 하지만 사실상 통치권을 이어받은 것은 메이지 정부였다. 그리고 메이지 정부(다죠칸)는 주로 사츠마, 쵸슈의 무사들이 장악하고 있었다. 새로 탄생한 일본의 국민국가는 시민이 아닌 무사 집단에 의해 다스려지고 있었던 것이다. 애당초 일본에는 시민 집단이 존재하지도 않았다.

일본에서 경제적·정치적 세력으로서의 시민 집단이 형성되지 못한 것은 무사 중심 시스템 아래 무사 이외의 재력·능력·덕망 있는 자가

---

25) 바쿠후는 형식상 천황으로부터 통치권을 위임받아 나라를 다스리고 있었기 때문에 그 임무에서 벗어나는 단계에서 원래 통치권의 주인인 천황에게 통치권을 「돌려준다」는 말이 성립될 수 있다.

무사화되어 간 것도 한 요인이었다고 볼 수 있다. 본래 농민 신분이면서 부농으로 토지, 납세 관리 능력이 뛰어난 쇼야(庄屋)나 나누시(名主)26), 혹은 한이나 바쿠후에 필요 물자를 납품하는 어용상인에게는 무사의 상징인 성(family name)의 사용과 가타나(일본 칼)의 휴대를 허용했다. 이렇게 힘있는 농민, 상인이 무사화되어 감으로써 시민 집단은 형성되기 어려웠던 것이다. 본래 무사가 아닌 인간으로서 최상의 무사가 된 대표적인 예로서 일본 군국주의의 상징 시설인 야스쿠니신사(靖国神社) 입구의 동상의 당사자 쵸슈 출신의 오무라 마스지로(大村益次郎, 1825~1869)를 들 수 있다. 그는 쵸슈(지금의 야마구치)의 시골 의사였지만 네덜란드어를 익혀 의학을 공부하다가 서양의 군사학에 흥미를 갖게 되어 그에 관한 책을 탐독하는 사이에 뛰어난 군사학 전문가가 되었다. 쵸슈한의 부름을 받아 바쿠후군과 유신정부군과의 일련의 전투(보신전쟁)에서 유신정부군의 사령관으로서 혁혁한 공을 세웠다. 일본 육군의 창설자이기도 하다. 이 오무라 마스지로는 「시민」이 아니라 「무사」로서 신정부에 참여 군국주의의 상징적 존재가 되었던 것이다.

메이지 정부는, 오늘날도 최고 통치 책임자 수상을 천황이 임명하는 것처럼, 천황이 정부 요인을 임명하는 절차를 갖추어 놓고 새로운 국민 국가의 통치가 천황의 「친정체제」 아래 이루어지고 있음을 강조했다. 이와 같이 천황을 정점으로 하는 통치권력 구조의 형식적인 모양새뿐만 아니라 국가 그 자체를 신격화된 천황을 정점으로 계층적 지배구조의 모양새로 만들어갔다. 우선 천황과 신도를 일체화시켜 제정일치의 정책 방향을 결정하였다. 그리고 신도를 국가의 종교(국가신도)로 하고

---

26) 쇼야란 에도시대 영주의 지시에 따라 지역을 관리하던 부농을 가리킨다. 관동지방에서는 이를 나누시라고 했다.

천황의 조상신 「아마테라스오카미」를 모시고 제사를 올리는 이세신궁(伊勢神宮)을 최고위의 신사로 하고 전국의 신사를 서열화시켜 그 산하에 두었다.

이처럼 천황을 핵심으로 하는 국가신도의 질서에 따라 국가의 계층적 지배구조를 만들어가는 과정에서 모순과 억지가 나타났지만 이러한 모순과 억지는 역시 국가 행위에 의해 해소되었고 정당화되었다. 신사에서의 국가 제사는 어디까지나 황실의 조상숭배 행위이고 종교가 아니라 했고 이를 「제국헌법」에 명시했다. 이로써 일본에서의 신앙의 자유가 인정되었다고 보았다.[27] 법에서 그렇다면 그렇고 아니라면 아니라는 「실정법주의」가 충실하게 기능하고 있었던 것이다. 이와 같은 사례를 국가신도의 또 하나의 상징인 야스쿠니신사에서도 볼 수 있다. 유신정부는 보신전쟁에서 메이지 신국가를 위해 싸우다 죽은 자의 넋을 기리는 제사를 위해 도쿄쇼콘샤(東京招魂社)를 만들었다(1869년). 그후 야스쿠니신사로 이름을 바꾸어 청일전쟁, 러일전쟁의 전몰자의 영혼도 여기에 보관하였으며 주로 육군성이 이를 관리했다.[28] 이처럼 제사·종교·정치의 구분이 분명치 않은 「이상한」 국가 행위가 메이지 시대의 새로운 근대국가에 의해 이루어졌고 이는 제2차 세계대전을 거쳐 오늘날까지도 이어지고 있다. 모순과 억지를 내포하는 국가주의 내셔널리즘의 계승이다.

메이지 신정부는 중앙집권체제를 갖추기 위하여 종래의 사·농·

---

27) 鈴木 앞의 책, pp.65-66 참조.
28) 야스쿠니신사에 대해서는 이수경의 역작 다음 글을 참고하기 바람. 李修京(2014) 「終わらない戦争(끝나지 않은 전쟁)」『神奈川大学評論』第78号, pp.91-99 및 이수경(2022) 「근대 일본의 제국주의 행보와 전후 평화 지향의 시민력」 동의대학교 동아시아연구소 총서 제8권 『재일코리안 사회 형성과 시대적 표상』 박문사, pp.39-40.

공·상의 신분제도를 없애고 에타(穢多), 히닌(卑人)과 같이 차별받아
온 천민 신분과 그 호칭을 폐지했다. 그러나 화족(정부 고위직이나 에
도시대의 영주), 사족(무사), 평민(농·공·상인)이라는 신분은 그대로
남았다. 이로써 정신적(신도) 지배구조와 물리적(속세) 지배구조가 하
나 되어 천황을 정점으로 하는 신국가의 계층적 지배구조가 완성되었
다. 거기에 국가의 권력이 사실상 사츠마, 쵸슈의 무사들에 의해 장악된
독점적 지배구조가 실현되었다. 이와 같은 계층적·독점적 지배구조에
대한 지식인 중심의 저항이 없었던 것은 아니다. 예컨대 후쿠자와 유키
치(福沢諭吉), 가토 히로유키(加藤浩之) 등은 천부인권사상을 들어 봉건
적 신분제도의 실질적인 타파를 주장했고 이시다 바이간(石田梅岩)의
생각을 따르는 세키몬신가쿠(石門心学)파 역시 계급적 차별을 부인해
널리 지지를 받고 있었다.[29] 그러나 이들이 신국가의 계층적·독점적
지배구조를 타파하기에는 역부족이었다.

자국중심 혹은 자국우월주의 그러나 무해한 내셔널리즘을 계승하여
계층적·독점적 지배구조를 구축한 신정부는 유해한 국가주의 내셔널
리즘을 「창조」했고 이를 바탕으로 하는 제국주의, 군국주의의 타락의
길을 가게 된다. 타락의 길을 닦기 위하여 신정부는 천황은 고대에서부
터 일관되게 일본을 다스려온 신성불가침의 존재이므로 천황과 그의
나라 일본에 대하여 충성을 다해야 한다는 「충군애국(忠君愛国)」 사상
을 국민에게 계몽·교화하기 시작했다. 1890년에 발포한 교육칙어(教
育勅語)[30]는 계몽·교화의 성전이었다. 천황가를 만세일계(萬世一系)

---

29) 鈴木 앞의 책, pp.66-69 참조.
30) 1890년 천황의 대권에 근거하여 메이지 천황의 이름으로 국민 도덕의 근간, 국민

라고 하는 프로파간다나 따라서 그에 대하여 일본인은 전통적으로 충성을 바쳐왔다는 설교는 역사의 날조일 수도 있고 「전통의 발명」이기도 했다. 그러나 이러한 국가 행위는 합법적이고 정당했다. 이미 천황의 신성불가침성은 헌법에 명시되어 있었기 때문이다(제국헌법 제3조).

충군애국 사상의 공유화·대중화는 곧 국가주의 내셔널리즘의 공유화·대중화였다. 이렇게 하여 만들어진 국민은 국가주의 내셔널리즘의 에너지원이 되었고 4천만 명(메이지 초기의 일본의 인구)의 에너지는 제국주의, 군국주의의 길을 가는 데 충분했다. 내셔널리즘의 대중화 혹은 대중 내셔널리즘의 정착을 위하여 메이지 신정부는 교육에 힘을 기울였다. 가정교육을 통하여 각자의 집에 아버지가 있듯이 국민 모두의 집 즉 국가의 정상에는 천황이 있고 모든 국민은 천황의 자식(천황의 아카고(赤子))이기 때문에 각 가정에서 아버지에게 효도하듯이 국가의 정상인 천황에게 충성해야 한다는 가족윤리와 국민윤리를 한데 묶은 충효사상을 주입했고 사회교육 차원에서는 신사참배를 의무화하여 천황의 신성불기침성이 내장되어 있는 국가신도의 정신을 주입·내재화시켜 갔다. 그리고 무엇보다도 학교교육을 중시하여 정돈된 근대 학교교육을 충실히 실천해갔다. 물론 학교교육은 기본적으로 내셔널리즘을 공유하는 국민형성을 지향했다.

신정부가 본격적으로 근대 학교교육을 시작한 것은 1872년 「학제」를 공포하면서 부터였다. 통일국가 체제를 갖추자 곧 설치된 문부성은 구미 학교제도를 모델로 한 학교 설립 계획이 담긴 일본 최초의 근대교육 법령인 「학제」를 공포하였던 것이다. 「국가의 개화·문명화에 기여할

교육의 기본 이념을 밝힌 것으로 공식 호칭은 「교육에 관한 칙어(천황의 말씀)」이다. 1948년 국회에서 실효 확인을 결의함.

각자의 재능과 기예를 육성하기 위하여 학교를 설치한다」는 「학제」에 근거하여 학교 설립을 시작했고 특히 소학교의 설립을 서둘러 교육의 기회를 확대해갔다.31) 다만 이 학제가 공포되기 전 1869년에 이미 소학교가 설립되고 있었다. 1869년 교토의 카미쿄(上京)에 류치(柳池)소학교, 시모쿄(下京)에 슈토쿠(修德)소학교가 설립되어 있었던 것이다. 그 중 류치소학교가 일본 최초의 소학교라고 전해지고 있다.32) 그 후 1879년 「학제」를 정비하여 새롭게 「교육령」을 공포하였고 1886년부터는 같은 해 공포되는 「소학교령」에 근거하여 소학교의 의무교육이 실시되기 시작했다. 이렇게 근대 공교육기관은 빠르게 정비되어가 1875년에는 이미 전국의 소학교가 24,500교에 달했고 취학률은 35%를 넘고 있었다 (1905년에는 취학률 95%).33) 경이적인 학교교육의 보급이었다.

교육 특히 학교교육의 경이적인 보급으로 새로운 국가 구성원의 국민화가 빠르게 진행되어 갔다. 즉 내셔널리즘의 국민화 혹은 대중화가 급속히 진행되어 갔던 것이다. 이로서 일본의 국민국가로서의 모양새가 완결되었고 새로운 국민국가의 능력도 고조되었다. 유신 이후 경제개발과 군사력 향상에 진력하면서 내셔널리즘의 국민화도 성공적으로

---

31) 「학제」에서는 신분(계급)적 요소를 불식한 미국에서만 볼 수 있는 소·중·대학교의 「단선형」 학교제도를 제시하고 있었다. 커리큐럼의 기본 방향에서도 미국적 요소라고 볼 수 있는 개인주의, 실학주의 교육이 표방되어 있었다. 이러한 「학제」의 구상이 국가주의 교육으로 변질되어간 경위가 매우 흥미롭다. 文部科学省『近代教育制度の創始』(mext.go.jp, 2023.2.4.) 참조.
32) 니가타현(新潟県) 오지야시(小千谷市)의 시립 오지야소학교가 1868년에 설립되어 이것이 일본 최초의 소학교라는 견해도 있지만 이 소학교는 애당초 개인이 세운 학교로 학교로서의 조건을 충분히 갖추고 있었는지 확실치 않고 공교육기관으로의 이첩과정이 분명치 않아 교토의 류치소학교를 일본 최초의 소학교(적어도 공립소학교)로 보는 것이 온당할 것이다.
33) 国立教育政策研究所(2012)『我が国の学校教育制度の歴史について』(nier.go.jp, 2023.2.2.).

수행해온 결과였다. 그리고 이후 일본은 자신의 능력 특히 군사적 능력
을 발판으로 침략적인 제국주의의 길을 가는 것이다.

「20세기 후반의 많은 신흥국들까지도 그렇듯이, (일본은 민족의 내
면 문제까지는 전환하지 않고 표면상의) 국가능력이라는 것만을 우선
적으로 전환했던 것이다. 그리고 그 국가능력이라는 것은, 메이지시대
의 19세기 말, 20세기 초에는 모든 나라들이 다같이 군사능력을 가리키
는 것이었다. 불행할 정도로 군사력이 그 국가나 민족의 능력 혹은 의지
를 표현하는 최대의 과제였던 것이다. 일본은 「전환」(유신) 후 30여 년
이 지나 러시아라는 세계적 제국과 군사력의 강·약을 다투지 않을 수
없게 되었다.」[34] 그리고 일본은 이 전쟁에서 이겼다.

러일전쟁의 승리로 일본의 국가능력은 세계적으로 인정받게 되었고
이를 계기로 방해받지 않고 한반도에서의 주도권을 행사할 수 있게 되
었으며 이후 일본의 침략적 행보는 가속화되어 갔다. 그러한 과정에서
국가능력의 일익을 담당하고 있다는 자부심을 갖게 된 대중(국민)은 러
일전쟁의 강화를 반대하는 폭력적인 집회를 갖는 등 격앙된 대중 내셔
널리즘이 표출되기도 했다. 정치권력과 함께 국가주의 내셔널리즘을
내재화한 국민은 제2차 세계대전의 전사로 출전하여 국가능력을 한층
고양시키는 역할도 수행했다. 이러한 대중 내셔널리즘은 전후 오늘날
까지도 소멸했다고 보기 어렵다.[35]

---

34) 司馬遼太郎(1999)『坂の上の雲』文芸春秋: 후기(괄호 안의 문장은 필자가 삽입함).
35) 대중 내셔널리즘은 전후에도 여러가지 형태로 표출되어 왔지만 최근의 대표적인
    사례로서는 코바야시 요시노리(小林よしのり)의 만화(『新ゴーマニズム宣言 戦争
    論』 1998 등)에 영향을 받아 작가의 본의와 상관없이 대중(특히 젊은 층)의 국가주
    의 내셔널리즘이 고조되었던 일, 재특회(在特会)를 중심으로 사회를 시끄럽게 해
    온 극단적인 배타적 내셔널리즘에 토대한 헤이트스피치의 소동 등을 들 수 있다.
    최근에는 포퓰리즘과 결탁된 내셔널리즘이 인터넷을 타고 극성을 부리기도 한다.
    이러한 대중 내셔널리즘 문제는 연구 과제로서도 매우 중요하지만 이 글에서는

일본에서는 고대부터 이미 자민족중심, 자국중심의 내셔널리즘이 존재해왔다. 그러나 이는 어느 나라 어느 민족이나 자신들이 선택된 우수한 집단이라는 신화를 갖고 있는 수준의 것이었다. 거기에는 대륙으로부터의 문화 수입 과정에서 싹튼 열등의식의 표출이라고 볼 수 있는 우월의식이 강하게 나타나 있기도 했다. 그러나 근대 이전의 일본의 내셔널리즘은 정치권력이 주도했다기보다 당시의 지식인들이 주도했고 외세의 침략을 거의 경험하지 않았기 때문에 대중들이 그 내셔널리즘을 학습하고 내재화하는 정도는 미약했다고 보인다. 그만큼 원초적인 내셔널리즘이 널리 공유되어 있었다고 보기는 어렵다.

메이지유신 이후 일본의 내셔널리즘은 정치권력에 의해 전혀 다른 모습으로 변질되어 갔다. 독점적인 계층적 지배구조의 통치체제를 갖춘 메이지 신정부는 배타적 성격을 강하게 갖는 인위적인 국가주의 내셔널리즘을 만들어갔고 이를 학습－내재화시키는 교육 시스템을 정비하여 천황을 정점으로 하는 국가권력에 충성하는 국민을 창조해냈다. 이렇게 국민화한 내셔널리즘이라는 에너지로 국가능력을 신장시켰고 이를 바탕으로 제국주의, 군국주의의 길을 가기 시작한 것이다. 그 과정에서 국가능력의 발휘에 부담이 되는 혹은 보탬이 되지 않는 원주민·이주민·장애자·병자와 같은 마이너리티는 버리고 억압했다. 공생의 질서를 파괴해간 것이다. 그리고 전후에까지 체제유용성을 최우선시하는 국가주의 내셔널리즘에서 벗어나지 못하고 공생의 질서 회복에 인색해왔다.

공생질서의 파괴 혹은 공생질서의 회복을 지연시키는 국가주의 내셔널리즘의 희생이 되어온 원주민·이주민·장애자·병자 등 한정된 시기의 한정된 마이너리티를 사례로 들어 살피기 때문에 대중 내셔널리즘과 다문화공생의 관계에 대한 검토는 다음 기회로 미루기로 한 것이다.

4 원주민과의 관계에서 보는 일본의 국가주의 내셔널리즘

일본에는 아이누민족과 오키나와의 류큐민족 두 원주민이 존재한다. 아이누민족에 대해서는 국내외의 여론에 오랜 동안 버티던 일본 정부가 2019년 어쩔 수 없이 원주민족으로 인정했지만 류큐민족에 대해서는 아직도 공식적으로 원주민으로 인정하지 않고 있다.

류큐민족은 15세기 초부터 오늘날 오키나와라고 불리는 섬과 그 주변의 도서 지역을 영토로 하는 류큐왕국을 건설하고 한국과 중국과도 교류하던 사람들이다. 류큐왕국은 탐라왕국과 왕실혼을 할 만큼 깊은 관계를 가지고 있었다는 전설이 전해지고 있을 정도이다. 이렇게 독자적인 문화를 갖고 국제교류를 하고 있던 류큐왕국을 1609년 일본의 사츠마한이 침략하여 보호령으로 만들어 버렸다. 그리고 메이지유신 이후 1879년 일본의 한 현(縣)으로 편입시켜 오키나와현이 탄생하게 되었다. 류큐민족의 독립 국가(왕국)가 소멸한 것이다.

제2차 세계대전 이후 1972년 일본에 반환되기까지 오키나와현은 미국의 통치 하에 있었다. 세계대전 말기부터 대부분 류큐민족인 오키나와의 주민은 일본 안에서 가장 큰 희생을 감내해야만 했다. 오키나와는 미군이 상륙한 일본의 유일한 영토였기 때문에 전화의 직접적인 피해를 입었다. 패주하는 일본군은 군사적 기밀의 누설을 염려하여 주민들에게 집단 자살을 강요하기도 했다.36) 전후에는 미국의 군사기지가 설치되어 또 다른 피해를 계속 입어야만 했다. 미군의 군사기지는 아직도 오키나와에 집중해 있다. 오키나와의 주민－류큐민족은 일본의 침략으

---

36) 大江健三郎(1970) 『沖縄ノート』岩波新書 참조.

로 정복된 이후 오늘에 이르기까지 차별과 상실의 시간을 견디어 왔다.

이렇게 박탈과 차별을 견디어온 류큐민족을 일본은 원주민족으로 인정하지 않고 있다. 류큐인은 일본열도의 남부에서 이동해간 사람들로 본디 일본(야마토)민족일 뿐이라는 소위 「일류동조론(日琉同祖論)」이 원주민족 부인의 근거가 되고 있다. 아이누 역시 일본에서 건너간 사람들이기 때문에 원주민족이라고 볼 수 없다고 오랜 동안 버티어 왔다. 일본은 류큐민족이나 아이누민족은 자신들과 피를 나눈 동일 민족이라고 우겨온 것이다. 일본이 이렇게 원주민족을 자신들과 같은 민족이라고 우기는 까닭은 원주민의 토지와 자원 그리고 노동력을 잃지 않으려는 데 있었고 따라서 원주민과의 권리의 공유, 이익의 공유는 염두에도 없었다. 이해가 충돌하는 상황에서는 원주민의 생명까지 빼앗았고 경우에 따라서는 자신들의 안전을 위해 원주민을 죽음으로 내몰았다. 원주민은 어디까지나 배타와 배제의 대상이었다. 일본인의 배타적인 내셔널리즘이 작용해온 것이다.

일본인이 아이누와 관계를 갖기 시작한 것은 13세기 무렵이었을 것으로 추정된다. 아이누가 지금 홋카이도라고 불리는 지역에 정착한 것이 언제부터였는지 분명하지 않지만, 아이누의 언어 흔적이 홋카이도와 그 주변 지역에서 12세기부터 존재해온 것이 확인되고 있기 때문에 적어도 12세기 이전에 아이누가 홋카이도에 살기 시작했다는 것은 거의 확실하다.[37] 이 홋카이도와 일본 혼슈(일본의 영토를 구성하고 있는 4개의 섬 중에서 가장 크고 중심이 되는 섬)는 양쪽을 잇는 철도의 해저 터널이 23.3km 밖에 안 될 만큼 가깝다. 그리고 홋카이도에서는 일본인

---

37) 平山裕人(2014) 『アイヌの歴史』明石書店, p.42 참조.

이 좋아하는 해산물과 모피가 많이 산출되고 있었기 때문에 일본인과 아이누의 교류가 활발히 이루어질 수 있었던 것이다. 일본인과 아이누의 초기의 교류는 개인적인 민간 차원에서 이루어지고 있었다. 거기에는 지배의 구조가 보이지 않았다. 그러나 15세기 이후 홋카이도에 일본인이 대량으로 들어오면서 오시마(渡島) 반도에 일본인의 집단 거주지가 형성되고 이들 일본인을 조직적으로 통합·지배하는 세력이 나타나면서 일본인 집단은 힘의 집단으로 변해갔다.

일본인 집단을 힘의 집단으로 조직화해간 것이 가키자키(蠣崎) 씨였다. 그는 일본인 집단을 장악하고 아이누와의 교역을 독점하면서 도요토미 히데요시(豊臣秀吉) 정권으로부터는 교역 독점권을 인정받았다. 그 후 도쿠가와 이에야스(德川家康)가 정권을 잡자 가키자키는 다시 토쿠가와 바쿠후(德川幕府)로부터 흑인장(黒印狀)이라는 독점 교역권(증서)을 받았고 성을 마츠마에(松前)로 바꾸었다. 그리고 1604년 오시마 반도를 중심으로 마츠마에 한(松前藩)을 설치하기에 이르렀으며 마츠마에 가의 수장 마츠마에 요시히로(松前慶広)가 영주(藩主·한슈)가 되었다. 여기서부터 일본의 공권력이 아이누의 세계에 잠입해 들어가기 시작한다.

마츠마에 한은 자신의 토지(영토)를 갖고 있지 않았기 때문에 다른 한과 다른 재정구조 속에서 한을 운영해야만 했다. 이 시대 대부분의 영주는 농업영주였다. 10만 석 영주, 100만 석 영주와 같이 쌀의 생산량으로 표시되는 넓이의 영토를 가지고 있으면서 영토 안의 토지를 백성(농민)에게 빌려주고 수확물의 일부를 바치게 하였다. 그것이 곧 한의 재정원이 되었던 것이다. 그러나 마츠마에 한은 그런 토지를 갖고 있지 않았다. 결국 마츠마에 한은 아이누와의 교역에서 얻는 수입으로 한을 운영해야만 했고 그만큼 아이누와의 교역에 공을 들일 수밖에 없었다.

마츠마에 한은 처음에는 일본인의 거주지(和人地·와진치)와 아이누의 거주지(蝦夷地·에조치)를 구분하고 일본인이 아이누의 거주지에 상주하지 못하게 제한하고 있었다. 그리고 성을 중심으로 발달한 마을(城下町)에 교역시장을 설치하고(城下交易制) 혼슈에서 운반해온 쌀·피복·술·장신구 등과 아이누가 가져오는 해산물과 모피 등을 교환하도록 하였고 그것을 다시 혼슈에 가져가 판매함으로써 이익을 얻고 있었다. 일본인과 아이누 간의 개인적인 교역은 금지시키고 한이 교역을 독점하는 시스템이었다. 한은 교역시장의 확대를 꾀하여 홋카이도 전역 해안의 아이누 거주지에 교역시장을 개설하고 한의 가신들에게 관리를 맡기기 시작하였다(商い場知行制). 이로써 일본인은 아이누의 거주지에 상주할 수 없다는 약속은 깨지면서 아이누의 토지권이 제한받게 되었고, 아이누는 자신의 거주지 이외의 교역시장에 가지 못하도록 하였기 때문에 아이누의 이동권까지 제한받게 되었다.

1500년대 이후 홋카이도에 진출한 일본의 상인, 특히 오미(近江) 상인 집단의 자본력은 위세를 떨치기 시작했고 아이누와의 교역에서도 이들의 자본력은 큰 역할을 하고 있었다. 혼슈와 홋카이도 사이의 화물 운반도 상인의 배를 이용해야만 했다. 또 1669년 아이누의 최대 저항 샤쿠샤인의 싸움이 주로 교역시장의 관리를 위해 아이누의 거주지에 일본인이 상주하면서 일어난 것이어서 마츠마에 한으로서는 한이 직접 관리하는 교역에 한계를 느끼고 있었다. 이러한 이유들로 한은 아이누와의 교역시장 운영을 상인들에게 청부를 주는 민영화 방법으로 바꾸었다(商い場所請負制). 교역시장의 민영화 이후 상인들은 단순한 교역뿐만 아니라 거대한 자본을 투입하여 직접 대대적인 어로를 했고 획득

한 해산물을 가공까지 했으며 이 생산물을 혼슈뿐만 아니라 조선·중국·오키나와까지 가져가 무역활동을 전개해 막대한 이익을 얻었다. 교역시장의 민영화는 결국 아이누의 토지권·자원권·교역권이 상인 자본에 의해 박탈되거나 제한되었고 아이누는 노동자로 전락하는 결과를 가져오고 말았다.

　마츠마에 한의 설치와 그 후의 일본과 아이누의 관계에서 공생 문제와 관련되는 중요한 사실을 확인할 수 있다. 무엇보다 마츠마에 한이 설치되는 1604년에 주목할 필요가 있다. 근대의 제국주의 국민국가에 의해 원주민의 권리와 존엄이 박탈되었다는 것이 일반화된 견해이고 실제로 영국이 오스트레일리아에 식민을 시작한 것이 1787년이고 캐나다의 일부를 식민지화한 것이 1848년이다. 아이누의 대지에 일본의 공권력이 침식해 들어간 것은 이들보다 한 세기 이상 빨랐던 것이다. 둘째, 제국주의 국가들이 약소국가를 침략할 때 군사력·자본·종교가 한 세트가 되어 기능했다는 게 일반적인 견해인데 아직 제국주의 근대국가의 체제를 갖추지 못했던 도쿠가와 바쿠후의 마츠마에 한 역시 이와 똑같은 수법으로 아이누의 권리와 존엄을 훼손시키고 있었다는 점 또한 주목하지 않을 수 없다. 마츠마에 한은 아이누의 저항을 군사력으로 억눌렀고 한과 유착되어 있는 상인의 자본이 아이누의 토지·자원·교역·노동을 지배하고 있었다. 뿐만 아니라 죠도신슈오타니파(浄土真宗大谷派) 불교 사원은 한과 연계하여 한에 종순하도록 아이누를 순화시키고 있었던 것이다.

　근대 국민국가도, 근대적인 통치이념인 내셔널리즘도 없었던 때(1604년부터 메이지유신까지 260여 년간)에 봉건체제의 일본은 이미 서구의 제국주의 국민국가 이상의 정교한 수법으로 마이너리티 원주민의 권리를 박탈하고 있었다.

메이지유신 이후 근대국가 체제를 갖춘 일본은 전형적인 근대적 내셔널리즘을 통치이념으로 하는 제국주의의 길을 가기 시작했다. 그 모습을 원주민족 마이너리티 아이누를 희생시키면서 진행해간 홋카이도 개척사업에서 확인할 수 있다. 홋카이도 개척사업의 진행과 함께 나타나는 홋카이도의 산업구조의 변화와 산업 인프라 및 지역개발은 곧 일본의 대표적인 대화의 모습이었다.

당시 일본이 지향하는 제국주의 근대국가의 목표는 한마디로 부국강병이었다. 이 목표 달성을 위해 필사적으로 공업화 정책을 추진했고 그 성과가 가시화되기 시작하면서 식량 부족이 큰 과제로 떠올랐다. 이 과제 해결을 위한 가장 효율적인 방안으로 짜낸 플랜이 홋카이도 개척사업이었던 것이다. 홋카이도 개척사업의 중점 내용이 농지개발과 인프라의 정비였던 까닭을 쉽게 알 수 있다. 그리고 이 농지개발과 인프라의 정비는 전적으로 마이너리티의 희생 위에서 이루어졌다.

메이지 정부는 1869년 본래 아이누의 대지(아이누모실)를 「홋카이도」라는 이름을 붙여 일본의 영토에 편입했다. 아이누와 한마디 상의도 하지 않고, 아이누에게 어떤 보상을 하지도 않고 83,456평방 킬로미터의 넓은 대지를 일본국의 국유지로 해버린 것이다. 제국주의 국가가 원주민의 토지를 박탈하는 것은 결과적으로 다 똑같다고 말할 수도 있지만 적어도 원주민과 일종의 교섭 절차를 밟는 것이 일반적이었다. 예컨대 영국이 뉴질랜드를 식민지로 할 때 사문화되기는 하지만 마오리족의 토지 소유를 인정하는 「와이탕이 조약(Treaty of Waitangi 1840)」을 맺고 있다. 그러나 일본과 아이누 사이의 교섭 흔적은 전혀 찾아볼 수 없다. 아이누의 저항도 보이지 않았다. 마츠마에 한 체제 아래서 아이누의 저항 능력은 이미 소멸해버렸기 때문이었다.

1889년 메이지 정부는 「홋카이도구토인보호법」을 제정하여 아이누에 대한 정책을 구체화하기 시작했다. 이 법의 골자는 ① 아이누에게 토지를 배분한다, ② 아이누에게 교육의 기회를 제공한다, ③ 아이누의 생활을 보호·보장한다, ④ 아이누의 재산을 관리해준다는 것이었다. 이 법은 무엇보다 홋카이도 개척사업의 열쇠가 되는 농지 확보를 위한 황무지 개간과 인프라 정비 사업에 아이누의 인력을 활용하자는 것이었다. 아이누에게 배분한 토지는 개간이 필요한 황무지였다. 아이누는 본래 어로와 사냥으로 생계를 꾸려온 사람들이었지만 어로와 사냥은 근대적인 장비와 기술을 갖춘 혼슈에서 데려온 어부와 사냥군들의 몫이 되어버렸고 아이누의 노동력은 개간과 도로공사 탄광 등의 막노동에 투입했던 것이다. 근대 자본주의체제 구축을 위해 일본은 아이누를 농민화해간 것이고 근대국가 일본에 충성을 바치는 국민으로서의 최소한의 자질과 국가적 노동생산성 제고에 필요한 능력을 기르기 위해서는 최소한의 교육이 필요했던 것이다. 「토인학교」는 어린이뿐만 아니라 성인의 동화교육의 장이기도 했다.

도로·철도·항만과 같은 인프라의 개발·정비 과정에서 아이누는 필요에 따라 몇 번이고 거주지를 옮겨야 하는 고통도 견뎌야 했다. 이렇게 근대국가 건설-홋카이도 개척사업 과정에서 아이누는 철저하게 희생을 강요당했다. 그리고 홋카이도 개척사업 과정에서 희생을 강요당한 것은 아이누뿐만이 아니었다. 홋카이도의 농업화를 위해서 농업 경험이 있는 혼슈의 농민을 모집·이주시켰으며 조선인 노동자를 포함한 일반 노동자도 대량으로 개척사업에 투입시켰다. 이들 「타코」라고 불린 노동자들의 노동 환경과 감금 상태의 생활 조건은 이를 데 없이 비참하고 처절한 것이었다. 추운 겨울에도 작업 능률을 높이기 위하여 벌거벗긴 채로 일을 시켜 삶은 낙지(蛸·타코)처럼 살이 빨갛게 얼어있었기 때문에 이들을 타코(낙지)라고 불렀다고 전해지기도 하고 타인(他人＝他子＝타코)이었기 때문에 그리 불렀다고도 전해진다. 지금도 그때 생겨난 타코, 타코베야(蛸部屋:타코라고 불리던 노동자를 강제로 수용하던 비좁고 불결한 합숙소)라는 말이 살아있다.

메이지 일본은 배타적 내셔널리즘을 통치이념으로 하는 전형적인 국가중심주의의 근대국가였다. 메이지라는 근대국가 권력은 원주민족 아이누도, 이주민족 조선인 노동자도, 가난한 노동자도 모두 타인으로 치부하여 더불어 사는 영역에서는 배제되고 있었던 것이다. 오로지 근대국가 건설에 필요한 부품으로서의 노동력이었을 뿐이었다.

일본의 공권력이 선주민족 아이누의 삶의 터전에 들어가 조직적·계획적으로 그들의 토지권·자원권·자치권·문화권·언어권 등을 제약·박탈하기 시작한 것은 1604년 마츠마에 한이 설치되면서였다. 앞에서 본 것처럼 영국이 오스트레일리아에 식민을 시작한 것보다도 캐나다, 뉴질랜드를 식민지로 결정한 것보다도 200년 혹은 그 이상 빠른 시기였다. 그러나 이들 영국의 식민지를 비롯하여 서구의 「자유주의」 국가들이 1960년대 말부터 원주민족과의 공생을 위한 정책적 이행을 시작해 다문화공생이 세계적 흐름으로 인식되어가고 UN 등의 국제적 압력 장치로서의 「선언적 장치」가 기능하기 시작했음에도 불구하고 일본은 아이누의 권리와 존엄을 해치는 1899년 제정의 「토인보호법」을 유지하면서(1997년 아이누신법 제정) 2019년까지 아이누를 원주민족으로 인정하지 않았다. 오키나와의 류큐민족은 아직도 원주민족으로 인정하지 않고 있다.

일본은 2019년에야 아이누를 원주민족으로 인정하면서 「아이누 개 개인이 존중되는 사회를 실현하기 위한 시책의 추진에 관한 법률」을 제정하고 이 법에 의거하여 「민족공생 상징공간(Upopoy)」이라는 시설을 만들어 2020년 개장했다. 그러나 이 법률이나 시설이 아이누의 권리·존엄성의 회복 혹은 아이누와의 공생과 어떻게 이어질지 이해하기 어렵다. 우선 이 법에는 아이누의 권리에 대해 한 조문도 들어있지 않다. Upopoy 안에는 아이누민족 박물관, 민족공생 공원, 위령시설 등이 만들어져 있는데 이런 시설들이 아이누의 권익 신장과 어떻게 이어질 것인지도 이해하기 어렵다. Upopoy는 결국 관광 시설 이상의 의미를 가지고 있다고 보기 어렵다. 실제로 Upopoy의 소재지 홋카이도 시라오이쵸(白老町)와 그 주변지역에서 짜놓은 「아이누 시설 추진 지역계획」을 보면 Upopoy의 개장이 관광을 중심으로 한 지역 발전의 기회가 될 것이라고 기대하고 있음을 볼 수 있다. 아이누의 권익을 신장하고 아이누와의 공생을 모색하려는 일본의 노력은 여전히 보이지 않는 것이다.

일본은 원주민과의 공생을 위한 정책적 전환의 시간뿐만 아니라 내용에서도 다른 「자유주의」 국가들과 비교도 안 될 만큼 터무니없이 뒤지고 부족하다. 1960년대 말부터 서구의 「자유주의」 국가들이 인디언, 이누이트, 애보리진, 사미 등 원주민과의 공생을 위해 다문화주의로 정책 전환을 할 때 다음과 같이 원주민의 권리를 승인하고 있다. 정책 차원에서의 이러한 변화를 일본에서는 지금도 찾아볼 수가 없다.

첫째, 원주민족의 토지권·자치권·문화권·언어권 등의 승인: 원주민을 지배하에 둔 제국주의 국가들은 원주민을 자신들의 체제에 동화시키기 위한 정책을 철저히 수행하였고 이에 저항하는 원주민은 학살까지 서슴지 않았다. 문화적 집단학살(cultural genocide)을 저지르고 있었던 것이다. 최근 캐나다와 미국에서 동화를 위해 기숙학교에 수용하고 있던 어린이들의 유해가 발견되고 있는 것도 그 일부분으로 보인다[38]. 제국주의 국가들은 동화되지 않은 원주민도 머지 않은 장래에 사멸할 것으로 보았다. 이처럼 동화 혹은 자연 사멸에 의해 원주민은 소멸할 것으로 예측한 제국주의 국가들은 그 소멸을 앞당기기 위해 물리적 생활 근거인 토지와 자원을 박탈하고 정신적 존재 근거인 문화·언어의 영위를 금지시켰다. 이러한 박탈과 금지 정책으로부터 원주민족의 권리를 승인하는 방향으로 전환한 것이다. 예컨대 ① 1982년 캐나다에서의 원주민족권의 승인과 원주민족의 토지 청구권 행사에 관한 사항을 다루는 청구위원회의 설치, ② 뉴질랜드에서의 원주민의 토지 소유를 인정하고 있던 외이탕이 조약상의 권리의 부활, ③ 오스트레일리아에서의 원주민 애보리진의 토지 소유권을 인정하는 마보(Mabo) 판결(1992년), ④ 그린란드에서의 원주민 이누이트를 위한 지방자치제도의 정비, ⑤ 미국에서의 원주민 인디언의 자치권을 인정하는 법률의 제정과 자치권을 옹호하는 판결 등을 들 수 있다.[39]

둘째, 마이너리티의 내셔널리즘·내셔널아이덴티티의 승인: 국가 사회 전체적인 통합 혹은 공생 문제를 오히려 복잡하게 만들었다는 견해도 있지만, 캐나다 퀘벡의 프랑스계 시민, 영국 스코틀랜드와 웨일즈의

---

38) 권오정(2022) 앞 책: 220 참조.

39) Kymlicka, Will(2007) Multicultural Odysseys(稲田恭明·施光恒 訳(2018)『多文化主義のゆくえ』法政大学出版局, pp.72-73) 및 Banting, Keith and Kymlicka, Will (2006) eds. Multiculturalism and the Welfare State: Recognition and Redistribution in Contemporary Democracies Oxford University Press 참조.

시민, 스페인의 카탈루냐와 바스크인, 벨기에의 플랑드르인, 미국의 푸에토리코인 등 마이너리티 집단이 다수를 차지하는 지역에서 그들 마이너리티의 자치권을 승인하기 시작했다. 지역에 따라 승인된 자치권의 내용은 다르지만, ① 연방제와 같은 형태의 마이너리티의 영역 안의 자치권, ② 지역 내 모어의 공용어화, ③ 중앙정부에로의 대표 파견, ④ 마이너리티 학교나 미디어 기관에 대한 재정 지원, ⑤ 국제적 법인격의 부여 등을 보장하였다.[40]

셋째, 이민집단(뉴 마이너리티)의 권리 승인: 「자유주의」 국가들은 원주민이나 일찍부터 영토 안에 정착하고 있던 올드 마이너리티뿐만 아니라 새로운 이민집단에 대한 정책도 바꾸었다. 우선 종래의 인종·민족 선별적 입국기준이 인종·민족 중립적 입국기준으로 바뀌었다. 예컨대, 특히 아시아 지역에서 아직도 기억되고 있는 「백호주의(White Australia)」 정책이 바뀌어 1973년 이후에는 아시아계 황인종도 오스트레일리아로 이민을 갈 수 있게 되었다. 그리고 이민집단을 포함한 문화적·사회적 통합구상의 정책이 채택되었다. 다문화사회 실현을 위한 통합구상에는 ① 중앙정부 및 지방자치에서의 다문화주의 시책의 채택, ② 학교교육 및 교육과정에 다문화주의 시점의 도입, ③ 공공 미디어에 에스닉의 대표성 반영, ④ 이중국적의 용인, ⑤ 다언어교육이나 모어교육에 대한 국가적 지원, ⑥ 에스닉 집단의 문화활동 지원 등이 포함되어 있었다.[41]

이상과 같은 선진 「자유주의」 국가들의 다문화정책으로의 이행 내용에 견주어 볼 때 일본의 원주민 아이누에 대한 정책이 얼마나 후진적인

---

40) Kymlicka 위의 책, pp.74-77 참조.
41) 위의 책, pp.77-83 참조.

가를 쉽게 알 수 있다. 일본은 아직도 국가주의 내셔널리즘의 굴레에서 벗어나지 못하고 통치자들이 그리는 국가상에 맞추어 아이누 민족을 보고 있고 류큐인의 민족적 가치를 외면하고 있다.

5 이주민과의 관계에서 보는 일본의 국가주의 내셔널리즘

5.1 일본의 국가주의 내셔널리즘 속에서 살아온 재일한국인

제2차 세계대전이 끝나는 1945년까지 일본으로의 이주민 혹은 일본의 외국인 집단은 한국인(조선인) 밖에 없었다. 그 후 일본의 급격한 경제발전이 이루어지는 시기에도 일본의 이주민·외국인 집단에는 큰 변화가 없었다. 외국인 일반(미숙련) 노동자를 받아들이지 않았기 때문이다. 경제 발전이 지속되면 노동력의 수요가 높아지고 외국인 노동자가 이주해오는 게 일반적인 현상이다. 19세기 중엽 미국으로의 노동이민이 급격히 늘었고 1960년대 독일로의 이민이 급증했으며 1990년대 이후 한국으로의 외국인 노동자의 이동이 현저히 나타난 것은 모두 경제 발전이 지속되는 지역으로의 자연스러운 노동인구의 이동 현상이다. 그러나 일본은 자연스러운 이 현상을 인위적으로 막으면서 노동력 부족을 「기능실습제도」의 도입 혹은 남미로 이민 간 일본인 2·3세 즉 야마토(일본) 민족의 후손을 받아들임으로써 해결해왔다.

최근, 외국인의 입국을 인위적으로 제한하는 정책의 모순이 드러나면서 출입국관리법을 개정하는 등 외국인 수용에 유연성을 보이자 일본의 외국인 수는 점점 늘어나고 있다. 2020년 현재 일본 내의 외국인은 약 288만 6,000명으로 전체 인구의 2.4% 정도이다. 한국의 외국인 점유율 4.9%에 비하면 그렇게 많다고는 할 수 없지만 외국인이 착실히 늘어나 온 것은 틀림없다. 이렇게 외국인이 늘어남에 따라 다음 표에서 보는 바와 같이 한국인(조선인)의 비중은 작아지고 있다.

〈표1〉 일본 내 국가별 외국인의 점유율(%) 변화

연도 \ 국가	한국(조선)	중국	필리핀	베트남	브라질
2005년	30.4	22.7	8.1	2.5	13.9
2010년	25.7	27.9	8.9	미상	9.3
2015년	21.5	29.2	9.8	5.0	7.2
2020년	15.6	27.8	9.6	13.4	7.5

일본 총무성 총무국 통계(stat.go.jp 2022.12.11)에 근거하여 작성.

표에서 보는 바와 같이 일본 내 중국이나 베트남인 등 다른 외국인들이 늘어나 한국인(조선인)이 차지하는 점유율이 해마다 낮아지고 있다. 그렇다 해도 일본 내 외국인으로서의 한국인(조선인)이 차지하는 존재감, 상징적 의미가 작아진 것은 아니다. 한국인(조선인)은 식민지라는 특수 상황에서 형성된 마이너리티 집단으로서 사회적·제도적 차별을 받으며 그 차별 철폐를 위한 사회적·정치적 운동을 해온 집단이고 스스로의 아이덴티티를 지키기 위해 노력하면서 동시에 일본 사회 속에서의 공생의 길을 모색해온 집단이기도 하기 때문이다.

한국인(조선인)이 일본에서 본격적으로 이주민 집단을 형성하기 시작하는 것은 식민지 시대부터였다. 일본으로의 이주 목적은 다양했지만 그 중에서도 본래 농촌 출신의 노동자가 일본에서 노동 기회를 얻으려는 게 대표적이었다고 볼 수 있다. 일본에 의한 토지조사사업이 끝나는 1918년 이후 일본으로의 이주민이 갑자기 늘었던 사실만으로도 그 사정을 알 수 있다. 토지조사사업의 결과 소유권·소작권 혹은 경작권을 잃은 많은 농민들이 도시로 이동했고 당시의 한국 도시의 노동시장은 영세한 것이었기 때문에 다시 일본으로 이동하는 농민이 많았던 것이다.[42] 이들은 한국의 밀어내기 요인에 의해 발생한 식민지 난민이었으며 그렇다고 일본에 그들을 수용하려는 끌어들이기 요인이 그리 넉넉하게 존재해 있었던 것도 아니다. 그들은 여전히 가난과 가혹한 노동에 시달리는 일본 속의 뉴 마이너리티일 뿐이었다. 또 전쟁이 시작되면서 군수산업과 이의 가동에 필요한 석탄 등의 채굴장 혹은 발전소나 도로 공사장 등에 투입되는 노동자가 강제로 이주되는 경우도 많아졌다. 식민지 시대에 일본으로 이주한 이러한 노동자들의 문제는 아직도 해결되지 않은 채 남아있다.

식민지 시대 일본에 이주한 노동자 문제에 대해 일본 정부는 두 개의 일관된 견해를 고집해오고 있다. 하나는, 노동자 개개인의 의사결정에 따라 이동한 경우와 국가에 의해 강제로 이동한 경우를 구분할 것, 둘은, 강제로 이주한 경우 이주에서 보상에 이르기까지 모두 법률에 따른 것이기 때문에 새삼스럽게 문제제기를 해서는 안되며 문제가 제기될 경우에는 법률(조약도 포함)이 정한 대로 문제를 해결해야 한다는 것이다. 이 논리에 따라 징용공을 포함한 모든 노동자의 문제와 위안부의 문제까지 일본(국가)에 책임이 귀속되지 않거나 이미 모든 책임을 완수했다는 게 일본의 입장이다. 이는 일본 특유의 국가주의 내셔널리즘에

---

42) 『한국민족문화대백과사전』 및 국사편찬위원회 블로그(history.go.kr 2022.12.13.) 등의 자료를 바탕으로 도출한 견해임.

서 나온 발상으로 결코 보편적으로 공유되기 어렵다.

첫째, 본인의 의사에 의한 이동은 국가 책임의 밖이라는 입장은 극히 배타적인 편협한 발상에서 온 것이다. 1920년대 전후에 일본에 이주한 노동자들은 토지조사사업이라는 국가(일본)의 행위에 의해 만들어진 「선택제한 정황」에서 일본 이주를 선택할 수밖에 없었다. 이 역시 강제일 수밖에 없다. 그리고 이들 노동자가 일본 국적 소지자가 아니라는 배타적 내셔널리즘이 바탕에 깔려있다는 사실 또한 부인할 수 없다.

둘째, 법률에 따른 행위는 언제나 정당하고 문제해결은 법률이 정한 범위에서 이루어져야 한다는 발상 역시 국가주의 내셔널리즘에서 유래한 것이다. 법률은 곧 국가이고 국가는 최고 절대적인 가치이기 때문에 강제 동원이라 할지라도 그것은 국가에 의한 행위인 만큼 정당성이 확보되어 있다고 본다. 이 발상에 따른다면 전시에 국가를 위해 강제 동원을 한 것은 최고 절대의 가치를 갖는 국가―법률에 의한 것이기 때문에 그 책임을 물어 보상을 요구할 수가 없다.

또 최근 한일 갈등의 불씨가 되고 있는 징용공이나 위안부 문제처럼 국가가 보상을 한다 해도 국가 간(한일 간)에 보상에 관한 조약(국가의 법률적 행위)을 맺었기 때문에 보상의 책임은 그 조약이 정한 대로 한국이 져야 한다는 것이 일본의 일관된 주장이다. 이처럼 국가가 정한 법률의 조문이 최고 절대적인 기준이 될 때 인간의 요구, 인간 가치의 존엄성은 증발할 수밖에 없고 인권 보호의 시간은 법률이 정해지는 시점에서 머물게 된다. 한국 노동자의 개인 청구권의 소멸 문제에 대해서 한일협정이 맺어진 이후에 새로운 해석이나 견해가 나왔고 일본 스스로 시베리아 억류 일본인 노동자의 개인 청구권에 대해서는 「외교보호권」의 소멸[43]과 분리해 보아야 한다는 등의 새로운 해석·견해를 적용하고 있다. 타자를 포함한 모든 인간의 존엄성을 지키기 위해서는 시간의 흐름과 함께 성숙된 지혜를 동등하게 동원해야 한다는 공평성을 일본의 국가주의 내셔널리즘은 망각하고 있다.

일본의 패전(조국의 해방)과 함께 재일한국인의 일본 체류가 불안하게 되었다. 내선일체를 크게 내세우며 한반도로부터 노동자를 유도하거나 강제로 끌어들여오던 일본의 태도가 완전히 바뀌었기 때문이었다. 한반도나 타이완의 식민지 출신자들에 대한 일본의 입장은 분명했다. 전원 일본으로부터 철수하기를 바란 것이다. 철수에 응하지 않는 자는 당연히 동화되지 않으면 안된다는 입장이었다. 타자 배제의 내셔널리즘의 논리다.

해방이 된 다음에도 1952년 샌프란시스코 조약이 발효될 때까지 재일한국인들은 법률상 일본 국적을 유지하고 있었다. 이 사실은 일본의 최고재판소가 확인까지 하고 있었다. 그러나 1945년 12월 17일에 개정되는 「중의원의원선거법(법률 제67호)」에서 한국인(조선인)은 「호적법의 적용을 받지 않는 자」로 투표권을 행사할 수 있는 자격을 상실하고 있었다. 뿐만 아니라 1947년 5월 2일에 공포되는 칙령 「외국인 등록령」에서는 한국인(조선인)과 타이완인을 외국인으로 간주하여 등록하도록 하고 있다. 그리고 샌프란시스코 조약의 발효와 함께 이들은 일본의 국

---

43) 「외교보호권」이란 국가(외국)와 개인 간의 청구권 문제가 제기되었을 때 국가(자국)가 자국민의 권리를 보호할 수 있는 국가의 권리를 말한다. 일본 정부는 소련, 미국과의 조약에서 정하고 있는 개인 청구권의 소멸은 (일본의) 외교보호권이 소멸했음을 의미하는 것이라고 해석해왔다. 1991년 중의원에서, 이 해석과 한국 노동자의 개인 청구권에 대한 일본 정부의 해석이 다른 점을 추궁하는 야당 의원의 질문에 대하여 외부성 조약국장은 한국 징용공의 개인 청구권 소멸을 정한 조약 조문도 외교권의 소멸을 의미한다고 답변하고 있다.(shugiin.go.jp 2022.12.20.).

적으로부터 이탈하는 것이다.[44]

이와 같은 일본의 처사는 적과 내 편으로 나누는 전쟁 논리의 연속선 상에 있는 국가주의 내셔널리즘에 의한 것이라고 볼 수밖에 없다. 적과 나를 구분하는 명확한 기준은 「국적」에 있었다. 식민지 체제 아래에서 는 한국인을 무리하게 내 편에 넣기 위하여 국적을 주었지만 패전과 함께 무리하게 내 편에 넣을 수 없게 된 한국인들에게 더 이상 국적을 부여할 필요가 없었던 것이다. 이 부분에서 배타적 국가주의가 다른 제 국주의 국가들에 비해서도 한층 강했거나 세련되지 못한 일본의 모습 을 보게 된다. 예컨대 독일의 패전과 함께 식민지하에 있던 모든 오스트 리아인은 독립 전날 독일의 국적으로부터 자동적으로 해방(이탈)되지 만 독일에 체류하고 있던 오스트리아인에게는 국적에 대해 「의사표시 의 권리(국적 선택권)」를 부여하고 있었던 것이다. 이와 같이 종주국 체류의 식민지 출신 체류자들에게 국적 선택권을 부여하는 것이 당시 의 국제적 관행이었다.[45] 그러나 일본은 그러한 관행에 따르지 않았다.

그 후에도 재일한국인에 대한 처우를 결정할 때 국적이라는 기준은 항상 따라다녔다. 국가 기관의 차원 뿐만 아니라 기업과 같은 사회적 차원에서도 「국적조항」이라는 조건이 따라다니면서 사회보장을 제한 했고 취업 차별을 야기시켰다. 1965년 한일국교정상화조약이 체결되면 서 재일한국인들에게는 협정영주권이 주어지지만 이후에도 국적이란 조건이 차별구조를 만들고 있었다. 우선 대한민국의 국적을 갖지 않는 재일한국인에게는 영주권을 부여하지 않았다. 재일한국인 중에는 대한

---

44) 재일한국인(조선인)의 일본 국적의 박탈 문제에 관해서는 권오정(2022) 앞의 책,
   pp.312-315에서 비교적 자세히 다루고 있다.
45) 田中宏(1996) 『外国人の地方参政権』 五月書房, p.48 참조.

민국 국적 이외에 조선민주주의인민공화국 혹은 지역으로서의 조선을 의미하는 조선적 사람들이 있는데 이들에게는 영주권을 부여하지 않았던 것이다. 이는 일본 뿐만 아니라 한일 두 정부의 합의 아래 이루어진 국적을 영주권 승인 조건으로 한 배타적인 공생 질서의 파괴 행위였다고 볼 수밖에 없다. 한국으로서도 협정영주권 취득에 국적조항이라는 제한조건을 붙임으로써 양분되어 있는 재일한국인 사회의 한국측 세력 확장이라는 효과를 노릴 수 있다는 계산에서 일본측 제안에 동의했던 것으로 보인다. 그러나 법리적인 관점에서 보아도 영주권 취득의 조건으로 한국 국적 조항을 내건 것은 이치에 맞지 않는다. 재일한국인이 영주권을 취득할 수 있는 자격은 한일협정 문서에 명시되어 있듯이 「식민지 시대부터 일본에 거주했다」는 사실로 이미 결정되어 있었기 때문이다. 한국적 조선적으로 국적이 나뉘어진 것은 식민지 이후에 발생한 사안이다.

국적조항은 협정영주권을 취득한 재일한국인의 권익을 여전히 제한하고 있었다. 1991년 특별영주권으로 체류자격이 바뀌면서 대부분 해결되기는 했지만 재일한국인은 일본 국적자에 한한다는 국적조항이 걸림돌이 되어 생활보호, 공영주택 입주, 출산수당 등 광범위한 사회보장의 혜택을 받을 수가 없었다.[46) 전형적인 배타적 국가주의 내셔널리즘의 상징인 국적조항은 오늘날에도 건재해 있으면서 비국적자, 비일본인 제외의 외연을 확장시키고 있다. 예컨대 일본인이 아니라는 사실이 쉽게 확인되는 성명만으로 불이익을 보는 사례가 지금도 발생하고 있다. 변호사 윤철수에 의하면 일본 정부는 한국인의 성명 사용에 대한 확실한 기준을 설정하지 않고 있어 주민등록과 운전면허증에는 통상명

---

46) 在日本大韓民国民団中央本部(1997)『韓国民団50年の歩み』五月書房 참조.

(일상생활에서 통상적으로 사용하는 일본식 이름)과 본명(한국식 이름)을 다 기재해야 하지만 보험증에는 통상명만 기재할 수 있다. 이로 인해 혼란·불편·불이익이 발생하는 사례가 많고 재판으로까지 발전하는 경우도 있다고 한다. 또 한자로 된 한국인의 이름을 제멋대로 일본어식으로 표기하여 손해를 본 당사자가 소송을 일으켰지만 패소하고만 사례도 전해주고 있다.[47)]

국적조항으로 인한 차별은 국가의 행정적 법률적 차원뿐만 아니라 취업, 혼인과 같은 사회적 차원에서도 일어나고 있다. 내셔널리즘의 대중화 혹은 대중 내셔널리즘의 확산에 의한 것이다. 내셔널리즘의 대중화 혹은 대중 내셔널리즘은 어느 나라에서도 볼 수 있는 현상이지만 특히 일본에서 이 현상을 쉽게 볼 수 있는 것은 봉건체제 아래 국가(국가화된 봉건영주)의 권력과 대중이 가까운 거리에 있어온 것도 한 이유라고 볼 수 있다. 「오카미(お上)」라고 불리는 권력의 대리자가 일상적으로 대중(백성)과 함께 있으면서 감시·감독 혹은 보호하고 있었으며 권력의 의사가 손쉽게 대중에게 전달되고 대중 속에 내재화될 수 있었던 것이다. 이렇게 일본의 대중 내셔널리즘은 손쉽게 확산될 수 있었고 그것이 타자를 배제하고 차별하는 원인의 하나로 자리잡게 되었다고 볼 수 있다.[48)]

---

47) 그 밖에도 윤철수는 재일한국인의 성명 사용과 관련한 관공서나 회사의 요구로 인한 혼란·불편·불이익의 사례를 소개하고 있다. 윤철수(2021) 「재일코리안의 씨명에 관한 재판 사례」 동의대학교 동아시아연구소·도쿄가쿠게이대학 Korea연구실 공동주최 국제학술대회 발표집 『일본의 다문화화와 재인코리안』, pp.107-114 참조.

48) 봉건체제가 곧 대중 내셔널리즘의 확산 요인이라는 일반화는 성립될 수 없다. 예컨대 봉건체제를 갖지 않고 있었던 한국에서 일본 이상으로 대중 내셔널리즘이 강하게 확산되어 있음을 확인할 수 있듯이 대중 내셔널리즘의 확산은 체제의 형태와의 관계보다 정치권력이 내셔널리즘을 어떻게 이용하는가라는 정치권력의 행위에 크

재일한국인 혹은 식민지 치하에서 고통받던 한국인과의 관계에서, 일본은 인류 공생과 인권에 대한 새로이 성숙하는 지혜와 견식을 수용하여 관계를 개선하려는 노력을 피해왔다. 대신 국가 의사가 투영된 성문화된 법률에 충실한 문제해결의 길을 선택해왔다. 성문법주의, 국가주의 내셔널리즘이 재일한국인 혹은 식민지하의 희생자와의 관계를 지배해온 것이다.

5.2 일본의 능력 차별적 외국인 수용 정책

일본 속의 공생의 틀에 들어가지 못하거나 어려움을 겪고 있는 것은 재일한국인만은 아니다. 일본 속의 모든 이주민(외국인)은 기본적으로 일본 사회에서 제외되고 차별과 불공평한 처우를 받고 있는 것이 현실이다. 근본적으로 일본은 아직도 국가 책임 아래 외국인 일반(미숙련) 노동자를 받아들이지 않고 있다. 1960년대 이전의 「선진국」들처럼 인종 선별적 혹은 민족 선별적 입국제도를 갖고 있지는 않지만 대신 일본은 능력 선별적 혹은 자격 선별적 입국제도를 갖고 있는 셈이다. 1982년부터 일본은 외국인을 국공립대학의 교원으로 임용할 수 있는 법을 만드는 등 전문 지식, 기술을 가지고 있는 외국인 수용 태세를 갖추고 있었다. 최근에는 또 「특별 고도인재제도」(2023년 4월부터 운용 예정)라는 걸 만들어 고도의 지식, 기술을 소지한 외국인 유치에 나서고 있다. 이 새로운 제도 이전부터 고도인재를 수용하고 있으며 2022년 6월까지 인정한 「고도 외국인 인재」가 35,000명이라고 한다.[49] 그러나 한

게 의존한다고 볼 수 있다.
49) 『每日新聞』 デジタル版 2022.2.17. 배신.

편으로는 일반노동자는 받아들이지 않으며 국내외의 많은 비판에도 불구하고 「외국인기능실습제도」를 운용하여 부족한 노동력을 보충하고 있다. 차별적 외국인 수용정책이다.

외국인기능실습제도는 실습생의 파견국과 양국 간 협력각서를 교환하고 실습생을 받아들여 운용하고 있는 국가 차원의 제도이다. 1993년 출입국관리법 및 난민인정법의 「기능실습」이라는 체류자격에 토대를 두고 시작한, 일본 체류의 외국인이 보수를 받으며 실습을 하는 제도이다. 이 제도에 문제가 많이 발생하면서 「외국인의 기능실습의 적정한 실시 및 기능실습생의 보호에 관한 법률(기능실습법)」을 제정(2016년), 시행(2017년)하면서 「…선진국으로서의 역할을 다하면서 국제사회와의 조화로운 발전을 위하여, 기능·기술 또는 지식을 발전도상국 등으로 이전시키고 개발도상국 등의 경제발전을 짊어질 「일꾼만들기」에 협력할 목적으로…」[50] 운용되는 제도로 자리를 굳히게 되었다. 2022년에만 이 제도로 일본에 입국한 노동자는 171,377명(남:98,987명·여: 72,400명)[51]으로 이전에 입국해 체류하고 있는 자를 합하면 일본 내의 외국인 노동자 중에서 가장 큰 비중을 차지하게 되었다. 외국인 일반 노동자를 수용하지 않고 있는 일본에서는 외국인 노동자란 곧 기능실습생을 가리킬 정도이다.

다른 통계에서도 기능실습생이 차지하는 비중이 크다는 사실을 확인할 수 있다. 2020년 현재 일본 내 체류 외국인은 2,887,116명이며 그중 기능실습생이 차지하는 비중은 13.1%로 영주자에 이어 두 번째로 크다. 그 중 외국인 노동자만 보면 1,724,328명이며 기능실습생이 차지

---

50) 厚生労働省 HP(mhlw.go.jp) 2023.1.13.
51) 外国人技能実習機構 OTIT(otit.go.jp 2023.1.3.).

하는 비중은 아래에서 보는 바와 같이 사실상 가장 크다.

체류자격별로 일본 내 외국인노동자의 구성비를 보면,

1위 신분에 토대한 자격(일본인의 배우자, 영주권자): 31.7%

2위 기능실습: 23.3%

3위 자격 외(유학생, 취로자격 체류자의 배우자): 21.5%

4위 전문직·기술직 분야의 자격: 20.8%로 되어 있다.

1위의 신분에 토대한 자격은 본래 취로 목적으로 입국한 노동자가 아니기 때문에 일본 내 외국인 노동자에서 기능실습생이 차지하는 비중이 가장 크다는 것을 알 수 있다[52].

외국인기능실습제도는 본래 개발도상국에 기술·기능·지식을 이전하고 경제개발에 공헌할 수 있는 인력을 양성해주기 위하여 만들어진 선의의 국제협력제도였다. 기능실습생을 부족한 노동력 대신에 투입해서는 안된다는 금지원칙도 있었다. 그러나 노동현장에서는 기능·기술의 실습 대신 값싼 노동력으로 활용되어 왔고 심지어는 임금 체불과 여권을 압류하여 이동의 자유를 빼앗는 등의 인권침해 사례가 계속 보고되어 왔다. 이러한 문제를 해결하기 위하여 2016년 기능실습법을 제정, 기능실습생을 보호하기 위하여 실습생의 의사에 반한 실습의 강제, 사생활의 제약을 금지시키고 기능실습제도의 운용을 감시·감독하는 「외국인기능실습기구」를 창설하였던 것이다. 그러나 그 후에도 ① 부적정한 잔업 시간, ② 휴일 근무 등의 할증임금 지불의 불이행, ③ 건강보험료 등의 과다 공제, ④ 계약임금 위반, ⑤ 최저임금 위반과 그

52) 外国人採用 「サポネット」(global-saponet.mgl.mynavi.jp, 2022.11.10.).

밖의 폭력·성적 학대·노동 재해의 은폐 등의 이유로 실습생의「실종」 사건은 계속되고 있다.[53] 외국인기능실습제도는 일본 국내에서 뿐만 아니라 실습생의 본국에서까지 문제를 파생시키고 있다. 실습생이 일 본에 오기 위하여 본국의 알선 기관에 부당한 비용을 지불하는 사례가 보고되고 있는 것이다. 그 비용이 리베이트로서 일본에 유입되고 있다 는 보고도 있다. 참고로 각국으로부터 일본에 오기 위하여 실습생이 부 담하는 비용과 빚을 보면 다음 표와 같다.

〈표 2〉 기능실습생의 도일 비용과 빚(평균)

실습생 출신국	비용	빚
베트남	68만 엔	67만 엔
중국	59만 엔	52만 엔
캄보디아	57만 엔	56만 엔
미얀마	28만 엔	31만 엔
인도네시아	23만 엔	28만 엔
필리핀	9만 엔	15만 엔

『요미우리(読売)신문』 2023년 1월 1일자 기사.

　외국인기능실습제도는 외국인노동자의 본격적인 수용을 피하면서 노동력 부족 문제를 해결하려는 지극히「합리적」인 국가적 선택이다. 이 제도는 외국인노동자를 수용하기 위한 것이 아니라 수용을 막기 위 한 수단이었던 것이다. 일본은 외국인노동자가 들어옴으로써 발생할 다문화화 즉 사회적 마찰과 갈등을 두려워했고 이를 미연에 방지하면 서 국내의 노동력 부족 문제를 어느 정도 해소시킬 수 있을 것이라는 계산에서 외국인기능실습제도를 도입, 운용하고 있는 것이다.

---

53) 위와 같음.

특히 일본 정부는 「외국인기능실습기구(OTIT)」, 「공익법인 국제
인재협력기구(JITCO)」 등 외곽 단체나 조직을 설립하고 이들의 책임
하에 외국인기능실습생을 농업·어업·건설·식품제조·기계·금속
등 80여 직종 영세기업의 「실습」(사실상 노동) 현장에 투입하고 감독하
는 시스템을 만들어 운영함으로써 국가 보호의 국가주의 내셔널리즘에
충실을 기하고 있다.

6. 장애자·병자와의 관계에서 보는 일본의 국가주의 내셔널리즘

일본 속에는 애당초 타자로서 공생의 틀에서 제외되어온 마이너리티
원주민과 이주민 이외에 본래 같은 틀 안에 있어야 했음에도 불구하고
제외되어온 마이너리티가 있다. 경제적 약자·장애자·병자·부락
민54) 등이 그에 속한다. 이 그룹의 마이너리티는 다양하고 복잡하게
다시 나뉠 수 있고 그들이 국가에 의해 오랜 기간 제외·구속(사회적
구속 포함)·박탈·유린을 강요당해온 과정 역시 다양하고 복잡하여
간명하게 정리하기 어렵다. 이러한 사정을 감안하여 여기서는 이 그룹
의 마이너리티와 국가와의 관계가 상징적으로 표출되고 있는 「국민우
생법」 혹은 「우생보호법」과 한센병 관련 내용을 다루는데 그치고자
한다.

---

54) 부락(部落)이란 에도시대 신분적으로나 사회적으로 심한 차별을 받아온 사람들이
　　집단적으로 거주하는 지역을 말한다. 1871년 그 지역에 사는 주민(부락민)의 법제
　　상의 신분은 해방되었지만 지금도 사회적 차별은 근절되지 않고 있다.

「국민우생법」 혹은 「우생보호법」의 대상이 되었던 사람이나 한센병 환자들은 근본적으로 생활능력이 없거나 능력을 발휘할 수 있는 기회가 완전히 차단되어 있었기 때문에 국가가 특별히 보호해야 했다. 그러나 국가는 이들을 국가의 손실 요소로 보아 사회로부터의 제외・차단의 벽을 더욱 완벽하게 쌓았고 「씨까지 말리는」 시책을 강행했다. 국가는 이성과 선의 원천이고 따라서 국가의 행위는 정당하다는 국가주의 내셔널리즘이 가장 두드러지게 나타나고 있기 때문에 이들과의 관계를 다루기로 한다.

이 부분은 2022년 10월 29일의 한국일본근대학회 학술대회에서 발표한 내용 중 일부를 재구성하여 정리하고 있음을 밝혀둔다.

6.1 국민을 「악마의 법」에 가두어온 국가주의 내셔널리즘

1940년 7월 일본은 「국민우생법(国民優生法)」이라는 법률을 제정했다. 먼저 법률이 제정되는 이 시기에 주목할 필요가 있다. 1937년 7월 루거우차오(盧溝橋)사건을 계기로 중일전쟁이 시작되고 1939년 5월에는 소련과 일본 간의 할힌골(노몬한) 전투가 일어났다. 유럽에서는 1939년 9월 독일이 폴란드를 침공함으로써 제2차 세계대전이 시작되었으며 1940년 5월에는 독일이 프랑스, 네덜란드를 제압, 9월에는 독일・이탈리아・일본이 3국동맹을 맺었다. 이런 상황 속에서 1941년 4월에 시작된 미국과 일본의 교섭이 실패로 끝나고 12월 7일 일본은 진주만 습격을 감행했다. 이로써 미국이 참전하고 유럽을 주 무대로 하던 전쟁은 아시아, 태평양 지역으로 확산되면서 문자 그대로 세계대전이 전개되기 시작했다. 바로 이러한 시기에 「…건전한 소질을 갖는 자의 증가를 꾀하여 국민의 소질을 향상시킬⋯(천황의 법률 공포문)」 목적으로 「국민우생법」이 만들어졌던 것이다. 국민의 소질이란 곧 전쟁 수행능력을 가리키는 것이었다.

「국민우생법」은 전쟁 수행에 필요한 국력을 갖추기 위하여 국민의 소질을 향상시켜야 했고 그러기 위해서는 유전적 장애나 질병을 가지고 있는 자를 격리・제외시키고 아예 그들의 후손이 태어나지 못하도록 불임수술을 강행하기 위하여 만들어진 것이었다. 나치스의 만행과 조금도 다름없는 인권유린의 법률이었다. 전쟁밖에 보이지 않는 일본의 제국주의가 만든 「악마의 법」이었다. 장애나 질병을 갖고 있기 때문에 오히려 더불어 살아야 하고 보호를 받아야 한다는 공생의 윤리가 완전히 증발하는 시간이었다.

인권유린, 공생윤리 파괴의 시간은 그 후에도 오랫동안 지속되었다.

1948년, 세계적으로 전쟁과 인권유린에 대한 반성의 기운이 확산되고 UN 주도의 「세계인권선언」이 공표되던 바로 그 1948년에 일본에서는 「국민우생법」을 계승하는 「우생보호법(優生保護法)」이 제정되었고 이 법은 1996년까지 살아있었던 것이다.

「우생보호법」은 「국민우생법」과 다름없이 우생사상에 근거한 법률이었다. 「우생보호법」은 「우생학상 불량한 유전자를 갖고 있는 자의 출생을 방지하고, 또 임신・출산에 따르는 모체의 건강을 보전할 것을 목적으로, 우생수술, 인공 임신중절, 수태조절 및 우생 결혼상담에 대하여 규정한 법률⋯」(『Nipponika』)이라는 사전의 진술에서도 그 사실에 대한 일반적인 견해를 확인할 수 있다. 같은 사전의 「⋯전후 혼란기의 인구급증에 대한 대책과 위험한 불법 낙태를 방지하기 위하여 인공 임신중절의 일부를 합법화시킨 것⋯」이라는 진술에서 이 법률에 포함되어 있는 모체의 건강 보전에 관한 부분에 대해 긍정적으로 평가하는 견해도 있을 수 있음을 엿볼 수 있지만 이 법이 우생사상에 토대하고 있다는 사실이 바뀔 수는 없다. 더욱이 이 법의 희생자들의 증언을 통해 이 법이 우생사상에 토대한 인권유린의 법이었다는 움직일 수 없는 진실이 드러나고 있다.

2018년 3월 30일에 방송된 NHK의『강제 불임수술의 진실－54년 만의 증언－』에서 고도 경제성장기의 도래가 기대되는 시점에서 높은 생산성의 실현을 위해서는 인구(국민) 자질의 향상이 요구되었고 그 요구에 부응하기 위해서「불량한 자손의 출생을 방지」할 수 있는 법률의 제정이 필요했다는 진실이 밝혀지고 있다. 당시 표명된 후생성의「인구 구성에서 결함자의 비율을 줄이고 우수자의 비율을 높이도록 배려하는 것은 국민의 종합적 능력 향상을 위한 기본적 요청이다」(NHK 같은 방송)라는 입장은 그 진실을 더욱 분명히 해주고 있다.

전쟁 수행에 짐이 되는 국민을 제거하거나 짐이 될 것으로 예상되는 자의 출생을 원천적으로 방지하려 했던「국민우생법」, 경제 발전에 필요한 노동생산성을 높이는데 도움이 안되는 국민을 사회로부터 퇴출시키고 국가 발전에 공헌할 수 없는 자로 예상되는 인간의 씨앗을 애초부터 제거하려 했던「우생보호법」은 일본의 근대・현대에 공통된 국가주의 내셔널리즘의 상징이었다. 더불어 살아야 할 인간을 오히려 제거・말살시키기 위한 국가의 계산은 결국 인간 상실의 시간을 연장시켜 왔다.

우생사상은 국가의 연구 지원 아래 과학적으로 인정되는 정당한 근거를 확보하고 국가의 선의에 따라「바람직한 생활을 영위할 수 있는 인간」을 위한 제도의 근본으로 정착되어 갔다. 우생사상이 국가의 지원을 받는 과학과 국가의 선의에 지지를 받으며 법적으로 제도화되어간 대표적인 예를 「살만한 가치가 없는 생명」은 말살해 버리는 나치스의 국가 행위에서 찾을 수 있다. 나치스 독일은 「단종법」(1933년 제정)에 근거하여 장애자에 대하여 강제 불임수술을 강행했고 「T4 작전」(T4 Program이라는 별명을 갖고 1939.10~1941.8간 시행된 정책)이라는 끔찍한 계획을 세워 장애자를 대량으로 살육(안락사)하기도 했던 것이다.[55] 그밖에 1920·30년대 「인종우생학」을 국가적 연구 과제로 삼고 「바람직한 생활을 영위할 수 있는 인간」을 지키기 위한 복지 체제를 구축해간 스웨덴의 사례에서도 우생사상을 찾아볼 수 있다. 스웨덴은 그러한 복지 체제를 만들기 위해서 「바람직한 생활을 영위할 수 없다」고 판단되는 자를 적발하여 단종시키고 있었던 것이다. 1934년 「단종법」(「특정의 정신병환자, 정신박약자, 그밖의 정신적 무능력자의 불임화에 관한 법률」)을 제정하여 정신적 장애자에 대해 본인의 동의 없이 불임수술을 강행했다. 더 나아가 1941년 법을 개정하여 정신적 장애자뿐만 아니라 신체적 장애자와 「반사회적 생활양식을 갖는 자」도 이 법의 적용 대상으로 확대했다.[56] 반사회적 생활양식을 갖는 자란 주로 Tattare라고 불리던 부랑자를 가리키는 것이었지만 원주민(사미족)이나 싱글머더와 같은 마이너리티도 배제의 대상이었다.

일본은 이러한 사정을 「학습」하여 빈곤·장애·질병을 갖는 인간을 배제하는 우생사상에 토대한 제도를 만들고 운영한 것이다. 「바람직한 생활의 영위 능력」의 기준을 정하고 그 유무를 판단한 것은 물론 국가

---

55) NHK福祉情報サイト「ハートネット」『優生思想と向き合う―戦時ドイツと現代の日本(2020.9.17.)』(nhk.or.jp 2023.2.21.).
56) 市野川容孝(1999.5)「福祉国家の優生学―スウェーデンの強勢不妊手術と日本―」『世界』, pp.167-176 참조.

다. 절대적 가치의 원천인 이성적이고 선의의 국가의 판단에 이의를 제기할 수 없는 국가주의적 내셔널리즘이 지배하는 시간을 제국주의 선진국들은 함께 소유하고 있었다.

빈곤·장애·질병의 마이너리티를 배제하는 우생법은 과학에 의해 정당화되고 선의에 의해 만들어진 것이기 때문에 그 법에 따라 이루어진 국가의 행위는 언제나 바르다고 인정되어 왔다. 앞에서 본 NHK의 특집기사에 따르면 우생법이 살아있던 1948년부터 1996년 사이 모체보호 목적으로 실시된 것까지 포함하여 845,000건의 불임수술이 이루어지고 있다. 더욱 놀라운 것은 그 중 본인의 동의 없이 강제로 이루어진 우생수술이 16,000건 이상이었다는 사실이다. 가벼운 지적 장애를 갖고 있던 이츠카(飯塚)씨는 마취 상태에서 본인도 모르는 사이에 불임수술을 받았고 마취에서 깨어나서야 「어떤」수술을 받았다는 느낌을 자각할 수 있었다고 한다. 평생 어린애를 갖을 수 없었던 것은 물론 신체적인 부조화를 느끼며 살아왔다고 증언하고 있다(NHK 같은 방송). 이와 같은 불임수술 문제로 소송이 제기되어 왔지만 국가는 지금도 법률에 근거하여 합법적으로 이루어졌다는 사실만을 되풀이하여 주장하고 있다. 2016년 불임수술에 관한 NHK의 취재에 대하여 후생노동성은 다음과 같이 답하고 있다.

구 우생보호법에 정해져 있는 절차에 반하여 위법으로 불임수술이 이루어졌다는 구체적인 정보는 알려지지 않고 있으며 따라서 이와 같은 상황에서 배상을 한다는 것은 곤란하다고 받아들이고 있습니다.(NHK 같은 방송)

아직까지도 우생수술로 고통받고 있는 사람들이 있다. 최근『마이니치(每日)신문』의 취재에 실명으로 응한 니시 스미코(西すみ子) 씨는 본

인이 인식하지 못한 우생수술로 인생이 파탄에 이르게 된 경위를 증언하고 있다. 6살 때 홍역을 앓아 고열로 인한 뇌성마비에 걸려 고통을 받다가 9살에 의료시설에 입원을 했고 14살 때 「생리를 하지 않는」 수술을 받았다. 그리고 18살이 되어서야 그 수술로 자신은 애기를 가질 수 없다는 사실을 알게 되었다. 그 후 연애도 결혼도 모두 파탄에 이르고 말았다. 그러나 아무런 구제도 받지 못한 채 노쇠한 그녀는 「나라에 인생 모두를 빼앗기고 말았다」고 처절한 심경을 털어놓고 있다(『마이니치신문』 전자판 2022.9.26.).

국가의 행위(법률의 제정, 집행, 재판, 보상 …)는 그것이 개인의 권리・존엄・삶 그 자체를 짓밟는 것일지라도 「합법적 절차」라는 수순을 거치기 때문에 언제나 옳다는 국가주의적 생각・판단이 오늘날에도 살아 있음을 알 수 있다. 이런 상황에서 더불어 살아야 한다는 윤리가 살아 기능할 리가 없다.

일본은 1920・30년대 독일, 스웨덴 등에서 우생사상에 토대한 제도가 연구되고 있음을 인식, 학습하였고 1940년 전쟁의 와중에서 「국민우생법」을 제정하였으며 전쟁 후 세계가 전쟁 전의 국가 행위를 반성하고 있을 때인 1948년 전쟁의 법률 우생법을 계승하여 「우생보호법」을 새로이 만들었다. 그리고 1996년 우생수술 부분을 뺀 「모체보호법」으로 개정할 때까지 악마의 우생법을 유지해왔다. 뿐만 아니라 오늘날에도 불임수술이 합법적 절차에 의해 이루어졌다는 주장을 굽히지 않고 있다. 세계의 최첨단 국가라고 자처하는 일본의 국가주의 내셔널리즘은 아직도 제 나라의 「살만한 가치가 없는 생명」은 외면하고 있다.

6.2 한센병 환자의 완전 제거와 국가의 윤리

일본에는 공생의 틀에서 제외·격리되어온 마이너리티 중에서도 특히 사회로부터 완전히 제거되어 한계상황에서 생존해온 사람들이 있다. 한센병 환자들이다.

한센병은 1400년 전부터 일본에 존재해왔다고 한다. 원인도 치료법도 모른 채 악한 일을 저지른 조상이 천벌을 받아 생겨난 병이 유전적으로 이어져 온 것이라 하여 사회적으로 기피하고 두려워했을 뿐이다. 그리고 요양소를 만들어 강제로 격리 수용을 해도 어쩔 수 없다는 생각이 일반적으로 용인되고 있었다. 한센병 환자와 가족은 한계상황에 놓여 있었던 것이다. 문제는 한센병에 대한 국가의 대응이 오로지 국가의 실정법에만 의존하여 환자나 가족들의 요구나 기본적인 인권은 물론 그들의 인간으로서의 존재 자체를 무시해왔고 그러한 국가 행위가 합법적이고 정당하다는 입장을 고수해 왔다는 데 있다. 한센병에 대한 대응은 한센병 당사자를 위한 것이 아니라 사회적 두려움과 국가적 손실만을 고려한 어긋난 구조의 정책 실행이었던 것이다.

한센병 당사자의 요구와 국가 혹은 자치단체의 정책·시책이 어긋난 구조를 이루고 있음을 보여주는 전형적인 사례가 「무라이 운동」(無癩運動·나병 없애기 운동)이었다. 이 운동은 글자대로라면 나병 자체를 치료하여 근절시키려는 노력이다. 그러나 실제는 나병의 근절이 아니라 나병 환자를 사회로부터 완전히 격리시켜 강제 수용하자는 것이었다. 각 자치단체가 각자의 지역에서 나병 환자를 추방하거나 강제 수용을 철저히 수행하여 지역사회에 나병 환자의 그림자도 비치지 않도록 하는, 나병 환자의 입장에서 보면 혹독한 강제·억압·제거 시책이었던 것이다.

일본 정부(내무성 위생국 주도)는 1930년 나병 근절책을 발표하고 1931년에는 「나병예방법」을 제정한다. 그리고 1940년 후생성은 「완벽한 환자 수용을 기하기 위하여 철저한 무라이 운동을 전개할 것」을 각 지방자치단체에 시달했다. 이로써 각 자치단체는 경쟁하듯이 「무라이 운동」을 추진하였고 전국 방방곡곡에서 나병 환자 사냥이 전개되었다. 시민들도 「의심스러운 자」를 통보 혹은 밀고하면서 이 운동을 도왔다. 이렇게 보건당국뿐만 아니라 경찰·행정기관·학교·시민까지 합세하여 나병 환자를 발견·통보하는 등 나병 환자의 강제 수용을 촉진하고 있었다. 나병 환자가 있을 수 있는 자리는 모두 잃었고 그 가족에 대한 배제와 차별도 심해져 갔다.

1907년 「나병 예방에 관한 건」을 제정하여 소위 「방랑나병」이라고 불리는 환자를 요양소에 가두기 시작했다. 다시 1931년에는 「나병예방법」을 만들어 국가는 강제격리·징계검속권(懲戒檢束權)을 갖게 되었다. 이 법에 따라 국가는 나병 환자를 강제로 요양소에 격리하였고(「절대격리」), 일단 요양소에 격리된 환자는 죽을 때까지 밖에 나갈 수 없었고 집에도 갈 수 없었다(「평생격리」). 뿐만 아니라 요양소 안에서 반항하거나 규칙을 지키지 않는 환자에 대하여는 무거운 징계를 가했다(「징계검속」).

「나병예방법」 이전 1916년에 이미 요양소 소장에게 징계검속권이 주어져 있었다. 반항하거나 규칙을 위반하는 환자에 대하여 7일 이내의 기간 식량을 반으로 줄일 수 있고 30일 이내의 기간 요양소 내의 「감방」에 감금할 수 있다는 내용이었다. 요양소 밖 깊은 산속에 특별감방을

설치하는 경우도 있었다. 군마현(群馬縣)의 한 요양소에서는 영하 10도
가 넘는 눈 덮힌 산속의 난방시설도 이불도 없는 특별감방에 수십 일이
나 환자를 감금하여 23명이 사망하는 일도 있었다(국립 한센병 자료관
전시실2 「환자 전용의 감옥」). 이러한 혹독한 감금실이 전후 기본적 인
권보장을 강조하고 있는 입헌국가 일본에서도 존속해왔다. 전후 1953년
「나(癩) 예방법」이 새롭게 제정되었지만 이 법률에서도 여전히 강제격
리·징계검속권이 살아있었고 환자의 외출이나 노동은 금지되어 있었
던 것이다.

요양소의 환자는 생식권마저 박탈당해 왔다. 환자의 탈출을 방지하
기 위한 대책의 하나로 요양소 내의 환자끼리의 결혼은 허용되었다. 그
러나 부부가 같은 방에서 생활할 수는 없었고 밤에만 남편이 부인의
방에 갈 수 있는 결혼생활이었다. 그리고 어린애가 태어나지 않도록 단
종 혹은 중절 수술을 받아야만 했다(위 자료관 전시실2 「결혼·단종·
중절」). 이렇게 처참하게 인권을 짓밟히면서도 요양소에 들어와 있는
동안 한센병 환자들은 재판을 포함한 국가의 보호를 요구할 수조차 없
었다.

의료과학의 발달과 함께 한센병은 고칠 수 있는 병이 되었다. 일본에
서도 1996년 「나 예방법 폐지에 관한 법률」이 만들어져 1998~2001년
사이에 「나 예방법」의 위헌 판결이 확정되었고 한센병 요양소 입소자
에 대한 보상금의 지급 등에 관한 법률도 성립했다. 그러나 한센병 환자
였던 사람들은 아직도 요양소 생활을 계속하고 있으며 가족들에 대한
보상 문제 등은 미해결로 남아 있다.

일본이 「나병 예방에 관한 건」을 제정하여 국가 차원에서 한센병 대

책에 나설 당시 혹은 치료 방법이 개발되기 전까지 요양소를 설치하여 한센병 환자를 격리할 수밖에 없었던 사정은 이해할 수 있는 범위 내의 사안이다. 오늘날에도 코로나 감염자를 감염 확산의 예방과 감염자·환자의 보호 차원에서 격리시키는 정책은 그 효과와 인도적인 문제로 다툼이 있기는 하지만 널리 용인되고 있다. 그러나 한센병의 경우, 격리의 발상이나 목적 그리고 운용에서 이해할 수 없는 비인도적 국가주의로 볼 수밖에 없다.

우선 한센병 환자의 격리는 보호 격리라기보다 추방 격리였다. 「무라이 운동」에서 보듯이 한센병 환자를 치료하고 보호하는 차원에서의 한센병 없애기 운동이 아니라 지역사회에서 그들을 완전히 추방하여 요양소라는 감옥에 가두자는 추방 격리 운동이었다. 근대국가의 체면을, 문명적인 지역사회의 프라이드를 손상시키는 한센병 환자를 보이지 않는 곳에 모아 감추자는 것이었다. 1930년 「무라이 운동」을 선두지휘한 내무성 위생국은 「나병 근절책」을 발표하면서 「한센병을 근절하지 못해서야 참된 문명국이 될 수 없다…」[57)]고 말하고 있다. 당시의 의료수준에서 한센병의 근절이란 생각할 수 없고 그들이 말하는 근절이란 한센병 환자를 모든 지역에서 완전히 추방하여 눈에 띄지 않게 하자는 의미일 수밖에 없었다. 국가의 외형적 문명화를 위하여 고통받는 약자의 인간으로서의 존엄성을 짓밟을 만큼 일본의 국가주의 내셔널리즘은 철저히 기능하고 있었다.

국가주의 혹은 관료주의 내셔널리즘은 한센병 환자를 「문명화하는 바깥 세상」에서 완전히 추방하는 것으로 끝나지 않았다. 요양소에 감금시킨 한센병 환자들의 가족과의 만남, 귀가 희망과 같은 최소한의 요구

---

57) 人権情報ネットワーク「ふらっと」(jinken,ne.jp, 2023.1.21.).

도 허용하지 않았고 그 요구를 고집하는 환자는 특별감방에 가두고 먹을 것조차 제한하고 경우에 따라서는 추위에 떨다 목숨을 잃게 하는 잔인한 「징계검속권」까지 발동하고 있었던 것이다. 뿐만 아니라 한센병 환자는 단종 수술, 중절 수술 등 강제로 후손을 남기는 권리조차 박탈당하고 있었다. 근대적 문명국가의 법치주의에 입각한 국가의 이러한 행위는 어디까지나 「합법적」이었다.

전전은 물론 전후에까지, 한센병 환자 내지는 그 가족들에 대한 「평생격리」, 「절대격리」, 「징계검속」이라는 국가의 잔혹한 행위를 합법적이고 따라서 정당성을 부여하는 근대적 법치국가의 국가주의 내셔널리즘이 살아 기능하는 그곳에 약자를 보호하고 더불어 살아야 한다는 공생의 윤리는 존재하지 않았다.

국민국가 일본은 마이너리티와의 관계에서 언제나 어느 경우에나 국가 우선의 입장을 고수했다. 마이너리티를 「위한다」는 정책도 마이너리티의 요구에 답하는 게 아니라 국가의 필요에 따라, 국가의 법에 의거하여 입안·시행했다. 국가가 제정한 법은 항상 최고·절대의 가치 기준이었다. 국가주의 내셔널리즘의 양보할 수 없는 가치였다. 노예출신·지체부자유·국외 추방의 공포·가난 등 마이너리티의 조건을 다 갖추고 있던 그리스의 철인 에피크테토스(Epiktetos, 55?~135?)가 절실한 심경으로 남겼을 「법은 인간의 삶을 위해 봉사해야 한다」는 말을 새기지 않을 수 없다.

7 에필로그

유럽의 인간들은 이미 13세기경부터 신으로부터 해방된 자신들의 세계를 만들려는 르네상스운동을 전개하기 시작했고 16세기에 이르러서는 종교개혁운동을 거치면서 주체적인 존재로서 신과의 관계를 재정립하기 시작했다. 이러한 일련의 과정에서 인간은 과학을 발달시켰고 그 과학의 힘으로 산업구조를 바꾸고 부를 축적할 수 있었다. 그 사이 인간은 스스로 결정하고 스스로 다스려야 한다는 의지, 사상을 갖게 되었고 이러한 의지, 사상과 어긋나는 질서 속에서 살고 있다는 모순도 자각하게 되었다. 이 모순을 타파하기 위하여 정치권력과 치열한 상호작용을 하지 않으면 안되었다. 모든 운동이나 상호작용은 언어, 문화를 같이하는 인간 집단, 특히 주체적인 결정 능력을 가꾸어온 시민사회의 의지·사상·정서·가치·인식…의 성숙과 과학·산업·부의 축적 위에서 이루어질 수 있었다. 그 결과 근대라는 구조물이 나타나게 되었다. 구조물 중에서 가장 눈에 띄는 것은 집단 구성원으로서 동질감, 일체감 즉 아이덴티티를 함께하는 네이션의 정치적 공동체 네이션스테이트(국민국가)였다. 국민국가는 당연히 네이션으로서의 자기 결정 의지·사상·정서·가치·인식·문화…가 이념적 형태로 표현되는 내셔널리즘을 갖게 되었다.

나폴레옹 전쟁, 제국주의 국민국가의 무한경쟁이 계속되는 상황을 전후하여 국가는 내셔널리즘의 국민화(내셔널리즘 교육)를 철저히 추진하여 경계선 안의 모든 네이션을 「국민」으로 만들었고, 그 사이 늘어난 국민국가 간 즉 내셔널리즘 간의 알력·갈등은 심화되어 갔다. 그리고 국가는 네이션 집단의 의지·사상·정서·가치·인식·문화 … 를 독점하게 되었다. 국가주의 내셔널리즘의 출현이다. 국가주의 내셔널리즘의 알력·갈등은 더욱 심화·확산되었고 그 결과 두 차례의 세계대전을 겪어야 했으며 경계선 안팎의 마이너리티를 비롯한 타자와의 공생의 윤리·질서는 파괴되고 말았다.

일본의 내셔널리즘 혹은 국가주의 내셔널리즘은 유럽의 그것과 달리 형성되고 출현되었다. 일본에서는 근대적 사상 논의도 거의 없었고 내셔널리즘의 출현에 주도적인 역할을 한 시민 혹은 시민사회도 존재하지 않았다. 당연히 시민사회와 정치권력과의 상호작용을 거치지 않고 정치엘리트(사무라이)들에 의해 일방적으로 국민국가가 나타났다. 일본의 근대라는 구조물에서는 근대의 핵심요소를 볼 수 없었던 것이다. 아니, 근대라는 구조물 그 자체가 없었다. 그리고 국민국가 일본은 처음부터 국가 구성원을 모두 국민으로 만들었고 구성원의 의지·사상·가치…를 독점하는 국가주의 내셔널리즘(애국·충성심)을 스스로 만든 국민에게 강요했으며 그 결과 형성되는 국민의 내셔널리즘을 군국주의 침략 에너지로 전환시켰다.

여기서 시바 료타로(司馬遼太郎)가 스케치한 일본의 근대 국민국가 『메이지라는 국가』 탄생의 한 장면을 보기로 한다.

「일본 또는 일본인이란 무엇인가」
라는 설명을 요구받았을 때, 메이지(明治)의 인간은 무사도를 내놓을 수밖에 없었습니다. 그럼 사무라이(무사)란 무엇인가 라고 물으면, 자율 정신이 있고, 한번 예스라고 하면 목숨을 걸고 한 말을 지키고, 자신의 명예를 목숨을 걸고 지키고, 적에 대해서 온정을 품고, 그리고, 사심을 갖지 않고 사를 받들지 않으며 공을 받든다고 하겠지요. 그 외에는 세계에 자기 자신을 설명할 게 없었습니다. 그리고 그것은 훌륭한 설명이기도 했습니다. 적어도 러일전쟁이 끝날 때까지 일본은 안팎 모두 무사도로 설명할 수 있지 않을까, 혹은, 일본인이나 일본은 무사도로 자기 자신이 설명되도록 처신하지 않았을까 라고 생각합니다.

아이러니컬하게도 무사가 폐지되고(1871년의 폐번치현[58]) 나서 무사도가 떠올랐다고 해도 좋고, 과거는 이상화되듯이 무사도가 이상화되어 메이지의 정신이 되었다고 생각합니다.

(중략)

메이지유신을 만들어낸 무사들(그 대표적인 것은 사츠마 한(薩摩藩)과 쵸슈 한(長州藩), 그리고 토사 한(土佐藩)과 비젠사가 한(備前佐賀藩))은 목숨을 걸고 호쿠리쿠(北陸)에서 격전을 벌이고, 토호쿠(東北)에서 성 공략전을 치르고, 홋카이도 하코다테(北海道箱館)에까지 가서 전쟁을 하고 겨우 목숨 하나 가지고 도쿄에 돌아오니 무사 해산입니다. 대부분의 사족(士族·무사)에게는 위로금도 수당도 없었습니다. 고향에 돌아가니 사족은 폐지되어 있었던 것입니다. 이래도 화내지 않는 사람이 있다면 틀림없이 부처님같은 인간일 겁니다.

그러나 그들의 덕분에,

「국민」이라는 균등한 것이 창출되고 있었던 것입니다. 역사는 그들에게 감사하지 않으면 안됩니다. 그러나 막상 그들 당사자들로서는 그런 약속을 한 적이 없었던 것입니다. 사츠마나 쵸슈의 사족들조차 국민국가의 수립이라는 혁명의식, 예컨대 「자— 국민국가를 만듭시다」 같은 걸 갖고 있지도 않았고 그와 같은 걸 배운 적도 없었던 것입니다. 그들은 그저 전사로서 종군했을 뿐입니다.

(중략)

메이지 정부는 사츠마와 쵸슈의 군사력 위에 성립해 있었습니다. 유신을 위해 제공된 군사력은 쵸슈가 4라면 사츠마는 6이었습니다. 주식회사

---

58) 1867년 메이지유신 후 성립하는 메이지 정부는 1871년 에도시대의 봉건영토 한(藩)을 폐지하고 지금과 같은 중앙집권체제의 현(県)을 설치했다. 이를 폐번치현(廃藩置県)이라고 한다. 이로써 일본의 봉건체제는 막을 내렸다.

로 말하자면 사츠마는 필두 주주였습니다. 오쿠보 도시미츠(大久保利通)[59]는 바로 그 위에 앉아 있었습니다.

당시의 정부를 「다죠칸(太政官)」이라고 했습니다.

1885년 헌법이 제정되어, 내각제도를 채택할 때까지 정부는 다죠칸이었던 것입니다. 약칭 「관(官)」이라고 했습니다.

「관」

실로 강력한 권력으로 과감하게 시책을 착착 실행해 갔습니다. 사족을 단번에 폐지할 정도로 과감하게 정책을 수행할 수 있는 권력이 역사상 존재했을까요…

(司馬遼太郎『「明治」という国家』[60]에서/주는 필자가 붙임.)

위의 인용문을 통해 다음과 같은 사실을 확인할 수 있다.

첫째, 메이지유신은 근대적인 시민혁명이 아니라 무사들의 권력 싸움이었다. 사츠마, 쵸슈의 무사들이 호쿠리쿠, 토호쿠, 하코다테에서 싸운 것은 도쿠가와 바쿠후(德川幕府) 혹은 그 지지 무사들이었다. 무사들의 권력 쟁탈전이었던 것이다. 도쿠가와 바쿠후로부터 핍박을 받던 사츠마와 쵸슈 무사들의 복수전이기도 했다. 메이지유신을 일으킨 무사들이 근대적 국민국가를 만들겠다는 청사진을 갖고 있었을 리가 없다.

둘째, 따라서 무사들의 권력 싸움의 결과 만들어진 「국민」들이 근대적 시민의식을 갖고 있었을 리가 만무하다. 주체적으로 판단하고 주체적으로 계약을 맺어 근대적인 시민 정부를 만들 수 있는 국민은 존재하

---

59) 오쿠보 도시미츠(大久保利通)는 메이지유신을 주도한 또 하나의 영웅적 존재 사이고 다카모리(西郷隆盛)와 함께 사츠마 한 출신으로 근대화 정책을 입안·추진한 메이지 정부의 「사실상」의 최고 지도자였다.

60) 司馬遼太郎(2018)『「明治」という国家』 NHK出版(1994년 같은 제목의 상·하권으로 출판했던 것을 합본한 신장판). 시바 료타로는 「국민작가」라 불릴 만큼 역사소설, 역사기행문, 수필 등 폭넓게 읽힌 다양한 작품을 남겼고 그 중에는 한국, 한국문화와 관련된 것도 많다.

지 않았던 것이다. 오히려 권력을 잡은 무사들에 의하여 국민은 만들어져 갔다. 학교를 만들어 무사들의 국가관에 입각한 국민을 만들어갔다. 국가에 충성하는 국가의 부품으로서의 국민을 만들어갔던 것이다. 그 과정에서 무사적인 국가주의 내셔널리즘이 다듬어지고 주입되어 국민들 사이에서 공유되어 갔다. 일본 근대 국민국가의 이념적 바탕은 시민정신이 아니라 「메이지의 정신＝무사도」였다.

셋째, 메이지 정부는 시민의 선택에 의해 만들어진 시민 정부가 아니라 무사들의 담합에 의해 만들어진 무사 정부였다. 메이지 정부의 다죠칸을 비롯하여 모든 권력기관은 무사 혹은 무사화된 인간들에 의해 장악되어 있었고 그들의 정부 「관」은 절대적인 권한을 가지고 국민 위에 군림하였다. 「관」이 곧 국가였던 것이다. 관료로 변신한 무사는 일종의 cohesive group으로서 배타적 성격을 강하게 유지해갔다. 이렇게 배타적 관료주의 내셔널리즘이 형성되어 갔다.

메이지유신 이후 굳어져 간 일본의 국가주의·관료주의 내셔널리즘은 국가가 최고 절대적인 가치이고 그 가치를 집행하는 관료는 배타적인 cohesive group으로서 타자와 더불어 살아가는 윤리는 갖출 수가 없었다. 국가 최고의 절대적 가치를 집행하는 배타적인 관료들은 원주민에 대해서도 이주민에 대해서도 공생의 가능성을 열어주려 하지 않았다. 그리고 강력한 군사능력을 갖춘 문명의 상징이어야 할 국가의 부담이 되는 장애자나 병자는 배제되어야 했다.

내셔널리즘이 정치와 권력의 도구가 되기 이전까지는 고난을 더불어 극복하고 즐거움을 더불어 나누어온 무사의 공유의식, 서민의 공유의식이 있었고 때로는 무사와 서민이 더불어 공유하는 「우리」의 가치가 있었다. 그러나 메이지유신이라는 정치적 소용돌이 이후, 모든 가치는 「관」이 독점하는 배타적 가치가 내셔널리즘이라는 「국가」의 가치가 되었고 그 배타적 밀착 집단에 들어가지 못하는 원주민, 이주민 그리고 생산성이 없거나 짐이 되는 빈곤·장애·질병의 국민들조차도 더불어 사는 틀에서 제외되었다. 일본은 근대화의 과정에서 무사 출신의 엘리트를 중심으로 중앙집권체제를 강화해갔고 근대화에의 공헌도·효율성이 낮은 집단은 버렸던 것이다. 일본의 파행적 다문화 공생정책은 근대의 국가주의 내셔널리즘에 뿌리를 두고 있으며 오늘날까지 그 파행에서 벗어나지 못하고 있다.

원주민의 권리를 박탈하고 독점적 지배구조 속에 편입하고 있던 지난날의 제국주의 국민국가들이 원주민의 권리를 승인하고 이주민에 대한 차별적·선별적 정책을 수정하고 사회적·경제적 약자와의 공생의 길을 모색하기 시작한 이후에도 일본은 여전히 배타적·독점적 지배구조를 바꾸려 하지 않았다. 1997년까지 아이누에 대한 비인도적 「홋카이도구토인보호법」을 유지했고, 외국인 노동자의 입국을 막기 위하여 현대의 노예제도라는 비판에도 불구하고 기능실습제도를 지키고 있으며, 1996년까지 「우생보호법」·「나병예방법」을 고치려 하지 않았다.

오늘날의 다문화 공생정책은 근대의 반성에서 출발하고 있다. 그러나 일본에서는 근대의 반성은 없었다. 오히려 일본에게 근대란 찬란하고 자랑스러운 것이었다. 에도시대의 봉건체제를 붕괴시키는 과정에서 강력한 권력을 손에 쥔 무사의 「관」은 에도시대의 다양성의 경쟁이라는 유산과 서구의 산업기술을 접목시켜 경제적 부와 군사적 강대함을 구축할 수 있게 되었다. 그것이 일본의 근대였다. 반성의 대상이 될 수가 없다. 일본으로서는 반성해야 할 근대가 없기 때문에 일본 스스로 근대의 반성에서 출발하는 다문화 공생정책을 짜낼 수가 없다.

「일본(의 내셔널리즘)이 없었다면 한국의 민족주의는 없었다」는 말을 흔히 듣는다. 일본에 의한 한국의 식민지화가 한국인의 민족의식 혹은 민족적 자존심을 자극했다는 의미일 것이다. 한국인이 네이션, 내셔널리즘이라는 개념을 학습하기 시작한 것은 조선조 말, 대한제국 시절 서양의 선교사로부터였다. 그리고 일본의 침략으로 자극된 정서를 그 개념으로 표현한 것이 한국인의 민족주의였다.

내셔널리즘을 학습한 한국인들은 이 외래어를 민족주의라고 표기할 수밖에 없었다. 나라가 없는 그들이 내셔널리즘에 붙일 수 있는 말은 민족주의밖에 없었던 것이다. 국가, 국가주의라고 표기하고 싶어도 불러야 할 나라가 그들에게는 없었다. 그것은 민족, 민족주의에 대한 애착을 더욱 강렬하게 했다. 민족주의는 잠재해 있던 프로토 내셔널리즘을 깨웠고 민족의 독립이라는 당시 한국인의 최고 염원, 가치를 담는 이념으로 정착해갔다.

한국인이 한국인으로서의 동질성을 확인하는 「우리」를 언제부터 인식·의식하기 시작했는지는 확실치 않지만 일찍부터 외세의 압박·침략을 받는 과정에서 「우리」라는 정서가 자리잡았을 것은 분명하다. 특히 국가 구성원으로서의 「우리」모두가 함께 고통받았던 몽골의 침략과 임진·정유왜란은 한반도의 모든 사람이 「우리」의식을 공유하는 계기가 되었을 것이다. 그 「우리」들의 나라가 송두리째 식민지가 되었다. 「우리」들 마음 속에 자존·자결의 염원으로서의 강렬한 민족주의가 확산되어갈 수밖에 없었다.

한국인에게 근대는 없다. 한국인이 일본에게 빼앗긴 것은 나라뿐만 아니라 「우리」의 언어·문화·가치… 그리고 역사까지였다. 가장 심각한 비극은 역사의 단절이었다. 「식민지근대화론」을 용서할 수 없는 이유가 거기에 있다. 그리고 한국은 단절의 역사를 바로잡아야 했다. 그것이 식민지 청산의 기본이었다. 그러나 식민지청산 작업, 역사 단절의 치유는 정치권력의 독점사업이 되었고 정치권력의 의지에 따라 그 방향, 내용이 달라지게 되었다. 정치권력이 독점하는 한국의 민족주의 내셔널리즘이 나타난 것이다.

해방 후 이승만 정권 아래서는 「일민주의」 민족주의가 국민을 일체화시키는 지도이념으로 군림했다. 이는 겔너가 말하는 정치적 단위와 민족적 단위는 일치하지 않으면 안된다는 정치원리로서의 내셔널리즘과 정확히 일치하는 것이었다.[61] 남북으로 분단된 상황에서 특히 한국전쟁 이후 「북진통일」이라는 슬로건을 시골 동네 담벼락에도 붙일 정도로 정치권력은 강력한 통일 의지를 모든 한국인에게 어필했고 한 민족 한 국가여야 한다는 주장은 큰 설득력을 갖고 있었다. 「일민주의」 민족주의와 통일 의지는 모두에게 수용되기 쉬웠고 그렇게 수용된 민족주의의 정서, 통일 의지는 사회적 통합에 공헌했다. 그러나 그것이 역사의 단절을 치유하는 것과 연결되지는 않았다.

쿠데타로 정권을 장악한 군사정권은 정권의 정당성을 확인받기 위하여 「혁명공약」을 통해 민족주의 정서를 자극했고 가난퇴치(경제개발)를 약속했다. 한국인은 이미 원초적 내셔널리즘으로서의 「우리」 정서를 품고 있었고 이승만 정권 아래서 「일민주의」 민족주의를 학습해왔기 때문에 군사정권이 말하는 「민족적 민주주의」에 저항감을 품지 않았으며 오히려 신선한 주의·정서·이념으로 쉽게 받아들였다. 「일민

---

61) Gellner 앞의 책 번역본, p.1 참조.

주의」의 유산과 군사정권의 프로파간다「반공」은 쉽게 접목될 수 있었다. 군사정권의「반공」민족주의는 북한의 침공으로 시작된 한국전쟁을 기억하는 한국인의「반공」의식과 식민지 시절에 확실해진「우리」의식의 대칭 의식인「반일」의식을 포섭하면서 통합 에너지로 성장해 갔고 이는 개발 에너지로 이어졌다. 군사정권의 반공 민족주의는 경제개발 계획의 성공적인 수행과 산업화에 따른, 일부이기는 하지만 군부의 상위계층으로의 이동으로 인해 발생할 수 있는 한국 사회의 수직적 분열을 예방하는 효과를 가져왔다.[62] 그러나 일본과의 경제협력을 중시한 이유도 작용하여 식민지 청산이나 역사 단절의 치유와 관련된 노력의 흔적은 남기지 않았다.

이렇게 한국의 민족주의 내셔널리즘이 포섭하는「반공」민족주의와「반일」민족주의는 논리적으로 단절되어 있으면서도 절대 최고의 가치로서의 자리는 유지할 수 있었고 모든 정권의 통치이념 장치로 기능해 왔다. 첫 정권에서 군사정권 및 그 후계 정권까지의 소위 우파정권은「반공」민족주의를, 그 후에 등장하는 소위 좌파정권은「반일」민족주의를 반대진영을 공격하는 도구로 활용하여 온 것이다. 소위 우파정권은 정권에 비판 혹은 반대 입장을 표하면「빨갱이＝반동분자」라 내몰았고 소위 좌파정권은 반대편을「친일＝반민족분자」라 공격했다.[63]「반일」민족주의는 반일정서를 품는 포퓰리즘을 만족시키는「반민족행위처벌법」을 제정하였고『친일인명사전』을 만들기도 했다. 한국의

---

62) 위의 책(번역본), pp.107-147 참조.
63) 좌우파 정권 앞에「소위」를 붙인 것은 한국에서 말하는 좌(혹은 진보) 우(혹은 보수) 어느 쪽도 고전적인 해석과 어긋난다고 판단했기 때문이다. 고전적인 해석에 따르면 우파란 구성원의 기본권과 자유를 최대한 보호하기 위하여 국가의 권력이나 정책수행의 범위를 최소화하는 작은 정부를 지향하고 좌파는 구성원 안의 이익공유 폭의 최대화를 지향하기 때문에 결과적으로 큰 정부가 된다.

민족주의 내셔널리즘은 정치권력이 독점하는 통치도구로 변질되었음을 말해준다. 그리고 배타적인 정치권력 간의 공방 속에서 역사 단절의 골은 더 깊어져갔다.

내셔널리즘이 정치권력의 시녀가 되었을 때 근대의 국민국가들이 지향했던 배타적인 독점적 지배구조가 강화될 수밖에 없다는 진실이 일본, 한국 어디서나 오늘날에도 그대로 살아있음이 확인되고 있다. 그 상황에서 공생의 윤리·질서는 살아나기 어렵다.

이항대립의 함정
−아이누지역 집단과 사일런트 아이누를 중심으로−

스즈키 히로타카(鈴木啓孝)

도호쿠대학 대학원 문학연구과에서 문학박사 학위를 취득했으며, 현재 구마모토대학 대학원 인문사회과학연구부 준교수로 재직 중이다. 동명대학교 경영대학 관광경영학과 전임강사, 동의대학교 인문대학 일어일문학과 조교수로 한국 대학에서 일본어와 일본문화 교육에 종사하였다. 주요 업적으로는『하라 다카시와 구가 가쓰난−메이지 청년의 사상 형성과 일본 내셔널리즘−』(제10회 일본사상사학회 장려상 수상),『근대 이행기의 지역 형성과 음악−창조되는 전통과 이문화 접촉』(공저),『글로벌화 속의 일본 사상−「기나긴 19세기」를 거쳐온 지역−』(공저) 등이 있다.

1 들어가며

    역사 속의 여러 시점에서 현재의 일본이라는 국가 영역이 단일 민족으로만 이루어졌던 적은 없었다. 그것은 북쪽에 있는 아이누 민족의 존재나 남쪽 섬에 있는 류큐 문화의 존재를 보아도 분명하다. 강제 이주와 연행을 제외하고도, 적어도 두 민족과 세 개의 큰 문화가 이 열도 위에 존재하며 문화접촉이 반복되고 있었다.[1]

  2018년은 홋카이도(北海道)라는 행정 구분이 성립된 지 150년이 되는 해였다. 이를 계기로 일본방송협회(NHK) 삿포로 방송국은 홋카이도의 근현대사를 되돌아보는 다큐멘터리와 드라마를 대거 제작하였다. 이렇게 제작된 방송 중 일부가 전국에 방송되었기 때문에 홋카이도 사람에 국한되지 않고 전 일본인들의 이목을 집중시켰다.[2] 러일전쟁 이후 홋카이도와 가라후토(樺太)를 무대로 하여 아이누 소녀 아시리파의 활약을 그린 만화 『골든 카무이』가 TV 애니메이션으로 제작된 것도 같은 2018년이다.[3]

---

1) 나미카와(2004), p.1
2) 다큐멘터리로써는 홋카이도 스페셜『시리즈 홋카이도 150년』제1집「개척－역경 끝에－」2018년 7월 13일 방송, 제2집「아이누모시리에 살다」7월 27일 방송되었다. 드라마로는 홋카이도 150년 기념 스페셜『영원의 니시파－홋카이도라고 명명한 남자 마츠우라 다케시로(松浦武四郎)－』오이시 시즈카(大石静) 제작, 마츠모토 준(松本潤) 주연으로 2019년 7월 15일 방송되었다.
3) 노다 사토루(野田サトル) 작, 2014년 슈에이샤『주간 영 점프』에 개시된 만화연재는 2022년 4월에 완결되었다. 단행본은 동년 7월에 전 31권을 간행으로 완결되었고, 누적 판매량은 2,000만 부를 넘었다. 만화대상 2016 대상, 2018년 데즈카 오사무 문화상 만화 대상을 수상. 주식회사 제노 스튜디오가 제작한 TV애니메이션은 2022년 9월 30일 현재 제3기(각 12화)까지 방영되었고, 아마존 프라임 비디오와 넷플릭스 등의 인터넷 사이트에서 시청이 가능하다. 2022년 10월부터 제4기의 방송이 개시된다.

다큐멘터리나 뉴스 등의 TV 방송, 신문이나 잡지의 기사, 게다가 만화나 애니메이션 등 미디어의 다양한 콘텐츠를 통해서, 다시금 전국적으로 알려졌듯이 홋카이도의 아이누 민족은 이미 멸망해 버린 과거의 존재가 아니다. 일본의 마이너리티로서 그들만의 문화와 함께 현재도 분명히 존속되고 있다. 하지만 견해에 따라서는 멸종이 우려되고 있어서 최근에 그들을 둘러싼 논의 중에 몇 가지가 첨예화되었다.[4] 관련 서적이 속속 출간되고[5] 사상계 학술잡지에 특집으로 다루어진[6] 것을 계기로 문제의 당사자나 전문가에 국한되지 않고, 문화인류학이나 민속학 그리고 문학이나 역사학 등의 다양한 학문 분야 연구자들의 관심을 불러일으켰다.

필자는 현재 이 문제의 무대인 일본 동북지역과는 반대되는 서남지역의 규슈지방에 소재한 대학에서 근무하고 있다. 아이누 관련 문제의 당사자도 아니고 해당 분야의 전문가도 아니다. 그러나 전공이 근대 일본 사상사로 그동안 일본 내셔널리즘에 관한 조사와 고찰을 거듭해온 경험상 아이누의 근현대사는 결코 무시할 수 없는 논점이라고 생각한

---

4) 예를 들어 ① 악법으로써 유명한 홋카이도구토인보호법이 폐지된 1997년에 성립된 「아이누 문화의 진흥과 아이누 전통 등에 관한 지식의 보급 및 개발에 관한 법령」(통칭 「아이누 문화진흥법」 혹은 「아이누 신법」)의 운용을 어떻게 할 것인가. ② 과거의 인류학자가 아이누의 묘를 발굴해서 모은 유골의 변환을 둘러싼 재판 투쟁. ③ 아이누의 혈족을 이어나가고 있지만, 문화적 전통을 상실하고 일본 사회에서 살고 있는 사일런트 아이누의 갈등 문제 등 여러 가지가 복합적으로 존재하고 있다.

5) 2018년 이후에 출판되어 화제를 불러일으킨 서적 사라시나·요시다 역(2018) 『아이누 인물지』, 나카가와(2019) 『아이누 문화로 해석하는 「골든 카무이」』, 이시하라(2020) 『〈침묵〉의 자전적 민족지』, 시돌 저·윈체스터 역(2021) 『아이누 통사』 등이 있다.

6) 또한 세이도(青土)사가 발행한 『아이누 총특집 마츠우라 타케시로-아이누 민족을 사랑한 탐험가-』가 2019년 8월 임시증간호나, 『현대사상 특집 교차성(intersectionality)-복잡한 〈성〉의 현실을 잡는 사상-』 2022년 5월호 등이 있다.

다. 반면, 필자가 근무처에서 만나본 서일본 출신의 젊은 학생들에게 아이누는 일상의 생활에서는 만날 수 없는 미디어 속의 존재로서 가까이에서 실감할 수 없는 존재였다. 비록 애니메이션이나 만화를 통해 어떠한 이미지를 가지고 있다 하더라도 아이누를 둘러싼 정치적·사회적·역사적·사상적 문제에 관심과 지식을 갖춘 학생은 극소수에 불과했다.

본고는 그러한 서일본 지역의 대학교육 현장을 토대로 작성된 글이다. 우선 전제로서 필자가 담당하는 교양강의 수강생들에 대한 설문조사를 바탕으로 금세기 들어 10여 년간 일본의 학교 교육을 받은 젊은 세대 일반의 아이누에 대한 인지 방식을 파악하고자 한다(제2절). 그리고 그러한 인지에는 정확성이 부족하다는 것을 과거의 아이누 지역 집단의 존재(제3절)와 현재의 사일런트 아이누의 존재(제4절)라는 두 사례를 통해 설명하고자 한다.

마지막으로 아이누뿐만 아니라 오키나와인이나 재일코리안 등 일본의 마이너리티와 마주할 때 필요한 최소한의 역사 인식을 제시하고자 한다. 본고는 현재 일본 사회가 안고 있는 아이누에 관련된 여러 문제들을 해결하기 위한 구체적인 방안을 제공하는 것은 아니지만, 본고가 제시하는 역사 인식은 일본열도에 거주하는 사람들뿐만 아니라 한반도에 거주하는 사람들에게도 의미가 있을 것으로 생각된다.

2 문제의 소재
─민족에 얽힌 인지의 부정확성에 대해서─

2.1 문제 제기 ─일본은 단일민족 국가인가─

　한국에서 일본인이란 확실한 역사적 전통을 근거로 굳게 단결된 단일민족이며, 일본인들이 사는 일본 사회나 일본 문화도 무난하고, 단조로우며, 균일적이면서도 단순화되어 있는 것처럼 보일 수 있다. 이는 일본인 스스로 대외적으로 그러한 식으로 선전을 해왔기 때문일지도 모른다. 하지만 대내적으로는 일본 국적을 소지하고 일본열도에 사는 사람들 대다수가 확실하게 자신들이 단일민족이라고는 생각하지 않으며, 자신들의 사회나 문화가 무난하고, 단조로우며, 균일적인 것이라고 생각하지도 않는다. 왜냐하면 학교 교육을 통해 일본열도에는 북쪽에서부터 순서대로 ① 아이누, ② 와진(和人, 샤모) 또는 야마토(大和), ③ 류큐(沖縄, 오키나와)라는 적어도 3개의 인간집단 또는 문화적 전통이 존재한다는 통념이 널리 퍼져 있기 때문이다.

　필자가 근무하는 대학에 입학한 학생들을 예로 들어 현재 일본에 사는 젊은 세대의 일반적인 상식을 살펴보고자 한다. 필자는 2019학년도부터 2022학년도까지 입학한 1학년 학생(문·법·교육·이·공·의·약의 7개 학부)을 대상으로 「현대 세계의 형성과 과제」라는 교과목의 교양강의를 담당하고 있는데 그 중 2주 동안의 강의 내용을 홋카이도 아이누의 근현대 해설에 할애하고 있다. 2020년부터 3년간 강의에 대한 사전 조사에서 「일본은 단일민족국가이다(여야 한다)라는 주장에 대해 당신은 어떻게 답변하겠습니까?」라는 설문조사를 실시해 총 422

명으로부터 답변을 받았다. 이하 학생들의 응답을 6가지 유형으로 정리하여 그 개요를 살펴보기로 한다.

2.2 앙케이트 집계 결과 —6개의 유형—

일본은 단일민족국가이다(여야 한다)라는 주장에 대한 답변으로 〈유형1〉은 「전면적으로 긍정」이었다. 과거부터 현재까지 일본은 극히 일부 예외를 제외하고 일관되게 단일민족국가이다. 낮은 문맹률, 낮은 범죄율, 대외적으로 인지도가 높은 자랑스러운 전통문화 등 단일민족국가라는 점을 통해서 함께 수반되어 오는 중요한 이점들이 있다. 따라서 앞으로도 계속 단일민족국가의 동질성이 가져다주는 이점을 유지해야 한다. 지금의 일본에 있는 민족적 문제는 지역 간의 차이일 뿐, 각지의 문화는 지역문화로서 보호하면 된다. 해외에서 오는 노동자에 대해서는 일본 사회에 동화될 수 있도록 노력해야 한다.(23명, 약 5%)[7]

〈유형2〉는 「대체로 긍정(부분적으로는 부정)」이다. 과거부터 현재에 이르기까지 엄밀히 말하면 일본은 단일민족국가라고 할 수 없다. 일본에 이미 존재하고 있는 민족적, 문화적 다양성은 지켜져야 한다. 하지만 글로벌화라는 현재의 흐름을 무비판적으로 수용한 이민정책을 추진해서는 안 된다. 범죄나 차별의 증가, 그로 인한 사회 불안정 등 일본이 다민족 국가를 지향하면서 그로 인해 생기는 폐해는 필연적인 상황이다. 이를 예방하고 앞으로도 계속해서 단일민족국가로서의 동질성이

---

7) 앙케이트의 답변에 출현한 단어나 표현에는 낮은 문맹률, 낮은 범죄율, 일본 재류 외국인에 의한 높은 범죄율, 미·중·러 등의 다민족 국가 내부의 민족분쟁에 대한 우려, 대외적으로 자랑할 만한 전통문화, 일본어 교육의 철저함, 동화정책의 추진 등이 있다.

가져다주는 현 상황의 이점을 유지해야 한다.(20명, 약 5%)8)

〈유형3〉은 「대체로 부정(부분적으로는 긍정)」이다. 오래 전부터 일본은 단일민족국가를 이상으로 삼으며 그것을 목표로 한 시대가 있었고, 거기에는 이점이 있었는지도 모른다. 실제로 섬나라 일본에는 그러한 이상의 기반이 될 만한 동질성도 확실히 존재한다. 그러나 이러한 생각은 이미 시대에 뒤떨어진 사고방식이다. 오래 전부터 현재까지 일본에는 일관되게 마이너리티 그룹이 존재해왔으며, 그들의 문화도 존속되어 왔다. 글로벌화에 의해 다양성의 존중이 요구되는 현재의 흐름을 적극적으로 수용해서 앞으로는 다민족 국가로서 한층 더 다양한 민족이나 문화가 공생하는 사회를 실현해야 한다.(91명, 약 21%)9)

〈유형4〉는 「전면적으로 부정」이다. 오래 전부터 현재까지 일본에는 일관되게 마이너리티 그룹이 존재해왔으며, 그들의 문화가 존속되고 있었기 때문에, 일본이 단일민족국가였다는 것은 사실이 아니다. 본래 일본은 다민족 국가였다. 문화의 다양성과 유동성이야말로 일본 사회 발전의 기반이었고, 근대의 동화정책은 완전한 실패한 정책이다. 따라서 필연적으로 앞으로도 단일민족국가가 될 수 없다. 글로벌화가 진행되면서 다양성 존중이 요구되는 현 상황을 적극적으로 수용해서 다양한 민족과 문화가 공생하는 사회를 실현해야 한다.(252명, 약 60%)10)

---

8) 각주7) 이외에도 외국인기능실습생의 학대에 대한 우려, 경제우선주의에 대한 비판 등이 나타났다.
9) 앙케이트의 답변에 출현한 단어나 표현에는 아이누, 류큐(오키나와)인, 재일코리안, 재일중국인, 재일브라질인, 외국인노동자, 외국인기능실습생, 유학생, 국제결혼, 난민, 저출산고령화(인구감소) 등이 있다.
10) 주9에 더해서 蝦夷(에미시), 쿠마소(熊襲), 하야토(隼人), 도래인, 혼혈, 고대부터 대륙문화를 수용, 문화혼교, 다종다양한 각지의 방언 등이 출현했다.

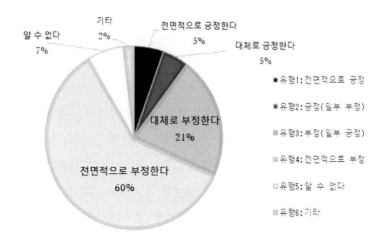

<그림1> 「일본은 단일민족국가이어야 한다는 주장에 대해 어떻게 답변하겠습니까?」
일본인 학생 회답(총수 : 422명)

〈유형5〉는 「알 수 없다」이다. 단일민족국가와 다민족 국가 모두 장
단점이 있다. 그 어느 쪽이라고 말할 수 없다.(28명, 7%)[11]

마지막으로 이상 다섯 가지 유형으로 분류할 수 없는 독자적인 의견
을 〈유형6〉이라 하겠다. 사례 몇 가지를 보기로 한다. ①일본뿐만 아니
라 전 세계 어디에서도 엄밀한 의미의 단일민족국가라는 것은 존재하
지 않는다. 민족이란 틀 자체가 상상의 산물이지 실체는 없다. ②단일민
족이라는 틀 자체에 중요한 의미는 없다. 같은 민족으로 여겨지는 집단
의 안에는 더 작은 그룹이 있고, 그 사이에 심각한 분쟁도 일어나고
있다. ③인간은 생물학적으로 보면 모두 동종이다. 인종, 민족, 문화 등
은 전혀 상관이 없으며, 결국은 스스로 자기 주변에 있는 사람들의 가치
관을 존중할 수 있느냐, 없느냐로 도달한다.(8명, 2%)

11) 답변의 의미가 불명료한 경우도 포함한다.

2.3 앙케이트 집계결과의 해석

이처럼 일본은 단일민족국가이다(여야 한다)라는 주장에 대한 대답은 〈유형3〉의 「대체로 부정」과 〈유형4〉의 「전면적으로 부정」이 합계 80%를 차지하였다. 홋카이도나 오키나와의 선주민들은 물론이고, 재일코리안이나 재일브라질인 등 일본에서 소수이기는 하지만 다양한 민족 출신을 가진 사람들이 살고 있으며 그들의 문화가 계속해서 유지되고 있는 것이 현실이다. 정보기술이나 교통수단의 발달에 의해 물리적으로도 정신적으로도 다른 여러 외국과의 거리가 가까워졌고, 이와 동시에 글로벌화가 계속 진행되고 있는 것이 현실이다. 이러한 상황을 살펴본다면 일본이 단일민족국가여야 한다는 생각을 고집해야 할 이유가 그다지 없어 보인다. 따라서 많은 민족이 서로 간의 문화를 존중하면서 안전하게 살아갈 수 있는 사회를 실현해 나가는 즉, 다민족 국가로서의 일본이야말로 이제부터 지향해야 할 상황이다. 이상이 필자가 평소 만나게 되는 일본 젊은이들의 일반적인 통념이라고 말할 수 있을 것이다.

여기에 정면으로 반대하는 의견도 있다. 즉, 근대 이후 일본은 일부의 예외를 제외하고는 단일민족국가로서 존속되어 왔으며 그것이 현재의 상황이다. 단일민족국가로서의 일본은 모두가 메이저리티이기 때문에 사회가 안정되는 장점이 있으며, 미국이나 중국, 러시아와 같은 다민족 국가들의 불안정한 사회와 비교해서 훨씬 우수하다고 생각한다. 따라서 일본은 종전보다 더욱 더 적극적으로 동화정책을 추진하여 현재의 마이너리티를 제거하여 집단 내부의 대립구조 그 자체를 해소하는 것이 필요하다. 이러한 의견을 표명한 학생도 확실히 일부 존재하지만,

그 분포는 소수에 불과하다.[12]

그럼 상기 답변 중에서 〈유형6〉을 뺀 〈유형1〉~〈유형5〉까지(422명 중 414명, 약 98%)를 살펴보면 단일민족국가로서의 일본을 유지해야 한다는 입장과 다민족 국가로서의 일본을 실현하고 싶다는 입장, 그리고 양쪽 모두 장단점이 있어서 모르겠다는 입장 등 어느 쪽이든 일본이라는 국가의 메이저리티로서의 일본(야마토)민족과 그 문화가 존재한다는 인식을 공유하고 있다는 것을 알 수 있다. 그리고 이 메이저리티 존재의 전제로써 일본의 동북 방면으로는「와진(샤모)⇔아이누」, 서남 방면으로는「야마토⇔류큐·오키나와(우치나)」라는 대항 관계가 있다고 파악하는 견해가 통용된다. 본고의 주제인 동북 방면으로 논점을 좁히면, 근대 이전에 있어서의 압도적 다수의 와진를「샤모」혹은「시사무」라고 부르며[13] 거기에는 일치단결해서 대항한 소수민족인 아이누가 있다는 이항 대립의 도식적인 파악을 생각할 수 있다. 즉, 아이누는 아이누로서 통일되어 있었다는 인식이 있으며, 이러한 인식에 대해 전혀 의심하지 않았다.

게다가 근대 이전부터 역사적 전통을 이어온 아이누 민족과 그 문화가 아이누의 피를 이은 사람들의 노력에 의해서 현재에 이르기까지 면면히 존속해왔다는 인식이 공유되어 있다. 일본은 다민족 국가여야 한다는 입장에서는 오늘날까지 이어져 온 아이누라는 소수민족과 그들의 문화에

---

12) 설문 응답에서 매년 2~3명, 이런 주장을 상당한 장문으로 웅변하는 수강생이 출현한다. 전체적으로 볼 때 극소수이긴 하지만 매년 꼭 여러 명이 이렇게 응답하는 것은 흥미롭다. 다수파보다 장문하고 웅변하는 것은 본인에게도 자신의 의견이 소수파의 것임을 자각하고 있기 때문인 것처럼 느껴진다. 역설적이지만 현대 일본의 학교교육을 받은 젊은 세대에서는 일본은 단일민족국가(해야 한다)라는 의견을 가진 쪽이 마이너리티다.
13)「샤모」도「시사무」도 똑같이 아이누어로「이웃」을 의미한다.

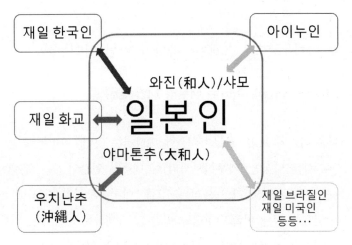

<그림2> 「다민족국가로서의 일본」의 자화상

높은 가치를 부여하여 반드시 보호해야만 한다고 강조하기도 한다. 반면, 단일민족국가여야 한다는 입장에서도 아주 일부의 예외로써 결과적으로는 동화될 것이라고 하지만, 현시점에서의 아이누 민족과 그들의 문화가 존속하고 있다는 사실 그 자체는 부정할 수 없다. 양자의 입장은 상반되지만, 다수파인 와진과 대립관계에 있는 소수파인 아이누가 자문화의 계승을 바라는 것은 당연하다는 인식이 공통적으로 형성되어 있다.

본고는 현재 일본의 학교 교육을 받은 젊은 세대들에게 인지적 부정확성 때문에 문제가 되는 것이 바로 이 두 가지 점이라고 생각한다. 즉, 근대 이전에 있어서의 아이누 민족과 그들의 문화가 통일되어 있었다는 인식과 현재 아이누의 혈통을 이어온 사람들은 모두 하나같이 자문화의 계승을 바라고 있을 것이라는 인식이다. 그러므로 전자에 대해서는 제3절에서, 후자에 대해서는 제4절에서 확인할 수 있는 바와 같이 이러한 문제는 오해에 불과하다고 말할 수 있을 것이다.

3 아이누 역사 스케치 - 하나가 아닌 아이누 -

3.1 아이누의 어원과 아이누 내부의 대립 항쟁

어원을 따라가 보면 「카무이=신」에 해당하는 것이 「아이누=인간」이
며, 신이 사는 세계인 「카무이모시리」에 대해서 인간이 사는 세계(=이
세상=현재 「홋카이도」라고 불리는 섬)를 「아이누모시리」라고 했다.14)
즉 「아이누」는 본래 민족명이 아닌 인간 그 자체라는 의미이다. 외부세
계의 시각으로 보면 「아이누 민족」이라는 하나의 인간집단으로 보였다
하더라도 내부적으로는 모두가 같은 그룹의 일원이라고는 생각하지 않
았다.

예를 들어 1600년대 아이누모시리에는 「메나시쿠르」나 「슘쿠르」로
불리던 상호 대립하는 인간집단이 있었다. 아이누어로는 하천의 동쪽
을 「메나시」, 서쪽을 「슘」이라고 한다. 메나시쿠르란 「강 동쪽 편의 사
람」, 슘쿠르란 「강 서쪽 편의 사람」이라는 뜻이 된다. 〈그림3〉에서 보
는 바와 같이, 메나시쿠르와 슘쿠르의 경계였던 하천의 이름은 시푸차
리강으로 현재는 시즈나이(静内)강이라고 불리고 있다.15)

---

14) 나미카와(2004), pp.7-8.
15) 이 시기의 아이누를 메나시쿠르(샤쿠샤인), 슘쿠르(오니비시), 이시카리 아이누(하
우카세), 요이치 아이누(하치로에몬), 우치우라 아이누(아이코우인)라는 5개의 정
치적 세력으로 분단되었다는 통설(카이호(1974), pp.99-122)이 있으며, 이것을 참
고하여 지도를 작성하였다. 하지만 근년 「이러한 큰 집단은 없었다」(히라야마
(2016), p.188)는 의문도 제기되었다. 금후 연구의 진전이 실현되기를 바라나 어떻
든 당시의 아이누는 하나의 수장 아래에서 통일되었던 정치적 민족적 대집단을
형성해 왔다는 것이 아니라는 점은 확실하다. 또한 하치로에몬을 수장으로 하는
요이치 아이누는 홋카이도 서북안, 리시리섬, 레분섬 뿐만이 아니라, 사할린의 남
해안에도 분포하고 있기 때문에 그림의 세력권의 상반부를 개방하고 있다. 요이치

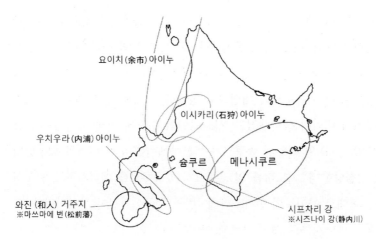

요이치 (余市) 아이누

이시카리 (石狩) 아이누

우치우라 (内浦) 아이누

숨쿠르   메나시쿠르

와진 (和人) 거주지
※마쓰마에 번 (松前藩)

시프차리 강
※시즈나이 강 (静内川)

〈그림3〉 샤크샤인 전투 당시(1669년)의 아이누모시리

1669년, 반와진과 반마쓰마에를 기치로 한 샤쿠샤인(?~1669)의 격문
에 대응하여, 홋카이도 남해안의 아이누가 일제히 봉기를 일으켰다. 이
것이 고등학교용 일본사 교과서에 반드시 기재되어 있는「샤쿠샤인의
전투」이다.16) 고등학교 교과서에는 아이누 민족 전체가 샤쿠샤인 아래
에 결집해 와진에 싸움을 건 것처럼 보이는 간단한 설명이 실려 있지만
사실은 다르다.17) 이하 아이누의 통사로 정평이 나 있는 에모리 스스무
(榎森進)『아이누 민족의 역사』의 기술을 참고하여 이 전투의 흐름을

아이누는 중국 대륙과 마쓰마에의 와진 거주지와 해로로 연결된「중계교역지대의
사람들이었다」. 카이호(1974), p.113.
16) 고등학교 지리역사서『일본사 B』교과서 전8종(2018년 4월 현재)에 기재되어 있다
(전국역사교육연구협의회(2018), p.ii,161).
17) 한 예로써「아이누 집단은 1669년 샤쿠샤인을 중심으로 마쓰마에번과 대립하여
전투가 일어났지만, 마쓰마에번은 쓰가루번의 협력에 힘입어 승리했다. 이 샤쿠샤
인 전투에서 아이누는 전면적으로 마쓰마에번에 종속되었고, 게다가 18세기 초반
까지는 많은 시장이 야마토 상인의 청부가 되었다」. 사사야마 · 사토 · 고미 · 다카
노(2016), p.182.

①~⑤로 정리해 보기로 한다.[18] ① 아이누의 반와진 투쟁을 지도한 샤크샤인은 메나시쿠르의 수장이었다. ② 이 무렵의 메나시쿠르는 경계인 시즈나이강 연안의 수렵·어로권을 둘러싸고 오니비시(?~1668)를 수장으로 하는 슘쿠르와 대립하고 있었다. ③ 1667년경 메나시쿠르와 슘쿠르의 대립이 심각해졌고, 샤크샤인의 습격에 의해 오니비시가 살해되었다. ④ 열세가 된 슘쿠르가 마쓰마에번에 무기 원조를 요구했지만, 거절당한 후 지도자를 잃고 동요하던 슘쿠르를 메나시쿠르가 포섭하는 형태로 아이누의 반마쓰마에·반와진 공동전선이 성립되었다. ⑤ 원래는 메나시쿠르 대 슘쿠르의 아이누 내부의 대립 항쟁이었으나 어느새 아이누 대 와진의 무력투쟁으로 변질되었다.

이후 마쓰마에번은 아이누들에게 화해하자며 샤쿠샤인을 속여 유인한 이후 모살했다. 지도자를 잃은 아이누의 전의는 시들해졌고, 싸움은 단번에 종식을 맞이하게 되었다. 샤쿠샤인 전투에 홋카이도 전역의 아이누가 참가한 것은 아니다. 일례로 하우카세(?~?)를 수장으로 하는 이시카리 주변의 그룹(〈그림3〉의 「이시카리 아이누」)은 샤쿠샤인이 주도한 아이누 공동전선에 가담하지 않고 마쓰마에번과 독자적인 교섭을 시도했다.[19] 고등학교의 일본사 수업에서 샤쿠샤인 전투에 대해 배운 고등학생이 가지게 되는 이미지와는 달리 아이누가 일치단결해서 와진에 싸움을 건 사실은 없다. 이상을 종합해볼 때 아이누 민족과 그들의 문화가 통일되어 있었다는 인지는 정확하지 않다는 것이 분명하다.

---

18) 에모리(2008), pp.184-210.
19) 히라야마(2016), pp.226-253. 하우카세의 「외교센스는 아이누 역사상 최고」라고 평가받았다.

3.2 근대 이후의 홋카이도
─ 지시마 가라후토 교환조약과 사할린 아이누의 슬픈 역사─

1869년 1월, 구막부군이 하코다테(箱館)의 고료가쿠(五稜郭)를 점거하고 에노모토 다케아키(榎本武揚, 1836~1980)를 수반으로 하는 하코다테 정권이 성립되었다. 이후 동년 6월 27일까지 하코다테 전투가 계속되었다. 하코다테 정권의 항복 후 메이지 정권은 개척사를 설치하고, 새롭게 홋카이도에 11국 86부라는 행정구역이 탄생한다. 선주민이었던 아이누인이 「아이누모시리」라 불리고, 본토 이남의 와진이 「에조가시마(蝦夷ヶ島)」 또는 「에조치(蝦夷地)」라 부르던 지역은 이후 「홋카이도」라고 불리게 되면서 현재까지 통용되고 있다.

1870년 와타리 다테(亘理伊達) 씨 제14대 당주 다테 구니시게(伊達邦成, 1841~1904)가 가신단을 이끌고 홋카이도 이부리국 우스군에 이주하여 개척사업을 시작했다. 1881년 당시 25살의 신문기자였던 하라 다카시(原敬, 1856~1921)[20]는 이 지역을 취재차 방문하여 기사를 집필하면서 다테 씨에 의한 개척사업의 성과를 극찬했다. 이 지역이 바로 현재의 홋카이도 다테시이다. 그러나 이 시기의 하라는 와진 정착민들의 바로 인근에서 사는 아이누들에게도 주의를 기울이고 있었다. 하라는 「아이누인이라 불리는 사람들은 용모와 골격이 상당히 좋은 인종이며, 그 건장한 면모는 서양인과 비교해도 전혀 뒤지지 않는다」고 말한 이후

---

20) 하라 다카시는 모리오카번(盛岡藩, 현재 이와테현) 출신. 후에 입헌정우회 제3대 총재로서 제19대 내각총리대신. 조선반도에서 3.1독립운동이 일어난 1919년 3월은 하라 다카시를 수반으로 하는 정우회 내각이 성립된 지 약 반년 뒤였다. 하라 수상의 지시 아래 조선총독부는 독립운동을 철저하게 억압했지만, 독립운동을 수습한 후의 조선통치방침은 같은 하라 수상의 지시 아래에서 무단정치에서 문화정치로 전환했다.

「이런 사람들을 교육시켜 와진과 같은 지위에 올리는 것이 가능하다면, 얼마나 일본이라는 나라를 풍요롭게 하고 강하게 만들어 일본 전체에 이익이 될지 상상도 못 할 정도다」라고 적으면서 아이누인 교육을 더욱 더 충실하게 해야 한다고 호소했다.[21]

하라가 취재하러 방문했던 시점으로부터 약 6년 전인 1875년, 러시아와의 사이에서 지시마 가라후토 교환조약(상트 페테르부르크 조약)이 체결되어 러일국경이 확정되었다. 이 시기에 사할린의 아이누인들은 러시아 국적을 취득하여 그대로 사할린 땅에서 계속 거주할 것인지, 아니면 일본 국적을 취득하여 태어난 고향을 떠나 홋카이도로 이동할 것인지 양자택일의 상황에 몰리게 되었다. 그리고 일본 국적을 선택한 사람들은 삿포로(札幌) 근교의 쓰이시카리(対雁)에 강제로 이주하게 되었다.[22] 게다가 홋카이도의 경비와 개간에 종사하던 둔전병의 정착도 같은 해 개시되었다(5월 삿포로 근교의 고토니(琴似) 병촌에 입지). 홋카이도를 순회하던 하라 타카시는 이 쓰이시카리를 방문했다. 거기서는 홋카이도의 토착 아이누인(「북쪽의 아이누」)이 새롭게 쓰이시카리에 이주해온 사람들(「사할린의 아이누」)을 조소하며 「아무튼 불결하고 너무 더러운 냄새가 나서 쟤네들이 사는 집 안에는 절대로 들어가지 마라」는 등 상당히 멸시했다고 보고를 받았다.[23] 본슈 이남의 와진의

---

21) 이하 하라 다카시 「해내주유일기(海内周遊日記)」『유빈호치신문(郵便報知新聞)』 제2641호(1881년 11월 22일)의 한 절을 인용. 「所謂アイノ人は容貌骨格上等の人種にして、其顔色の遅しきなどは外人に比するも一歩も譲らざるべし(中略)。此の如き人種を教育し、能く和人の地位を保たしめば、其国家の富強を益する蓋し量る可らざる者あり」 하라(1967), p.70. 하라 다카시의 아이누 교육론에 관해서는 스즈키(2010), pp.109-111을 참조할 것.

22) 에모리(2008), pp.402-412.

23) 이하 하라 다카시 「해내주유일기」『유빈호치신문』 제2634호(1881년 11월 14일)의 한 절을 인용. 「土人の容貌を見るに、是まで歴観せる地方のアイノに似ず、殆ん

눈에는 같은 아이누인으로 보이지만, 당사자들 사이에는 동족 의식이 없고, 자타의 구분이 명확했다고 전해진다. 아이누 민족과 그들의 문화는 통일되어 있었다는 인지가 부정확하다는 사실은 여기서도 명백히 나타난다.

쓰이시카리로 강제 이주된 사할린의 아이누인들은 결국 그 땅에 정착하지 못했다. 익숙하지 않은 생활과 열악한 환경에 의해서 콜레라 등의 전염병이 유행했고, 대량의 사망자가 발생한 것이다. 1905년 러일전쟁 강화조약의 결과 남사할린이 일본 영토로 편입된 것을 계기로 고향으로 돌아갈 수 있었던 것은 아주 극소수에 불과했다.

「상실의 이야기/역사의 결과」로서의 「나」
—사일런트 아이누를 어떻게 받아들일 것인가—

4.1 사일런트 아이누의 고백

「나는 1982년 삿포로에서 아이누의 하프인 어머니와 고토니 둔전병이 조상인 와진 아버지의 사이에서 태어났다」[24]고 말하는 이시하라 마이

ど支那人の如き容貌にて、一般に逞ましき顔色なく、誠に柔弱なる気風あり。北地のアイノに比すれば、其状貌稍々下るものの如し、然る故にや、アイノ人と雖も往々之を嘲笑して、樺太のアイノは不潔甚だしく、醜気の為めに其屋に入るを得ずなど云へり」 하라(1967), p.64. 여기서 하라가 말하는 「북쪽의 아이누」는 슘쿠르의 후손으로 「사할린의 아이누」는 〈그림3〉의 「요이치 아이누」의 후예라고 생각된다. 각주15)에서 설명했듯이 요이치 아이누는 교역을 통해 중국 대륙과 깊이 연관되어 있었다. 이 점에서 하라가 「사할린의 아이누」를 「중국인과 같은 용모」라고 평한 것과 부합하여 매우 흥미롭다.
24) 이시하라(2020) p.7.

(石原真衣) 씨의 저서가 출판된 것은 2020년 1월이었다. 이 책은 2018년 9월에 홋카이도대학 대학원 문학연구과에서 수리된 박사논문을 가필, 수정한 것이기 때문에 그 원형은 그야말로 홋카이도 150년이라는 시점을 완성시킨 것이었다.[25]

아이누 출신이지만 쿼터인 이시하라 씨는 「아이누 문화를 자문화로 생각하지 못하는 것을 아이누에게도 와진에게도 받아들여지지 못한다」[26]고 말한다. 아이누냐 와진이냐의 이항 대립의 도식이 당연시되는 「아이누의 세계」에서는 아이누 문화의 훌륭함에 자부심을 가지는 것이 상식으로, 그 이외의 다른 이야기는 있을 수 없기 때문이다. 이러한 이항 대립은 이시하라 씨를 키운 가족과 같은 아이누와 와진 간 서로의 피를 잇는 사람들이 이와 같은 형태로 존재한다는 것을 허용하지 않는다. 이시하라 씨는 아이누 출신이면서도 자신이 무엇인지 정확히 인식하지 못하여 침묵하고 있는 사람들을 지칭하는 용어로 「사일런트 아이누」를 제창하여[27] 압도적인 다수파로의 동화를 어쩔 수 없이 강요받아온 조상들의 고통을 생각하며, 그러한 결단을 내린 조상들 때문에 이 세상에 태어난 자신이 떠안을 수밖에 없는 「아픔」에 대해 고백했다.

이시하라 씨의 자신에 대한 언급을 좀 더 확인하기로 한다.

내가 아이누 의상을 나의 문화로 생각하지 못하는 배경에는 우리 가족이 4대에 걸쳐 아이누라는 말조차 철저히 기피하면서 분단이 반복되어온

---

25) 필자가 이시하라 씨의 존재를 안 것은 각주 2)의 텔레비전 다큐멘터리 『시리즈 홋카이도 150년』 제2집 「아이누모시리에 살다」를 시청했을 때이다. 이 방송에서 이시하라 집안을 포함한 아이누 출신을 가진 세 가족이 등장했는데, 아이누로서의 공통점보다도 3자 3색의 차이를 클로즈업하는 구성으로 만들어졌다.

26) 이시하라(2020) p.141.

27) 이시하라(2020) p.18.

사정이 있다. 그런 「나」와 「아이누 전체」를 같은 카테고리에 가두어놓고 논의하는 것은 주의해야 한다. 「내」가 아이누의 전통 의상을 자문화로 여기지 않는 것을 나의 조상 탓으로 돌릴 수는 없다. 쓰루(증조할머니)와 쓰야코(할머니) 시절에는 아이누를 완전히 기피하지 않고는 살 수 없었던 사정이 있었다. 「나」는 쓰루나 쓰야코처럼 아이누 문화를 전부 버리고 떠나지 않으면 살 수 없었던 사람들의 <u>상실의 이야기의 결과</u>이다.[28]

「나의 할머니는 아이누였다」라는 말은 일방적으로 「아이누라는 것을 부인한다」거나, 「아이덴티티가 흔들리고 있다」고 하여 나의 귀속 의식이 어떤지를 묻지 않은 채 아이누로 분류된다. 자각이 없거나, 때로는 선의에 의한 레이시즘이 이러한 분류를 가능하게 한다. 「나」는 홋카이도의 포스트 콜로니얼 상황이 초래한 <u>상실의 역사</u>의 결과이다. 그리고 그러한 「나」의 이야기는 공시적 사회구조에서의 이항 대립적 분류체계로 인해 말할 수 있는 공간이 없어지고 어디에도 이르지 못한 것이다.[29]

이시하라 씨는 자신이 「상실의 이야기/역사의 결과」에서 생겨난 존재라고 규정하고 있다.[30] 「상실」이라는 말의 네거티브한 울림에 대해서 「보존」이나 「계승」은 어디까지나 포지티브하여 당사자는 그렇기 때문에 큰 소리로 말할 수 있는 것이다. 거기에는 자부심이 동반되기 때문이다. 당사자 이외의 사람들을 강력하게 설득할 수도 있다. 하지만 그 큰 소리가 때로는 역으로 조상 전래의 문화를 「상실」하는 것을 선택한 사람들과 그를 위해 아이누의 문화를 자문화로 생각하지 않게 된 아이

---

28) 이시하라(2020) pp.142-143.
29) 이시하라(2020) p.167.
30) 같은 표현은 다른 곳에도 있다. 「나의 아이덴티티나 에스니시티라는 것은 처음부터 어느 쪽에도 속해 있지 않았다. 그것이 「홋카이도 150년」에 있어서의 <u>상실의 이야기의 결과</u>이다. 따라서 해방되어야 할 아이덴티티조차 없다」. 이시하라(2020), p.169

들을 규탄하는 목소리로 바뀌게 된다. 「계승의 이야기」나 「보존의 역사」의 듣기 좋음과는 대조적으로 「상실의 이야기와 역사」는 가령 그것을 「말로 내뱉었다고 해도 그 목소리는 다다르지 못한다」[31])는 것이다.

이시하라 씨는 자신들 가족의 이야기와 역사를 소재로 사일런트 아이누의 존재와 그들의 「고통」을 일본 사회에 알렸다. 아이누의 피를 이어간다는 자각을 가지면서도 침묵을 강요받는 사일런트 아이누는 이시하라 씨의 가족이나 연고자 이외에도 다수 존재한다.[32]) 이미 고향인 홋카이도를 떠나 각지의 일본 사회에 녹아들어 살고 있는 사람들이 많다. 「상실의 이야기/역사의 결과」로서의 「우리」들은 그저 몰래 감추어져 있을 뿐이다. 그러므로 현재 아이누의 피를 이어가는 사람들은 모두 한결같이 자문화가 계속해서 계승되기를 바라고 있을 것이라는 인지가 정확하지 않다는 사실이 명확히 드러난다.

4.2 서일본의 대학에서 사일런트 아이누를 문제시하는 것의 의미

이시하라 씨가 자신을 소재로 써서 밝힌 「상실의 이야기와 역사」는 일본 동북 방면에만 한정된 것이 아니다. 반대쪽의 서남 방면에도 유사한 일이 존재한다. 그 사실을 증명할 수 있는 것이 바로 필자의 강의를 청강하고 있는 학생들의 가족 이야기와 역사이다. 각종 강의의 수강 후 코멘트나 기말 리포트, 강의 전후에 간단하게 나누는 대화 등 다양한

---

31) 이시하라(2020), p.168.
32) 이시하라(2021)에는 30명이 넘는 글쓴이가 기고했다. 아이누의 피를 이어가는 여러 가족들의 삶의 방식과 거기서 겪은 개인의 다양한 삶의 궤적과 생각이 글로 지어졌다. 몇몇 기고자는 「익명」이었으며 지금도 그들이 안고 있는 「아픔」의 정도를 헤아릴 수 있다.

기회를 통해 개진되는 이들의 이야기는 경청해야 할 내용이 있으며, 일본의 서남 방면에서 오히려 수많은 「상실의 이야기와 역사」가 있었음을 상기할 수 있다. 좀 길어지겠지만 한 예를 살펴보기로 한다.

제 할머니는 아마미오시마(奄美大島) 출신으로 결혼과 동시에 구마모토로 건너온 것 같습니다만, 증조할머니가 아마미의, 잘은 모르겠습니다만, 신의 말씀을 듣고 전하는(?) 대단한 분이었다고 합니다. 대대로 그 집의 맏딸이 이어간 그 역할을 맡은 사람은 평생 어떤 한 가지는 먹을 수 없었다고 합니다(증조할머니의 경우는 장어). 그 역할에 계승되는 의상인가 뭔가가 있는데 더 이상 그 역할을 할 수 없게 되었고, 딸에게도 계승하지 못하게 된 증조할머니는 그 의상을 어디론가 돌려주러 갔다는 것밖에 듣지 못했습니다. 저는 이 이야기를 듣고 아마미의 문화, 민족, 그리고 나의 조상에 대해 흥미를 느끼게 되었는데, 이번 강의를 듣고 더 흥미가 깊어졌습니다. 아이누의 경우를 듣고도 생각했습니다만, 대대로 이어온 문화, 전통은 점점 희미해지고, 그저 어느 한 대에서 그것을 잇느냐 마느냐에 따라 그것이 무너지고 없어지는 일도 있다는 것이 매우 안타까운 일이라고 느꼈습니다.

할머니가 구마모토에 오지 않고 아마미에서 증조할머니의 뒤를 이었다면, 메이지 정부가 동화정책을 취하지 않고 아이누 사람들의 삶을 지켰다면, 어땠을까 하는 아쉬움이 많이 남습니다. 문화가 더 이상 사라지지 않도록 보전하는 것은 중요하고 가능한 한 계속해서 이어가야 한다고 생각합니다. 하지만 보전한다는 것, 단지 그것만을 위해 계속해 나간다는 것은 왠지 조금 위화감이 들기도 합니다.[33]

---

33) 2018년에 개강한 「문화사개설」이라는 문학부 역사학과 전공 강의에서 홋카이도 아이누에 대한 해설을 청강한 학생이 수강 후에 제출한 코멘트의 전문을 일부 정리해서 인용했다. 이 학생의 본적지는 구마모토현, 출신고등학교도 구마모토 현내에 소재한다. 일상생활에 있어서는 자타가 공히 인정하는 「구마모토 출신의 일본인」이다.

아마미오시마는 현재 행정구역으로는 가고시마현에 속해 있다. 에도 시대 내내 사쓰마(薩摩)의 시마즈(島津) 가문에 의해 통치를 받았지만, 규슈 본섬의 가고시마 현민 거주지와는 확연히 다른 문화적 전통이 현재까지도 이어져 오고 있다. 그 이전에는 류큐 왕조의 지배 아래에 있었던 시절도 있었지만, 아마미의 문화적 전통은 오키나와 본섬과도 확연히 다르다. 아마미오시마, 오키나와 본섬의 두 섬만이 아니라 규슈 이남의 일본 서남 방면에는 수많은 섬이 있어 각 지역 고유의 역사와 그 지역 주민들의 삶이 지금도 계속되고 있다. 「야마토」나 「오키나와(우치나)」라는 양자 중 하나로 구분할 수 있는 것이 결코 아니다.

위 학생의 코멘트를 통해서 확인된 바와 같이 필자가 근무하는 대학이 소재한 규슈지방에는 선조 중 한 명이 이들 섬에서 건너왔지만, 자기 자신은 이미 그 섬과는 인연이 끊어졌다는 사람들이 많이 살고 있다. 이 학생은 「문화가 더 이상 사라지지 않도록 보전하는 것은 중요하고 가능한 한 이어가야 한다」고 생각하고 있지만 자기 자신이 그런 보전 활동에 종사하는 것도 아니고 실질적인 의미가 상실된 문화를 「보전한다는 것, 단지 그것만을 위해 지속해 나간다는 것은 왠지 위화감이 들기도 한다」고 말한다. 이것은 이시하라 씨가 사일런트 아이누인 자신의 입장에 의거하여 밝힌 것과 유사한 느낌으로 이해될 수 있을 것이다.

또 다른 예를 들면, 친조부모는 오키나와현 출신, 외조모는 구마모토현 출신이지만 외조부는 일본에 귀화한 재일코리안이라는 학생이 있다. 출신 배경을 물었더니 「저는 혈통을 보면 다문화 출신이라고 하지만 그것을 일일이 주변 친구들에게 말하지 않는다. 일상생활에서는 자타가 공인하는 오키나와현 출신의 일본인이다. 그러므로 현시점에서는 자신이 마이너리티라는 자각도 고민도 없다. 오키나와의 전통문화에도 한국의 전통문화에도 거의 관심이 없으며 앞으로도 깊은 관계를 맺지 않을 것」이라고 했다.

이처럼 서일본의 대학에도 「상실의 이야기/역사의 결과」로서의 「우리」들은 다종다양한 형태로 존재한다.[34] 그들의 존재와 그들 고유의 문제는 일상생활에서는 그저 몰래 감추어져 있을 뿐이다.[35] 자신의 출신에 대한 자각과 관심을 갖는 경우는 물론이지만, 설령 그렇지 않더라도 자신의 주위에 그러한 출신을 가진 사람들이 살고 있는 현실을 알고, 그들의 선조들이 자신의 문화를 굳이 상실하는 것에 의해 혈맥을 이은 이야기와 역사가 있다는 점을 생각해본다면, 서일본에 거주하는 젊은 학생에게 있어서도 사일런트 아이누의 「아픔」은 결코 무관한 이야기가 아닐 것이다.

5 나가며

마지막으로 2022년 세계적으로 주목을 끌게 된 러시아·우크라이나 지역의 근현대사를 전공하는 연구자가 정리한 「근년의 내셔널리즘 연구의 전제」를 소개하도록 하겠다.

---

34) 학생명부를 훑어보면 일본 국적을 가지고 일본의 고등학교를 졸업했지만, 중국계 또는 한국계의 성명을 가진 학생의 재적을 확인할 수 있다. 한편, 통명을 사용하고 있기 때문에 명부상의 성명으로는 알 수 없는 일본 국적이 아닌 학생이나 부모나 조부모 대에서 일본 국적을 취득한 이후 일본성을 가지게 된 가정에서 태어나 자란 학생의 재적도 충분히 예상할 수 있다.
35) 이 점을 인류학적 자기성형의 관점에서 심층 고찰한 논문으로써 본서에 실린 게이다 가쓰히코(慶田勝彦)의 글 「싱글 스토리를 묻다 — 역사적 존재로서의 오키나와/우치나 — 」를 참조할 것.

내셔널리스트는 「민족」의 여러 가지 (언어, 문화, 관습 등)을 공유하는 동질적, 유기적인 인간집단으로써 실체화되어 태초부터의 존재임을 주장함으로써 탈역사화한다. 그에 반해서 연구자는 내셔널리스트가 주장하는 민족의 원초성, 본질성이 근대 이후에 상상·구축된 것임을 보여주며 「민족」을 역사화해 왔다. 즉, 연구자에게 널리 공유되고 있는 전제로서 전근대에 있어서 우리가 일상적으로 사용하는 의미에서의 민족이라는 집단의 존재를 찾아내기는 어렵다.[36]

이상은 일본의 근현대사를 전공하는 연구자에게도 「널리 공유되고 있는 전제」이다. 원래 한자어에는 「민족」이라는 두 자로 된 단어가 없었다. 따라서 전근대 동아시아 지역에는 이 말로 표현되는 개념도 존재하지 않았다. 메이지 유신 이후인 1890년대에 독일어의 volk 혹은 영어의 nation을 일본어로 번역하여 새롭게 만들어진 것이 「민족」이라는 단어이며, 마찬가지로 서구에서 유래된 개념인 Nationalism이 당시의 매스미디어를 중심으로 선전이 되면서 서서히 정착된 것이다.[37] 「일본민족」 혹은 「야마토민족」이라는 말은 이 당시 신조어이자 유행어 중

---

36) 무라타(2022), pp.43-44. 본고 제2절에서 확인한 학생 앙케이트 집계 결과의 〈유형 6〉에 정리한 의견을 가진 학생은 422명 중 8명, 겨우 2%의 소수에 불과하나 그들은 이러한 근현대사 연구자의 전제를 공유하고 있었다고 볼 수 있다.

37) 「민족」이라는 한자어는 신해혁명 전후(1900년대), 양계초(梁啓超, 1873~1929) 등 재일중국인 유학생들에 의해서 중국에 전해졌다는 것이 통설적 해석이다. 예를 들어 1901년 간행된 양계초의『중국사서론』을 참조해보기로 한다. 양계초는 「종래의 사(史)란 소수의 권력자나 황족의 흥망·교체를 기술한 것이지만, 한 사람 한 가족의 족보에 불과하다고 설파하며, 이를 대신할 만한 것으로 서양류의 역사 즉, 국민의 역사, 인간 전체의 운동·진보의 발걸음을 기록하는 것이 되어야 한다」(오카모토·이시카와·다카시마(2000), p.147)고 주장했다. 이러한 목적으로 「민족」이라는 단어가 일본에서 중국으로 역수입된 것이다. 신해혁명 때 손문(孫文, 1866~1925)은 「삼민주의」를 제창했다고 하며, 그 첫 번째 항목이 「민족주의」였다. 혁명 초기에 이는 「멸만흥한(滅滿興漢)」의 의미를 가지고 있었지만, 이윽고 한족과 만주족의 공생공존을 생각하지 않으면 안된다는 사태에 직면하여 의미가 변질되었다.

하나에 불과했다. 결코 역사와 전통을 자랑할 수 있는 용어나 개념이 아니다.

일본어의 「와카루(알다, 이해하다)」와 「와케루(나누다)」는 같은 동사 「와쿠(分く)」의 파생어로써 어원적으로는 동의어로 알려져 있다. 어떤 사항이나 사건을 이해한다는 것은 그 내용을 나누는 것이 가능할 때이다. 일본인이나 일본 사회란 이런 것이다, 일본의 문화나 전통이란 이런 것이라고 일원적으로 단순화해서 다루고 있는 한 일본의 사항이나 사건을 이해하는 게 아니다. 그러므로 본 연구는 우선 일본을 아이누·와진(야마토)·류큐(오키나와)라는 3개의 인간집단과 그 문화적인 전통을 나누는 것에서 시작하여 이러한 시점에서 이를 더 진전시켜 아이누를 하나의 아이누로 보는 것이 아니라, 메나시쿠르·슘쿠르·사할린의 아이누 등 보다 구체적인 그룹으로 나누는 방법을 소개했다. 아이누는 아이누 민족으로서의 하나의 단조롭고 균일한 사회와 문화와 역사를 만들어 온 것이 아니다.

그리고 아이누의 피를 계승하는 것을 자각하고 있는 사람들 모두가 언어나 생활 습관 등 아이누 문화의 계승을 그들 자신의 이상이나 사명으로 생각하고 있지 않다는 현실을 파악할 수 있었다. 자신들의 선조가 아이누 출신이면서도 자신이 어떠한 존재인지 몰라 침묵을 강요당해온 사일런트 아이누의 배경에는 자신들의 선조가 구태여 자신의 문화를 상실시킴으로써 혈맥을 이어온 이야기와 역사가 있다. 다른 사람들은 이를 가리켜 「문화의 상실」이나 「민족의 배신」 등으로 안일하게 일반화하거나 탓해서는 안 된다. 물론 그렇다고 해서 근대 이후 아이누의 민족적 단결이 역사적으로 상상·구축되어 지금에 이르고 있음을 무시할 수는 없다. 역사학적 지식에 기초한 과거 인식의 문맥과 법학적 정치학적 지식에 기초한 현재 실천의 문맥과는 반드시 일치하지 않으며, 때로는 양자를 구별해야 하는 장면이 있다고 본다. 요컨대 과거 아이누 모시리에 관한 역사학적 지식이 아무리 축적되었다 할지라도 현재의 아이누 민족과 그 문화의 존재가 부정되는 것은 아니다. 「나는 아이누 민족의 한 사람이다」라고 자각하면서 현존하는 아이누 문화의 보존과 계승에 노력하는 사람들의 존재와 그 의지를 제도적으로나 사회 통념적으로나 충분히 보장하는 것이 앞으로의 일본 사회에 있어서 중요한 과제로 남아 있다. 아이누 문화의 보전을 실현하는 주체인 아이누 민족의 지위는 반드시 존중되어야 한다. 당연히 이는 대전제가 되어야 한다. 다만 문화의 보존이나 계승을 무조건적으로 선으로 여긴 나머지, 그것을 망각하거나 상실하는 것을 무조건 악으로 여기는 이항 대립적 고정 관념에 주의해야 한다.

이는 냉정하게 생각해보면 당연한 것이지만, 아이누를 비롯한 마이너리티에 대해 보다 깊이 이해하기 위해서 필요 불가결한 역사 인식이라고 생각한다. 그리고 이 인식은 아이누보다 훨씬 인구가 많은 메이저리티인 와진(야마토)의 사회·문화·역사를 한층 더 구체적으로 나누는 경우에도 원용이 가능한 방식이다. 전근대의 와진(야마토)들은 지역적으로나 계층적으로나 단절이 명확한 사회에 살고 있었으며, 일본(야마토) 민족으로서 하나의 단조롭고 균일한 사회와 문화와 역사를 연결하지는 않았다. 현재 메이저리티에 동화되어 있다고는 하지만 조부모나 그 조부모의 시대에는 각 가족, 각 개인의 레벨에서 다양한 「상실의 이야기와 역사」가 있었음에 틀림없다. 이러한 점을 이해하고 체감한 뒤에 일본에 대해 더욱 깊이 알게 되지 않을까 생각한다.

[附記]

본 연구는 2022년 6월 24일에 개최된 동의대학교 동아시아연구소 주관 제18회 국제학술심포지움(일본 속의 마이너리티의 시대적 표상)에서 발표한 것을 토대로 작성되었다. 학술심포지움 당일, 귀중한 의견을 주신 한양대학교 이강민 교수님과 한남대학교 엄기권 교수님께 진심으로 감사드린다. 그리고 연구성과를 발표할 기회를 만들어주신 동의대학교 이경규 교수님, 임상민 교수님, 원고 번역 등 여러 도움을 주신 관계자 여러분께도 깊은 감사를 드린다. 동의대학교와 구마모토대학의 학술교류 활성화를 위해서 전력을 다해주신 구마모토대학 게이다 가쓰히코 교수님을 비롯하여 연구에 도움을 주신 관계자 여러분들께도 감사의 말씀을 드리는 바이다. 본 연구는 구마모토대학 대학원 인문사회과학연구부 부속 국제인문사회과학연구센터·학술적연구자원 아카이브영역 및 JSPS연구비(과제번호: 19K00108)의 조성을 받은 성과물이다.

동아시아연구총서 제9권
일본 속 마이너리티의 시대사적 표상

싱글 스토리를 묻다
─역사적 존재로서의 오키나와 / 우치나─

게이다 가쓰히코(慶田勝彦)

규슈대학 대학원 교육학연구과에서 교육학 석사학위를 취득했으며 현재 구마모토대학 대학원 인문사회과학연구부 교수, 대학원 부속 국제인문사회과학연구센터 학제적연구자원 아카이브 영역장, 구마모토대학 문서관 겸직교수를 맡고 있다. 일본문화인류학회 이사, 규슈문화인류학회 회장 및 각종 심사위원을 역임하고, 현재 일본학술회의연계회원, 문화유산국제협력컨소시엄 분과회 위원으로 활동하고 있다. 주요 업적으로는『아프리카 노안─노후 제도와 힘을 둘러싼 민족지─』(공편), 『문화의 궁상─20세기 민족지, 문학, 예술─』(J 클리포드 지음, 공역), 『미나마타병의 경험과 기억』(공편) 등이 있다.

1 들어가며－싱글 스토리를 묻다－

언론에서 이야기되는 국가 간의 관계를 나타내는 한국과 일본의 대비를 비롯하여 한국과 중국, 일본과 중국, 한국과 미국, 일본과 미국 등은 양국 간의 역사나 정치를 말할 때 편리한 이항 대립관계를 나타내는 어법이 일반적으로 사용되고 있다. 그러나 이 편리한 이항 대립적 어법에 근거한 이야기는 단순히 국가 간 외교상의 관계성이나 정치적인 친밀성, 적대성 등의 문제뿐만 아니라 교육이나 연구의 영역, 그리고 역사, 사회, 문화, 예술, 인종이나 민족, 젠더나 섹셔리티 등 다원적인 영역에서, 또 일상적인 각 국면에서 자각하지 못하고 회자되는 경우도 많다. 하나하나의 이야기에는 고유성이 있으며 암묵적 전제를 의심하지 않는 이항 대립의 이야기는 의외로 대부분 싱글 스토리(단일한, 하나의 이야기)로 되어 있다.

「싱글 스토리의 위험성」[1]에 관해서 언급한 것은 나이지리아의 작가 치마만다 아디체이다. 그녀는 자신이 어린 시절 읽은 그림책이나 그 이후의 독서 체험에서 스스로 자각하지 못한 동경을 가졌던 이야기의 대부분이 백인과 흑인, 정착민과 원주민, 부유층과 빈곤층 등의 불균형한

---

[1] 치마만다 아디치에의 「싱글 스토리의 위험성」은 2009년 TED TALK 강연에서 지적되었다. 그 당시 우연히 필자도 참석했으며 옥스퍼드대학 객원교원들을 위한 어학 세미나 교재로 「싱글 스토리의 위험성」이 거론되었고, 참석자 상당수가 이 토크에 다양한 댓글을 달았던 기억이 난다. 한편, 일본이나 아시아계 사람들은 이 토크에 대한 관심은 거의 보이지 않았던 것도 인상에 남아 있다. 현재도 TED TALK에는 인터넷으로 접속할 수 있다. 다국어를 지원하는 유명 토크 사이트이므로 당연히 한국어를 선택해서 시청할 수도 있다. 2022년 10월 5일 최종 접속(일본어판), (https://www.ted.com/talks/chimamanda_ngozi_adichie_the_danger_of_a_single_story? language=ja)

역사성을 지닌 이항 대립의 관계를 전제로 한 이야기가 되고 있으며, 이 역사적으로 불균형한 관계성을 의심하지 않는 작가와 독자의 감성과 자세를 싱글 스토리의 위험성이라고 부른다.

그녀는 싱글 스토리의 문학성이나 가치가 잘못됐다고 할 수도 없고, 또 악으로 일방적으로 비판하는 것도 아니다. 그녀의 논점은 인종이나 각자의 입장을 넘어 사람들(그녀 자신도 그 한 사람)을 매료시키는 싱글 스토리의 위험성에 대해 자각하는 것의 중요성에 있다. 그녀 자신을 따라다니는 「나이지리아의 흑인(아프리카인) 여성작가」라는 「직함」 자체가 보여주듯이, 그녀 또한 현재까지도 해소되지 않은 불균형한 관계성에 기초한 역사적 존재이며, 그 존재를 자각하기 시작하면 사실 싱글 스토리의 배후에 있는 이항 대립을 기본으로 한 사고에 대한 위화감과 동시에 지금까지의 독서 경험 등의 의미도 변화할 것이다. 그리고 불균형한 이항 대립을 의심하지 않는 싱글 스토리에 맞서는 싱글 스토리에는 회수되지 않는 이야기의 존재를 깨닫게 되면서 지금까지 볼 수 없었던 세계가 보이는 경험을 이야기하고 있었다. 무자각적인 이항 대립을 전제로 한 싱글 스토리의 위험을 깨닫게 해주는 작은 이야기를 통해 현실의 복잡성에 대해 생각해 보는 것, 그것이 이 글의 「싱글 스토리를 묻다」의 의미이다.

불균형한 글로벌 세계가 상태화(常態化)되고 있는 21세기에 각종 다양성 및 다원성이 사회적으로나 학술적으로 중요시되는 동향을 무시하기는 어려워지고 있다. 그것은 동아시아를 포함해 각 지역의 소수민족을 대상으로 연구할 때에도 다양성과 다원성은 그 역사성을 포함해 복잡한 문제임에 대한 의식이 요구되고 있음을 의미한다. 예를 들면, 한일이라는 이항 대립의 전제에 있는 「일본은 하나이다」, 「한국은 하나이다」

라는 싱글 스토리를 무비판적으로 받아들여 연구나 교육의 전제로 하는 것은 이제 어려워지고 있다. 이러한 인식을 바탕으로 일본 측에서 일본은 하나가 아님을 보여주는 사례로서 홋카이도의 아이누민족, 그리고 오키나와[2]의 사람들에 대해 검토하는 워크숍과 심포지엄을 거쳐,[3] 이 연구에서는 오키나와의 사례를 중심으로 일본은 하나가 아니라는 점, 또 일본과 오키나와의 관계성은 미국을 포함하여 복잡하고 불균형한 관계성의 역사를 지니고 있음을 밝히는 것을 목적으로 한다.

다음 제2절에서는 오키나와를 비롯하여 오키나와와 일본과의 관계를 이야기할 때 우치나/오키나와와 야마투/일본이라는 어구가 대비적으로 사용됨에 따라 일본은 하나가 아니라는 점, 행정적으로는 오키나와는 일본의 하나의 「현」이면서도 다른 「현」과는 크게 다른 불균형한 역사가 있음을 살펴본다. 그리고 제3절에서는 우치난추(오키나와 사람들)의 복잡한 정체성에 대해 필자를 사례로 서술한다. 제4절에서는 지금까지의 기술을 가능하게 해 온 필자의 전공분야인 문화인류학의 경

---

2) 오키나와는 규슈의 가고시마보다 남쪽으로, 띠 모양으로 뻗어 있는 작은 섬들로 이루어진 도서군이며, 나하나 슈리가 있는 본섬이나 이시가키섬, 그리고 그 남쪽에 있는 이리오모테섬이 있는 야에야마제도 등을 아시는 분은 많을 것으로 생각된다. 지명 등의 위치에 대해서는 「Google Map」을 비롯해 각 언어로 인터넷 지도 등에 접속해, 개인의 관심에 따라 확인하는 편이 시각적으로도 즐겁기 때문에, 본 연구에서는 지도 등은 싣지 않기로 한다. 오키나와는 자연이 풍부한 지역이기 때문에 관련 연구도 활발하지만, 본 연구에서는 오키나와의 자연에 대해서는 거의 언급하지 않기로 한다.

3) 이 연구는 2020년 코로나19 팬데믹 직전부터 시작된 동의대학교와 구마모토대학 간의 연구교류 성과의 일부이다. 필자는 「오키나와/우치나」를 사례로 3회의 발표를 한 바 있으며, 이 연구는 그러한 발표 내용을 바탕으로 하고 있지만, 일부는 새롭게 다듬은 부분도 있다. 연구교류 과정에서 특히 구마모토대학의 스즈키 히로타카 교수와는 「이항 대립」을 하나의 키워드로 하여 역사학, 인류학 등의 입장에서 「이항 대립」에는 회수되지 않는 복잡성이나 복수의 정체성이 일본 내부에 있다는 점, 그리고 같은 문제에 관심을 기울이는 한국 연구자들과의 교류를 촉진해 나가는 방향성이 명확해진 것 같다.

험과 이론을 배경으로 동아시아 소수민족을 연구할 때 하나의 시점이 되는 「민족지적-역사적 리얼리즘」에 대해 검토한다. 제5절에서는 지금까지의 논의에서 도출된 필자의 「역사적 존재」라는 의식에 대해 논하고, 마지막으로 한국이나 일본의 마이너리티 연구에서 나올 가능성과 희망에 대해 언급하기로 한다.

2 왜 일본과 오키나와 뿐만 아니라 야마투와 우치나 표기에 고집하는가

오키나와는 일본의 일부이며, 남쪽 관광명소로 동아시아를 비롯한 전 세계 관광객들에게 주목받고 있으며, 우치나 시만추(섬사람), 산신(샤미센), 참푸르(비빔밥), 아와모리 등의 단어들은 이국적인 오키나와 문화의 관광 선전 용어로 알고 있는 사람도 많을 것이다.

그러나 오키나와 사람들이 일본을 야마토, 오키나와를 우치나, 일본인을 야마톤추, 오키나와인을 우치난추 등으로 부르는 데에는 일본과 오키나와의 불균형한 역사가 깔려 있다. 왜냐하면 우치나 야마투라는 말에는 일본에는 회수되지 않은 우치나로서의 독립성이나 야마투에 의한 우치나에 대한 배타성, 폭력성, 적대성의 역사의식이 있으며, 지금도 많은 오키나와 사람들에게는 그 의식이 존재하기 때문이다.

2022년은 오키나와가 미국에서 일본으로 반환된 지 50년이 지난 해이다. 언론에 등장하는 오키나와 사람들의 논조의 대부분은 미군 기지 문제를 비롯해 불균형의 역사를 반환 50년 후에도 살아간다는 것을 언급하고 있다. 이 점은 후술할 야라 도모히로 의원의 「건의서」가 수리되기 전에 미군기지를 오키나와에 남기는 것을 포함한 오키나와의 일본 반환 합의에 따른 협정이 1971년 국회에서 강제로 채택되었다는 점이 역사적 기억의 소환에서도 드러난다. 오키나와의 일본 반환은 미일 간에 결정되었고, 그 결정에는 미군기지를 오키나와에 남기는 것이 포함되어 있었기 때문에 오키나와 현민들의 뜻이 무시되었다고 오키나와 사람들은 느끼고 있다. 일부 폭동으로까지 발전했던 1971년, 1972년의 기억을 오키나와 사람들은 잊지 않고 있다. 2022년 현재 오키나와가 일본의 하나의 현이 된 지 오랜 세월이 경과하고 있지만, 아직 불균형한 역사는 해소된 것이 아니며 지금도 우치나와 야마투, 그리고 우치난추와 야마툰추로 대립하는 의식은 사라지지 않고 있는 것이다.

즉 일본 내부에도 아이누민족과 마찬가지로 우치나/오키나와와 야마투/일본 사이에 있는 불균형한 관계성이 역사적으로 존재하고 있으며 필자는 현재까지도 형태를 바꾸어 계속되고 있는 불균형한 관계성을 마이너리티 문제로 파악하고 있다. 덧붙여서 홋카이도에도 아이누/샤모(和人 · 야마토)의 구별은 있으므로, 일본이 하나가 아니라는 사례가 이러한 호칭에도 나타나고 있는 것은 오키나와만의 문제가 아니다.

상술한 점에 대해서는 일반 교양도서로서도 잘 알려진『오키나와현의 역사 현사 47』(야마카와출판사)에도 기술되어 있으므로 줄거리를 아래에 제시한다(아사토 스스무 외 2012: 3-4).

첫째, 1429년부터 1879년까지 450년간 오키나와는「류큐왕국」체제로 일본의 일부가 아니었다는 점이다. 일반적으로 오키나와는 1879년의「류큐처분=오키나와현 설치」에 의해 일본의 일부에 편입된 지역으로 이해되고 있다.『오키나와현 역사 현사 47』의 저자들은 류큐왕국에서 일본으로 편입된 역사에 따라 오키나와와 일본의 다른 지역과는 전근대사 체험의 실상이 결정적으로 다르다는 점을 강조하고 있다.

둘째, 오키나와는 태평양전쟁에서 패배한 일본에서 분리되어 27년간 미국 통치를 경험하였으며, 위에서도 설명한 바와 같이 지금(2022년)부터 50년 전인 1972년 5월 15일 일본에 복귀한 경험을 가지고 있다는 점이다. 오키나와는 일본이라는 국가의 틀을 넘나들던 역사적 경험을 가지고 있으며, 이러한 경험이 오키나와와 그렇지 않은 사람들(야마투, 본토)을 구별하는 의식의 밑바탕에 자리하고 있다. 따라서 우치나(오키나와)에 사는 사람들에게 있어서 일본이라는 국가는 자명한 것이 아니라, 「일본이란 무엇인가?」 「오키나와는 무엇인가?」라는 물음을 항상 내포하고 있는 것이다.

셋째, 이하 후유(伊波普猷, 1876~1947)는 우치난추(오키나와인)의 입장에서 오키나와의 역사와 문화를 연구한 선구자로 잘 알려져 있다. 그의 학문을 잇는 주제는 일본의 일부로서의 오키나와상(沖繩像)을 그리는 동시에 「일본상(日本像)에 회수되지 않는 오키나와의 독자성」을 통일적으로 설명하는 데 특징이 있었다고 기술되어 있다. 또한 전후 미국 통치 시대에 작가 활동을 시작한 오시로 타쓰히로(大城立裕)가 「칵테일 파티」(1967)로 오키나와 최초의 아쿠타가와상을 수상하면서 그가 미국 통치라는 현실에도 굴하지 않고, 또 일본이라는 공동체에도 회수되지 않은 오키나와라는 존재의 복잡한 정체성을 모색하는 정신세계를 많은 작품에서 표현한 것에 대해 언급하고 있다.

이처럼 오키나와 의식의 문제에는 일본에도 미국에도 환원할 수 없는 오키나와의 독자적인 역사나 문화가 있기 때문에 이 복잡하고 외부에서는 알기 어려운 의식을 표현하기 위해서는 아직도 야마투와 미국의 관계에서 우치나와 우치난추라는 호칭이 사용되는 것이며,[4] 이러한 호칭은 오키나와에 사는 사람들의 자기/타자의식 수준에 머무르지 않고 오키나와를 테마로 하는 학문이나 창작 분야에도 깊이 관련된 지역의식과 지역감정의 문제가 되고 있는 것이다.

3 어느 우치나계 야마툰추 이야기

3.1 나노리 가시라(名乘頭)[5] 「喜」

일본과 오키나와, 야마투와 우치나의 복잡한 자기 및 타자의식, 나아가 지역의식이나 지역감정을 검토하는 사례로서 본토(일본 후쿠오카) 태생의 「우치나계 야마툰추」 2세인 필자의 경험을 언급해 보기로 한다.

필자에게 있어서 우치나는 잃어버린 고향인 한편, 본적은 한동안 오키나와에 있었던 기억도 있고, 또 야마투/일본으로의 동화를 지향하는 한편, 완전 동화에는 주저하던 부모 세대의 망설임이나 오키나와 나하

---

4) 우치난추(오키나와인)와 야마툰추(일본인) 외에 내지나 본토 등도 일본을 뜻하는 말로 쓰이며, 나이챠(내지인)나 시만추(섬사람=오키나와인), 우민추(바다사람=오키나와인)이라는 표현도 샤미센 음악과 함께 보급되어 티셔츠나 「가리유시」 웨어(「가리유시」는 축하나 자연과의 조화와 같은 의미)를 비롯한 다양한 오키나와 관광 기념품 등에서도 찾아볼 수 있다. 또한 본토 복귀 50주년을 기념하여 올해(2022년) NHK에서 제작되어 방영된 아침연속극 「침돈돈(chimudondon)」은 우치나의 말로 「마음(chim)」이 「두근두근하다(dondon)」는 의미이며, 드라마에서도 오키나와 특유의 사투리가 도입된 한편 복잡한 우치나의 역사나 우치난추의 의식, 나아가 본토 복귀 50년의 의미 등의 스토리 전개에 대해서는 찬반양론이 있는 드라마였다. 특히 일부 신랄한 비판이 언론에서도 크게 거론되는 드라마가 된 것 자체가 독특하며 현재 우치나의 상황을 보여줬을 수도 있다.
5) 「나노리 가시라(名乘頭)」는 그 가계의 작명 관습으로 대대로 내려오는 인명의 첫 한자를 일컫는다.

에 거주(슈리 근처의 한타가와)하던 친할머니(게이다 쓰루)와 친척들과의 만남 등은 어린 시절의 필자에게는 오키나와가 우치나의 반향과 함께 나 자신의 정체성의 그림자와 같은 것으로 남아 있다.

예를 들면, 오키나와에는 부계 친족 집단인 문중[6]이라 불리는 제도가 발달해 있어, 같은 문중의 일족은 남자의 이름에 공통의 한자 한 글자를 넣는 관습, 즉 「나노리 가시라(名乗頭)」 제도가 있다(이시가키 2016, 타나 2016). 게이다 가문에서는 「喜」가 나노리 가시라이며, 게이다 후손에 속하는 남자들은 모두 「喜」를 사용해 왔다. 후쿠오카로 이주해 온 필자의 아버지는 「기초(喜長)」, 아버지의 동생은 「기조(喜三)」라는 이름으로 사용했다. 그러나 부모 세대(기초와 기조)는 후쿠오카 태생의 장남에게는 「기(喜)」를 붙였지만, 「요시(喜)」라고 훈독하고 차남에게는 「기(喜)」를 남기지 않고 「카쓰」를 붙였다(「勝」도 오키나와에서는 자주 사용되는 이름이다).

여기에는 우치나에 대한 집착과 함께 당시에는 아직 오키나와 출신이라는 것만으로도 어딘가 냉담하게 바라보는 시대로, 아이들에게는 불필요한 불편을 느끼지 않도록 야마투에 동화되었으면 하는 마음이 혼재해 있어, 부모의 망설임이나 고뇌를 엿볼 수 있다. 앞에서도 상술한 바와 같이 필자 자신의 아이덴티티는 부모의 일본 동화지향적인 환경에서 형성되면서도 우치나는 그림자처럼 따라다니는, 지워버릴 수 없

---

6) 문중은 17세기 후반 이후 사족(士族)의 가보 편찬을 위해 발달한 것으로 같은 조상을 시조로 모시는 부계 친족 집단으로 「몬추(門中) 혹은 이치몬(一門)」이라고 부른다. 본래 오키나와의 친족집단은 쌍계적(부계와 모계의 양쪽)이지만, 문중은 류큐 왕국이 에도시대에 사쓰마의 간접통치를 받았을 때 왕국 내부의 신분제도를 확립하기 위해 만들어진 제도이다. 본래 사족층의 제도였던 것이 나중에 다른 층으로 확산되었다고 한다. 그리고 이 문중이라는 집단으로의 귀속을 명확히 하는 제도로서 본문 중에서도 언급한 「나노리 가시라(名乗頭)」라는 것이 있다(이시가키 2016, 다나 2016).

는 아이덴티티이기도 했다. 그러나 당시에는 그것이 무엇인지 잘 이해할 수 없었고, 그것은 지금도 충분히 언어화할 수 없는 느낌으로 남아 있다.

시간은 흘러 1980년대 중반 이후 필자가 전공한 문화인류학에서도 포스트모던, 포스트 콜로니얼의 이름과 함께 정체성의 객체화와 상품화, 그리고 관광전략이 결합되어 다양한 에스니시티가 글로벌하게 재편되는 상황으로 바뀌었다. 오키나와도 예외가 아니어서 1972년 본토복귀, 그리고 1980년대 이후 글로벌 국가횡단적 문화전략에 의해 얀바르쿠이나와 일리오모테 야마네코으로 대표되는 오키나와의 자연, 참프루나 아와모리(쿠스)로 대표되는 음식문화, 샤미센과 에이사로 대표되는 전통예능이 관광의 일부로서 상품화되면서 동시에 이국적인 오키나와 문화를 새롭게 생산하기 시작했다(예를 들면, 오타 2010). 오키나와는 어딘가 이국적이고 독자적인 정체성을 유지하면서도 오키나와인으로 인한 불균형의 역사적 경험은 해소되고 세계화되어 「일본의, 그리고 세계의 오키나와」로 「복귀, 발전」하는 것처럼 느껴지는 시기도 있었다.

이러한 글로벌 시대의 오키나와 에스닉 문화 재편의 긍정적인 측면은 21세기까지 지속될 것으로 생각되었고, 1990년대 중반 이후 탄생한 필자의 두 아들에게도 게이다 가문의 나노리 가시라인 「기(喜)」라는 이름을 붙여주기로 결정한 것도 이러한 아이덴티티의 재편이 세계 곳곳에서 확인되었기 때문이다. 당시의 판단에 후회는 없지만, 그 무렵에는 아직 이름 붙인 부모(=필자)의 아이덴티티의 행방을 오키나와와의 관련에서 충분히 보여주지 못했다고 느끼기도 했다. 21세기 오키나와 반환 후 50년을 맞이한 지금, 행정적으로, 그리고 표면적으로는 몇몇 오키나와인과 그 의식이 일본의 일부가 된 것은 사실이지만 복귀나 반환은 아직 완료되지 않았으며, 우치나/야마투의 역사적 관계성은 불균형한 채로 남아 있다는 의식 또한 부각된 것이다.

3.2 본토 복귀의 기억과 50년 후
-멸시당한 이념으로의 회귀와 변함없는 현실-

전술한 바와 같이 2022년 5월 15일은 오키나와가 일본에 복귀한 지 50년이 되는 날이다. 오키나와의 일본 반환 요구는 처음 오키나와 주민들로부터 강력하게 진행되어 오키나와 주석을 뽑는 선거(1968년)에서 「즉시·무조건·전면 반환」을 주장했던 야라 쵸뵤(屋良朝苗)가 주석으로 선출됐다. 그러나 이듬해 사토 에이사쿠(佐藤栄作) 총리와 닉슨 대통령의 회담에서 1972년 오키나와 반환은 결정되었지만, 미군기지는 그대로 남겨진 채로 1971년 오키나와 반환협정이 체결된다. 오키나와 현민들은 미군기지가 남겨진 것에 대해 납득하지 못했고 오키나와 반환협정이 강행 체결되어 이듬해 1972년 5월 15일 반환되게 된 것에 대한 불만으로 대규모 반대운동을 벌였다. 결국 1971년 11월 17일 국회에서 당초 미국은 7월 1일, 일본은 4월 1일을 반환일로 희망했으나, 오키나와 현민들의 의지는 전혀 반영되지 않은 채로 5월 15일 반환되었다고 한다(사이자와 2020: 127-128).

오키나와 본토 복귀 50년 후인 2022년 5월 15일 전후에 각 신문의 특집기사를 비롯해 TV 프로그램과 인터넷 뉴스 등의 매체에서도 오키나와 본토 복귀의 역사와 현황에 대해 다양한 이야기가 나오고 있었다. 도쿄에서는 5월 15일을 본토 복귀 기념일을 축하하는 세리머니 등도 열렸지만 오키나와에 축하 분위기는 없었고 일본 미군기지의 부담을

비롯해 오키나와 상황이 지난 50년간 나아지지 않고 있는데 대한 불만과 현재도 계속되고 있는 구조적 불균형을 시정하지 않으려는 야마투에 대한 아쉬움이 가득했다. 그러한 상황에서 1971년에 쓰여진 132쪽에 이르는 복귀 후 오키나와의 모습, 거기에는 기지가 없고 평화의 섬의 모습을 실현하기 위한 오키나와 현민의 목소리에 근거한 비전이 담긴 야라(屋良)「건의서」에 대한 언급이 다마키 데니(玉城デニー) 현 지사의 15쪽 분량의「건의서」와 대비되면서 그 차이가 두드러졌다(예를 들면, 오키나와타임스 2022년 5월 8일 사설).

위의 사이자와의 지적에서도 알 수 있듯이 1969년에는 사토 총리와 닉슨 대통령 사이에서 1972년 오키나와 반환이 결정되었으나 정부는 기지를 오키나와에 남겨 유지할 방침이었다. 이 방침에 오키나와 현민들의 의견이 반영되지 않았고 그들의 목소리조차 들으려 하지 않는 미국과 일본의 공동성명에 오키나와 현민들은 분노와 실망으로 가득했으며, 그것은 지금까지도 바뀌지 않고 있다. 미국과 일본 간에 1971년에는 미군기지 유지 내용을 담은 오키나와 반환협정과 복귀조치 관련 법안을 준비하고 있었기 때문에 위기감을 느낀 야라는 위에서 설명한 건의서를 작성해 국회가 열리고 있던 11월 17일에 건의서를 들고 하네다로 향했으나 국회에서의 강행 체결로 야라 건의서는 심의가 불가능했으며 실질적으로 이 건의서는 파기되었다는 사실이 2022년 지금 우치나에 알려지고 있다.

오키나와 본토 복귀 후 50년, 오키나와 언론은 기지 문제를 비롯한 바뀌지 않는 오키나와의 현실 앞에서 야라 건의서의 이념 회귀와 그 이념 실현이 바람직하다는 점을 강조하고 있다. 또한 오키나와의 젊은 세대들 중에는 오키나와의 본토 복귀가 1972년 5월 15일이라는 것을 알고 있는 젊은이가 22% 정도였다고 지적하며, 오키나와 고유의 언어를 쓰는 이가 점점 줄어들고 있는 것에 대한 우려, 즉 복귀 50년 후 오키나와의 현실은 오키나와 고유의 역사와 문화가 충분히 계승되지 않은 채 망각되기 시작하고, 미군 기지의 부담이나 경제적인 문제, 오키나와의 불균형한 위치가 개선되지 않고 있는 것에 대한 위기감이 신문 기사(오키나와타임스 2022년 5월 15일)에 담겨 있다.

돌이켜보면 오키나와가 미국에서 일본으로 반환된 1972년 5월 15일 필자는 12세였다. 그때까지 오키나와와 본토를 왕래하기 위해서는 여권이 필요했고, 또 필자의 본가는 경제적으로도 넉넉하지 못했기 때문에 복귀 전에 필자는 오키나와에 가본 적이 없으며 오키나와는 문자 그대로 외국이었다. 복귀 50년 후 오키나와와 일본 사이를 이동할 때 여권이 필요 없게 되었을 때의 기뻤던 기억과 현실에 대한 불만이 뒤섞인 이야기도 언론에서 두드러졌다. 필자의 소년 시절, 가끔 할머니 게이다 쓰루(103세까지 살았다)가 손자들에게 보내준 미군 관계의 초콜릿과 껌은 우리에게는 「자랑스러운 외국」이었지만 동시에 필자의 야마투 동창들에게는 어딘가 「기묘한 외국」이었고 적어도 동경의 눈빛은 아니었던 것으로 기억하고 있다.

본토 복귀 후 후쿠오카의 게이다 집안은 할머니 게이다 쓰루의 미수(88세)[7] 기념모임을 갖기 위해 모두가 오키나와를 처음 찾았던 기억이 난다. 지금으로서는 단편적일 수밖에 없고 정확성이 결여된 기억이지만 오키나와의 국제성을 나하의 국제거리에서 느끼는 것이 즐거웠다.

---

7) 기억은 애매하지만, 「미수」는 야마투 방식의 기념모임인데, 그때의 오키나와 방문은 야마투에서 참가하는 사람도 많았고, 오키나와에 거주하는 우치난추에게는 본토 복귀와 장수 축하모임을 겸한 행사였던 것으로 기억하고 있다.

동시에 내가 태어난 우치난추의 친척이나 관계자들을 만나 이야기를 나누다 보면 필자의 외모가 우치난추의 모습으로 충분히 인지될 수 있었을 것이다. 그러나 우치나야마투구치8)로도 잘 알아듣지 못하고, 나아가 문중을 중심으로 한 역사감각을 공유하지 못하는 데서 생기는 사람과 사람 사이의 미세한 거리감이나 사소한 행동의 차이에서 생기는 소외감, 즉 나는 야마툰추로서도, 우치난추으로서도, 또 후쿠오카의 하카타 토박이로서도 어중간하고 불완전하다는 의식이 이때부터 감각적으로 첨예해진 것 같다.

한편 본토에서 손님으로서 아버지의 고향(어머니는 사가 출신)을 즐기고 있었던 것처럼 보이는 친형이나 같은 후쿠오카 태생이라도, 부모 모두 우치난추의 삼촌(기조)의 아이들(=필자 아버지 쪽의 조카들 셋)은 우치나야마투구치로 대화하며, 순수하게 우치나로의 「귀환」을 기뻐하고 있는 것처럼 보여 부러웠던 기억도 남아 있다. 그때부터 필자의 머리 속에는 순수함과 독창성의 결여가 자신의 「불완전함」, 즉 네거티브한 마이너리티 감각, 설 자리가 아무데도 없다는 느낌으로 의식하게 된 것처럼 생각되었다. 특히 자신이 사용하고 있는 언어는 그 뿌리여야 할 우치나에게서는 돌이킬 수 없을 정도로 상실되어 있음을 실감한 한편, 그 언어를 되찾고 싶은 마음을 가질 만큼 당시 우치나와의 관계는 일상적이지 않았다.

나아가 출생지인 후쿠오카에서도 타고난 하카타 사투리와 후쿠오카

---

8) 우치나+야마투+구치=오키나와식 일본어를 말한다. 어휘는 대부분 표준어와 같지만 악센트가 오키나와식 표현이다. 몇몇 단어는 오키나와 말이 삽입되기도 한다. 덧붙여 오키나와어는 일본어의 모음 중, 「에e」는 「이i」, 「오o」는 「우u」로 발음한다. 오키나와어의 모음은 「아이우이우」이므로, 「마음:kokoro」가 「kukuru」가 되기도 하고 「비:ame」가 「ami」가 되기도 한다.

지방 사투리는 구별되고 있으며, 때마침 필자의 하카타 사투리도 「불완전」한 「후쿠오카 사투리」라는 의식이 생겨 사춘기에는 다니자키 준이치로(谷崎潤一郎)의 소설 『사사메유키(細雪)』에서 사용되는 간사이의 센바고토바(船場言葉, 상업용어이지만 교토 사투리를 많이 넣은 말)에 완전성을 내보이려 했을 때도 있을 정도이다. 저명한 인류학자이자 폴란드 영국 트로브리안드 제도에서의 이종언어 사용(heteroglossia) 상황을 경험한 말리노프스키와 비교하는 것은 우습지만 필자도 뿌리 없는 언어 상황에서 생기는 갈등과 긴장의 현실에서 벗어나고 싶어진 것이다. 간사이 사투리의 문학세계는 필자 자신이 구축한 이국적인 타자 세계임을 알면서도 안심하고 그 세계의 독자, 해석자로서 그 세계에 참여할 수 있는 즐거움이 현실의 불완전성을 잊게 해주는 독서 경험이 되었다고 생각한다.9)

지금까지 오키나와의 본토 복귀를 기점으로 전후 오키나와, 일본, 그리고 미국과의 불균형한 역사에 대해 필자의 경험을 종합적으로 기술했다. 오키나와 사람들에게 우치나는 일본과는 동등하지 않으며, 일본은 우치나에게는 야마투이며, 하나의 일본으로 회수될 수 없는 역사를 가지고 있다는 점을 보여줄 수 있었다고 생각한다. 또한 필자는 현재

---

9) 물론, 독서를 통한 오사카나 간사이의 로맨스화는 수학여행 정도의 이동 경험 밖에 없는 초등학생, 중학생까지이다. 그 이후에는 오키나와나 한반도로부터의 이민을 비롯한 다양성이 풍부한 사람들의 존재가 간사이의 활기를 불러오는 복잡한 현실을 알 기회도 늘어나 간사이를 불필요하게 타자화하는 일은 없었다. 또한 1970년 오사카 엑스포 및 그 유산인 국립민족학박물관은 인류학과의 관계도 깊어 지금도 간사이를 방문할 기회가 많다. 한편, 간사이 사투리나 칸간이의 세계에는 본래 이종언어 사용 상황이나 불균형한 관계성이 일상의 현실 세계인 사람들(필자도 그 중 한 사람인 것으로 생각한다)에게는 그 출신을 망각시켜 주는 독자적인 웃음, 유머와 고유의 세계가 있는 것 같기도 하다. 무의식적 선택이긴 했지만 중학교 때는 쓰쓰이 야스타카의 소설, 고등학교 때는 하루키 에쓰미의 만화『쟈링코 치에(꼬마숙녀 치에)』를 여러 번 읽은 기억이 난다.

스스로를 우치나계 디아스포라 혹은 우치나계 야마툰추로 규정하고 있으며, 최근 나 자신의 역사적 존재에 대한 의식이 강해지고 있다. 물론 오키나와에서 국내외로 이주한 우치난추의 자기의식이나 정체성의 기본방향도 동일하지 않고, 일본과 오키나와라는 이항 대립에 근거한 싱글 스토리에는 간단히 언급할 수 없는 복잡성과 다양성을 지니고 있음에 틀림없다. 위에서 언급한 필자의 이야기는 싱글 스토리와는 다른 복잡하고 다양한 이야기의 극히 일부의 예일 뿐이다.

이하에서는 필자 자신이 어떤 경로로 자신의 복잡한 역사적 존재를 의식하게 되며, 향후 동아시아 마이너리티 연구를 위해 어떤 방향성을 검토하고 있는지에 대해 기술하기로 한다.

복잡함에 대한 의식
4 ―「민족지적・역사적 리얼리즘」에 대하여―

제임스 클리포드는 그린 블러드의 『르네상스 자기성형』의 개념을 원용해 「민족지적 자기성형(ethnographic self-fashioning)」[10]을 썼을 때, 폴란드 출신이면서도 트로브리안드 제도의 현지 필드워크를 바탕으로 영어로 『서태평양의 항해자들』(1922)을 저술하였으며, 20세기 민족지학을 대표함과 동시에 영국 사회인류학을 주도한 브로니스라브 말리노브스키 및 같은 폴란드 출신이며 선원 생활을 통해서 습득한 영어로

---

10) 본 연구에서는 「자기형성」을 그린 블러드의 자기성형(self-fashioning)에만 국한하는 용어로서가 아니라 정체성이나 귀속(belonging) 의식의 문제를 나타내는 용어로서 사용한다.

『암흑의 핵심』(1902) 등을 쓴 저명한 작가 조셉 콘래드의 정체성에 대해 논하고 있다(클리포드 2018: 121-147, 원저는 1988).

클리포드는 「개인은 문화적으로 구축되어 있다」(클리포드 2018: 121)는 1980년대 정도까지만 해도 자명했던 전제와는 다른 정체성의 복잡성을 시사한다. 독자성이 있고 다른 것과 변별 가능한 언어, 민족, 문화, 사회 등 집단의 내부 환경에 의해 자기가 성형되고 정체성이 형성된다는 종래의 전제에 대해 말리노브스키가 남긴『일기』[11]와 콘래드의『암흑의 핵심』의 대비를 통해 이종언어 사용(heteroglossia) 상황을 전제로 하고 있는 두 작가가 영어로 「글쓰기」를 통해 성형하는 일관된 자기는 허구이면서도 진실성을 갖는다는 점에 대해 논하고 있다. 「필드워크를 바탕으로 한 인류학이라는 학문은 그 권위를 형성하면서 수미일관한 문화적 타자로 해석하는 자기를 구축하고 재구성해 나간다」(클리포드 2018: 148)며『서태평양의 항해자들』이 가능해진 것은 민족지에서『일기』, 즉 이종언어 사용 상황처럼 단편적이고 복수적이며 뒤섞인 현실, 즉 복잡한 대화적 현실을 배제하고 있기 때문이라고 지적한 것이다.

20세기 후반 인류학자들에게는 친숙한 실험적 민족지로 불리던 시도는 21세기 일본에서는 과거의 실험이 된 것 같지만 클리포드의『리턴즈』

---

11) 1967년에 간행된 말리노브스키『일기』(일본어역 1987년, 다니구치 게이코 옮김, 헤이본샤)를 말한다. 필드워크가 인류학의 방법론적 특징임을 의식하여 쓰여진 20세기 민족지 금자탑『서태평양의 항해자들』(1922)에 등장하는 이상적인 필드워커로서의 말리노브스키와는 달리 필드에서의 각종 스트레스에 대한 감정적 반응을 포함하여 한 인간, 한 남자로서의 말리노브스키를 그리고 있다 하여 스캔들적인 경향이 있던 일기이다. 그러나 클리포드는 필드워크에 따른 어려움, 모순 등과의 갈등을 보여주는 텍스트이며, 말리노브스키 민족지가 단일 언어, 문화, 사회에서 창조된 것이 아니라 폴란드어, 영어, 킬리위나어(필드) 등이 혼재된 이종언어 사용(heteroglossia) 상황에서 구축된 것임을 보여주기 위한 텍스트로 규정하고 있다(클리포드 2018: 124-127).

(2013, 일본어역 2020)에서는 보다 복잡해진 정체성과 귀속의 문제, 민족지적 자아와 타자 구축의 자명성을 묻는 실험적 작업이 「민족지적 – 역사적 리얼리즘」의 문제로 논의되고 있다. 「민족지적 – 역사적 사실주의는 특정 사회적, 경제적, 정치적 힘의 장 내부에서 일어나는 보다 비결정론적인 변용 과정을 검토한다」(클리포드 2020: 40)고 정의된다. 「새로운 것이나 앞으로 나아가는 방향성이 오래된 것으로 표현되는 경우가 많다」(클리포드 2020:40)는 원주민의 예를 제시하면서 「역사는 그것이 어떤 발전이나 방향감각을 나타내든 겹겹이 어우러진 층, 고리형 회귀, 그리고 교차하는 여러 시간적 경로로 구성되어 있다」(클리포드 2020: 40)는 것을 인식하고 그것을 어떻게 그릴 것인가를 문제 삼는 시점이 클리포드의 「민족지적 – 역사적 리얼리즘」이라 할 수 있을 것이다.

즉, 21세기에 정체성은 새롭게 증식하고 세분화되는 경향이 강화되는 한편, 그와는 반대의 고유성, 변별성, 그리고 전통과 결부된 문화 및 그 문화를 근간으로 하는 단일성을 주장하는 내셔널리즘이 반세계주의와 공명하면서 마이너리티의 위치에 있는 인종이나 에스니시티, 계급이나 성차에 관한 증오를 포함한 새로운 상황을 만들어내고 있다는 점을 민족지적 – 역사적 리얼리즘은 배제하지 않는다. 예를 들어 미국에서의 트럼프 전 대통령이 추진한 시대에 역행하는 듯한 「백인 내셔널리즘」(반세계주의인 미국우선주의와 백인우월주의 세트, 와타나베 야스시 2020)의 고양과 이 움직임에 대항하듯 미국 대선전 속에서 생겨나서 바이든 후보 지지 움직임과도 연동된 것처럼 전개된 BLM(Black Lives Matter) 운동(가와데쇼보신샤 편집부 2020, 오시노 2020), 나아가 코로나19 팬데믹으로 인한 이동 제한과 각종 분열 조장, 코로나19의 아시아 기원설의 정치적 영향에 의한 아시아계에 대한 증오와 실제적인 폭력의 증대 위험 등이 새로운 문제가 되었다. 미국에서의 인종이나 개개인의 귀속의식 문제는 변화하면서도 그 불균형한 관계성은 해소되지 않고 미해결의 현실 문제로 계속되고 있는 것은 정체성이나 귀속의 문제가 국가나 지역에서 결코 하나가 아닌 현재진행형으로 복잡해지고 있는 사례이기도 하다.

이처럼 개인화나 단편화가 진행되어 21세기의 정체성이나 귀속의 문제는 단일한 문화적 집단이나 국가 등에는 환원할 수 없는 복잡한 문제가 되고 있다. 또한 정체성이나 귀속의 문제는 상황에 따라 변화하는 것이 인정되는 한편, E. 사이드가 오리엔탈리즘(1978)이라고 부르며 서구에 의해 구축된 포괄적 범주인 동양인, 아시아인 그리고 중국인, 한국인, 일본인, 필리핀인, 베트남인 … 등은 아직도 배타성, 폭력성, 적대성을 환기하는 정치적 정체성으로써 그 힘을 유지하고 있으며, 그것은 아시아/서구, 일본/중국, 한국/일본 등의 이항 대립적 범주가 가시화되는 상황에서 빈번히 사용되어 그 대립이 강화되는 국면이 있다는 사실도 인정할 필요가 있다. 바꾸어 말하면, 이항 대립에 기초한 싱글 스토리는 누구에게나 알기 쉽고, 받아들여지기 쉽고, 보급되기 쉽기 때문에 개개인의 다양성이나 다원성이 상식으로 간주되는 현재도 언제 어디서나 싱글 스토리는 회귀하여 불균형한 역사적 관계성을 망각하도록 유혹하는 것이다.

그러면서도 상술한 21세기 글로벌 상황에서 증식하고 있는 아이덴티티의 제반 양상을 보여주기도 했다. BLM에는 미국 노예제나 민권운동 등 인종을 둘러싼 역사성이 있는 동시에 이 운동은 페미니즘과 연동된 LGBTQ나 #MeToo운동, 고등학생을 중심으로 총기규제를 호소하는 네버 어게인 운동 등과도 연동되면서 전개됐기 때문이다. 이론적으로는 미국 법학자 킴벌리 크렌쇼가 미국에서 가장 무시당하는 피해자가 흑인이자 여성이며 심지어 LGBTQ 사람들이라는 사실을 알리기 위해 시작한 #Say Her Name 캠페인에서 불가시의 존재를 가시화하기 위해 사용한 인터섹셔널리티(intersectionality: 교차성) 용어를 BLM 운동의 핵으로 전개한 것이 시초라고 한다. 그 결과, 새로운 아이덴티티를 증식시켜 가는 몇몇 운동과 BLM의 제휴는 중심을 가지지 않는 글로벌한 운동으로서 확산되어, 일본에까지 도달한 것은 기억에 새롭다(가와데 쇼보신샤 편집부 2020).[12]

지금까지 상술한 현상의 대부분은 일본이나 한국, 그리고 동아시아와는 직접적인 관계가 없는 것처럼 보일지 모르지만, 어느 사례도 흑인과 백인, 남성과 여성, 미국과 아시아 등의 이항 대립에 기초한 싱글 스토리와는 다른 복잡한 정체성과 귀속의 문제를 나타내고 있으며, 사회적으로나 학술적으로나 복잡한 현실을 포착하려는 민족지적-역사적 리얼리즘 의식이 필요해지고 있다는 점을 보여준다.

---

12) 여기서는 구미 주도의 글로벌 운동, 특히 경제를 초점화한 세계적 획일화로서의 세계화를 의미하는 것이 아니라, 정치학자 맨프레드 스티거(2011)가 세계화는 아직도 그 전체상이 불명확한 X이며, 또한 경제, 정치, 종교, 문화, 환경, 이데올로기 등의 차원이 교차하여 발생하고 있는 다원적 현상으로 파악하는 입장에 가깝다. 즉, 세계화에 있어서는 무엇이 무엇과 결부되어 새로운 제휴를 낳는지는 예측할 수 없으며, 장소나 지역에 따라 다른 다원적인 형태를 취한다는 입장을 필자는 지지하고 있다. 결국, 세계화는 로컬인 점과 점이 복잡하게 교차해 가는 복수의 지점의 묶음과 같은 것으로 제시할 수밖에 없는 「무엇인가=X」이다. 이는 BLM의 핵심 개념인 인터섹셔널리티의 다원적 연결 흐름(교차성)과 호응하는 것으로, BLM이 미국의 로컬 특징을 가지면서도 지역이나 국가를 넘어 글로벌하게 전개되어 새로운 네트워크를 낳고 있다는 것은 이 세계화의 특징을 잘 보여준다.

5　역사적 존재의 자각

클리포드는 『리턴즈』(2013, 일본어역 2020)에서 1970년대 영국에 있던 당시를 되돌아보면서, 그때까지는 래디컬한 비판적 지식인이자 원주민 문화 가치의 대변자였을 인류학자가 「갑자기 제국의 앞잡이가 되어 버렸다」고 토로한 영국의 사회인류학자 레이먼드 퍼스를 언급하면서, 이 퍼스적 경험이 「자신을 역사적 존재」로 느끼는 것이라며, 「스스로를 역사적 존재로 느낀다는 것은 말하자면 자신의 기반을 찾는다는 것일 수도 있다」고 말했다(클리포드 2020:2). 즉 생각지도 못했던 역사성이 그동안 자명했던 자기나 자기 형성을 가능하게 한 학문에도 존재하고 있음을 자각하는 것이라고 해도 좋을 것이다.

「서양」 기원이 아닌 필자의 경우 퍼스나 클리포드의 감각과 자신의 감각을 동일한 것으로 제시할 수는 없지만, 「서양」에서 탄생한 인류학이 자기 형성의 매개체가 되고 있다는 점은 동일하다. 일본에서 인류학을 배우기 시작한 1970년대 후반 우치나/오키나와와 야마투/일본의 문제는 필자에게 개인적인 문제로 남아 있었다. 상술한 바와 같은 퍼스나 말리노브스키의 역사적 존재의 측면이 논의되기 시작하는 것은 말리노브스키의 『일기』(1967)가 불후의 고전 『서태평양의 항해자들』(1922)의 보완물로서 약 45년 후에 간행되었을 무렵부터이며 인류학자의 자기 형성 자체가 주제화되어 일본에서도 가시화되기 위해서는 1980년대 후반 이후의 연구를 기다려야 했다.

필자의 경우 문화인류학이라는 학문을 통해 자신의 존재를 구속해 온 태생이나 성장에 의해 형성되어 온 아이덴티티와는 별개의 아이덴티티, 즉 일본의 아프리카니스트로서 동아프리카 케냐 해안 배후지인 미지켄다[13]/기리아마의 아이덴티티와 절합하는 방향을 택했다. 이 시기 문화인류학의 매력은 문화는 후천적으로 학습되는 것으로 뿌리(기원)의 문화와 순수 전통의 속박성에서 다양한 학습(학문과 스포츠, 예능, 예술 등)을 통해 자아를 해방시킬 수 있는 가능성을 보여주었다는 점에 있었다. 실제로 야마구치 마사오(1971)와 나가시마 노부히로(1972)는 아프리카의 민족지적, 인류학적 연구를 통해 서구 사회문화인류학에 일본에서 아프리카를 경유하여 접속하는 스타일을 실천하고 있으며 필자에게 이들의 시도는 매력적이었다. 그리고 그들의 작업을 통해 알게 될 영국의 빅터 터너(1969)를 비롯한 맨체스터 학파, 에반스 프리처드(1937)로 대표되는 옥스퍼드대의 아프리카 인류학 연구는 자극적이었다. 또한 동아프리카 케냐 해안 배후지에 관한 일본의 선구적 연구자가 된 하마모토 미쓰루의 미지켄다/둘마에 관한 연구(2001, 2014)는 탁월했으며, 그가 후쿠오카에 있을 때 대학원생이었던 필자는 큰 영향을 받아 케냐 해안 배후지의 미지켄다/기리아마의 연구를 진행했다.[14] 그 이후(1986년경) 필자는 미지켄다/기리아마 사회의 연구를

---

13) 미지켄다는 미지(miji, si.mu-)=저택, 마을, 그룹, 민족 등을 뜻하는 말과 켄다(kenda)= 숫자의 9로 이루어진 말로 9개의 그룹을 의미하고 있다. 케냐 해안 지방 배후지에 띠 모양으로 거주하며 현재 인구는 100만 명이 넘는다. 원래 9개 그룹은 서로 다른 부족, 민족 집단이었다는 설도 있으나 현재는 기리아마, 초니, 카우마, 캄베, 리베, 지바나, 라바이, 둘마, 디고의 9개 그룹으로 구성되어 있으며 언어의 발음이나 어휘에는 각각의 특징이 있지만 상호 이해 가능하며 공통적인 역사적 전승을 가지고 있다. 나아가 각 그룹이 케냐 해안 지방 배후지에 띠 모양으로 산재한 요새 마을로 건조한 카야라 불리는 숲에 거주했던 역사가 있으며, 21세기에는 11개의 미지켄다의 역사적인 「카야 숲」이 「성지」로 세계유산에 등재되어 있다. 필자는 기리아마를 주된 조사 대상으로 해왔기 때문에, 본 글에서는 종종 미지켄다/기리아마(미지켄다 그룹 내의 기리아마라는 뜻)의 표기를 이용하고 있다.
14) 다만, 필자의 필드워크 스타일은 하마모토 이상으로 케냐의 캄바 사회에서 조사했던 우에다 히토시와 우에다 후지코 부부의 스타일을 답습했다.

통해 민족지적 자기성형을 시도했다고 해도 좋을 것이다.

　그러나 한편 오키나와를 경유한 인류학적 자기성형이라는 또 다른 가능성에 대해서는 충분히 검토하고 사고할 만한 준비가 거의 되어 있지 않은 상태였다. 그러한 시기, 필자가 인류학의 포스트 콜로니얼화로의 움직임과 함께 인류학의 전제였던 필드워크나 민족지라는 개념이나 방법의 한계와 변용을 명확히 의식하기 시작한 것은 1995년 3월 옴진리교 신자에 의한 지하철 사린 사건이었다. 이때 저명한 인류학자나 종교학자, 사회학자 등이 사건의 배경에 대해 이야기하고 있었지만, 어느 것도 자신이나 자신의 학문의 문제가 아니라 대상으로부터의 거리를 전제로 한 전문가에 의한 사건, 사고, 행위자들의 분석과 해석이 중심이었고, 이른바 전문가들의 설명에 필자는 어딘가 석연치 않다는 생각이 들었다. 그러나 필자의 주변 연구자들 중 상당수도 이 사건에 대한 반응이 희박해 자신이나 자신들의 학문의 전제에 대해 생각하는 사건으로 말하지 않았던 것 같다.

　필자는 무라카미 하루키라는 작가가 『노르웨이의 숲』 이후 개인적으로 좋아하는 작가는 아니었지만 우연히 구마모토대학에 부임하기 1년 정도 전, 즉 지하철 사린 사건으로부터 거의 2년 후에 기타큐슈의 서점에서 『언더그라운드』(1997)를 구입하여 그날 전부 다 읽었다. 무라카미의 『언더그라운드』는 작가로서의 상상력을 일단 버리고 지하철 사린 사건 피해자들의 이야기(62명)를 취재해 불필요한 말을 없애고 읽기 쉽게 만든 이야기이자 피해자(다른 사람)가 했던 이야기군이었다. 무라카미 자신은 타자의 이야기를 마주할 필요를 느꼈다고 했지만 각종 잡지에서는 무라카미 하루키가 작가를 그만두고 어중간한 르포르타주나 문서를 간행했다는 논조로 비판을 받았다(게이다 2004). 그러나 필자에게

무라카미의 『언더그라운드』는 지하철 사린 사건을 이야기 작가인 무라카미 자신이 쓰는 것의 전제를 묻는 사건으로 받아들여 향후 옴진리교가 제공한 것과 같은 정크한 이야기에 대항하는 이야기를 무라카미가 쓰기 위해서는 일단 피해자 이야기군에 귀를 기울이고 스스로 마주 하는 것을 선택한 저작이었다. 이 무라카미 자신이 작가의 전제를 묻는 자세는 필자에게는 매우 담백하게 비쳤다. 특히 무라카미도 가해자와 피해자라는 이항 대립적 관계성에서 나오는 싱글 스토리를 의심하며 스스로 가해자일 수도, 피해자일 수도 있다는 상상력을 바탕으로 개별 피해자 경험의 리얼리즘을 그려냈다는 점에 공감했던 기억이 난다.

그때부터 필자는 일본이나 아시아를 나 자신의, 혹은 인류학의 문제로서 어떻게 마주하고, 자리매김할 것인지 의식하게 되었다고 생각한다. 바꾸어 말하면, 필자에게 있어서는 지하철 사린 사건을 목도한 인류학 및 인접 학지의 무관심함(일부 해설자에게 이 문제를 일임하는 경향을 포함한다)에 석연치 않고, 미적지근하고, 어딘가 「허를 찔린 듯한」 느낌이 들어, 비로소 자신의 역사적 존재를 의식한 사건이 되었다고 해도 좋을 것이다. 왜냐하면 지하에서 실려나오는 피해자들은 어쩌면 나 자신일 수 있다는 생각을 강하게 느꼈기 때문이다.

물론 이미 언급했듯이 이런 문제의식이 갑자기 생겨난 것은 아니다. 필자가 아프리카니스트로서 인류학적 자기성형을 진행 중에 있을 때, 미국에서 귀국한 오타 요시노부(미시간대학·홋카이도 도카이대학→규슈대학 1994~현재 명예교수)를 매개로 하여 아마도 다른 일본 인류학자들보다 조금 더 깊이 알게 될 제임스 클리포드(James Clifford)나 마이클 타우시그(Michael Taussig) 등의 이론과 실천, 그리고 스튜어트 홀을 중심으로 한 문화연구(cultural studies)의 방식은 인류학의 컨텍스트에서는 클리포드가 말하는 「자신의 기반을 찾을 수 있는 감각」을 갖게 되는 동시에 필자에게는 트로브리안드 제도의 섬사람들과 마찬가지로 「서양」 인류학의 대상이나 다름없는 우치나와 관련된 역사를 가진 필자 자신의 태생적 기반에 대해 재검토하는 계기가 되었기 때문이다(오타를 포함한 규슈 거주 인류학자와 함께 역자의 한 사람으로서 클리포드의『문화의 궁상』(1988, 일본어역 2003년)의 12장을 번역한 것도 그 중의 하나이다). 오타와 같은 인류학자와의 만남에 의해 생겨난 의식이 다른 많은 일본 인류학자들과는 다른 형태로 아이덴티티 정치에 관한 민족지나 논고, 실천을 나름대로 읽는 것을 가능하게 했다고 생각하며 필자에게 그것은 결코 명확하지 않은 모순을 내포하고 있음을 강조하고 싶다. 역사적 존재에 대한 의식은 언뜻 보기에 학술적으로는 매우 비생산적인 행보가 되어 계속 움직이고 있는 한편, 그 후와 그리고 지금의 필자의 인류학 실천에 영향을 미치고 있는 것이다.

또한 아프리카에 관해서 말하자면 케냐 해안지방의 미지켄다/기리아마의 필드워크를 실천하는 한편 1990년 이후 로벤섬에서 돌아온 남아프리카공화국의 넬슨 만델라가 투쟁한 인종 격리 정책 아파르트헤이트와 그 철폐 운동에 대한 글로벌 공명, 1994년 르완다에서 발생한 식민주의 유산으로서의 제노사이드와 그 비판도 필자에게 있어서는 종래의 필드워크와 민족지의 세트로서의 인류학을 가능하게 해 온 전제를 되묻는 사건이 되었다. 1998년 이후 필자는 구마모토대학에 부임하게 되는데, 1995년에 정치적으로 매듭을 지었다고 알려져 있던 미나마타병 사건도 1995년에 마무리된 것이 아니었음을 알게 되었고, 그 이후 구마모토대학을 중심으로 설립한 미나마타병 사건 아카이브 연구도 앞에서 상술한 바와 같은 자신의 역사적 존재로서의 의식에서 새로운 관련성을 찾아낸 구체적인 영역 중의 하나라고 할 수 있을 것이다.

나아가 최근 2016년 구마모토 지진을 포함한 자연재해의 증대와 코로나19 팬데믹의 영향, 그리고 개인적인 상황의 변화도 있어 지금까지 형성해 온 인류학적 자아를 탈절합(unlearn)하고 제2의 인류학적 자기성형(새로운 절합)을 위한 여행 준비를 시작했다. 21세기 필자의 마지막 여행은 우치나/오키나와로의 귀환이 될 것이다.

클리포드는 필자가 처음 자기해방의 학문으로 선택한 인류학의 해방을 가능하게 해온 사고 자체가 역사적 존재를 알 수 없게 하면서 필자 자신이 우치나의 일부일 가능성도 내려놓게 하는 힘이 있음을 깨달으라고 시사했는지 모른다. 나 자신은 야마투이며, 역사적으로는 우치나이기도 한, 이항 대립으로는 환원할 수 없는 아직 조정되지 않은 정체성에 반복적으로 마주할 필요가 있다고 느끼기 시작했다. 현재는 나 자신을 해방시킨 인류학 자체에 대한 재고에 착수하고 있으며,15) 그런 의미에서 우치나/오키나와의 문제는 필자를 역사적 존재로 느끼게 하는, 「나의 태생적 기반을 찾을 수 있는」 감각을 동반한 필자 자신의 교차점이기도 하다.

---

15) 다만 필자는 지금까지의 인류학적 자기성형에 후회가 없으며 아프리카를 경유한 영국으로의 인류학적 접속으로부터 많은 혜택을 받고 있어 감사하는 마음밖에 없음을 덧붙이고 싶다. 그러나 현재는 이 경로를 통한 인류학적 사고나 실천의 재생산과는 일단 탈절합하고 가능성이었던 또 다른 경로, 우치나에 대한 절합을 통해 과거의 경로를 역사화하고 재절합해 나가고 싶다.

6 마치며 -「사이」의 리얼리즘으로-

요즘 필자는 너무 늦은 것은 아닐까 하는 생각을 하게 되었다. 왜냐하면 이쪽에도 동화되지 않고 저쪽에도 돌아갈 마음이 없는 「사이」의 감각은 사실 「모두냐 아니냐, 이전이냐 이후냐 하는 형태의 모더니티로의 변용에 대한 논의」의 일부이며, 「사람들이 모두 우리처럼 될 것이라고 가정하는 경향」(클리포드 2020:40)에 근거하고 있기 때문이다.

필자의 부모 세대를 포함해 후쿠오카로 이주해 온 우치난추들은 한결같이 부모 세대도 자녀 세대도 일본에서 「일본인=야마툰추」가 될 것을 원했으며(혹은 스스로 원함), 그 기대에 진지하게 답하려고 했을 때 생기는 분열된 감각이나 초조함, 당혹감과 함께 살아왔던 것이다. 그리고 우치나냐 야마투냐 하는 불균형한 이항 대립을 전제로 한 생각이 「사이」로서의 불완전한 자아를 형성한다. 상술한 바와 같이 필자가 함께 한 언어를 중심으로 한 「불완전」한, 「사이」의 정체성 감각은 우치나와 야마투라는 불균형한 역사적 존재에 대한 자각을 촉진하는 것이었다. 그러나 「사이」의 인정이나 찬양, 확인은 추상적인 「사이」의 감각을 재생산할 뿐이며 그것만으로는 역사적 존재에 대한 의식에 미치지 못한다. 자신의 역사적 존재를 의식하기 위해서는 이 「사이」에 있는 리얼리즘, 즉 나의 태생적 기반을 찾을 수 있는」 경험에 대한 구체적이고 복잡한 사색이 필요하다. 다시 한번 클리포드의 말을 인용하고자 한다. 「역사는 그것이 어떤 발전이나 방향감각을 나타내든 여러 겹의 층, 환상의 회귀, 그리고 서로 교차하는 복수의 시간적인 길로 구성되어 있다.」(클리포드 2020:40). 즉, 이항 대립의 「사이」에 있는 복잡하고, 서로 교차하는 복수의 길을 정중하게 그려내는 리얼리즘, 싱글 스토리에 항거하는 리얼리즘이 필요해질 것이다.

이 점에서 출발하면 말리노브스키의 『서태평양의 항해자들』에서의 민족지적 자기성형은 실제로 불완전하고 모순되고 단편적이었음에도 불구하고 그 대화적 이종언어 사용상황을 민족지라는 기술에서 소거함으로써 가능하게 되는 순수하고 완전한 허구의 필드워커로서의 자화상이었음을 깨닫게 된다. 왜냐하면 어떤 의미에서 어디에나 있는 이종언어 사용상황을 이러쿵저러쿵 이항 대립적 도식으로 파악하는 것은 일상세계의 복잡한 사실주의의 소거가 되기 때문이다. 「사이」에 있는 리얼리즘으로의 회귀는 자기의 여러 개의 단편이자 불완전함이며 분열인 반면, 중요한 것은 단편적이든 불완전하든 분열되면서도 다른 사람과 대화하면서 자기를 계속 재편하고 있다는 일상적 사실 쪽에 있을 것이다.

그러나 잊지 말아야 할 것은 민족지적 자기성형이 그랬듯이 복잡한 민족지적 역사적 리얼리즘은 보다 안전하고 권위적이며 알기 쉬운 이항 대립적 허구의 자기와 타자의 싱글 스토리로 대체되는 경향이 있다는 것이다. 그리고 이항 대립적인 싱글 스토리의 유혹에 저항하기 위해서는 불완전한 채로 단편적 대화를 계속하여 거기에서 생겨나는 관계성을 재미있고 매력적으로 만들 궁리가 필요한데, 여기에는 의외로 실제로 누구나 하고 있는 일이기도 하다. 필자 자신을 돌이켜보면 불완전한 상태로 이종언어 상황을 확장하면서 예기치 못한 만남과 지식, 기술획득을 통해 지속되고 있는 자기변용의 엄청난 혜택을 받아왔다고 실감하고 있기 때문이다. 그런 의미에서 환갑 이후의 「루트 우치나」로의 필자의 불완전한 귀환도 늦지 않을 것이며, 지금까지의 여정에서 파생되고 있는 각종 네트워크의 탈절합과 재절합에 우치나/오키나와와 야마투/일본의 복잡한 관계성을 매개로 한 새로운 가능성과의 결합이 기다리고 있음에 틀림없다고 믿는다.

그러나 한국에서의 구두발표(온라인)를 바탕으로 시작한 본 연구는 기존에 필자가 처한 상황과는 달리 다소 불편함을 느끼고 있다. 왜냐하면 필자는 한국어를 할 수 없기 때문에 발표는 일본어로, 그 한국어 번역은 동의대학교 스탭의 노력에 의존했기 때문이다. 그동안 이종언어 사용을 강요받은 것은 필자가 압도적으로 많았기 때문에 이번에 필자는 번역 스트레스가 없어 고맙게 생각하는 반면, 자신의 경험을 포함해 그것은 자연스럽고 당연한 일이 아닌 불균형한 역사성이 있다는 조심스러움을 잊지 않고 싶다. 왜냐하면 한국에서 우치나/오키나와에 대해 이야기하는 한편, 한국·일본과의 관계성에서는 필자는 일본, 그것도 야마투로 분류되는 것이 일반적일 것이라고 추측하기 때문이다. 개개인의 개인 정체성이 복잡하고 다원적이라는 것은 누구나 경험적으로 알고 있는 반면, 결국 이번과 같은 논문의 사용언어 자체에 의해, 일본인이냐 한국인이냐 하는 알기 쉬운 이항 대립적 사고로 논문의 내용도 회수되고 마는 경향을 부정하기 어렵다. 그러나, 이러한 것은 복잡한 역사적 리얼리즘을 소거함으로써 이루어진 점에 주의를 촉구하는 것, 거기에는 「번역」이 항상 존재하고, 그 「번역」 자체에 하나의 가능성을 찾아낼 수 있다는 것이 본 연구의 목적이었다는 점을 마지막으로 확인해 두고 싶다.

또한 최근 한국 TV 드라마와 영화의 약진은 그야말로 비약적이었으며, 지난 제75회 칸국제영화제에서도 고레에다 히로카즈 감독『베이비 브로커』에서 주연을 맡은 송강호 씨(『기생충』도 대단했다)가 최우수

남우주연상을 받은 것은 한국, 그리고 아시아에 희소식이며 개인적으로도 그가 그만큼 수준을 인정받았기 때문에 상을 받았다고 생각한다. 부산에도 유명한 국제영화제가 있어 한 번쯤 방문해보고 싶다고 생각하고 있으며, 현재 준비 중인 우치나 여행에는 구마모토, 후쿠오카에서 출발하는 우치나, 한국, 부산, 제주도까지의 여행도 함께 포함하고 싶다.

그리고 필자가 느끼는 언어의 「불완전성」을 둘러싼 의식 또한 필자만의 문제의식이 아니라, 이미 우치나에서는 1879년에 포고된 폐류치현(廃琉置県) 전후에 태어난 오키나와 지식인 제3세대라고 불리는 이하 후유(1879), 마지키나 안코(1875), 히가시온나 칸준(1882)이 전개한 「오키나와학」이나 1940년경, 일본민예협회의 야나기 무네요시(1889, 도쿄)의 압력에 의해 방언표를 포함한 오키나와 방언에 대한 차별적인 취급에 대한 비판과 표준어 보급 옹호 사이의 「방언논쟁」으로 발전한 것은 이미 잘 알려져 있으며(야스자토 외 2012: 288-294), 필자가 느껴온 언어의 문제는 광의로는 이들 문제들과 절합하고 있다. 개인적으로는 폐류치현 이후 1903년 오키나와에서 태어난 시인 야마노 구치바쿠의 시 「대화」는 이종언어 상황의 무의식적 억압이나 그와의 갈등을 가시화한 시로서 지금도 중요하다고 생각하고 있다.

1972년부터 반세기 경과한 우치나/오키나와와 야마투/일본 사이에 있는 근원적 적대성, 폭력성, 배타성은 오키나와 본토 복귀 50년 후에 다시, 1971년 11월에 수리되지 않은 야라 「건의서」와 오키나와 현민의 분노의 기억을 재확인하는 한편, 공적으로는 수리도 각하도 되지 않은 야라 「건의서」는 오키나와 사람들이 희망했던 복귀 후의 비전, 기지가 없고 전쟁이 없는 평화의 섬 우치나였으며, 그것은 미래의 희망으로 현재로 회귀하고 있는 것이 흥미롭다. 필자도 과거로의 회귀가 아니라 우치나로의 귀환을 미래를 향한 회귀로 규정하고 우선 오키나와로의 여행 횟수를 늘려나가고 싶다.

코로나19 팬데믹 수개월 전부터 시작하여 지난해, 그리고 올해도 계속해서 이어지고 있는 동의대학교과 구마모토대학의 새로운 학술교류를 통해서도 이종언어 상황을 일상으로 하는 소수민족에 대한 의식을 잊지 않을 것이며, 앞으로도 이 학술교류에 많은 연구자들이 함께 참여해주길 바란다. 앞으로 이 학술교류를 통해서 새로운 젊은 인재들이 계속해서 탄생하기를 기대한다.

[附記]

동의대학교·구마모토대학 간 인문사회과학연구의 학술교류를 추진하면서 이번 원고의 바탕이 된 동의대학교 국제학술심포지엄(2022년 6월 24일)을 준비해주시고 발표의 기회를 제공해주신 이경규 교수님, 그리고 양 대학 교류를 위해 애써주신 임상민 교수님, 또한 원고 번역 등 준비에 협력해주신 동의대학교 스탭 선생님들, 나아가 동의대학교와의 가교를 담당해주신 구마모토대학 스즈키 히로타카 교수님께 깊은 감사를 드린다.

또한 본 연구는 구마모토대학 대학원 인문사회과학연구부 부설 국제인문사회과학연구센터·학제적 연구자원 아카이브 영역(영역장: 게이다 가쓰히코), 그리고 일본학술진흥회 과학연구비 기반 A(연구대표자: 게이다 가쓰히코) 「21세기 타인의 아픔 교차성: 〈미나마타병〉 사건 아카이브 연구의 인류학적 전개(과제번호: 22H00036, 2022년~2026년)」의 성과이다.

동아시아연구총서 제9권

일본 속 마이너리티의 시대사적 표상

간토(関東)대지진 100주년,
올바른 정보력과 시민 사회

이수경(李修京)

일본 리츠메이칸(立命館)대학 대학원에서 사회학 박사 취득(역사사회학 전공). 야마구치현립대학 및 동대학원 준교수를 거쳐 2005년부터 교사양성대학인 도쿄가쿠게이대학 교육학부 교수로 재직 중이다. 또한 교육학박사 전문양성대학원인 연합대학원(관동지역 4개 국립대학법인으로 구성) 교수 및 교직대학원 교수를 겸직 중이다. 2009년부터 일본 사이버대학 객원 교수도 겸하고 있다. 그 외, 학술연구단체인 Korea연구실 대표, 동아시아 교수 간 학술교류단체인 BOA 상임이사 외, 한국사회교과교육학회 이사, 한국문학회 해외이사 등을 맡고 있다. 2005년도에는 제9회 일본여성문화상, 2012년도에는 서울문화투데이 글로벌문화대상을 수상하였다. 저서로는『韓国の近代知識人と国際平和運動』(明石書店),『帝国の狭間に生きた日韓文学者』(緑蔭書房),『この一冊でわかる韓国語と韓国文化』(明石書店) 및 편저『クラルテ運動と「種蒔く人」』(お茶の水書房),『韓国と日本の交流の記憶』(白帝社),『海を越える100年の記憶』(図書新聞社),『グローバル社会と人権問題』(明石書店),『誠心交隣に生きる』(合同フォレスト),『多文化共生社会に生きる』(明石書店) 등 다수의 논저가 있다.

1 들어가며

2022년에 발간된 『동아시아연구총서 제8권』(동의대 동아시아연구소 편)에서 필자는 일본의 근대화 과정에서 접하게 된 다양한 서양문화, 구미 제국의 선진 문화에 대한 동경, 근대국가를 단기간에 형성하게 된 메이지 유신의 과정과 배경, 5대 열강에 진입하며 부상하는 대륙 팽창주의 세력과 제국주의적 이권 침탈, 군벌 세력에 의해 전개되는 군국주의 전쟁 체제의 희생이 된 조선인 노동자 등에 대해서 일본 내에 잔재하는 역사의 흔적들을 통해서 살펴보았다. 또한, 그러한 무력 침탈의 과거사를 은폐하고 과거의 영화를 미화시키려 하는 역사수정주의 세력과는 달리 과거의 희생자를 추모하고 그릇된 역사를 바로잡으려고 노력하며 미래지향적인 평화 사회를 지향하는 시민들의 활동 사례를 홋카이도 각지와 아키타현의 사례를 통해서 고찰하였다. 필자의 이러한 연구는 강력한 권력 체제로 근대사회를 통치 지배해 온 국가주의 세력이 자행한 근대사의 어두운 면에 대한 확인 작업과 더불어, 그러한 역사의 가해측과 피해측을 잇는 가교역할로 아픔의 역사를 딛고 밝은 미래로 나아갈 수 있도록 견인하는 시민력의 활동을 확인하려는 취지에서 비롯되었다. 과거의 희생자를 기억하고 추모하며 희생자들의 아픔을 사회와 공유하며 기록해 나가는 시민력이 건재해야만 불행한 역사 반복을 저지하고 권력 폭주를 억제할 수 있는 절대적 장치로 이어지는 것이고, 나아가서는 인류가 지향하는 생명의 존엄성과 평화적 공생, 문화의 다양성을 이해하고 상호 협력할 수 있는 시민사회 구축이 가능하게 된다. 이 글은 필자의 그러한 취지의 연장선상에서 적은 것임을 밝혀둔다.

2023년은 1923년에 발생한 간토대지진[1]으로부터 100년째가 되는 해이다. 메이지유신을 통해 근대국가 체제를 확립하고 세계 5대 열강의 반열에 오르며 반세기 이상을 제국주의 국가의 위세를 부리던 일본의 수도권 지역은 거대한 지진으로 인해 순식간에 폐허가 되고 말았다. 밤새 퍼부은 비가 개이고 모두가 점심식사를 준비하던 오전 11시 58분 44초, M7.9[2]라는 대지진으로 인해 초토화[3] 된 수도권은 건물 붕괴와 각지의 화재로 인해 기능이 마비가 되면서 극도의 사회 혼란을 일으키게 된다.

일본변호사연합회(약칭; 일변련)가 조선인 학살 사건의 정부 책임을 묻는 「자료 간토대진재 인권 구제 신청사건 조사보고서」에 따르면, 간토대지진은 도쿄, 가나가와, 치바, 사이타마, 시즈오카, 야마나시, 이바라키의 1부(도쿄는 당시 도쿄都가 아닌 도쿄府) 6개 현을 강타한 대지진에 화재까지 발생하여 사망자 99,331명, 행방불명 43,476명, 가옥 붕괴가 128,266호, 반 붕괴 126,233호, 소실 가옥이 447,128호에 달했으며 1923년 9월 2일에 정부는 제국헌법 8조에 정한 긴급칙령에 의해서

---

1) 일본에서는 1923년 9월 1일에 도쿄 및 요코하마 등의 관동지역 주변에서 일어난 대지진을 간토다이신사이(関東大震災: 관동지역에서 발생한 거대한 지진 재해의 일본어 명칭)라고 칭한다. 이 대지진은 지진의 참상은 물론, 재일조선인 대학살로 이어진 사건이기도 하기에 숱한 문헌 및 자료, 선행연구가 발행되었고, 2023년에 간토대지진 발생 100년째를 맞기에 현재 다양한 언론의 특집 기사 및 기획이 잇고 있다. 국내에서는 「다이신사이」에 해당하는 「대진재」라는 용어보다 「대지진」이라는 표현이 보편적으로 사용되기에 이 글에서도 이해하기 쉽도록 「대진재」라는 명칭을 「대지진」으로 통일하였다. 「대지진」이란 이 번역어에는 거대한 지진의 재앙과 재난 피해 등의 언어로 형용하기 어려운 사회적 혼란스러움과 재일한인들의 역사적 비극이 내재하고 있음을 함께 이해하면서 내용을 접하였으면 한다. 단, 책 이름 등의 고유명사는 가급적 그대로 인용하기로 한다.
2) 姜德相(1975)『関東大震災』도쿄; 公論社, p.2 참조.
3) 朝日新聞AERA編集部 편집(2011)『完全復刻アサヒグラフ 関東大震災 昭和三陸大津波(표지명: アサヒグラフ特別號 大震災全部 最も整った記録と画報)』도쿄: 朝日新聞出版 참조. 이 화보에서는 「초토화」라는 단어가 빈번히 사용되고 있다.

계엄령을 선포하여 9월 3일에는 계엄지경을 도쿄부와 가나가와현 전역으로 확대했을 정도[4]였다. 참담한 현실과 계속되는 여진으로 인해 불안과 공포가 극치에 달해 민심은 점점 이성을 잃어가고 있었고, 정부 및 일부 세력은 민심 달래기를 식민지 출신의 약소층이었던 조선인 노동자의 악행으로 바꿔치기 하면서 조선인·중국인 및 사회주의자 등을 타깃으로 공격하기 시작한다.

출처: 필자 소유

〈사진1〉 당시의 도쿄 도심의 참상을 찍은 사진 엽서(제작사는 치도리표 간다 마크)

---

4) 일본변호사연합회(약칭은 일변련) 인권옹호위원회는 2003년 8월 25일에 당시의 내각총리대신(수상)인 고이즈미 준이치로에게 간토대진재의 피해 조사를 신청받고 조사한 결과, 다음과 같은 권고 내용을 한 공개사이트. 일변련은 신청인 문무선에 의해 간토대진재 때의 학살사건에 관한 인권구제신청사건에 대해서 조사한 결과, 국가는 간토대지진 직후의 조선인과 중국인에 대한 학살사건에 관하여 군대에 의한 학살 피해자, 유족 및 허위 사실의 전달 등 국가의 행위에 유발된 자경단에 의해 학살된 피해자, 유족에 대하여 책임을 인정하고 사죄하여야 하며, 국가는 조선인 및 중국인 학살의 전모와 진상 조사 후 그 원인을 명확히 해야 한다는 권고를 표명하며 조사한 사건 내용에 대해 공개 중인 일변련 웹사이트. 2023년 2월 21일 열람, http://www.azusawa.jp/shiryou/kantou-200309.html.

이 글에서는 100년 전의 간토대지진 발생 직후의 사회적 혼란과 조선인 대학살로 이어진 배경, 재난 속의 다양한 정보 제공의 중요성과 언론의 역할, 그리고 조선인 등의 약자를 위해 용기를 내었던 당시의 양심적 인물, 내각부 중앙방재회의 재해교훈의 계승에 관한 전문조사회 보고서 등을 재고하여 지진 사회 일본이 보여준 비상시의 군중 심리 및 향후 교육 확대를 통한 시민력 육성과 사회적 초국가적 협력 연대에 대해서 살펴보기로 한다.

참고로 2023년 2월 6일 새벽, 튀르키예 동남부와 시리아 지역에서 발생한 대지진으로 인해 2월 12일 현재, 유엔의 마틴 그리피스(Martin Griffiths) 사무차장(인도주의·긴급구호 담당)은 희생자가 5만 명이 넘을 것으로 추정한다[5]고 밝혔다.

그런 와중에 규모 7.0 이상의 여진이 계속되면서 건물 붕괴로 인한 인명 구조의 한계 등 심각한 피해 상황의 속보 영상이 각 뉴스 방송에 소개되고 있다. 사상 초유의 사태로 인한 미증유의 사망자와 가족과 재산을 잃고 망연자실하는 사람들을 상대로 절도사기 범죄 약탈 행위 등의 치안 악화로 사회는 더욱 더 혼란을 겪고 있다.[6] 그리고, 2월 23일 오전 8시 37분에는 중앙아시아의 타지키스탄 동부지역에서 규모 7.2 (EMSC는 6.8 규모로 변경)의 강진이 발생하였다. 거주자가 적어서 인

---

5) 「トルコ・シリア地震、犠牲者5万人超えの見通し国連事務次長」『AFP通信』2023年 2月 12日 인터넷 참고. https://www.afpbb.com/articles/-/3451008. 한편, 2월 23일 현재 사망자는 5만 명을 넘었다는 뉴스가 곳곳에서 보도되고 있다.

6) 「地震後、「窃盗容疑などで48人逮捕 トルコ」『AFPBBNews』2023년 2월 12일, 참고 사이트, https://www.afpbb.com/articles/-/3450999. 「建物倒壊、略奪で148人 逮捕=「過去2000年で最大級」─トルコ大地震」『時事通信』2023년 2월 16일 기사. 2023년 2월 17일 열람, https://sp.m.jiji.com/article/show/2895976?free=1.

명피해는 없는 것으로 알려졌으나 지구촌 각지에서 연쇄적으로 지진이 발생하고 있음을 주시할 필요가 있다.[7]

한편 2월 12일부터 사이클론(가브리엘) 발생의 영향으로 태풍과 폭우, 홍수와 산사태, 가옥 침수, 단전 등의 큰 피해를 입고 있는 뉴질랜드는 2011년에 발생했던 크라이스트처치 지진과 코로나19 팬데믹에 이어 세 번째 국가비상사태를 선언하였다. 이어지는 대지진과 더불어 이상 기후로 인한 재해 또한 다발하고 있다. 최근의 미국 동부의 폭설과 서부의 폭우, 이탈리아 및 독일, 파키스탄, 방글라데시 등의 역대급 홍수와 폭우, 각지의 폭염과 대형 산불 등 끊이지 않는 이상 기후 재해가 세계 각지에서 발생하고 있다. 이러한 지진이나 홍수 피해 등의 자연재해 앞에서는 그 어느 국가나 사회도 안전하지 못하다는 점, 즉, 말을 바꾸자면 누구라도 재난의 피해자가 될 수 있다는 점에서 비상사태시에는 국경을 초월하여 서로 돕는 「사람들의 협력」이 지구촌 공생의 절대적 조건이라는 것을 깨닫게 한다. 불안과 공포가 계속되는 사회적 혼란을 불식할 수 있도록 함께 시련을 헤쳐나가는 시민 연대가 용기를 주는 일말의 희망으로 이어진다. 어려운 일이 닥쳤을 때 서로 협력하여 함께 어려움을 헤쳐나가며 지원하는 자세는 불안과 실의에 찬 사람들에게 용기를 북돋는 것과 동시에 불안정한 사회 질서를 되찾는 바람직한 모습이라고 할 수 있다. 한편, 치안이 무너지면 비상시의 혼란스러운 틈을 이용하여 약자를 더욱 고통스럽게 하는 이기적이고 무절제한 범죄 행위도 만연하게 된다. 악성 유언비어조차 확인할 틈도 없이 희생자가 늘어

---

7) KBS-NEWS 2023년 2월 23일 열람,
   https://news.kbs.co.kr/news/view.do?ncd=7612210&ref=D.

나게 된다. 그렇기에 비상시의 정확하고 다양한 정보 제공과 공유, 상호
협력과 정보 확인은 공공질서 뿐만 아니라 사회 불안을 불식하는 중요
한 작업이 된다.

2 재난과 혼란 속 유언비어 제어 장치 과제

후술하겠지만 필자는 1995년에 한신·아와지대지진을 경험한 뒤, 박
사학위 논문에 간토대지진에 대하여 언급한 적이 있다. 특히 한신·아
와지대지진에서는 조선인 학살이라는 피해보다 고베 나가타쵸[8]의 한
인들과 일본인들이 협력하여 질서를 지켰다는 평가도 있었기 때문에
필자는 1995년의 한신·아와지대지진 보다 간토대지진 후의 여진 속에
서 파생된 유언비어와 조선인 대학살에 대한 정보의 중요성과 언론의
역할을 중심으로 2004년에 논문을 발표하였다. 그 뒤, 학생들 수업을
통하여 지진 태풍 홍수 등의 자연재해와 혼란 속의 정보 제공의 중요성

---

8) 고베(神戸)의 나가타[長田]구는 식민지 시기 때부터 재일한인들이 모여서 고무 산
업 및 케미칼 슈즈로 칭하는 합성 피혁 신발 제조 공장업에 종사하는 노동자들이
모여 살았던 집성 지역. 이 지역에 살았던 지인들의 이야기로는 1995년의 대지진
당시 서로 왕래하며 각자의 집 상황까지 파악하던 관계였기에 서로 돕기 쉬웠다고
한다. 주로 5-6반초(番町) 지역이 중심. 참고로 케미컬 슈즈(ケミカルシューズ)
공업조합에는 당시 192사가 가맹되어 있었는데, 그 중의 158사가 전부 무너지거나
건물 절반 이상이 무너지는 피해를 입었다고 한다. 재단, 봉제, 토관 노리비키(糊
引)·가공업자 등 전체 1680사의 약 80%가 큰 피해를 입었고, 지진 후인 1997년에
는 1060사로 감소하였으며, 1995년에는 생산액이 반 이하로 줄어들었다. 高龍弘
「ケミカルシューズ産業の歴史」, 2023년 2월 26일 열람,
http://www.hyogokccj.org/wp-content/uploads/2016/12/3119a50f4f0fd52f938f07dc
9db439cd2.pdf.

과 국경을 초월한 시민들의 협력 자세가 빠른 사회 복구를 가능하게 하므로 시민력 형성에 대한 내용을 자주 언급하여 왔다. 그리고 2023년은 간토대지진으로부터 100년이 되는 해이기에 당시 상황에 대해서 다양한 기억을 해보고자 하는 것이 이 글의 의도이기도 하다. 그런 의미에서 이 글의 일부에서는 2004년과 2006년에 일본어로 발표했던 간토대지진 관련의 연구 논문 및 시민력의 사례 글도 함께 소개하고자 한다.

한편, 필자가 간토대지진에 주목하는 것은 당시 절대적 지배 피지배 구조 하에서 값싼 노동력으로 일하던 재일조선인 노동자들이 희생된 사회 저변에 작용하던 배타적 국가주의에 젖어있던 일본 정부 당국과 주민들(민병, 자경단)의 무질서한 폭주와 유언비어, 대지진의 혼란 속에서 악성 루머(유언비어)를 확인하지 않고 침소봉대하여 퍼뜨리며 학살 행위에 동조한 군중 심리와 여진 불안, 그 와중의 양심적인 시민의 존재 등을 고찰해 보려는 의미가 크다. 무엇보다 앞에서 언급했듯이 필자 자신의 대규모 지진의 경험자라는 당사자적 입장에서 이 글은 비롯된다.

2023년 현재 일본에서 37년째 생활 중인 필자는 대학원 시절인 1995년 1월 17일에 간사이지역에서 발생한 한신·아와지(阪神淡路) 대지진을 경험했고, 2011년 3월 11일은 한국에도 인기 있는 오다이바와 도쿄만의 오션뷰가 아름다운 하마마츠쵸(浜松町)의 42층 국제무역센터 39층에 있는 레인보 레스토랑에서 거대한 지진을 경험하였다(동일본대지진).[9]

---

9) 당시의 상세한 내용에 대해서는 여진과 정전이 계속되는 상황 속에서 필자가 기록 송고한 다음 기사에서 확인할 수 있다. 이수경「(도쿄 지진속보1) 이수경 교수가 겪은 일본 지진 도쿄 상황 생생한 현장기」『서울문화투데이』2011년 3월 13일 기사. 2023년 2월 19일 열람,
http://www.sctoday.co.kr/news/articleView.html?idxno=9972.
이수경「(도쿄 지진속보2) 이수경 교수가 경험한 악몽의 일본 도쿄 지진 현장에서

특히 그날은 영국의 연구년 생활에서 돌아와 출판 관계자들과의 회식 때문에 오랜만에 도쿄 시내에 나간 날이었다. 출판 계획 이야기가 끝나갈 무렵, 건물 상하 좌우로의 거대한 흔들림 속에 보이는 바깥 건물에서 피어오르는 검은 연기들, 주방 쪽 식기류가 떨어지는 요란한 소리와 여기 저기서 터져 나오는 비명 소리에 그야말로 죽는다는 것을 의식한 순간이기도 하였다. 멈춰진 엘리베이터를 보면서 지인들은 어떻게든 지상으로 내려가야 한다며 움직이지 못하고 있던 필자의 양 팔을 이끌어 주었기에 모두가 나선 형태의 39층 비상계단을 내려올 수 있었다. 건물 밖 도로 옆 가로수들은 여진으로 인해 휘청거렸고, 도로 위에는 빌딩에서 떨어진 유리 조각들이 널부러져 있었다. 여기저기서 들려오는 구급차 소리와 아수라장이 된 현장에서 불안을 수습하지 못하고 있을 때 사태가 어떻게 돌아가는지, 어디에 가면 도움을 받을 수 있는지, 2011년의 동일본대지진 때는 휴대 전화를 통해 얻은 자세한 정보 제공 사이트의 존재가 큰 힘이 되었다. 또한, 필자 일행들이 피한 곳은 일본 국회의사당 근처였는데, 대부분의 샐러리맨들은 한 대 혹은 두 대의 휴대 전화를 사용하여 각자 정보를 얻고 있었다. 그들은 필자에게 평소 익숙하지 않았던 그 지역에 대해서 어느 편의점에 가면 현재 영업 중이고 물품구입이 가능하다는 등의 많은 정보를 공유해 주었다. 「사람들이 서로 돕고 재해를 함께 이겨내는 풍경」을 체험하면서 「사람 사는 사회」를 느낀 순간이기도 하였다. 전파가 끊어지고 계속되는 정전과 여진의 연속으로 인해 간헐적으로 비명소리도 들렸으나 대부분이 정보를

느낀 인간애」, 『서울문화투데이』 2011년 3월 13일 기사. 2023년 2월 19일 열람, http://www.sctoday.co.kr/news/articleView.html?idxno=9973.
강진욱·성혜미「(日대지진) 공포, 그리고 인간의 정」, 『연합뉴스』 2011년 3월 16일 기사. 2023년 2월 19일 열람, https://www.yna.co.kr/view/AKR20110316081400069.

신뢰하며 질서 정연하게 움직였고, 불안에 떨고 있는 사람들을 배려하며 서로 도움을 주려는 모습과 자신들도 이재민이면서 타인들을 위해 구원 물자를 나눠주느라 철야 작업을 하던 미나토구의 지역 공무원들의 헌신 정신은 지금도 선명하게 떠오른다. 든든한 직업의식의 본보기를 보면서 불안에 찬 사람들의 용기가 되어준 그들과 함께 니혼바시 평생학습센터 4층 체육관에서 밤을 지새우다 여진에 지쳐서 만원 상태의 새벽 첫 전철을 타고 귀가하면서 신뢰할 수 있는 정보 제공의 중요성과 사람들의 상호 배려의 소중함이 지진의 불안을 불식하는 요소라는 것을 깊이 새기는 계기가 되었다. 여담이지만 2010년부터 연구년을 맞아서 유럽에 있었던 필자는 영국 정부의 대학 등록금 인상에 대한 대규모 시위를 런던 시내와 케임브리지대학에서 경험하였다. 런던의 경우, 과격한 시위대의 움직임으로 시내 상점의 문이 부서지고 약탈도 일어났다. 지진과는 다른 상황이지만, 사회 질서가 무너지는 대지진의 혼란 상태에서 흔히 볼 수 있는 무질서함과 폭력적 행위와 약탈 등의 움직임이 적어도 3.11 동일본 대지진에서는 볼 수가 없었다. 그 뒤, 동북지역의 이재민에 대한 차별과 약자를 이용하는 악질 행위 등의 뉴스도 들렸으나 대지진 이후 도쿄 각지를 들러서 귀가하는 동안 흐트러진 약탈행위는 없었고, 모두가 휴대 전화를 통해 필요 정보를 얻고 있던 것이 인상적으로 남아 있다. 사회적 경제적으로 안정된 일본이라는 조건이 있겠지만, 자연재해에 처해진 동병상린의 상황 속에서 루머를 일축시키는 올바른 정보 제공과 서로 협력 공생하는 것이 위기의 대처법으로 이어진다는 것을 체험한 사례이다. 21세기의 첨단 과학 기술과 다양한 정보력 속에서 그나마 일본어가 가능했기에 많은 도움을 받으며 혼란을 버틸 수 있었던 필자의 사례와는 달리, 100년 전의 절대 차별 구조가 존재하던 그 당시, 중요 정보나 조력자도 없는 이국땅에서 언어조차 자유롭지 못한 불안감으로 편견과 차별의 대상이 되어야 했고, 유언비어를 확인도 안 한 군인과 경찰, 민병들 사이에서 목숨까지 빼앗겨야 했던 당시의 조선인들이나 중국인 노동자들은 얼마나 고통스럽고 억울했을지, 지진이 계속되는 일본 사회의 외국인 근대사 연구자로서 그 상황을 간과할 수 없기에 이 글에서 필자 나름의 100년 전 상황에 대한 소개를 하려고 한다.

경제 활동과 생활을 위한 인구 이동의 급증과 각지에서 발생하는 내전 및 분쟁 등으로 1억 이상의 난민이 삶터를 떠나서 국경을 넘는 21세기, 일본은 자국의 저출산 고령화의 심각한 현실 문제의 해법 모색과 함께 다문화 공생 사회를 주창하지만 2023년 현재도 민족과 문화가 다른 외국인 노동자들에 대한 열악한 처우로 인하여 꿈을 접고 자국으로 귀국하는 사람들이 끊이지 않는다. 100년 전에 횡행했던 조선인 학살의 본질은 결코 과거에서 끝난 것이 아니라 현재까지 저변에 이어져 오고 있는 문제라는 것이다. 말을 바꾸자면 재난 발생시 혼란 상태에서 이성을 잃은 군중들이 공격 타깃을 누구로 설정하느냐, 혹은 정부나 지자체나 언론이 어떻게 대처하느냐에 따라서 자연재해 속의 인적 재난으로 인해 희생자가 나올 수 있는 만큼, 결코 간과할 수 없는 중요 과제이다. 특히 재난 시의 혼란 속에서 악성 루머가 만연하면 누구라도 유언비어의 타깃이 될 수 있다는 점을 감안할 때 간토대지진은 100년이 지난 지금도 우리에게 시사하는 바가 크다.

이 글을 집필 중인 2023년 2월 현재도 튀르키예·시리아 대지진의 뉴스와 더불어 일본 열도 각지에서 언제 발생할지 모르는 동해, 남해,

다치카와 대지진 등에 대한 막연한 불안감과 도피 불가능한 현실에 많은 사람들이 두려움 속에서 생활하고 있다. 일본보다는 비교적 지진이 없었던 국내에서도 감지된 지진 발생의 공포가 보도되기도 하였고,[10] 일본과의 근거리 관계상 국내 기상청에서는 속도계 및 가속도계의 지진관측소 282개소를 비롯하여 국내 유관기관의 자료(79개)를 활용하여 지진을 관측하고 있는 중이다.[11] 다양한 지진 관련 사이트가 운영되고 있는 배경에는 2011년 3월 11일에 발생한 동일본대지진 이후의 지각변동과 더불어 연쇄 반응을 일으키는 지진 다발의 영향이 있는데, 요즈음 화제에 등장하는 백두산 폭발설[12]을 비롯한 지구촌 불의 고리 등 예측할 수 없는 자연재해에 대한 공포로 인한 스트레스 등이 사회적 불안을 자아낼 때 사람들이 이성적 판단으로 안심할 수 있도록 하기 위해서는 신속하고 정확한 정보 제공이 우선되어야 하므로 각종 지진 대처에 대한 정보 제공이 바람직하다. 정확한 정보 제공과 이재민들을 배려하는 각계각층의 인도적 시민력 발휘, 공동체의 안정을 위한 절대적 협력이 2차 재난을 막는 지름길이다. 그것이 과거의 역사에서 배우는 지혜이기도 하다. 그렇기에 100년 전 제국주의 일본의 수도권을 덮쳤던 간토대지진을 통해서 당시의 문제점을 재고하는 것은 현재도 다발하는 지진

---

10) 기상청 날씨누리 사이트에서 국내외 최근의 지진에 관한 뉴스를 확인할 수 있다. 2023년 1월 25일 열람, https://www.weather.go.kr/w/eqk-vol/search/korea.do.

11) 2022년 1월 기준. 기상청 온라인지진관측망 웹사이트. 2023년 1월 25일 열람, https://www.kma.go.kr/eqk_pub/obsrEarthquake.do.

12) 100년 마다 크고 작은 폭발이 있어 왔던 백두산의 마지막 분화가 1925년이었음을 감안할 경우, 2025년경에 수백 도의 고온에 이르는 화산재 폭발의 가능성이 있음을 논하고 있다. 후지산 역시 백두산과 같은 마그마 점성이 높은 활화산이라서 예측 불가능한 시점에 터질 수 있다는 지적도 나오고 있다. 「천지 펄펄 끓어 백두산 이상징후들 … 폭발 땐 대홍수」『서울신문』 2023년 2월 4일, 2023년 2월 16일 열람, 참고사이트 URL, 「천지 펄펄 끓어 백두산 이상징후들 … 폭발 땐 대홍수」(daum.net).

발생의 대처라는 점에서 의미를 갖는다. 물론 고도의 과학 통신 발달의 현대 사회는 과거의 지진 등의 자연재해에 대한 다양한 대비책과 상당한 정보 축적이 사회적으로 공유되고 있다. 또한 세계적인 수준의 인터넷 통신망 보급과 신속한 정보 제공의 프로세스로 시시각각 기후 재해 등의 자연재해 정보가 다방면으로 전해지고 있다.

한편, 재난을 염려하는 일본의 무수한 시민 활동의 사이트가 운영되고 있는 반면, 미확인 정보 또는 유언비어[13] 등의 오보, 악성 루머 등도 난무하여, 경우에 따라서는 심각한 사회 문제를 야기시키기도 한다. 표현의 자유라는 미명 아래 사회 질서를 파괴하는 유언비어나 악성 행위를 제어할 수 있는 다양한 제도적 장치 마련은 글로벌 공통 과제라고 할 수 있을 것이다. 그런 점을 염두에 두면서 100년 전의 간토대지진 발생 직후의 제반 문제들과 시민력에 대해서 생각해 보기로 한다.

---

13) 2016년 4월의 구마모토 지진 발생 때나 2021년 2월 13일의 후쿠시마 강진 때, SNS트위트를 통해 1923년 9월의 간토대지진 때 떠돌았던 괴소문의 하나인 「조선인이 우물에 독을 탔다」는 악성 유언비어가 확대되었다. 21세기의 일본 사회에서 보기조차 힘든 「우물」에 어떤 「조선인」이 독을 탈 수 있는지 이성적으로 생각하면 유치하기 짝이 없는 악질적인 장난이기에 수치스러움을 느낀 시민들의 비난의 목소리도 컸다. 표현의 자유라는 구실로 도를 넘어선 유언비어는 각 언론 및 시민들의 비난으로 일축되었고, 이 트위트는 현재 게시글과 계정을 삭제한 상태이다. 그러나 향후 선진사회다운 질서와 안녕을 위해서는 발설한 자들의 사회적 책임을 묻는 처벌 방법도 중요한 과제라고 할 수 있다. 무책임한 거짓말의 유포로 인해 수천 명의 대학살이 이루어졌다는 것을 감안하면 결코 용서해서는 안되는 범법 행위임을 사회적으로 공유하여 재발 방지를 하는 대책이 필요하다. 비상사태 발발 시에는 이러한 루머를 제어하지 못하면 자칫 대학살의 돌발사태로 이어질 가능성이 있음을 간토대지진은 시사하고 있는 것이다. 참고로 후쿠시마 강진 때 「우물에 독」이란 유언비어가 퍼지게 된 배경을 분석하고 「유언비어」라는 이 말이 재일한인들에게 얼마나 두려운 악몽이었는지에 대하여 상세히 설명한 다음 기사를 참고로 소개해 두기로 한다. 「第5回「井戸に毒」投稿者に2度問うた虐殺の現場訪ねた記者」『朝日新聞』 2021년 5월 3일자 인터넷판 기사 참고, 2023년 1월 25일 열람, https://www.asahi.com/articles/ASP517RWXP4PPTIL03C.html.

3 이 글에서 사용하는 참고문 및 간토대지진 관련 연구

이 글에서는 앞에서도 언급했듯이 필자가 대지진과 언론의 사회적 역할에 대해서 고찰했던 2004년의 논문과 2006년에 발표했던 다음 글을 번역, 대폭 수정 가필 혹은 일부를 참고하고 있다.

▶ 李修京(2004)「関東大震災直後の朝鮮人虐殺と日韓報道」山口県立大学紀要編集委員会編『山口県立大学国際文化学部紀要』제10호, pp.1-10 참조

▶ 李修京(2004)「近現代の韓日市民連帯と平和運動考察」関東大震災80周年記念行事実行委員会編『世界史としての関東大震災 アジア・国家・民衆』도쿄: 日本経済評論社, pp.43-52 참조[14]

▶ 李修京(2006)「人命を重んじて真実を直視した警察の鑑・大川常吉」李修京編 『韓国と日本の交流の記憶―日韓の未来を共に築くために―』도쿄: 白帝社, pp.128-131 참조

참고로 간토대지진에 대해서는 발생 원인 분석, 피해 및 재해 규모 등을 분석한 문헌 및 논문, 자료(당시 현장 상황을 본 사람들이 그린 그림, 정지화 포함)는 방대한 양에 이른다. 이에 대해서는, 한 예를 들자면, 간토대지진 80주년 기념행사 실행위원회가 엮은『世界史としての関東大震災』(도쿄, 日本経済評論社, 2004)에서 사카모토 노보루(坂本昇)[15]는 간

---

14) 이 책은 80주년을 기념한 행사의 기록이 주된 내용인데, 마츠오 쇼이치(松尾章一, 1930~, 역사학) 및 야마다 쇼지(山田昭次, 1930~, 역사학) 강연(조선인 학살에 대한 국가 책임과 민중 책임을 역설)을 비롯한 한중일 연구자들의 간토대지진 관련 연구 발표를 체계적으로 엮고 있다.

15) 坂本昇(2004)「関東大震災研究運動の成果と展望」関東大震災80周年記念行事実行委員

토대지진 이후 40~50주년, 60~70주년까지 계열적으로 그 연구 관련 성과 등을 개괄하고 있고, 같은 문헌 내에서 다나카 마사타카(田中正敬)는 2003년 시점의 간토대지진사 연구 동향과 과제를 통해 자료를 개괄하고 있다. 그 외의 초기 연구의 계열적 소개에 대해서는 후술하기로 한다.

한편, 일본 정부 측에서는 내각부 방재정보 사이트에서 다양한 연구 내용을 공개하고 있는데, 특히 2003년 이후에 조직된「1923 간토대진재 재해교훈의 계승에 관한 전문조사회」전문 연구자들의 조사 결과에는 괄목할 만한 내용들도 기록되어져 있다.

구체적인 내용 소개는 이 글의 각 항목에서 인용, 후술하기로 하고, 여기서는 2003년에 설치되어 연구 조사에 착수하게 되는 내각부 중앙방재회의의「1923 간토대진재 재해교훈의 계승에 관한 전문조사회」의 설치 목적과 경위에 대해서 간단히 소개하기로 한다.

■ 설치 목적 · 경위
과거에 경험한 대재해에 대해서 피해 상황, 정부 대응, 국민생활에의 영향, 사회 경제에의 영향 등을 체계적으로 수집하므로서 피해의 경험과 국민적인 지혜를 정확하게 계승하고 국민의 방재의식을 계발함과 더불어 장래의 재해 대응에 기여하는 것을 목적으로 헤이세이 15년(2003년 - 역자 주) 3월의 중앙방재회의에서 본 전문조사회 설치가 결정되었습니다.

■전문조사회의 진행방법
본 전문조사회는 이하의 점을 중심으로 재해교훈을 계획적 · 체계적으로 정리하면서 약 10년 정도에 걸쳐서 정리하여 교훈 텍스트를 정리하려고 합니다.

会編『世界史としての関東大震災』도쿄: 日本経済評論社, pp.266-281 참조. 田中正敬「近年の関東大震災史研究の動向と課題」同書, pp.282-300 참조.

○지진, 분화, 츠나미, 수해 그 밖의 재해 종류별 요약

○재해 상황, 정부 대응, 국민생활에의 영향, 특별한 공헌을 한 인물과 그 내용[16]

일본의 관련 전문가를 위원으로 구성되어진 내각부 정책통괄관하 조직인데 과거에는 없었던 국가 범죄와 반성의 기록이 들어간 조사내용을 볼 수 있다는 점에서는 그들의, 특히 (제2편)의 조사 기록은 특기할 만하다. 그리고 2008년 3월 발표의 내각부 중앙방재회의[17]가 발행한 「1923 간토대진재(대지진) 재해교훈의 계승에 관한 전문조사회 보고서」에 인용된 참고문헌만 해도 상당수임을 알 수 있는데,[18] 이 보고서 참고자료에는 일본 내무성, 후생성, 경시청, 각 지역 소방청, 철도성과 군부, 헌병, 각 경찰서를 비롯한 정부 자료집과 각 지자체 행정기관 자료집, 토목학회, 병원 등의 자료, 그리고 조직이나 단체 혹은 개개인의 연구 및 사진첩, 자료 등이 알기 쉽게 정리되어 있으므로, 조선인 학살을 비롯한 다양한 살상 및 유언비어와 군대 경찰 외 자경단 등의 움직임과 대지진의 실태를 파악하는데 중요한 참고가 된다. 또한, 이 내각부 중앙방재회의 보고서는 기존의 조사내용에 변화가 있을 때는 정정하고 있으므로 일본 정부측의 기본적인 참고자료로 활용할 수 있다.[19]

---

16) 内閣府防災情報のページ 「中央防災会議災害教訓の継承に関する専門調査会」 2023년 2월 24일 최종 열람,
   https://www.bousai.go.jp/kyoiku/kyokun/kyoukunnokeishou/index.html.
17) 일본 정부의 전 각료가 구성원으로 들어 있는 조직 기관.
18) 内閣府防災情報サイト. 2023년 2월 17일 열람,
   https://www.bousai.go.jp/kyoiku/kyokun/kyoukunnokeishou/rep/1923_kanto_dai shinsai_2/pdf/24_shiryo.pdf.
19) 2023년 2월24일 최종 열람,
   https://www.bousai.go.jp/kyoiku/kyokun/kyoukunnokeishou/rep/1923_kanto_dai shinsai/index.html.

한편, 한국계 임의단체인 재일본대한민국민단의 기관지인『민단신문』
이나 조총련 기관지『조선신보』등의 재일한인 신문이나 잡지(예를 들면
『季刊三千里』제36호, 1983년 겨울호는 「特集 関東大震災の時代」를 기획)
에서는 다양한 특집을 기획하여 재일한인 학살이 일본의 국가 범죄임을
알리고 있다.『季刊 三千里』제36号(1983년 겨울호)의 간토대지진 60주
년 특집 기획의 집필자 중의 한 사람인 다카야나기 도시오(高柳俊男)는
1963년에 편집한 책『現代史資料(6) 関東大震災と朝鮮人』(도쿄: みすず
書房)의 뒷부분에 조선인 학살에 대한 연구와 문헌이 망라되어 있음을
언급하며 40주년까지의 문헌 및 자료 등 60주년까지의 시대 계열별로
연구문헌과 자료집을 소개하고 있다.[20] 다카야나기 글에서는 1947년에
발행된 김병직(金秉稷)의『関東震災白色テロルの真相』(朝鮮民主文化団
体総聯盟)과 이 문제에 처음으로 학문적인 분석을 한 사이토 히데오(齋藤
秀夫)의 「関東大震災と朝鮮人さわぎ」(『歴史評論』1958년 11월호)가 발
행되었으나 40주년이 되는 1963년에 강덕상과 금병동이 편집한『関東大
震災と朝鮮人』(みすず書房) 및 朝鮮大学校가 편집한『関東大震災におけ
る朝鮮人虐殺の真相と実態』(「朝鮮に関する研究資料」第九集)를 소개하며,
조선인 연구자들에 의해서 간행된 이러한 자료집과 더불어 간토대지진
에 대한 본격적인 연구가 1963년부터 개시되었다고 언급하고 있다.[21]
또한, 다카야나기는 같은 시기에 발표된 姜德相「関東大震災に於ける朝
鮮人虐殺の実態」(『歴史学研究』7월호) 및 마츠오 다카요시(松尾尊兊)「関
東大震災下の朝鮮人虐殺事件」(『思想』9월호)의 두 연구논문이 사건의 전

20) 高柳俊男(1983)「朝鮮人虐殺についての研究と文献」『季刊三千里 特集 関東大震
災の時代』제36호, pp.71-77 참조.
21) 상게서, 高柳俊男(1983)「朝鮮人虐殺についての研究と文献」『季刊三千里 特集 関
東大震災の時代』제36호, p.71 참조.

체상을 종합적으로 추구하고 있음을 밝히고 있다.[22] 특히 3.1운동과 여운형 그리고 간토대지진의 역사에 천착했던 강덕상[23]은 간토대지진에 대한 견해를 『労働運動史研究』(1963년 7월호) 및 『歴史評論』(1963년 9월호) 등 정력적으로 발표활동을 하는데, 이러한 재일한인 연구의 움직임과 더불어 일본측 연구자들의 활동도 두각을 나타낸다.

예를 들면, 『労働運動史研究』 7월호의 「関東大震災四〇周年」 특집호 권두언에서는 사회운동사 및 노동운동사 연구자로 저명한 시오다 쇼베이[24]가 간토대지진의 조선인 학살사건・가메이도 사건[25]・오스기 사카에 사건[26]을 「액살 3대사건」이라고 표현하고 있으며, 『横浜の関東大震災』(有隣堂, 2007)의 저자인 이마이 세이이치[27]는 「백색테러사건」이

---

22) 상게서, 高柳俊男(1983) 「朝鮮人虐殺についての研究と文献」 『季刊三千里 特集 関東大震災の時代』 제36호, p.72 참조.

23) 姜德相(1932~2021) 경남 함양 출생, 사학자, 히토츠바시대학 및 시가현립대학 교수 역임.

24) 塩田庄兵衛(1921~2009). 시코구 고치현 출생, 사회운동사 및 노동운동사 연구자, 도쿄도립대학 및 리츠메이칸대학 명예교수.

25) 亀戸事件: 간토대지진의 혼란 속에서 9월 3일, 군대와 경찰이 도쿄 가메이도 노동운동가들을 살해한 사건. 미나미카츠시카 지역(南葛地域, 지금의 고토구・스미타구)에서 재난피해자 구원 활동 중의 가와이 요시도라(川合義虎, 일본공산청년동맹 초대위원장)와 히라사와 게이시치(平沢計七, 순노동자조합)를 비롯한 노동조합 청년간부 등 10명을 가메이도(亀戸)경찰서로 연행하여 학살한 사건. 「人権と民主主義をまもる日本国民救援会」 웹사이트 참조. 2023년 2월 22일 열람, http://www.kyuenkai.org/index.php?%B5%B5%B8%CD%BB%F6%B7%EF%C4%C9%C5%E9%B2%F1. 참고로 사회문학자인 후지타 후지오(藤田富士男)나 오와다 시게루(大和田茂)는 『大杉栄全　集』(ぱる出版, 2016)이나 히라사와 게이시치 등의 문학작품을 통해서 당시의 국가적 범죄 및 당시 상황에 접근하고 있다.

26) 1923년 9월 16일에 대지진의 혼란 속에 무정부주의자 오스기 사카에(大杉栄)와 작가이자 그의 파트너 이토 노에(伊藤野枝) 및 오스기의 6살 된 조카 다치바나 무네가즈(橘宗一)를 헌병대 특고과로 연행하여 육군 대위 아마카스 마사히코(甘粕正彦, 1891~1945)가 그의 헌병대 동료들과 교살한 뒤, 시체를 관내 우물에 유기한 사건.

27) 今井清一(1924~2020). 군마현 출생, 일본근현대정치사, 요코하마시립대학 명예교수.

라고 칭하고 있다. 이에 대한 본질적 접근에 대하여 강덕상은 위의 『関東大震災』(1975)에서 다음과 같이 비판하고 있다.

　　개개인의 생명의 존엄에 차이가 있을 리 없고 다른 것도 아니련만 가족 세 사람의 목숨, 10명의 사회주의자의 생명과 6,000명 이상의 생명의 차이를 균등시할 수는 없다. 양의 문제는 질의 문제이고, 사건은 전혀 이질적인 것이다. 이질적인 것을 무리하게 동질화하여 병렬화하는 것은 관헌의 은폐공작에 가담하는 것과 같다고 할 수 있다. 앞의 두 사건(가메이도 사건과 오스기 사카에 사건)이 관헌에 의한 관헌의 완전한 밀실 범죄이고 자민족 내의 계급 문제인 것에 대하여 조선인 학살사건은 일본 관민 일체의 범죄이고 민중이 동원되어 직접 학살에 가담한 민족적 범죄이며 국제문제이다. 이 차이를 판별하지 않으면 안된다. 그러나 일본에서의 취급은 사건 후부터 오늘날까지 저자가 강조한 것과는 반대의 순서로 관심이 많은 듯 하다. 당시의 3대 종합잡지인 『中央公論』, 『改造』, 『太陽』 외 몇몇 잡지도 오스기 사건을 중심으로 다루며 가메이도 사건, 조선인 사건의 순서로 취급하여 페이지수가 적었다. 이 경향은 해방 후도 같았고, 오스기 사건, 가메이도 사건, 조선인 학살 사건 순서로 연구 수준은 저하하여 문헌도 소수화하고 있다. 관심의 높낮이에 대한 요인을 어디에서 구해야 할지, 이질적 사건으로 재검토해주기를 바랄 수밖에 없는 것 같다.[28]

강덕상의 이러한 비판은 가메이도 사건이나 오스기 사카에 사건은 자민족 내의 계급문제에 대한 관헌의 범죄이고, 조선인 학살사건은 관헌과 민중이 일체로 가담한 조선 민족에 대한 차별행위에서 이루어진 국가적 범죄이므로 본질적으로 조선인 학살사건 취급이 더 많아야 한다는 지적이다. 이는 다카야나기가 언급하듯이 강덕상과 마츠오 다카요시 사이의

---

28) 姜德相(2014.6)「一国史を超えて: 関東大震災における朝鮮人虐殺の50年」『大原社会問題研究所雑誌【特集】関東大震災90年—朝鮮人虐殺をめぐる研究・運動の歴史と現在(1)―』 제668권, 法政大学 大原社会問題研究所, p.7 참조.

논쟁으로 이어지는 내용이기도 한데, 주된 내용은 유언비어가 민간인들에게서 나온 자연 발생이라는 마츠오의 의견에 대하여 강덕상은 관헌의 의도적인 날조에 의한 것이라는 사실 인식의 차이와 일맥상통하는 부분으로, 마츠오는 일본 인민들의 책임 규명을 하는 것이 보다 더 강한 일본 제국주의 비판이 된다는 입장인데 비해 강덕상은 멸시를 주입당한 민중들보다도 멸시를 임무로 한 관헌의 존재를 중시하려는 입장 차이를 다카야나기는 일본인과 조선인의 입장 차이라고 결론짓고 있다.[29] 참고로 다카야나기는 강덕상 스스로가 유언비어의 근원을 결정적으로 탐구하기에는 자료만으로는 할 수 없다고 말 한 만큼, 대립 상태는 그대로이지만 두 사람 모두 유언비어 전파에 관헌이 큰 역할을 한 것을 중시하여 민중이 유언비어를 가볍게 믿어버린 점을 문제로 삼고 있는 점은 공통된 자세라고 언급하고 있다.[30] 즉, 조선인 학살사건은 일본 정부의 관헌 개입 및 수도권 일본 주민들의 무책임한 공간 속에서 발발한 국가 범죄라는 측면에서 사건의 본질을 묻는 것인데, 이러한 맥락에서 본다면 2016년의 제190회 일본 국회 참의원 의장 앞으로 제출된 질문주의서(일본변호사연합회 인권옹호위원회가 제출한 조선인 학살사건 관련)에 기술한 「(일본) 군대에 의한 조선인 및 중국인 학살이 일어난 것, 이러한 사건은 재판에도 군법회의도 하지 않았다는 것」[31]의 질문 내용에 대하여 일본 정부는 공식적인 국가 개입에 대한 의견을 명시하지 않았다. 단, 이 시기를 즈음하여 고이즈미 준이치로(小泉純一郎, 1942~, 2001~

---

29) 앞의 글, 高柳俊男(1983)「朝鮮人虐殺についての研究と文献」『季刊三千里 特集 関東大震災の時代』제36호, p.72 참조.
30) 위의 글과 같음.
31) 참의원 제190회 국회 질문주의서. 2023년 2월 21일 열람,
   https://www.sangiin.go.jp/japanese/joho1/kousei/syuisyo/190/syuh/s190131.htm.

2006년 총리) 정권이었던 2003년부터 내각부의 중앙방재회의에서는 앞에서 언급했던 「재해교훈의 계승에 관한 전문조사회」를 발족하여(후술) 당시의 대지진 피해와 규모 및 민간인 학살 실태 조사 등을 행하여 2008년 3월에 내각부 중앙방재회의 발행 「1923 간토대지진 재해교훈의 계승에 관한 전문조사회 보고서」(제2편)의 「제4장 혼란에 의한 피해 확대 – 제1절 유언비어와 도시, 제2절 살상사건의 발생, 컬럼8 – 살상사건의 검증(殺傷事件の検証), 나가면서 – 간토대지진의 응급대응에 있어서의 교훈」에 조선인 학살이 일본의 공권력(일부 군경) 및 민병 자경단에 의한 폭주였고, 그러한 배경 설명과 더불어 사건 실체에 접근하여 두 번 다시 반복되어서는 안된다며 반성의 뜻을 담은 기록이 공개되었다. 국가 범죄가 이루어졌음을 상당한 연구 조사를 토대로 기록하고 잘못된 점을 인정하고 있는 이 자료는 간토대지진과 조선인 학살 혹은 유언비어의 여파에 대한 조사로서는 빠질 수 없는 내용이며, 무엇보다 정부측 기록에서 잘못의 인정과 반성이 조금이나마 기록되어진 점에서 결코 간과할 수 없는 자료이다. 상당한 양의 내용을 여기서 전체 인용하기에는 한계가 있으므로 (제2편)의 컬럼8에서 다룬 살상 사건의 검증에 대하여 참고 자료로 번역해 둔다. 이 전문조사회에서 다룬 조선인 학살 관련의 일부 내용은 후술하는 정부측 기록 부분에서 소개하기로 한다.

「컬럼8」에서 다룬 살상 사건의 검증

대지진 당시의 조선인 박해는 형용하기 어려운 정도였다. 초기에는 유언비어가 섞인 여러 형태의 신문 보도가 이루어졌고, 루머의 근거가 없다는 것을 안 뒤의 회상이나 평론에서는 오해로 인한 비참한 사건으

로 회고되어 졌다. 조선인을 도운 내지인(일본인)의 미담이 의식적으로 보도 되고 그런 행동이 칭찬을 받는 반면, 민간인이 검거되고 피고로 재판이 이루어지면 유언이 관헌에 의해서 유출되거나 혹은 살상이 관헌에 의해서 허용되었다고 하여 조선인을 박해한 자경단을 변호하는 논조도 생겼다. 조선인 희생자수는 재일본 관동지방이재 조선동포위문반이 관헌 협력을 얻지 못한 채 조사를 진행했다. 이에 대해서는 야마다 쇼지[32]가 집필한 『関東大震災時の朝鮮人虐殺－その国家責任と民衆責任』의 제6장에서 최신의 검토를 하고 있다.

〈표〉 컬럼 8-1 조선인 학살 피해자의 조사

출처	최승만	독립기관
도쿄(東京)	1024 혹은 1454	1,781
가나가와(神奈川)	1129 여 ~ 1499 여	3,999
치바(千葉)	141 혹은 172	329
사이타마(埼玉)	245 혹은 266	488
군마(群馬)	18	34
도치기(栃木)	4	8
이바라키(茨城)	44	5
나가노(長野)	2	
합계	2,613	6,661
재계산	2607 여-3459 여	6,644

출처: 山田昭次(2003) 『関東大震災時の朝鮮人虐殺－その国家 責任と民衆責任』 創史社.

---

32) 山田昭次(1930~). 사이타마현 출생, 역사학자, 立教大学 명예교수. 야마다는 간토 대지진 때 조선인 폭동이라는 루머를 퍼트린 일본 국가와 군대와 민중의 조선인 학살의 역사적 사회적 배경을 조사한 『関東大震災時の朝鮮人虐殺―その国家責任と民衆責任―』 도쿄: 創史社, 2003년 외, 『関東大震災時の朝鮮人迫害―全国各地 での流言と朝鮮人虐待』 도쿄: 創史社, 2014년 등을 간행. 그 외, 강덕상 등과 공동 편집한 『関東大震災と朝鮮人虐殺』 도쿄: 論創社, 2016년, 古庄正, 樋口雄一와 공동집필한 『朝鮮人戦時労働動員』 도쿄: 岩波書店, 2005년 등 전시 중의 강제연행 노동자 문제를 비롯한 조선인 박해의 배경에 있는 국가와 사회체제, 민중의 움직임을 연구한 문헌 다수.

이 책에 의하면 이 중에서 1923(다이쇼 12)년 10월 말까지의 중간보고로는 요시노 사쿠조(吉野作造)가 그 시대에 발표하려 하다가 금지된 원고 「조선인 학살사건」과 요시노에게 정보를 제공했다고 추정되는 위의 위문단의 최승만(崔承万)이 전후가 되어서 발표한 것이 있다. 모든 장소와 인원수의 기재 합계를 보면 요시노 원고가 2,613여 명(예를 들면 30여 명와 같이 「여(余)」가 5군데 기술되어 있다). 최승만의 것이 2,607여 명 혹은 3,459여 명(희생자수를 48 혹은 80처럼 두 가지 설을 기록한 예가 7군데 있다). 최승만에 의하면 위문단은 이 조사를 발판으로 희생자수를 5천 명으로 추정하고 있다고 한다.

이 조사의 최종 보고라는 것이 11월 28일자 상하이 대한민국임시정부 기관지인 『독립신문』 사장에게 송부되어 12월 5일에 이 신문에 게재되었다. 합계 6,661명(현재 내역을 재계산하면 6,644명이라고 야마다 쇼지가 지적하고 있다)에 달하지만 그 중에 가나가와현에서 시체를 발견하지 못한 1,795명과 제1차 조사를 종료한 11월 25일에 각 현에서 보고가 있었던 추가 인원수 2,256명은 부현(府県) 이름만으로 그 이하의 지명은 기록되어 있지 않다. 야마다 쇼지는 사이타마현에 관한 수치를 검증하여 이 추가분을 산입하지 않는 것이 현재까지 얻어진 정보와 가깝다는 것을 지적하고, 「추가 합계수의 근거를 오늘날 해명할 수는 없다」라고 말하고 있다.[33]

---

33) 「コラム8 殺傷事件の検証」内閣府中央防災会議災害教訓の継承に関する専門調査会編(2008) 『災害教訓の継承に関する専門調査会報告書 平成20年 3月 1923 関東大震災 第2編』내각부 중앙방재회의, pp.218-220, 2023년 2월 22일 열람, https://www.bousai.go.jp/kyoiku/kyokun/kyoukunnokeishou/rep/1923_kanto_dai shinsai_2/pdf/22_column8.pdf.

이상의 일본정부 중앙방재회의 발행 보고서에 명시된 것은 이례적인 것으로, 이에 대해서 2023년 2월 9일자『한국일보』는 간토대지진의 조선인 희생을 정부 문서에서 처음 인정하는 내용이라며 제2편 보고서를 주도해 집필한 도쿄대학 대학원 인문사회계연구과의 스즈키 준(鈴木淳, 일본근대사)[34] 교수의 단독 인터뷰를 보도하고 있다.[35] 스즈키 교수와의 인터뷰 내용에 따르면 관헌에 의해서 희생된 조선인 숫자는「계엄업무상보(戒嚴業務詳報)」라는 계엄사령부의 문서를 조사한 결과 나온 것이다. 등사판 인쇄로 당시 관계기관에 배포된 문서 사료로 여러 관헌 자료를 조사하여 밝힌 것으로 자료의 숫자가 모든 희생자를 나타내는 것이 아니라 실제 피살자수는 기록보다 더 많을 것이라는 이야기와 더불어「군과 경찰, 시민이 함께 예외라고 말하기 어려운 규모로 무력과 폭력을 행사했다」는 강덕상의 주장을 반증하는 내용을 말하고 있다.[36] 사건을 오랫동안 회피해온 정부의 문서에 개개인의 힘으로 기록을 넣기가 결코 쉽지 않다는 것을 감안했을 때 스즈키 교수의「조선인 박해라는 문제를 정부 보고서에 확실하게 적어 넣어 교훈의 하나로서 자리매김할 수 있었던 점은 의미가 크다」[37]는 자평은 일부이긴 하나 일본 내의 시민력의 성장을 엿볼 수 있는 부분이다. 이 정부 기록까지 오는데는 야마다 쇼지나 마츠오 쇼이치, 다카야나기 도시오, 사카모토 노부오 등과 같은 일본측 연구자들의 부단한 노력과 양심적 활동이 있었음

---

34) 스즈키는 2004년에 다음과 같은 책을 출판하였다. 鈴木淳(2004)『関東大震災』도쿄: ちくま新書.

35) 라제기「간토대지진 때 일본 군대가 조선인 학살…일본정부 문서 나왔다」『한국일보』2023년2월 9일 기사, 2023년 2월 22일 열람, https://www.hankookilbo.com/News/Read/A2023020815590001478.

36) 위와 같음.

37) 위와 같음.

은 부인할 수 없다. 그러한 시민력을 촉진하고 함께 활동해 온 강덕상과 금병동[38]과 같은 평생을 통한 연구자들의 집요한 조사 활동은 간토대지진의 조선인 학살사건의 저변에 깔린 차별 구조와 국가적 범죄를 표면에 부상시키는 절대적인 시민력이었다고 평가할 수 있다. 강덕상과 금병동의『現代史資料(6) 関東大震災と朝鮮人』, 그리고 강덕상의 지진 발생에서 계엄령 발포, 유언비어 전파 및 군대, 자경단의 움직임과 관헌의 지령에 의한 민병들의 조선인 사냥, 희생자 조사 및 자경단 검거 등을 조사한『関東大震災』(中央公論社, 1975)의 발표, 그리고 사망 직전인 2008년 4월 2일부터 10월 3일까지『조선신보』[39]에서 기존의 연구 내용을 8회에 걸쳐 연재 중에 쓰러진 금병동의 활동은 공생과 인권사회를 추구하는 현대 사회의 지진 재난 후의 동향에 대해 제시하는 바가 크다.

한편, 위의 조선인 학살사건 뿐만 아니라 당시 혼란 속에서 살해당한 사회주의 사상운동가[40] 관련 연구자들, 혹은 일본인이지만 지역 사투리 사용 등으로 인해 소위 자경단이란 명목의 마을 주민들(민병) 조직이 정한 기준으로 살해당한 사람들에 대한 연구[41] 내용을 소개하는 문헌

---

38) 琴秉洞, 1927~2008. 후쿠오카 출생, 사학자, 일본 조선대학교 교수 역임. 그동안의 간토대지진 연구 내용을『朝鮮新報』(조총련 기관지)에서 8회까지 연재. 2008년 9월 24일 폐암으로 사망. 향년 81세. https://chosonsinbo.com/jp/2008/10/sinbo-j_081003-2/.

39)「琴秉洞간토대지진 관련 연재 기사」『朝鮮新報』, 2023년 2월 20일 열람. 연재는 2008년 4월 2일에 제1회를 시작으로 4월 4일, 4월 30일, 5월 30일, 7월 2일, 8월 1일, 9월 3일, 10월 3일까지 총 8회 연재. 이 사이트에는 금병동의 2003년 간토대지진 강연 기사 및 사망 기사 게재.
https://chosonsinbo.com/jp/tag/%E7%90%B4%E7%A7%89%E6%B4%9E%EF%BC%88%E6%9C%9D%E9%AE%AE%E5%A4%A7%E5%AD%A6%E6%A0%A1%EF%BC%89/.

40) 처음부터 당국의 타깃이 되었던 사회주의 사상운동가, 예를 들면 오스기사카에(大杉栄) 일행 학살이나 가메이도사건(亀戸事件) 등과 일반 조선인 노동자들 학살은 본질적으로 차이가 있겠지만, 결과적으로 관헌들이 살해하는 구조나 [학살의 형태는 유사하다고 할 수 있다.

혹은 자료들도 다수 존재하는데, 이 글에서는 지면상 생략하기로 한다.

참고로 당시의 현장 상황을 촬영한 사진집, 자료집 역시 다양하게 존재한다. 필자가 소장 중인 몇 자료집 중에서도 특히 「朝日新聞AERA 編集部(2011)『完全復刻アサヒグラフ関東大震災 昭和三陸大津波(표지명: アサヒグラフ特別號 大震災全部 最も整った記録と画報)』도쿄: 朝日新聞出版」와 같은 사진집은 초토화된 도쿄 및 수도권 지역의 현황 사진과 구휼 방법, 재난 상황 등을 게재한 신문과 관련 사진을 볼 수 있다. 그 중에는 4만 명의 군대 동원과 폭주로 인한 오스기 사카에 사건 관련 뉴스, 불령단원 등에 대한 유언비어 확대에 대한 유언취제 긴급칙령을 싣고 있으나 조선인에 대한 제노사이드[42]화 된 뉴스나 관련 기사는 17쪽의 유언비어에 대하여 언급한 불과 몇 기사 밖에 찾아볼 수 없다. 화보와 같은 A3 크기의 124쪽 사진집이지만 이 역시 강덕상이 지적했듯이 자국민 중심적 편집의 한계를 넘지 못하는 것을 볼 수 있음에 아쉬움을 불식할 수 없다. 자타 국민을 떠나 인류 보편적 감각으로 일본 사회를 보다 선진적으로 견인하는 것이 주요 언론사들의 역할이라고 본다면 이 화보에서는 자국의 공간에서 일어난 조선인(이민족) 학살사건에 대한 인권적 과제를 1페이지 조차 할애하지 않고 있으므로 그만큼 글로벌 시대의 보편적 의식이 공유되지 못한 편집자들의 한계성을 드러내는 것이라고 지적할 수 있다. 이러한 화보집 구성에서마저 배제된

---

41) 島袋和幸(2013)『関東大震災・虐殺事件:「秋田・三重・沖縄三県人虐殺」〈検見川事件〉の真相: 附〈埼玉県妻沼事件〉〈千葉県南行徳村事件〉』도쿄: 沖縄の軌跡. 또한 시가요시오(志賀義雄)나 간토대지진의 조선인 학살 관련 작품인 「車中の出来事(차 속에서 생긴 일)」의 작가 에구치 칸(江口渙) 등에 의해 1963년에 가메이도 사건에 대한 다음 연구서가 발행되었다. 関東大震・災亀戸事件四十周年犠牲者追悼実行委員会編(1963)『関東大震災と亀戸事件』도쿄: 刀江書院.

42) genocide. 한 민족 전체 혹은 한 집단 학살. Oxford Advanced Learners Dictionary, Oxford University Press, 2018, p.653.

조선인 중국인들의 학살 희생자의 존엄을 함께 생각할 수 있는 사회 변화가 일본의 과제이다. 또한, 조선인을 포함한 학살당한 약자의 연구를 통해 그들의 존엄을 밝히는 연구자들의 노력의 자세가 더욱 평가되고 공유되어 세계가 인류보편적인 관점으로 역사를 바라볼 수 있는 시민력 육성이 중요한 과제라고 할 수 있다.

한편, 2021년 3월에 히토츠바시대학 사회학연구과에서 간토대지진과 조선인 학살에 대한 국가와 지역, 일본 민중의 가해 책임을 연구한 박사학위논문이 나왔다. 오랫동안 고등학교 교사로 근무하며 간토대지진을 비롯한 재일한인 관련 역사를 연구해 온 세키하라 마사히로(関原正裕)의 박사학위 청구논문[43]은 사이타마 지역의 사례를 통하여 간토대지진의 조선인 학살 배경이 된 요인을 분석한 내용이다. 그 자신이 오랫동안 조사해 온 연구 내용은 물론, 최근의 일본의 다양한 간토대지진과 조선인 학살에 대한 논조를 참고로 하고 있는 연구이기 때문에 후학들의 연구에 참조가 된다.

그 외, NHK방송을 비롯한 여러 지상파 방송국이나 각 언론사 등에서도 잦은 지진 재난이나 기후 재해 등을 심층적으로 보도하며 과거의 역사를 거울삼아 다가올 재해 준비와 안전한 대피 루트 등을 일깨워준다. 요즘은 언어가 통하지 않는 외국인 주민들과의 다문화 공생을 의식한 각 지자체에 의한 외국인 지원 세미나 개최나 재난시의 외국인

---

43) 関原正裕(2021)『関東大震災時の朝鮮人虐殺における国家と地域: 日本人民衆の加害責任を見すえて』一橋大学 大学院 社会学研究科 博士学位論文
논문 본문은 다음 사이트에서 확인할 수 있다.
https://hermes-ir.lib.hit-u.ac.jp/hermes/ir/re/72500/soc020202100703.pdf.

지원 프로그램 기획도 늘어나는 추세이다. 정부기관이나 지자체 뿐 아니라, 「사회법인 지자체국제화협회(CLAIR)」[44]나 「다문화방재네트워크(多文化防災ネットワーク)愛知・名古屋」[45]와 같은 다언어 비상 연락망 지원 사이트도 있다. 정부 차원으로 보면 내각부에서 「避難行動要支援者の避難行動支援に関する取組指針(피난행동 요지원자 피난 행동 지원에 관한 대처 지침」(2013년 8월)[46]을, 총무성의 「資料3 災害時の外国人への対応に関するこれまでの提言(재해시의 외국인에 대한 대응에 관한 지금까지의 제언)」(2017년 5월), 「災害時外国人支援情報コーディネーター養成研修について(재해시 외국인 지원 정보 코디네이터 양성 연수에 대해서)」(2021년)[47] 등 다양한 재난 사고 발생시 외국인을 지원하는 다언어 지원활동 프로그램을 준비하고 있는 양상이다. 물론, 이러한 정책은 어디까지나 저출산 고령화 시대의 노동력 부족으로 인한 외국인 노동력 유치 정책과 맞물리는 최근의 공생의 움직임이지 전쟁 전후의 재일한인과의 공생 정책을 의도한 것은 아니기에 간토대지진의

---

44) [一般社会法人自治体国際化協会]공식 웹사이트. 2023년 2월 16일 열람,
   https://www.clair.or.jp/j/multiculture/.

45) [多文化防災ネットワーク 愛知・名古屋]공식 웹사이트. 2023년 2월 16일 열람,
   https://saigainetaichinago.wixsite.com/tabonet.

46) 内閣府「避難行動要支援者の避難行動支援に関する取組指針」2013년 8월. 2023년
   2월 16일 열람,
   https://www.pref.okayama.jp/uploaded/attachment/297495.pdf. 한편, 이 사이트는
   내용 변화에 따라서 개정하고 있다. 현재, 2021년 5월 개정판을 공개 중이다.
   内閣府「避難行動要支援者の避難行動支援に関する取組指針の改定」(令和3年5月版)
   https://www.bousai.go.jp/taisaku/hisaisyagyousei/youengosya/r3/index.html.

47) 일본 총무성은 재해가 일어났을 때 외국인에게 어떻게 대응해야 할지, 혹은 외국인
   지원 정보 코디네이터 양성을 어떻게 해야 할지를 다음 사이트에서 비교적 자세히
   소개하고 있다. 2023년 2월 16일 열람. 総務省「災害時へ外国人への対応に関する
   これまでの提言」, https://www.soumu.go.jp/main_content/000488935.pdf .
   総務省「災害時外国人支援情報コーディネーター」制度に関する検討会」,
   https://www.soumu.go.jp/main_sosiki/kenkyu/saigaiji_gaikoku/index.html.

조선인 학살사건 등의 교훈을 염두에 두면서 현실 대책으로 나온 지침이라고 볼 수 있다.

이상으로 간토대지진과 조선인 학살 관련에 대한 일부 연구자들의 연구 및 관련 동향을 개괄해 보았다. 앞에서도 언급했듯이 지금은 간토대지진 관련 연구의 참고 문헌 혹은 자료, 그리고 방대한 조사 자료집이 존재하는 만큼 모든 내용을 다 소개할 수는 없으나 초기 연구자들의 연구 조사 발표와 함께 이 글에서는 필자가 발표했던 혼란 속의 언론과 지진 직후의 움직임에 대해서 살펴보기로 한다.

4 간토대지진의 혼란과 언론, 그리고 부조리[48]

우선 20세기 일본에서 지역사회를 한 순간에 괴멸상태로 초토화시키고 막대한 피해를 안겼던 대지진의 두 사례를 소개하자면, 1923년 9월 1일 백주의 도쿄 요코하마 지역을 덮친 간토대지진과 1995년 1월 17일 미명에 관서지방을 덮친 효고현남부지진(별칭: 「한신・아와지대지진」)[49]

---

48) 이 글은 앞에서 언급한 필자의 2004년도 일본어 발표 논문 내용을 주로 하지만 발표 후 다양한 관련 연구 자료 등이 나왔기에 그러한 내용을 참고하여 대폭 수정하였다. 李修京(2004)「関東大震災直後の朝鮮人虐殺と日韓報道」山口県立大学紀要編集委員会編『山口県立大学国際文化学部紀要』제10호, pp.1-10 참조.

49) 1995년 1월 17일 화요일 05시 46분 52초에 관서 지방의 고베시(神戸市)・한신(阪神) 지역에서 발생한 진도 7.3(초기에는 M7.2로 표기, 2001년에 기상청이 M7.3으로 수정)의 대지진으로 진앙지는 효고현 아와지(淡路)섬 북부의 아카시해협. 6,434명의 사망자와 20만 명이 넘는 이재민, 한신고속도로를 비롯한 도로 및 건물 파괴 등으로 인해 관서 지역 일대의 사회적 기능이 마비가 되었던 지진이었다.

을 생각할 수 있다.50) 이미 다양한 언론의 특집 기획 등으로 이 두 지진의 규모나 일본 사회의 인적 물적 피해, 과제 등은 널리 알려진 바이지만, 1923년의 수도권 지역 일대를 괴멸 상태로 만든 대지진 직후의 혼란과 그 사이에 발생한 학살 사건 등을 본다면 1995년에 발생한 한신·아와지대지진 피해와는 그 성격이 현저히 다르다.

1923년의 간토대지진은 자연으로 인한 피해는 물론, 불안과 공포 속에 또 언제 올지 모르는 여진 등의 두려움으로 인한 혼란 속에서 사회의 치안 대책을 이유로 군과 헌병 경찰 등의 정부 기관에 의한 소위 「단속(取り締まり)」이라는 미명으로 강압하는 과정에서 많은 사람들이 살해당하는 참극이 빚어졌던 것이다. 그리고 자신들의 마을을 지키겠다며 지역 주민들로 조직된 자경단의 무장 태두는 지진의 혼란 속에서 발생한 부산물이라고 할 수 있는데,51) 점점 고조되는 분위기에 휩쓸려 절제력을 잃고는 유언비어로 인해 탈선한 그들로 인한 수많은 사람들의 살상 사건이 일어난 것이었다. 수도 도쿄의 기능 마비와 큰 타격을 입은 통신기관, 폐허 속에 무너진 건물과 불타오르는 연기 속에 망연자실하던 1923년 9월 1일 오후 1시 10분, 군당국은 비상경계 명령을 내리고 다음 날에는 도쿄 주변부터 계엄령을 시행하였다. 이에 대하여 당시 기록을 연구한 사학자들은 다음과 같이 설명하고 있다.

---

50) 1944년 12월 7일에 발생한 히가시난카이(東南海)지진(M7.9), 1945년의 미카와(三河)지진, 1946년의 난카이(南海)지진 등의 대규모 지진이 없었던 것은 아니지만 이 글에서는 1925년의 간토대지진과 필자가 경험했던 1995년의 한신아와지 대지진에 대해서만 언급하기로 한다. 참고로 2011년 3월 11일의 동일본대지진은 21세기에 들어서 발생한 대지진이므로 여기서는 생략한다.

51) 朝日新聞AERA編集部(2011)『完全復刻アサヒグラフ 関東大震災 昭和三陸大津波(표지명: アサヒグラフ特別號 大震災全部 最も整った記録と画報)』도쿄: 朝日新聞出版, p.54 참조.

「계엄령이라는 것은 국가 권력이 최대의 강권을 집중하여 치안유지를 위해 최고의 비상 경비에 들어가는 것을 뜻한다. 당시의 계엄 체제를 구체적으로 말하자면 최고 64,000명의 육군 병력, 전국에서 소집한 강대한 경찰력, 거기다 기함정 나가토 이하 150척의 연합 함대가 관동 수역으로 집결한 해군력 등, 대일본제국이 총력으로 군사 경계를 실시하고 있던 때에 근거 없는 기괴한 소문(유언)이 전파되어 학살이 행해진 것이다.」[52], 「(그 계엄령은 9월 2일에) 추밀원 자문을 거치지도 않고 긴급 칙령에 따라서 계엄 선포에 들어갔다. 다음 날인 3일에 정부는 계엄지 경계를 도쿄부 및 가나가와 전 지역으로 확대함과 동시에 전례가 없는 관동계엄사령부 특별 설치를 하여 군사참의관 대장인 후쿠다 마사타로(福田雅太郞)를 관동계엄사령관의 보직에 임명하였다.」[53] 「이때부터 경시총감의 권한은 군사에 관하여 계엄사령관의 관장으로 옮기고 그 지휘를 받게 된 것이다.」[54]

모든 기능이 정지된 당국은 당시 상황을 전달할 수 있는 정보 통신조차 제대로 기능하지 못하는 아수라장 상태로 인해 불안에 동요하는 민심이나 정부 대응에 불만을 가질 수 있는 사람들의 소란 확대를 우려하고 있는 상황이었다. 이 지진 사태에서 민심의 관심을 다른 곳으로 돌릴 의도로 다른 위협이나 적을 설정하여 당국에 유리한 허위 정보나 유언비어를 전파하여 국가주의 내셔널리즘에 기인하는 국민들의 결속 혹은 의식의 결집, 구원 책임의 회피를 획책하려 한 것이다.

「불령선인에 의한 습격이나 우물에 독을 넣거나 불령단체의 봉기를 조장하는 (사상)주의자의 폭동」 등의 허위 유포는 삽시간에 또 다른 사

---

52) 전게서, 姜德相(1975)『関東大震災』 도쿄: 中央公論社, p.5.
53) 大江志乃夫(1978)『戒厳令』 도쿄: 岩波書店, p.123. 이 자료는『初期シベリア出兵』(九大出版会, 2003년) 저자인 이자오 도미오(井竿富雄) 교수의 제공이 있었다. 사의를 표해둔다.
54) 松尾章一(2003)『関東大震災と戒厳令』 도쿄: 吉川弘文館, p.70.

회 혼란을 초래하였다. 그런 움직임들로부터 국민을 지킨다는 명목 하에 군대나 경찰이 출동하였고, 각지에서 자신들의 지역을 지키겠다는 자경단(민병조직)이 결성되었으며 앞에서도 언급했듯이 생계를 위해 일본에서 일하던 조선인이나 중국인 노동자, 사회주의 사상가들, 사투리가 심했던 지방 출신자들까지 억울하게 희생되었다. 그러한 사실들이 언론에 보도되었을 때는 이미 늦은 상황이었고, 간토대지진의 참극의 과정은 일본 근대사의 오점이자 치부로 남겨지게 된 것이다. 여기서는 주로 간토대지진 직후의 조선인 학살과 한일 언론의 보도에 대하여 고찰하는데, 특히 식민지 통치 지배를 행하던 지배측 일본과 그 지배를 받던 피지배측, 혹은 가해측과 피해측이라는 2원적 요소가 강하게 작용하던 당시의 사회구조를 염두에 두면서 사회 기능이 정상적이지 못할 때 정보 통신의 정상적인 기능과 중요성, 올바른 재난 대책 제공, 잘못된 정보의 영향과 폐해에 대해서 주시하기로 한다.

4.1 조선인의 대량학살

간토대지진의 발발로 인하여 초토화된 사회, 무너진 건물들 앞에서 망연자실하는 사람들, 괴멸 상태의 사회를 복구할 엄두조차 내지 못하고 있던 정부 당국에 있어서 간토대지진 직후의 날조된 「불령단체 폭동 소란」이나 「조선인들의 기습」 등의 유언비어는 민중의 불만이나 정부에 대한 강한 사회 복구를 요구하는 사람들, 가족이나 재산을 잃어버린 사람들의 반발이나 울분 등을 대체할 수 있는 구실이 되었다. 당국 입장에서는 그때까지 정부의 군국주의 체제를 비판해 온 사회주의자들이나 진보적인 노동운동가들을 진압할 수 있는 기회로 삼을 수 있었다. 그렇기에 일등 국민이라는 오만함이 만연하던 배타주의적 사회 성향과 제국주의 억압 체제에 대해서 비판하던 사회주의자들이나 일제 강점으로 인하여 자신들의 삶의 터전에서 쫓겨난 식민지 출신의 저임금 노동을 하던 조선인 노동자들을 극도의 불안과 혼란 속에서 울분을 표출하려던 일본인들의 표적으로 삼도록 「조선인 노동자들55)에 의한 폭동」이라는 허위 정보를 흘려서 범죄 행위를 선동한 것이다. 그 결과 군경 및 헌병, 자경단 등에 의한 학살 행위가 간토대지진 직후 각지에서 일어난 것이다. 어떤 근거도 없이 만들어졌던 「불령선인이나 중국인, 사회주의자에 의한 폭동설이나 습격설」의 확인 작업조차 쉽지 않았던 당시, 극도의 불안과 함께 유언비어는 순식간에 퍼져나갔고, 그 결과 6,000명이 넘는 조선인 등이 학살되었다. 참고로 사법성이나 내무성 경보국 조사에 따르면 희생자수는 「200명 이상」이라는 기록이 되어 있으나 상하이의 『독립신문(独立新聞)』 사장이었던 김승학(金承學)에 의한 조사 결과인 6,415명을 참고로 하는 경우가 많기에 이 글에서도 상기의 조사 결과를 참고로 한다.56) 이 간토대지진 직후에 일어났던 사건의 진위를

---

55) 식민지 초기에 총독부가 행한 토지조사사업으로 인하여 총독부는 재정적 기초를 확립하고 국유지를 창출하는 한편, 사실상 농민의 토지소유를 부정하였고, 토지를 수탈당한 농민은 소작인으로 전락하였으며 지주의 토지 소유를 재편, 강화되면서 일본인 지주의 진출이 쉽게 된 것이다. 村上勝彦(1986) 「土地調査事業」 『朝鮮を知る事典』 도쿄: 平凡社, p.325 참조. 참고로 일본에 건너간 조선인수는 1922년 12월 16일부터 도항증명서가 필요 없게 되자 밀항자도 늘어나서 정확한 인원수 파악은 할 수 없으나 1920년에 30,112명, 1921년에 52,197명으로 증가 추세였기 때문에 1923년 당시 간토 주변에는 상당수의 재일한인들이 있었다고 볼 수 있다. 李修京 (2003) 『近代韓国の知識人と国際平和運動』 도쿄: 明石書店, p.104 참조.

56) 전게서, 姜徳相(1975) 『関東大震災』 도쿄: 中公新書, pp.154-156 참조. 한편, 앞의 선행연구에서도 언급했듯이 야마다 쇼지(山田昭次)는 1924년 12월 25일자 『독립신문』에 게재된 간토대지진에 관한 조사내용 기사 「本社被虐殺僑日同胞特派調査員第一信」에서는 합계 6,644명으로 게재되어 있었다고 기술하고 있다. 山田昭次 (2003) 『関東大震災時の朝鮮人虐殺』 도쿄: 創史社, pp.164-171 참조. 참고로 이 자료는 『関東大震災政府陸海軍関係資料』(도쿄: 日本経済評論社, 1997)를 집필한

통하여 「일시동인」을 외치며 「동화정책」을 이용하여 식민지정책 강화를 모색하려고 하던 일본 당국의 실태 및 진의가 밝혀지게 된 것이다. 당시 상황에 대하여 언론인 김대상은 다음과 같이 소개하고 있다.

> 4~5백 평의 공터에 벌거벗은 상태의 약 250명의 시체가 유기되어 있었다. 목이 잘리고 기관과 식도와 두 개의 경동맥이 시커멓게 나와 있는 사람, 뒷목이 걸려서 흰 피부가 찢어진 사람, 억지로 찢은 흔적이 생생한 목과 동체 등 얼굴을 돌리고 싶을 정도로 처참한 시체들 뿐이었다. 그 속에서도 배를 갈라서 6~7개월 정도로 보이는 태아가 뒹굴고 있는 젊은 여성의 시체가 가장 처참하였다. 그 여성의 음부에는 철사슬과 죽창이 박혀 있었다.[57)]

이 내용은 조선인 학살을 목격한 일본인의 증언에서 나온 내용인데 이것은 1923년 9월 5일에 임시진재 구원사무국 경비부(臨時震災救援事務局警備部)가 극비리에 실시한 다음 회의 내용이 사실을 뒷받침해 준다.

> 첫째, 일본제국에 불리한 선전이나 소문(풍평)을 최대한 방지할 것. 살육 사건의 「발표」에 관해서는 결코 관청명을 사용하지 말 것. 둘째, 일부 조선인의 방화나 약탈이나 폭탄 투척 등이 실제로 있었다, 그 때문에 혼란이 일어났고 조선인 살해도 약간 있었고 또한 일본인의 위험도 다수 있었다고 선전할 것. (중략) 여섯 번째, 대량의 시체를 주야 독려하여 빠르게 소각하거나 구덩이 안에 매장해 버릴 것 (후략)[58)]

사카모토 노보루(坂本昇) 씨로부터 제공받았다.
57) 김대상(1982.10) 「관동대지진의 한국인 학살」『신동아』, p.381.
58) 現代史の会編(1984) 『ドキュメント関東大震災』草風館, p.41 참조.

위의 계략에서 보듯이 조선인 학살 문제를 어떤 방법으로 은폐하려고 하였는지를 명백히 알 수 있다. 한편, 일본의 연출가로 알려진 센다코레야는 지진 당시 자경단을 강요당하여 가해자측에 있었으나 어둠 속에서 조선인으로 보였던 탓에 위기일발 상황에서 지인을 만나 자신이 일본인임을 입증하여 구사일생으로 목숨을 건졌다고 한다. 그는 그러한 공포를 느꼈을 조선인의 입장을 기억하여 그 후 자신의 필명을 「센다가야(千駄ヶ谷)지역의 코리안(Korean)」이라고 명명했다는 씁쓰레한 체험담이 존재한다.[59] 이러한 이야기는 빙산의 일각에 지나지 않지만 내용에서 보듯이 조선인 습격이라는 루머에 의해 시작된 불행한 사건들은 결코 천재지변에 의한 자연재해가 아니라 의도적이고 조직적으로 행해진 계획적인 살해였음을 알 수가 있다. 그 배경에는 복잡한 요소가 얽혀 있으며, 지금까지 다양한 유언비어와 같은 추측이 난무하였다. 예를 들면 오하타 히로시(大畑裕嗣)·미카미 슌지(三上俊治)는 소문 발생의 원인을 야마자키 게사야(山崎今朝弥)의 『지진·총·화재·순사(경찰)』(도쿄: 岩波文庫, 1982)에서 주장한 내용을 인용하며, 당시 35세의 우익단체인 자칭 입헌노동당 우두머리라는 야마구치 마사노부(山口正憲) 일당들에 의한 집단 약탈행위를 목격한 자가 조선인의 범행으로 오인한 것이라고 전하고 있다.[60] 그 근거로 소문이 발생한 곳과 약탈행위 장소의 일치, 야마구치의 이재민 선동설을 들고 있다. 그러나 이 주장에는 설득력이 부족하다. 야마구치 일당의 집단행위는 현지 사정에 밝아야 할 것이고, 무엇보다 그들의 격앙된 행동에는 요란

---

59) 每日新聞社編(1984)『昭和史第4卷』도쿄: 每日新聞社, p.45 참조.
60) 大畑裕嗣·三上俊治(1986)「関東大震災下の「朝鮮人」報道と論調(上)」『東京大学新聞研究所紀要』제35호, p.43.

스러운 언어에 의한 지시 행위가 따랐을 것이다. 불안과 공포감으로 침묵해야 했던 조선인들이 그런 행위를 할 정도면 자국어로 행했을 것이고, 능숙한 일본어를 한다고 해도 무모한 집단 약탈 행위 과정에 표출되는 태도나 언어 속에서 어느 쪽의 폭동 행위인지 간단히 파악되었을 것이다. 아무리 불안과 공포의 엄습으로 이성을 잃어가고 있었다 하더라도 일본인과 조선인조차 구별하지 못하는 상황은 아닐 것이다. 참고로 당시의 야마구치 부부 일당들이 요코하마 항구의 세관 창고를 17회에 걸쳐서 털었던 행위에 대해 다음 글에서 확인할 수 있다.

굶고 허덕이던 그들이 착안한 것이 세관 창고에 있던 수입 식량이었다. 창고를 습격하여 그 속의 식량을 꺼내는 것이었다. 그런 피난민의 요구에 앞장서서 용감하게 창고를 부순 것이 같은 장소에 피난을 하고 있던 우익 단체 두목, 입헌노동당 총리인 야마구치 마사노리와 그 아내였다. 그들은 우익인 주제에 평소에도 붉은 깃발을 들고 붉은 머리띠를 매고 걸어다녔다. 그때도 붉은 깃발을 들고 군중을 지휘 선동하여 창고를 부수고 식량을 약탈하여 피난민에게 나누어 주었다. (중략) 야마구치 마사노리 일당은 창고를 부순 책임을 회피하기 위하여 그 짓은 조선인이 하였다며 그 책임을 떠밀었던 것이다. 「습격한 것은 조선인이다. 조선인이 한 것이야」라며 잿더미가 된 요코하마 밤거리를 외치며 돌아다녔다. 이 악질적인 루머 선전과 그들이 붉은 깃발을 내세운 습격 행위가 하나가 되어서 사회주의자가 조선인과 함께 곳곳에 방화를 하며 그날 밤 난폭행위의 극치를 보였다는 세상에서도 무서운 유언비어로 어느새 바뀌어 간 것이었다.[61]

61) 江口渙「「天皇を爆ダンで」関東大震災で巻き起こった騒動「朴烈大逆事件」はデッチ上げだった!?朴烈 はただ笑って答えなかった」『文春オンライン』参照。2022年12月31日閲覧。「天皇を爆ダンで」関東大震災で巻き起こった騒動「朴烈大逆事件」はデッチ上げだった!?｜文春オンライン(bunshun.jp).

폐허 위에서 불안과 공포 속에 굶어가던 피해 이재민의 선두에 서서 약탈행위를 하였던 야마구치 일당들에 의해 꾸며진 교묘한 거짓말로 인하여 죄없고 힘없는 조선인들의 대학살이 이루어지게 된 것이라는 내용이다.

일본인 집단에 의한, 일본어 속에서 행해진 약탈행위를 일본인이 보고 들은 뒤, 그것을 조선인의 폭동이라고 한 목격자의 거짓말 뒤에는 이미 당국에서 흘러나온 유언비어의 주입이 작용하고 있었다고 볼 수 있다. 무엇보다 식민지 시대의 3.1 운동 후의 소위 문화정책이 진행되는 전후를 연구했던 필자로서는 이 조선인 학살사건의 배경에는 거대한 음모가 작용했다는 것을 배제할 수 없다. 즉, 간토대지진 당시 치안 담당의 내무대신 미즈노 렌타로(水野錬太郎, 1868~1949) 및 그가 총애하던 경시총감 아카이케 아츠시(赤池濃, 1879~1945)의 편력과 권력적 움직임이 조선인 학살 사건의 요인으로 이어졌을 수 있다는 것이다.

오늘날 일본 최초의 저작권법 기초에 관련한 내무관료로서 평가받고 있는 미즈노 렌타로지만 도쿄제국대학 법과대학 출신에 데라우치 마사타케(寺毅, 1852~1919, 초대 조선총독) 내각 내무대신이었던 엘리트 관료로서의 자존심이 구겨진 것은 간토대지진이 있기 4년 전인 1919년 9월 2일로 거슬러 올라가게 된다. 미즈노 렌타로는 당시 일본 첫 민간 재상이었던 하라 타카시(原敬) 수상으로부터 1919년 3월 1일에 조선 각지에서 일어난 3·1독립만세운동을 수습하고 유화적인 식민지 정책 시행 명령을 받았던 사이토 마코토(斎藤實, 1858~1936, 해군대장 출신의 제3대 조선총독)의 보좌 역할을 명령받았다. 처음에는 거절하지만 정무총감에 취임한 뒤, 시모노세키를 경유해서 경성에 도착하자마자 사이토 마코토 일행을 노린 폭탄 공세를 받게 된다.[62] 이 사건은 조선 독립운동가인 강우규(1855~1920)가 사이토 총독 부임 정보를 사전에 입수하여 암살 시도를 위해 1919년 9월 2일에 서울 남대문역 앞에서 폭탄을 던진 사건이다. 총독 암살은 실패했으나 수행자 20여 명을 살상하고 도망 중에 강우규는 체포되어 1920년에 처형되었다.

한편, 사이토 마코토나 미즈노 렌타로 등은 생명에는 지장이 없었으나 식민지 조선의 현실을 직시하게 된다. 사이토는 해군대장 출신의 군인 입장에서 「비온 뒤 땅이 굳을 것」이라는 표현으로 대처하지만 관료 출신의 미즈노를 맞이했던 그 폭탄의 트라우마는 공포로 남겨졌다고 볼 수 있다. 그는 조선에 있는 동안 자신을 지키기 위한 방어책으로 조선 사회에 적극적으로 접근하며 회유책을 모색하였다. 「일시동인」이나 「내선융화」 등을 외치며 기존의 무단통치 정책에서 대규모 관제 개혁을 시행하여 일부 민간 3지와 잡지 등의 언론[63]을 인정하는 「문화정치」를 표방하는 사이토 마코토의 정책 하에서 조선의 전통 한복을 입은 모습을 보이는 등 적극적인 조선에 대한 애착을 드러냈다. 그러한 태도는 식민지 정책 중에서도 반발을 초래하기 쉬운 조선인 사회를 통솔하기 위한 총독 다음의 실세력이었던 정무총감 미즈노의 노련한 전략이었다고 할 수 있다. 하지만 미즈노의 자존심을 건드린 조선 사회, 자신의 방어책으로 조선 옷(두루마기 등의 한복)을 입고 다니며 조선인들과 같이 행보를 해야만 했던 위선적 행동의 저변에 감추어졌던 자기혐오 등의 감정적

---

62) 이에 대한 보다 자세한 내용은 다음 책에서 확인할 수 있다. 李修京(2003)『韓国の 近代知識人と国際平和運動』도쿄: 明石書店, 李修京(2005)『帝国の狭間に生きた 日韓文学者』도쿄: 緑陰書房.

63) 3.1독립만세운동을 통하여 민간지를 쟁취하게 되었다. 신문으로는 『조선일보』 (1920년 3월 5일에 창간), 『동아일보』와 『시사신문』(1920년 4월 1일에 창간), 잡지 로는 천도교 청년회의 기관잡지로 발행된 『개벽』(1920년 6월) 등이 나오게 되는데, 조선총독부 어용지였던 『매일신보』에 빗대어서 위의 세 신문을 소위 민간 3지라고 부른다.

모순이 간토대지진 발생 때 조선인 박해라는 보복 심리로 이어졌을 가능성이 있다.

「미즈노는 쌀소동[64] 이후의 일본 국내의 식량문제 해결을 위해 조선 농민을 힘들게 했던 토지수탈정책인 조선의 산미증식계획 추진의 중심 인물이었다. 미즈노 등이 추진한 산미증식계획 결과, 토지를 빼앗긴 다수의 조선 농민이 생계를 위해 노동의 기회를 얻으려고 일본으로 도항하였고, 그들 중 많은 사람들이 대도시 주변의 토목공사현장의 한바 등에서 집단적으로 노예나 수인과 같은 가혹한 노동에 종사하게 되었던 것」이다.[65] 그렇기에 조선인 노동자들의 노동 환경에 대한 항의의 가능성이나 뇌리를 스치는 4년 전의 공포, 그와 오버랩되는 기억, 즉, 자기방어책으로 조선인의 전통복인 한복을 입고 조선 사회에서 조선인 이해자처럼 대응해야 했던 그의 과거의 선명한 기억이 작용하여 지진의 공포와 불안이 고조된 민중들의 끓어오르는 분노의 타깃을 「약하고 불쌍한 입장의」 조선인 노동자로 향하게 했다고 할 수 있다.

미즈노와 행보를 함께 했던 대학 후배이자 내무성 후배인 아카이케 아츠시(赤池濃, 1879~1945, 조선총독부 경무국장)는 조선총독부 내무국장에서 경찰을 총괄하는 경무국장이라는 초고속 승진으로 기용되어 미즈노 렌타로를 보좌하면서 조선총독부 내에서 경찰개혁을 추진한 사람이었다. 아카이케의 결혼식에는 미즈노 부부가 주례를 맡았을 정도로 미즈노의 총애를 받았던 인물[66]이었기에 조선에서 함께 식민지 정

---

64) 1918년 7월에 쌀 유통량이 줄고 가격 폭등으로 인해 쌀 구입이 힘들자 도야마현 우오츠 마을의 부인들의 쌀 요구가 발단이 되어 전국적으로 일어난 소동을 말한다.
65) 大江志乃夫(1972)『戒厳令』도쿄: 岩波書店, p.127.
66) 尚友倶楽部・西尾林太郎編(1999)『水野錬太郎回想録・関係文書』도쿄: 山川出版社, p.432 참조.

책을 모색해 온 미즈노와 코드가 맞았음은 자연스러운 행보였다고 할수 있다. 이처럼 조선의 3·1운동의 여파 속에서 그 뒷수습과 관제개혁에 관련했던 미즈노, 아카이케 치안 콤비에, 내무성 경보국장인 고토후미오(後藤文夫)[67] 및 「특고의 우두머리」로 불린 일본 경시청 경무부장 쇼리키 마츠타로(正力松太郞)[68] 등이 합세하여 조선인 사냥의 획책이 이루어진 것은 그만큼 식민지 출신의 조선인을 값싼 노동력 외에는 생각하지 않았다고 볼 수 있다. 참고로 중앙방재회의 재해교훈 계승에 관한 전문조사회가 기록한 제2편의 「제3절 경찰의 대응」에는 그들이 계엄령 선포 때까지의 움직임을 볼 수 있기에 일부를 소개해 둔다.

9월 1일의 긴급 각의에는 고토 국장과 오츠카 이세이(大塚惟精, 1884~1945, 내무관료) 경무과장이 출석하여 지진 재난 상황을 보고하여 「임시진재구호사무국」 관제안을 제기했다(後藤文夫, 1975). 추밀원 회의 개최가 곤란하므로 반대하는 각료도 있었으나 각의에 초빙된 추밀고문관 이토미요지(伊東巳代治, 1857~1934, 관료, 정치가)는 내각의 책임에 의한 실시

---

67) 고토 후미오(後藤文夫, 1884~1980). 오이타현 출신의 관료정치가. 도쿄제국대학 법과대학 졸업 후 내무성에 입성. 내무대신 비서관, 경보국장, 타이완총독부 총무장관을 거쳐서 사이토 내각에서는 농상, 오카다 내각에서는 내무대신이 되었다. 그 뒤, 대정익찬회(大政翼贊会, 1940년 10월 12일~1945년 6월 13일까지 존재한 일본 제국의 관제 국민통합 단일기구) 사무총장이나 대일본익찬장년단장으로서 도죠 내각에서는 국무대신이 되었다. 1956년에 일본청년관 이사장으로 재임. 1980년에 폐렴으로 96세에 사망.
68) 쇼리키 마츠타로(正力松太郎, 1885~1969). 도야마현 출신의 정치가, 요미우리신문사 및 니혼TV 사장 등 언론 경영자. 도쿄제국대학 법과대학 졸업 후, 관공업계에 입성하여 경시청 경무부장으로 발탁되었다. 1923년의 제1차 공산당 검거사건이나 간토대지진, 토라노몬 사건을 지휘하였던 경시청의 실질적 책임자가 된 쇼리키 마츠타로는 1923년의 토라노몬 사건으로 인책 사직하였고, 1924년 2월에는 요미우리신문사를 구입하여 사장에 취임. 이후 1955년의 총선거에서는 도야마현에서 입후보하여 당선(5기 연속 당선). 제3차 하토야마내각에서는 국무대신을, 제1차 기시내각에서는 국무대신 등을 맡았다. 1969년에 84세로 사망

를 제안했다(東京市政調査会, 1930). 고토에 의하면 그 날 저녁에는 화재 피해가 예상 이상으로 진대한 것이 판명되어, 계획을 다시 세우고 「물자의 결핍에 대한 불안을 없애는 처치, 각 방면 행정기관의 연락 통일」을 계획할 필요를 재인식하였다고 한다(『自警』, 1923). 경보국은 수집한 정보에 기인하여 지진 재난 초동 대책을 입안하고, 다음 2일의 임시 진재구호사무국 발족으로 이었다. 또 9월 1일 오후 2시경, 아카이케 아츠시 경무총감은 미즈노 렌타로 내무대신과 고토 국장에게 계엄령 시행을 진언했다. 고토도 진재 참상으로 「평소와 같은 경비 태세로는 민심의 불안을 진정시키고 질서를 유지하는 것은 곤란하다.」는 것을 보고서는 계엄령 시행을 결의했다고 한다(『自警』,1923). 어느 한쪽은, 내각은 1일 오후 7시 시점에서는 추밀원 고문관 소집이 곤란하니 계엄령을 그만두고 군대 출동에 의한 임기적 처치를 방침으로 한 모양이었다(「倉富勇三郎日記」, 1923년 9월 1일条, 佐野眞一, 2007). 다음 2일, 미즈노는 「시민의 공포 동요」를 보고(水野錬太郎, 1930), 또 2일 아침에 「조선인 공격해온다」는 유언비어를 접하고 계엄령 시행을 결정했다고 한다(東京 市政調査会, 1930). 경찰의 무력화와 화재를 이유로 계엄령의 빠른 시행을 지향한 경찰 당국에 대하여 미즈노를 포함한 내각은 2일이 되어서 시행을 결단했다고 생각한다. 다음 9월 2일, 비상징발령이 발령되고 내각에 임시진재구호사무국(이하 사무국)이 설치되었다. 사무국은 총재에 수상, 부총재에 내상(内相-내무대신 약칭, 여기서는 미즈노-역자 주)을 임명하고, 경보국장, 경시총감도 참여하여 열었다. 2일 오전 사무국 제1회 회의에서는 「치안유지에 대해서는 육해군 경찰 협력하여 대응할 것(治安ノ保持ニ付テハ陸海軍警察協力シ之ニ当ルコト)」, 「쌀 곡물 그 외 중요한 물자 시장에 있어서 폭리를 단속할 것」, 「정부 발행의 신문을 발행하여 사실 진상을 전하여 민심의 동요를 저지시킬 것」 등이 결성되었다(東京市役所 『東京震災録』前輯, 1926). 2일 오후에는 계엄령이 발령되었다.[69]

---

69) 「第3節 警察の対応」内閣府中央防災会議災害教訓の継承に関する専門調査会編 『災害教訓の継承に関する専門調査会報告書 平成20年 3月 1923 関東大震災』(第2編) 2023년 2월 26일 열람,

위에서 보듯이 9월 2일에 미즈노는 시민의 공포에 대한 동요와 조선인 습격설을 접하고 계엄령 시행을 결정했다는 말과 미즈노가 부총재인 사무국 제1회 회의에서 치안유지에 육해군 경찰 협력 대응을 결정하고 있다. 미즈노와 아카이케, 고토는 모두 도쿄제국대학과 내무성 선후배로 무엇보다 호흡이 잘 맞던 멤버들이었던 만큼, 조선인 습격설에 대해서는 서로 공기로도 이용 가치를 알 수 있는 사이였다고 할 수 있다. 오랜 세월을 함께 해 온 그들에게 있어서 간토대지진은 10년 전부터 과제가 되어 있던 사회적 혼란을 수습할 수 있는 좋은 기회이기도 했다. 즉, ① 제1차 세계대전 후의 전후 공황과 물가고에 생활이 압박을 받게 된 노동자들이 각지에서 노동쟁의를 일으켰기에 그들의 조직활동에 고심하고 있었던 것, ② 1917년에 발발한 러시아 혁명의 영향과 그 다음 해 쌀값의 폭등에 반발하여 도야마현 우오츠 마을에서 전국적인 규모로 확대된 쌀 소동(1918년 7월)과 더불어 격해지는 일본 내의 사회운동에 대한 고심, ③ 조선에서 전국적인 규모로 확대된 3·1운동에서 보았던 식민지 정책에 대한 저항 세력의 배제 고심 등, 일본 당국이 골머리를 앓고 있던 현안들을 한꺼번에 해결할 수 있는 좋은 기회라고 생각하여 괴소문을 흘리는 획책은 그다지 어려운 전략은 아니었던 것이다. 본인들에게 공격의 화살이 쏟아지는 것을 막기 위해서는 동요하는 자국민의 민심을 다른 곳으로 돌리는 것, 이것은 정치적 기본이기도 하다. 특히 그와 같은 허위 정보를 믿고 혈기 어린 주민들로 결성된 자경단의 폭주 행위로 치부할 수 있기에 미즈노나 아카이케가 책임 전가를 할 수 있는 빌미 또한 마련되어 있었던 것이다. 그 결과 많은 재일한인들이

https://www.bousai.go.jp/kyoiku/kyokun/kyoukunnokeishou/rep/1923_kanto_dai shinsai_2/pdf/11_chap2-3.pdf.

비열한 권력의 음모 구조 속에서 잔인하게 살상된 것이다.

4.2 지진 직후의 일본의 보도상황

지진으로 인한 통신·정보 기능 마비로 인하여 민심은 극도의 불안
에 휩싸였고, 억측이나 괴소문에 과민해진 사람들은 자기 방위를 위해
잔혹한 행위를 보고도 못 본 척하였다. 그런 그들의 무관심 혹은 눈감은
행위가 희생자를 더 키운 결과를 초래했다고 할 수 있다. 따라서 간토대
지진 직후의 조선인 학살은 권력 주도하에서 일어난 국가 범죄 행위이자
일본 민중이 진실을 회피하고 침묵했던 역사적 오점이라고 할 수 있다.
그렇기에 유언비어에 휩쓸리지 않는 사실을 분별할 수 있는 시민력이나
정확한 사실 정보만 제공하는 정보력의 중요성, 권력의 압박에 굴하지
않는 언론의 소중함을 깨우쳐 주는 사건이기도 하였다. 이런 의미에서
야마다 쇼지는 『호치(報知)신문』의 존재를 높이 평가하며 다음과 같이
소개하고 있다.

> 『호치(報知)신문』 8월 29일(2003년 — 역자 주) 석간에도 주목할 만한 기
> 사가 나옵니다. 이『호치신문』은 보도를 통해서 국가의 조선인 학살 책임
> 을 계속 추궁해 온 매우 (일본에서 — 역자 주) 흔치 않은 신문입니다. 이
> 신문에 대응할 수 있는 신문은 없습니다. 이『호치신문』은「후나바시 무
> 전국장이나 사이타마 현청의 통첩 등 유언비어의 불씨가 된 것은 관헌이
> 라는 증거로 내세울 것은 얼마든지 있지만 공무원으로 책임을 지는 사람
> 은 한 명도 없다. 결국 영원히 은폐해 버리는 것이다」라고 말했습니다.
> 여기에 국가의 조선인 학살 책임이 어둠 속에 영원히 묻혀 버리는 것에
> 대한 우려가 나타나 있는 것입니다. 영원한 은폐에 대한 동향을 매우 명확

하게 나타내는 것이 간토대지진이 일어난 23년 12월 15일의 중의원 본회의에서의 정부 답변이라고 생각합니다. 이때 나가이 류타로(永井柳太郎, 1881~1944, 정당정치인)라는 헌정회 의원이 매우 확실한 증거를 제출하면서 정부에 질문 연설을 한 것입니다. 확실한 증거라는 것은 후나바시 해군무선전신송신소에서 도도부현 지사 앞으로 보낸 고토 후미오 내무성 경보국장의 전문입니다. 이 내용을 간단히 말하자면 조선인이 도쿄에서 폭동을 일으켰으므로 각지에서 엄밀한 단속을 하도록 하는 것이었습니다. 그리고 또 하나의 나가이가 증거로 제출한 것은 9월 2일에 현내의 초손(町村)에 자경단 결성을 명령한 사이타마현의 내무부장의 통첩입니다. 그는 그것을 증거로 하여 정부는 자경단을 나쁜 놈들이라고 하지만 정부가 이러한 유언을 흘리지 않았느냐, 그에 대해서 유감의 뜻을 표할 마음은 없는가? 조선인 희생자 유족을 위로하는 방법을 모색할 생각은 없느냐고 총리대신에게 질문 연설을 한 것입니다. 총리 야마모토 곤베이(山本権兵衛, 1852~1933)는 처음엔 나가이의 질문에 답하지 않았지만 나가이가 다시 한번 일어나서 확실히 본인의 질문에 답해달라고 하자 야마모토 총리대신은 전형적인 관료적 답변을 했습니다. (중략)「정부는 일어난 일에 대해서 목하 조사 중입니다. 마지막에 가서는 이 일을 본 회의장에서 주장할 때도 있으실 겁니다. 오늘은 아직 그 때가 아님을 이해해 주시길 바랍니다」라는 답변이었습니다. 그러나 그로부터 80년이 지난 오늘까지 명확히 의회에서 주장한 적은 한 번도 없다. 그래서 나는「수치스러운 도배칠의 80년」의 국가 책임을 묻는 것이 일본 민중의 책임이라고 하고 있는 것입니다.[70]

정부와 군대, 경찰, 자경단, 그리고 민중이 한 통속이 된 공간에서 학살의 희생이 되었다는 것을 확인할 수 있는데, 그 속에서도 양심적으로 끝까지 책임 추궁을 하고 있는『호치신문』에 대한 소개도 하고 있다.

---

70) 山田昭二「講演 関東大震災と現代—震災時の朝鮮人虐殺事件と国家責任・民衆責任」, 関東大震災80周年記念行事実行委員会編『世界史としての関東大震災 アジア・国家・民衆』도쿄: 日本経済評論社, pp.12-13.

서구 사회에서는 일찌감치 영국의 J.밀튼이 『Areopagitica』71)를 통해서 권력의 압력에 의한 검열법을 비판하며 언론 및 출판의 자유를 호소하였고, 그 사상적 영향을 받은 미국 대통령 토머스 제퍼슨이 1787년에 컬링튼 앞으로 보낸 편지에서 「만약에 나에게 신문 없는 정부(government without newspapers)와 정부 없는 신문(newspapers without government) 가운데 하나를 선택하라면 나는 서슴없이 정부가 없는 신문을 선택할 것이다」72)라고 명언하여 언론의 자유와 중요성을 호소한 것은 널리 알려진 내용이다. 그만큼 사회 속에서 파생되는 다양한 움직임을 전달하는 언론의 영향력은 지대한 것이며, 대지진과 같은 비상사태의 경우 언론을 통한 정보 통신 및 보도는 절대적이라고 할 수 있다. 언론의 보도 환경과 자세에 따라서 사람들이나 사회의 평가 또한 달라지기에 언론은 사회적 영향력을 가진 책임감 속에서 사실 보도에 노력하지 않으면 안되는 것이다. 그러한 참된 언론의 역할을 생각한다면 간토대지진 발생으로 관동지역 일대의 신문사 대부분이 재해를 입고 상황의 실태나 사실을 기록하여 보도해야 하는 통신 및 정보 기능이 정지되었던 만큼 보다 많은 피해가 생긴 것이라고 할 수 있다. 말을 바꾸자면, 혼란스러운 사회 상황 속에서 권력 체제가 언론을 교묘히 이용하는 획책을 꾸미게 되면 민심이나 사회를 원하는 대로 통제 혹은 조절할 수 있는 위험도 다분히 내재하고 있다는 언론의 특질을 인식할 필요가 있다. 앞

---

71) 1643년에 시행된 출판물의 사전 검열법 등에 항의하여 1644년 11월 24일에 발행한 책자. 영국 의회에 출판·표현의 자유를 억압하는 것에 대한 반대를 표명하였다. Warren K.Agee, Phillip H.Ault &Edwin Emery, *Introduction to Mass Communications*, New York: Harper&Row, 1979, p.31. J.Milton, 임상원 번역(1998) 『아레오파지티카 (Areopagitica)』나남출판, pp.19-20 참조.

72) 위의 책. Warren K.Agee, Phillip H.Ault & Edwin Emery, *Introduction to Mass Communications*, NewYork:Harper&Row, 1979, p.31.

에서도 언급했듯이 괴소문이나 허위 정보에 의해서 많은 사람들이 학살되었는데, 신문사 등의 언론 기능이 정상이었다 하더라도 당국 등의 권력 체제에 언론 규제를 받고 보도 통제나 권력측이 의도하는 혹은 유리한 선전 행위, 허위 정보 퍼뜨리기 등에 편승하게 되면 더욱 더 사회적 혼란을 초래한다는 것을 간토대지진을 통해서 확인할 수 있다. 그렇기에 사실 보도와 사회적 책무 의식을 가진 건전한 언론이 올바른 사회와 시대를 견인할 수 있고 그러한 언론의 역할이 사회 혼란을 막는 억제력 및 시민력으로 이어진다고 할 수 있다.

사학자인 야마베 겐타로(山辺健太郎)는

관동대지진으로 조선인이 살해당한 것은 신문이 조선인 폭동에 관한 사실무근의 루머 기사를 대대적으로 지면에 보도한 것도 그 원인 중의 하나이다. 단, 이 루머를 제조한 곳은 일본 정부, 특히 당시 내무대신(미즈노 렌타로─역자 주)이었다.[73]

고 역설하며 신문의 역할과 권력 관계를 지적하고 있다.

저널리스트인 기무라 아이지(木村愛二)는 쇼리키 마츠타로가 요미우리신문사에서 독재자로 군림하고 있었던 60년에 요미우리신문사 발행의 『日本の歷史』에 실렸던 「조선인 폭동설」이 흘러나온 곳을 고노에 제1사단이 관동계엄령 사령관에게 보고한 「시내 일반의 질서유지를 위한 ○○○의 호의적 선전에 나타나는 것」이라고 기록한 내용에서 정보 출처인 ○○○가 「경시청」, 「경보국」, 「내무성」 중에서 어느 한 곳이라

73) 山辺健太郎(1963.10) 「震災と日本の労働運動─朝鮮人問題と関連して─」『現代史資料月報』도쿄: みすず書房, p.1.

고 지적하고 있다.74) 그렇다면, 위의 정부 기관 어느 한 곳이 권력을 행사하여 언론 이용을 획책했다고 할 수 있고, 간토대지진 후의 희생은 정부 당국의 음해로 인해 확대되었다고 할 수 있다. 언론의 사회적 영향력이 얼마나 무서운 것인지를 확인할 수 있는 부분이다.

그렇다면 지옥과 같은 지진 직후의 참상에 대해서 위의 내용 외, 일본의 언론은 어떻게 보도를 하고 있는지, 특히 조선인 학살 보도 기사를 보면서 일본 수도권 비상사태에 대한 움직임을 살펴보도록 하자.

우선 도쿄에서 재해를 입었으나 소실 피해를 피할 수 있었던 『도쿄니치니치(東京日日)신문』, 『호치(報知)신문』, 『미야코(都)신문』의 세 신문사 중에서 『도쿄니치니치(東京日日)신문』이나 『호치(報知)신문』은 등사판 등으로 긴급 호외를 발행하여 당시 상황을 급히 알렸다.

『오사카마이니치(大阪毎日)신문』은 9월 1일 대지진이 있었던 당일, 5회에 걸쳐서 호외를 발행하여 진앙지 정보나 나고야 서쪽은 무사하지만 관동에서는 막대한 재난 피해가 발생하였음을 전하고 있다. 그러나 9월 1일 당시, 조선인에 대한 보도는 어느 신문에서도 보도하지 않고 있다.75) 하지만 『오사카마이니치신문』의 9월 4일자 호외에서는 「조선인 일부 폭동은 이미 완전하게 단속이 끝났다」는 제목으로 조선인 대부분은 선량하다는 9월 3일자 경시청 긴급 통달을 게재한 반면, 진재 당일 「1일 저녁부터 경시청 외사과 내선계 및 고등특별 각 과는 총출동의 대활동으로 3일 정오까지 200여 명의 불량배라고 인정할 수 있는 사람들을 끌어다가 조사를 하고 있지만 그 속에 어떤 위험기구류를 휴대하고 있는 30여 명도 함께 엄중 조사 중에 있다」76)고 보도하는 내용에서

---

74) 木村愛二(1996) 『読売新聞・歴史検証』 도쿄: 汐文社, pp.211-213 참조.
75) 『大阪毎日新聞号外』 1923년 9월 1일, 마이크로필름 참조.

주로 조선인을 대상으로 담당하고 있는 내선계의 활약을 보도하고 있으므로 조사 대상의 많은 사람이 조선인이고, 조선인 사냥은 9월 1일부터 시작되었음을 추측할 수 있다. 이러한 보도에 대한 상세한 기사는 지진 직후에는 거의 볼 수 없으나 9월 15일자의『오사카마이니치신문』을 보면, 유아사(湯浅) 경무총감의「대다수의 조선인은 선량하다」는 담화나「위험한 조선인을 도운 요츠야 서장의 미담」이 실려 있다. 이는 마치 대진재 이후의 조선인 등에 대한 대학살을 은폐하고 당국의 악행을 미화시키려는 움직임처럼 느껴지는 모순적인 부분이기도 하다.

한편, 육군관계사료에 따르면 관동계엄사령부는 표면적으로는 조선인에 대한 무법적 행위를 자제할 것, 소문을 믿고 폭행을 하면 죄가 된다는 내용을 발표하고 있다.[77] 그러나 9월 19일의 육군정보에서는 나라시노(習志野)에서 수용 보호 중인 조선인이 3,075명에 달하고 있음을 밝히는데, 이는 많은 조선인이 보호라는 명목으로 체포되어 있다는 것을 밝혔던 것이다. 이에 대해서 조선총독부는「만일을 생각하여 수용 보호하고 있는 자들은 차례로 일자리를 얻도록 하게 할 생각이므로 안심하고 앞으로 더욱 더 내선인 융화의 결실을 맺도록 결심해 주기 바란다 (생략)」라는 유고를 제시하고 있기에 보호 중인 사람들은 안심하라고 기술하고 있으나 유언비어로 인한 대량 살상과 조선 내부에서의 반발에 대한 융화책이라는, 바꾸어 말하면 병 주고 약 주는 The carrot and stick 수법의 정책 속에서 폭행이 이루어졌다고 할 수 있다. 반면에 수많

---

76) 『大阪每日新聞号外』 1923년 9월 4일, 마이크로필름 참조.
77) 松尾章一 감수, 坂元昇 외(1997) 『関東大震災政府陸海軍関係史料Ⅱ巻 陸軍関係史料』 도쿄: 日本経済評論社, p.770 참조.

은 목격자들에 의해서 잔혹한 살인행위가 전해지고 있었으나 철저한 당국의 통제 탓인지 그러한 내용을 상세하게 보도하는 기사는 보이지 않는다. 대지진 이후의 조선인 보호나 조선인의 선량함을 강조하는 정부의 전달 내용이나 신문 기사가 많고, 마치 어떻게 하면 잔혹한 대학살의 실태를 은폐할 것인지를 경쟁하듯이 각 신문사는 조선인과 일본 사회에서 발생한 미담을 적극적으로 보도하고 있다. 9월 5일의 『오사카마이니치신문』에 실린 경시청의 도쿄시민에게 전한 통고 제목은 「안심하라 소문에 흔들리지 마라」이고, 「가장 중대한 것은 사람들의 마음이 평정을 찾는 것이므로 불령선인의 폭동 강진의 재발 등의 풍설에 흔들리지 않도록 군대 경찰이 사실을 밝히어 조용하게 행동해 줄 것을 바란다」고 기술하고 있다.

또한, 9월 15일의 『요미우리신문』에서는 「조선인의 소문은 어디에서 나왔는가」라는 제목으로, 「조선인이 일본인을 죽인 자는 한 명도 없다」고 단언하는 내용을 게재하면서, 아직까지도 유언비어가 사라지지 않아서 곤란하다는 기사를 보도하고 있다. 같은 지면에서는 「위험한 조선인을 도와준 요츠야 서장의 미담」 등을 게재하여 조선인에 대한 인정 어린 이야기를 통하여 당국의 온정을 인상적으로 보이게 하려는 의도가 보인다. 그러나 앞에서도 언급했듯이 이러한 부자연스럽고 편협한 보도의 배경에는 당국에 의한 철저한 언론 통제가 행해지고 있었다. 아사히신문사 사장을 역임한 언론인 미도로 마스이치(美土路 昌一, 1886~1973)의 「진재 직후의 정부 언론 단속 경과」 기사를 보면, 「조선인의 내지인 학살, 폭행, 방화설은 단번에 이 혼란스러운 거리로 전파했다. 정부는 9월 2일 각 사에 대하여 '조선인의 망동에 관한 풍설은 허위 내용으로 전해지는 것이 많고 매우 큰 재해에 의해서 민심이 흥분하여 격앙되어 있을 때 이 같은 허위 소문을 퍼지게 하는 것은 함부로 사회 불안을 증대시키는 것이므로 조선인에 관한 기사는 특히 신중하게 배려하여 일체 게재하지 않도록 배려해 주기를 부탁하고 싶다. 참고로 앞으로 이와 같은 허위 기사가 나올 경우, 발매 배포를 금지시킬테니 주의하길 바란다」오른쪽(왼쪽 기사-역자 주)과「동시에 신문검열계에 있어서 하루 2회 신문기사 게재 발표 개시와 경고를 발하여 신문지 게재를 금지하였다. (중략) 이 혼란(자경단에 의한 조선인에 대한 불상사 사건의 따른 공포나 불안의-역자 주)에 틈을 타서 일부 불온분자가 직접 행동을 일으키려고 하는 설이 있다. 이에 대하여 정부는 9월 7일 긴급 칙령을 내려서 유언비어의 단속을 공포하였다」[78]고 기술하고 있다.

군사평론가로 알려진 저널리스트 이토 마사노리(伊藤正德, 1889~1962)는「제도 언론기관의 기능 상실로 인하여 전 시민이 믿어야 할 뉴스를 잃어버리고 진재에 이어진 화재에 의해서 사방으로 피난 방황하는 사이에 허설(허황된 소문-역자 주)이 허설을 낳은 결과, 시내의 자경단이 유언비어에 휘말려 조선인 문제를 야기시켰고, 일부 불온분자의 직접행동 등이 전해지면서 사실상 숱한 불상 사건이 일어났다. (생략) 9월 2일 조선인 폭동에 대한 유언비어에 관한 단속 통첩을 발한 다음, 제도의 질서문란은 드디어 계엄령 발동으로 이어졌고, 3일에 관동계엄사령관 명령으로「시세에 방해된다고 인정하는 집회 혹은 신문지, 잡지, 광고를 정지한다」는 내용을 발표했다. 9월 7일에는 긴급 칙령으로 유언비어의 단속을 공포하였다. 또한 제도 각 신문사의 부흥이 점차 이루어지

---

78) 美土路昌一(2000)『明治大正史Ⅰ 言論篇』도쿄: クレス出版, pp.299-300.

던 차, 각 사의 진재에 관한 기사를 많이 게재하려고 하므로 당국은 한층 신문기사의 단속을 엄중하게 하여 시체 사진의 게재를 금지하고 원고에 대해서는 내부 검열을 개시한다는 내용의 통첩을 각사에 보냈다. 이밖에 아마카스(甘粕) 대위사건79)에 대한 게재 금지 명령, 지불유예령에 관한 신문기사에 대한 경고 등의 단속이 맞물려서 행하여졌다」80)며, 경시청 조사에 따르면 9월 1일 이후 11월 말일까지의 사이에 발매배포 금지처분이 내려진 신문은 48건으로 그 내역을 보면 「안녕을 해하는 건」이 45건, 「풍속을 문란하게 하는 건」이 3건이라고 기술하고 있는데81), 이러한 내용에서 당국에 의한 언론 단속이 어떻게 이루어졌는지를 유추할 수 있다.

한편, 위에서 소개한 신문보다 정보가 늦었다고 볼 수 있는『이하라키(いはらき)신문』82) 9월 5일자 지면83)에서는 불령선인단의 소문이

---

79) 아마카스 마사히코(甘粕 正彦, 1891~1945)가 육군헌병 대위직에 있었던 1923년 9월 16일, 사회주의 운동가이자 무정부주의자인 오스기 사카에(大杉栄, 1885~1923)와 작가이자 그의 파트너인 이토 노에와 여섯 살의 오스기의 조카 다치바나 무네가즈(橘宗一)를 헌병대 특고과로 연행한 뒤 고문으로 교살하여 그들의 시체를 관내의 우물에 유기한 사건. 당시 군부 및 경찰에 의한 사회주의자 노동운동가 등에 대한 계획적인 학살이 다발하였다. 예를 들면, 군마현에서 야경을 하던 도중에 현지의 재향군인들에게 연행될 뻔한 조선인 일가를 살려준 히라사와 게이시치(平沢計七, 1889~1923년 9월 3일)는 그 뒤, 도쿄의 가메이도경찰서에 연행되어 나라시노 기병대 제13연대 다무라 하루키치(田村春吉) 기병소위 명령으로 가와이 요시도라(川合義虎) 등의 도쿄 미나미가츠시카 지역의 노동활동가들과 함께 사살되었다. 이 사건은 그들이 죽은 경찰서를 칭하여 소위 가메이도(亀戸)사건으로 불린다. 平沢計七(2020)『一人と千三百人/二人の中尉 平沢計七先駆作品集』도쿄: 講談社, p.344 참조.
80) 伊藤正徳(1943)『新聞五十年史』도쿄: 鱒書房, pp.295-296.
81) 위의 책, p.299 참조. 참고로 신문자료 라이브러리 대표인 하시마 도모유키(羽島知之)는 위와 같은 내용을『シリーズその日の新聞 関東大震災(上)激震・関東大震災の日』(도쿄: 大空社, 1992)에서 이 48건에 대한 내용을 재인용하여 소개하고 있다.
82) 1891년에 이바라키현 미토에서 창간된 지방신문.『이바라키신문(茨城新聞)』의 옛 이름.
83) 이 신문은 관동대진재 80주년 기념집회 실행위원회 앞으로 보내어진 사이타마역사

게재되어 있고, 어떤 잔인한 행위를 일으켰는지가 강조되어 있다. 예를 들면 「불령선인단의 목표」라는 기사를 보면 이바라키탄갱 사무원이 재해를 입은 곳에서 목격한 내용으로, 오토바이로 시내를 횡행하는 조선인을 추격 사격으로 멈추게 하였더니 팔에 붉은 천을 감은 자는 폭탄 소유자, 노란색 천을 감은 자는 독약 소지자로 판명했다고 기술하고 있다. 같은 지면에는 「형용하기 어려운 조선인 잔학(행위)의 흔적(言語に絶せる鮮人残虐の跡)」이란 제목으로 조선인이 부인을 강간한 뒤, 양 허벅지를 찢는 폭거를 행한 것을 군대에 급히 알려서 습격해 오는 조선인을 박살시켜서 진흙탕에 30분간 머리를 박아 두었다가 꺼냈을 때 어느 청년이 죽창으로 안면을 찌르니 달려들어서 어깨를 깨물기에 다른 청년들이 달려와서 때려죽였다는 등 잔혹한 행위를 저지르는 조선인의 행동을 차 속에서 들었다는 기자가 기사화시킨 내용이 게재되어 있는 것이다. 특히 「양 허벅지를 찢는 폭거」나 「진흙탕 속의 30분」 등의 용어에는 글자체를 강조하여 주관적인 내용을 사실화 시킨 내용을 특종 기사로 게재하고 있다. 통신 마비 등으로 정보가 늦을 수밖에 없었던 당시 상황의 지방지에다 기사의 출처가 차 속에서 들은 소문이라는 점 등을 생각하면 신뢰할 수 없는 부분이지만, 소위 「―라고 하더라」는 식의 무책임하고 허위 내용의 기사라 할지라도 불안에 떨던 시민들에게는 공포로 다가왔을 것이고, 조선인들에 대한 적대적 혐오를 조장하

교육협회의 세키하라 마사히로(関原正裕) 씨를 통해 제공받은 신문임을 밝혀 둔다. 참고로 세키하라 씨는 앞에서 언급하였듯이 2021년 11월 30일에 히토츠바시대학에서 다음 제목의 논문으로 박사학위를 받았다.
関原正裕『関東大震災時の朝鮮人虐殺における国家と地域─日本人民衆の加害責任を見すえて─』一橋大学 大学院 社会学研究科, 2021년 11월 30일, 웹사이트는 https://hermes-ir.lib.hit-u.ac.jp/hermes/ir/re/72500/soc020202100703.pdf. 2023년 1월 8일 최종 열람.

는 기사라고 할 수밖에 없는 내용이었다. 이 신문의 지면에는 같은 날 『오사카마이니치신문』에서 게재한 경시청의 통고 등은 보이지 않는데, 당국으로부터의 통고 확보를 하지 않은 상태에서 유언 기사를 낸 것인지, 아니면 통고를 받고도 의도적인 기사를 낸 것인지에 대하여는 확인하지 못하였다. 비록 이 신문이 지역에 밀착한 정보지 역할을 하는 지방지라고 하지만 이재민들의 불안이 고조에 달하던 비상사태였던 만큼 중앙지나 지방지를 막론하고 정확하고 책임 있는 기사를 보도하는 언론의 자세, 다양하고 신속한 정보력의 중요성을 다시 한번 생각하게 하는 기사라고 할 수 있다.

참고로 가마다 게이시로(鎌田敬四郎, 언론인, 『週刊朝日』초대 편집장)는 대지진 중의 기자들의 움직임을 보면서 당시 『도쿄아사히신문』기자들의 책임 어린 행동에 대해서「즉각 현장을 보고 기사화시키며, 사원은 자동차로 달려가서 공포에 떨고 있는 전 시민들에게 중앙기상대가 발표한「대지진은 다시 오지 않는다」,「정부구제령 발포로 9백만 엔이 지출됩니다」,「군함 카무이(神威)가 식량을 싣고 도쿄로 향하고 있으니 안심하시라」등 시시각각 뉴스를 공시하여 시민들을 안심시키는데 노력하였다」[84]고 기록하고 있다. 진재 직후의 학살사건에 대해서는 언급하지 않고 있으나 신문의 정보 전달의식에 살아있는 기자들의 적극적인 사명감을 보여주는 내용이기도 하다. 중앙지나 지방지를 막론하고 기본적인 이념을 지키는 보도 정신을 관철하는 것은 중요한 언론의 사명이라고 할 수 있다.

---

84) 鎌田敬四郎(1929)『五十年の回顧』도쿄: 朝日出版社, p.254. 참고로 이 자료는 『初期シベリア出兵の研究』저자인 이자오 도미오(井竿富雄) 교수로부터 제공을 받았다.

이상으로 간토대지진이 일어났던 당시의 수도권 보도 관련을 개괄하여 보았다. 이는 혼란 상태 속에서 보이는 정부 기관의 보도 통제 상황 속에서도 신속한 정보 전달과 사실 확인, 보도의 윤리성을 잃지 않는 언론의 사회적 역할의 중요성이 그 사회의 안정과 질서에 절대적임을 재확인하는 작업이라고 할 수 있겠다.

4.3 지진 직후의 조선 언론의 보도

6,000명 이상의 조선인이 학살당하고 많은 사람들이 긴급 구호라는 명목으로 각 당국에 수용되었는데, 「9월 1일 이후 10월 1일까지 조선인 귀국자는 28,443명」[85]에 이르지만 조선 국내는 되려 평정하였으며, 일반인들 사이에서는 냉정하고 무관심한 사람도 많은 상황이었다고 한다.[86] 그 배경에는 일본 내의 언론 통제처럼 조선 내의 민중의 동요를 미연에 방지하려는 언론 통제가 있었기 때문이라고 볼 수 있다. 내지의 엄격한 언론 통제처럼 조선에서도 「진재 직후, 동아일보는 편집국장 이상협을 도쿄의 진재지로 파견하였고, 현장에서 음침하고 참혹한 각종(조선인 관련의 – 역자 주) 보도 재료를 모아서 돌아와서는 기회를 봐서 당국이 진재에 관한 보도를 해제하는 시기를 기다렸다가 기회를 이용하여 이전부터 민족주의를 기조로 해 온 『동아일보』는 조선 전역에 대하여 가장 심각한 논조로 조선인이 잊어서는 안 될 대학살사건으로 절규하려는 형세가 분명하므로 일본인이나 조선인의 흉악 사건에 대해

---

85) 内務省社会局편집(1986) 『復刻版 大正震災志』 도쿄: 雄松堂出版, p.573 참조.
86) 姜德相 외 解説(1963) 『現代史資料6 関東大震災と朝鮮人』 도쿄: みすず書房, p.498 참조.

서는 특히 관공청이 공표한 것 외에는 의연히 보도금지사항으로 취급하고, 또한 『동아일보』와 『조선일보』의 한글판 신문에는 주도면밀하게 단속함과 더불어 9월 1일부터 11월 11일까지 18회의 발행 신문 차압 처분을 행하여 조금이라도 불온하게 도발하는 기회를 주지 않았기에 현재 논조는 간신히 중국인 학살사건 내지는 재외 불령선인의 행동을 구실삼아서 그들의 자그마한 분노의 감정을 나타내는 것에 지나지 않았다」[87]는 말에서 보듯이 조선 내에서도 당국의 엄한 통제로 인해 사실 보도가 쉽지 않았다는 것을 알 수 있다. 참고로 위의 「기간에 있어서 조선 내에서 발행한 일본어판 신문 31종에 대해서 26회, 내지 발행 조선 내에 이입한 각 신문에 대하여 일본 정부(내지 관헌)로부터 조선총독부에의 서면 통지(이첩)에 의한 처분 403건, 조선 내 자발적 처분 602건을 차압하는 것은 어쩔 수 없음에 이르렀다」[88]는 내용으로 보아 일본 내에서 일어난 조선인 학살 문제의 은폐를 의식한 언론 통제가 엄격하게 이루어졌다는 것을 추측할 수 있다.

잡지 『개벽』 10월 임시호에서는 「진란(지진으로 인한 혼란-역자 주) 중의 일본 및 일본인」과 「진란 중의 도쿄를 탈출하여」라는 보고 논문이 게재예정이었으나 「진란 중의 일본 및 일본인」의 일부만이 게재되었을 뿐, 다른 기사는 검열에서 삭제되어 게재되지 않았다. 게재된 「진란 중의 일본 및 일본인」에는 「소위 조선인 문제」로 「도쿄일일신문 등에서는 (불령선인 습격설을) 호외 혹은 게시 방법으로 선전하여 일본인의 조선인에 대한 감정은 극도로 폭발하였다. 그래서 소위 조선인 문

---

87) 위와 같음.
88) 위와 같음.

제라는 것이 생겨난 것이다. 그러나 그에 대해서는 절대 보도할 자유가 없었다. 단지 신문지상을 통하여 발표된 일본 당국의 경고문을 초출하여 이 조선인 문제가 얼마나 중대한 것인가를 알린다」[89]고 술하고 있으며, 「자경단의 난폭한」 태도나 긴급 칙령, 16일에 발포한 제도부흥심의회가 주장하는 거국일치론과 배경 등이 일부 기술되어 있으나 도중에 삭제되어 있기 때문에 언론 통제를 하지 않으면 안되었던 내용임을 추측할 수가 있다. 이와 같은 사정 속에서 발행된 신문을 보면 9월 3일의 『동아일보』에서는 다른 진재 모습의 게재와 동시에, 「걱정되는 조선인의 소식」이란 제목으로 도쿄 부근에 흩어져 사는 수천 명의 학생과 노동자의 생사를 염려하는 기사를 싣고 있다. 다음 날의 『동아일보』에는 대진재의 혼란에서 사회주의자의 활동보고를 들은 경기도 경찰이 엄중하게 경계를 하고 있다는 것, 중앙청년회가 재해를 입은 동포에게 보낼 물품을 보내온 것, 전날의 오사카전보로 사상자가 15만 명이 된다는 것 등이 게재되어 있다. 9월 7일자 『동아일보』를 보면 마루야마 경찰국장의 담화에서 「조선인에 대한 감정이 소원해진 이때 도쿄행은 위험」이라는 제목으로, 유언비어가 다시 확대되고 있는 모양으로 참화에 휘말려 폭행을 당할 염려가 있다는 것을 게재하고 있다. 그러나 처참한 살해 상황의 실태에 관해서는 언급하지 않고 있으며, 「재난민들의 신경이 극도로 흥분된 때이며 일부 소수 조선인이 이와 같은 참화를 통하여 폭행을 한 것이 일반 민중의 반감을 사서 조선인과 일본인과의 충돌이

---

89) 『개벽』제40호(개벽사, 1923년 10월 임시호), pp.79-80. 『개벽』은 천도교의 기관지로 인가받고, 1920년 6월부터 합계 72호를 발행했으나 주로 유학에서 귀국한 진보적 지식인들의 투고에 의하여 34회의 발행 금지와 정간이나 벌금, 발행 정지를 각 1회씩 받았으며, 1926년 8월에 폐간되었다. 그 뒤, 1934년, 1946년에 재간하고자 노력하지만 계속 간행은 하지 못하였다. 전게서, 李修京 『近代韓国の知識人と国際平和運動』, p.188 참조.

일어난 예가 적지 않다.[90]는 내용이나 내무성에서 조선총독부로 보내온 통첩에 따르면 조선인의 폭행은 일부분이지 일반 조선인은 지극히 평온하다고 발표하고 있다. 앞에서 유언비어의 확대로 인한 도쿄행의 위험설, 일본인과의 충돌, 그리고 평온하다고 하는 상호 모순적인 내용의 기사가 게재되어 있는데 이는 일본의 수도권에서 공공연히 일어난 조선인에 대한 야만적인 학살 행위가 보도되거나 알려질 경우, 민심의 동요나 총독부 정책에 대한 반발로 3.1 운동과 같은 저항 운동으로 이어질 수 있기 때문에 이를 저지하려 하는 강한 통제력이 작용하고 있어서 이 시점까지 조선인 학살에 대한 기사는 나오지 않고 있다. 1920년의 사이토 마코토 총독에 의해 소위 문화정치라는 이름 하에서 발행되기 시작한 조선을 대표하는 민간지 『동아일보』조차도 진재 1주일이 지나도록 동포의 실태를 보도할 수 없었던 것이 당시의 현실이었다. 『동아일보』가 처음으로 동포의 고난에 대해서 언급한 것은 9월 8일자였지만 조선인의 대량학살 언급은 없이 오히려 야마모토 수상으로부터 이와 같은 비상시에 한 때 불온사상을 가진 사람에 대한 박해가 있었음을 인정하며, 민중의 평온으로 절제 있는 행동에 반성을 촉구하는 「조선인 박해와 내각 고시의 발표」가 게재되었다. 또한, 진재지에서의 조선인 박해를 알게 되어 피해지 수용 내용을 취급한 「재류동포 1만 5천 명 나라시노 병영에 수용하여 경관으로부터 경계」라는 기사를 통하여 조선인이 대규모로 수용되어 있다는 것이 알려지게 된 것이다. 그 뒤 『동아일보』는 사설 등을 통하여 실태를 호소하고자 노력하지만 검열에 의한 차압 등으로 격한 논조에는 이르지 못하였다.

---

90) 『동아일보』1923년 9월 7일, 영인본 참조.

한편, 총독부 기관지였던 『매일신보』도 9월 3일부터 본격적으로 진재 상황을 전하고 있는데, 황족 관계의 안녕이나 사회주의자 검거 기사, 진재의 피해 등을 게재할 뿐 피해지의 조선인에 대해서는 9월 7일자 지면이 되어서야 언급하기 시작한다. 이 신문은 앞에서 나왔던 『동아일보』와 같이 마루야마 경무국장 담화로 「대진재의 유언비어의 확대로 조선인 충돌설」이 게재되어 있다. 일부 불량 조선인에 의해 일어난 폭동이 일본인의 반감을 사서 민중과 충돌하였고 흥분한 재해민의 감정은 전혀 풀리지는 않았으나 대다수의 조선인은 선량하다는 것이 그 내용이다.[91] 9월 8일자 기사도 『동아일보』처럼 15,000명의 조선인이 나라시노 병영에 수용 중이라는 기사와 도쿄행의 중지를 촉구하는 내용이 있으나 진재 발발에서 1주일이 지나도 조선 국내에는 조선인 학살사건이 전해지지 않는 것을 보면 언론기관에 대한 철저한 보도 통제가 행해지고 있음을 짐작할 수 있다.

그렇다면 일본이나 조선의 언론이 당국의 통제하에 있었던 시기에 한글판 재외신문의 움직임은 어떠했는지 살펴보기로 하자.

샌프란시스코에서 발행하던 주간지 『신한민보』는 9월 6일자로 「역사상 처음(의 거대한－역자 주)인 9월 1일 일본 지진」이란 제목으로 대지진의 혼란에 빠진 틈새에 발생한 야마모토 수상 암살 미수사건이나 1만 명의 일시 화장, 3백만 명의 사망자 설이나 미국 군함의 구원파병 기사에 덧붙여서 일본에 있는 한인과 경찰·헌병이 충돌하여 군인들이 창칼 등으로 공격하고 있다는 등을 전하고 있으므로 조선 국내보다는 비교적 자유롭고 다양한 의견을 싣고 있음을 알 수 있다.[92] 물론

---

91) 『매일신보』1923년 9월 2일~7일, 영인본 참조.

300만 명의 사망자설 등의 가설이 확인 작업 없이 게재된 점은 극히 위험 요소가 내포되어 있다고 볼 수 있는데, 조국을 식민지화한 일본에 대한 감정적 표출을 기사화했다고 하더라도 이러한 허위 내용이 자칫 민심을 조장할 수 있기에 바람직하다고는 볼 수 없다.

그 뒤 9월 13일자 「한인 1만 5천 명을 구류하여」라는 기사가 나올 때까지 큰 보도는 없으나 황태자 혼례 시기에 거대한 혁명조직을 결성하여 황태자나 고관의 암살 계획을 꾸몄다는 이유로 노동자나 학생들 15,000명을 구류하였다고 전하고 있다. 보도원은 고베로 되어 있으며 위의 이유로 수용된 것이 사실이라면 거대 권력에 의한 계획적인 차별 행위로서 히틀러에 의한 유태인 수용과 구조가 유사하다는 지적조차 배제할 수 없는 기사였다. 「일시동인」을 주장하던 일본의 식민지 정책 전개와 선진 5대국 반열에 오르면서 대외적인 체면 유지가 필요했던 당시의 일본 정부로서는 6,000명이 넘는 학살 행위가 자기 방위를 이유로 각지에서 발생하였다고 하여도 일본 당국의 큰 오점이라는 비판을 피할 수 없을 뿐 아니라, 자국민의 불안 상태를 고조시키는 위험도 있으므로 일시 수용 후 구류 조선인들은 송환하려고 한 것으로 보인다.

이상으로 조선의 몇몇 신문 기사 내용을 살펴보았는데, 민간지나 어용신문을 막론하고 모든 언론은 엄격하게 통제되고 있는 것을 알 수가 있다. 단지 사실 보도에 대한 강한 의식을 가졌던 잡지나 해외에서 발행한 신문은 비교적 자유로이 보도하고 있다. 이러한 언론의 움직임을 통해서 비상시의 당국의 강력한 언론 통제가 작용할 때 권력에 저항하며 난무하는 괴소문이나 허위 정보를 취사선택하여 진실을 전하기 위

---

92) 『신한민보』1923년 9월 6일, 영인본 참조.

해서는 언론측의 성숙한 자세와 노력이 필요하다는 점을 재확인하였다. 그러한 언론 정신은 반드시 과거만의 가치가 아니라 우리가 살고 있는 현재는 물론, 미래에도 통용되는 보편적인 판단 기반이 되어야 할 것이다.

5 요코하마 도젠지(東漸寺)에 잠든 경찰의 거울 오카와 츠네키치(大川常吉)[93]

인간의 잔혹함은 재난 직후의 혼란의 틈새에서 다양한 형태로 표출되는데, 그럴 경우 위정자 혹은 일부 세력들은 민심의 불만과 불안의 해소를 위한 타깃을 사회 소외층이나 약자를 희생양으로 삼는 경향이 있다. 무엇보다 사회 전체가 허위 정보에 휩쓸려 가는 분위기일 때 진실된 저항의 힘을 관철시키기란 간단하지 않다. 특히 언론과 당국조차 유언비어의 유포 혹은 자기들의 잣대로 정해진 정의 개념으로 조직화한 자경대의 폭주를 제재하지 못하면 약자들의 희생은 물론 사회 전체의 혼란으로 이어지게 된다. 그러한 상황에서 지역과 시민의 안전을 지키고 정의 구현을 실천하는 경찰의 본분에 충실하기란 결코 쉽지 않기에 조선인 학살과 박해 사실을 덮으려고 뒤늦게 의도적으로 만들

---

93) 이 글은 필자가 2006년에 일본어로 발표한 다음 글과 2010년에 한국어로 번역 발표한 다음 글을 기본으로 하고 있다. 李修京(2006)「人命の尊重と真実を直視した警察の鑑・大川常吉」李修京編『韓国と日本の交流の記憶—日韓の未来を共に築くために—』도쿄: 白帝社. 한국어 번역판으로는 이수경(2010)「인명 존중과 진실을 직시한 경찰의 귀감 오카와 츠네키치(大川常吉)」, 이수경 편저, 도기연, 나성은 번역『한일 교류의 기억』한국학술정보, pp.223-228 참조. 단, 발표 후 시간이 흘렀기에 대폭 수정 가필하였음을 밝혀둔다.

어지는 미담이 아닌, 직무 수행에 충실하고 사람의 인명을 소중히 여겼던 오카와 츠네키치 서장의 자세는 모두가 거울로 삼고 본받을 필요가 있다.

오카와 츠네키치(大川常吉, 1877~1940)는 간토대지진 직후, 유언비어로 인해 조선인을 비롯한 많은 사람들이 무차별 살해를 당하던 때, 부조리에 맞서서 경찰의 신념으로 정의를 관철한 요코하마시의 츠루미 경찰서 서장이었다. 앞에서도 언급했듯이 간토지역을 덮친 대지진으로 인해 민심이 흉흉할 때 지리적 문화적 언어적 지원 없이 고립 상황이었던 약소층의 조선인 노동자들이 희생의 타깃이 되었고, 일본인들은 의도적으로 조선인들이 폭탄을 가지고 다닌다거나 조선인이 우물에 독을 넣었다는 등의 괴소문을 퍼뜨렸다. 고도의 정보 통신 사회인 지금과는 달리 그런 낭설을 확인하기 어려운 시대였기에 소문만 믿고 조선인에 대한 대량학살이 발생하게 된다. 사실 확인 없이 자신들의 불안과 공포심에서 비롯된 폭력적 행위로 약자들을 무차별 공격에 이르게 한 배경에는 앞에서도 역설했듯이 비열한 정부 당국의 공작과 획책, 그리고 민병들의 무절제한 폭력성과 안이하게 허위 사실을 믿고 학살을 조장한 일본인들의 무책임한 가해 행위가 폭주 공간을 허용하게 만든다. 그런 가운데 많은 사람들이 하나 같이 조선인 사냥을 외칠 때 사회적 부조리에 의문을 갖고 폭도로 돌변한 사람들을 설득하여 301명의 조선인과 중국인을 지켜낸 사람이 오카와 츠네키치 서장이었다. 그는 현재 일어난 일을 직시하고 허위 정보로 인해 「사람을 죽여서는 안된다」는 경찰의 신념으로 용기를 보여준 인물이다.

5.1 대지진의 혼란 속의 폭도 발생

비가 멎은 늦여름 낮의 도쿄와 요코하마 등 간토지역을 뒤덮은 지진
재해는 지옥과 같은 참상으로 아수라장이 되었고, 지진으로 인한 화재
와 무너진 건물로 인해 수도 기능은 마비가 된 상태였다. 9월 1일 오후
1시 10분에 군 당국은 비상경계 명령을 내렸고, 다음 날부터 수도권
각지에 계엄령이 내려졌다. 당국은 실태 파악과 더불어 정보 통신이 두
절된 상황 속에서 불안에 떨고 있는 민심의 불만이 격해져서 정부 당국
을 공격할 것을 두려워하여 희생시키기 쉬운 상대를 타깃으로 만들어
국민 연대94)를 꾀하며 강렬한 내셔널리즘적 결속을 촉구한다. 때마침
일본에는 식민지 출신 조선인 노동자들, 즉, 일본 야마토 민족과는 다른
이민족이면서 일본의 통치 지배하에 있던 한반도 출신 조선인들을 희
생의 타깃으로 삼고, 불령선인(조선인)에 의한 습격, 우물에 독을 투여,
불령단체의 봉기를 조종한 사회주의자의 폭동이라고 하는 허설을 흘린
것이다. 그렇지 않아도 자연재해로 모든 것을 잃고 망연자실하며 불안
해 하던 사람들 사이에 그런 유언비어는 삽시간에 퍼지게 되었고, 이는
또 다른 큰 사회적 혼란을 야기하게 된다. 그러한 불령단체로 부터 자국
민을 지킨다는 구실로 군대와 경찰 등이 출동하였고, 각 지역에서는
자신들의 생활터전을 지키겠다는 마을 자경단이 결성되어 생계를 위해
일본에 와 있던 조선인이나 중국인 노동자, 혹은 당국이 감시하던 사회
주의자나 노동운동가, 그리고 사투리를 사용하는 지방 출신의 일본인

---

94) 원초적 지역적 공대감을 나타내는 프로토 내셔널리즘(proto nationalism)에 기인한
공동체 의식. 끊을래야 끊을 수 없는 기즈나(絆)라는 용어가 3.11 동일본대지진
때도 국민의 결속 촉구의 키워드가 되었다.

들까지도 검증되지 않은 유언비어의 희생자가 되어 버리는 사태가 발생하게 된다. 이 사건의 발단이 되었던 유언비어가 잘못된 정보였음이 밝혀졌을 때는 이미 숱한 사람들이 학살을 당한 뒤였고, 6,000명 이상의 조선인이 살해되었고, 중국인이나 노동자의 저임금문제와 노동환경 등을 비판하던 사회주의자들도 혼란 중에 살해당했던 것이다. 이런 사태 수습은 앞에서도 지적했듯이 9월 4일이 되어서야 『오사카(大阪)매일신문』이 호외로, 「조선인 일부의 폭동은 이미 완전하게 단속되었다」라는 제목으로 조선인의 대부분이 선량하다는 3일자의 경시청 긴급 통달을 게재하였다. 『오사카(大阪)매일 신문』 9월 15일에는 유아사(湯浅) 경시총감에 의한 「다수의 조선인은 선량하다」라는 담화와 「위험에 처한 조선인을 도운 요츠야(四谷) 서장의 미담」을 싣는 등 그 전의 조선인 대량학살의 야만성을 은폐라도 하듯이 일본측 선행이 보도되고 있었다. 당시 육군 관계 사료를 보면, 조선인에 대해 법에 없는 대우를 하지 말 것, 소문에 의한 폭행은 죄가 된다는 내용이 관동 계엄사령부로부터 공표되었지만, 9월 19일의 육군 정보에서는 나라시노(習志野)에서 수용보호 중인 조선인이 3,075명에 이르고 있으며 많은 조선인이 보호라는 명목 아래 수용되어 있었던 것이다.

조선총독부는 수용된 조선인들에게는 점차 직업에 대한 도움도 줄 생각이므로 안심하고 앞으로 더욱 더 내선인 융화의 열매를 거둘 결심을 해주길 바란다는 유고(諭告)를 제시하여 보호 중인 조선인들을 달래고 있지만 유언비어에 의해 대학살이 이루어진 상황 속에서 생사를 각오하며 수용된 그들은 매일 공포와 불안의 연속이었고, 그러한 그들의 뉴스가 알려진 조선 내부에서 발생할 반발을 잠재우기 위한 최선책으로 융화책 제시를 꾀한 것이라고 할 수 있었다.

앞에서도 언급했듯이, 9월 15일, 『요미우리(讀賣)신문』은 「조선인의 소문은 어디에서 나왔을까」라는 제목으로 「조선인으로서 일본인을 죽인 사람은 한 명도 없다」라는 당국의 말을 인용하면서 아직까지도 유언비어가 사라지지 않고 있어서 사회적으로 큰일이라는 보도를 하고 있다.

5.2 시민의 목숨을 지키는 경찰—오카와 츠네키치의 신념

진원지에서 가까웠던 가나가와(神奈川)도 상당한 지진 피해를 입었고, 무역도시로 거듭나던 요코하마에도 많은 비극이 남게 되었다. 가나가와현이라면 무엇보다 일본이 제국주의 국가 형성으로 발돋음하게 되는 서양 열강 문명과의 문화적 교류가 적극적으로 이루어진 곳이다. 미국의 페리 제독이 1853년 7월 8일에 구로부네(黑船)를 포함한 4척의 증기선을 이끌고 가나가와의 우라가(浦賀)항에 나타난 것은 일본 근대사에 있어서 역사적인 사건으로 기록되는데, 서양 문물의 충격과 동경과 열등의식이 교차하는 가운데 일본은 1858년에 네덜란드, 영국, 프랑스, 러시아, 미국과 같은 열강과의 불평등 수호통상조약을 맺고 서양과의 접촉을 통해 근대국가의 틀을 정비하게 된다.

서양 문물의 이입과 서양 문화 교류를 위해 1859년 7월 1일에 개항을 한 요코하마(橫浜), 그리고 일본 제1해군 진수부가 있었고, 해군 공창 및 해군기관학교가 있는 요코스카(橫須賀)와 구로부네가 들어 온 우라가항으로 근대 국가의 상징적 지역이었던 가나가와현은 일본에서 재류 외국인이 가장 많았던 곳[95]으로 다양한 외국 문화를 받아들인 이국적

---

95) 山上萬次郎(1905)『最近統合帝国地理 中學校用』도쿄: 大日本図書株式会社, p.24

분위기의 개방된 지역으로 거듭나게 되었다. 그 뒤 일본의 제국주의 행보와 더불어 메이지 시대의 아사노 재벌 창시자인 아사노 소이치로(浅野総一郎, 1848~1930) 등이 요코하마의 츠루미(鶴見)구 개발을 위한「츠루미 매립조합(鶴見埋立組合)」을 설립하여 츠루미구 임해부 매립작업에 착수하는 사이 다양한 기업들이 들어서고 부족한 부지 확보를 위해서 매립지와 인공섬, 운하 조성 등의 인프라 정비로 도쿄와 가와사키시, 요코하마를 중심으로 한 일본 최대의 케이힌(京浜)공업지대 형성의 기반을 닦게 된다. 1920년 전후에는 시오타(塩田)지구에 한반도나 오키나와(沖縄)출신 노동자들의 이주가 증가하게 되면서 다양한 배경을 가진 사람들이 모이게 되지만 열강의 일등국민이라는 우월의식으로 이루어진 제국주의 국민 의식은 결코 식민지 출신 노동자들에게 관대하지는 않았다. 당시 일본인 노동자보다 현저하게 값싼 임금의 노동력이었던 조선인들은 일그러진 제국주의 우월의식을 가진 일본인의 차별을 버텨야 했고, 예상치 못한 대지진의 폐허 속에서 모든 것을 잃은 일본인들은 더 처참한 상황에 놓여있던 조선인 노동자들의 박해에 동조하거나 눈을 감았던 것이다. 유언비어는 혈기 왕성한 일본인 자경단이나 재향군인들을 흥분하게 만들었고, 착취당하던 조선인 노동자들이 평소의 불만으로 폭동을 일으켜, 우물에 독을 넣었다고 하는 날조된 허설은 자신들의 지역을 수호한다는 민병들의 조선인 습격의 빌미가 되었다. 하지만 이 유언비어의 내용에 표출되었듯이 당시의 조선인 노동자들이 제대로 대우받지 못하고 있었다는 점, 그렇기에 불만을 가지고 있었을 것이라는 일본인 스스로의 의식이 내포되어 있었음을 간과할 수 없다.

참조.

대지진의 혼란이 계속되던 중, 츠루미역 주변에서 병을 두 병 가지고 길을 걷던 중국인처럼 보이는 4명의 남자를 조선인이니까 죽여버려야 한다며 그들을 츠루미 경찰서로 연행해 오지만, 병 속의 내용물을 확인한 결과 그것은 중국 간장과 맥주였기에 오카와 츠네키치 서장이 그 사실을 말해도 독이라며 믿지 않고 우기는 자경단 앞에서 차례차례로 병 속에 든 것을 마셔 보이며 그들을 진정시켰다. 일단 그 사건은 그렇게 진정이 되었으나, 이후에도 마치 조선인 사냥을 즐기듯이 자경단 등은 조선인들을 경찰서로 끌고 왔다. 억울한 연행이나 위험을 피해서 경찰에 도움을 청하며 경찰서로 들어 온 조선인들을 본 오카와 서장은 일시적으로 관내 조동종 사찰인 소지지(総持寺)[96]에 경찰을 배치하여 301명의 조선인 및 중국인들을 보호하기에 이르렀던 것이다.[97] 하지만 그 소문을 들은 츠루미구의 마을회의에 불려간 오카와 서장에게 지역 의원들은 「경찰서장이 솔선수범하여 조선인을 단속하여 불안을 없애야 하는데, 오히려 300명을 보호하는 것은 폭탄을 안고 있는 것과 같은 것」이라며 조선인 보호에 항의를 하는 것이었다. 그러나, 오카와는 그들을 경찰서로 불러, 조선인 폭동이 근거 없는 유언비어라고 단언하며 보호 중인 조선인의 소지품을 검사해봐도 작은 칼 하나도 나오지 않았기에 선량한 사람들임을 확인시켰다. 하지만 불신 속에서 혼란이 거듭되는 상황이니 경찰 보호를 하지 않으면 바로 전원이 살해당할 수 있

---

96) 15만 평의 거대한 규모의 사역을 가진 조동종 중심 사찰. 이시가와현에서 메이지 44(1911)년에 현재의 츠루미구로 이동. 사찰의 역사는 700년이 넘는 고찰. 현재 소재지는 神奈川県横浜市鶴見区鶴見2丁目1－1, https://www.sojiji.jp/honzan/access/index.html.

97) 9월 3일 오후 6시경, 츠루미경찰서 내에 수용되었던 조선인은 220명, 중국인이 70명이었다고 한다. 「企画特集3 (神奈川の記憶) 関東大震災、体験の伝承」『朝日新聞』デジタル版. 2018년 10월 27일 기사 참조. 2023년 2월 23일 열람, http://www.asahi.com/area/kanagawa/articles/MTW20181112150280001.html.

으므로 수용 인원수가 늘어난다 해도 보호하겠다는 방침을 명확히 전하였다.

5.3 오카와 츠네키치 서장과 츠루미 경찰서를 포위한 군중 설득

9월 3~4일경에는 악질적인 유언비어 유포로 민심의 불안과 흥분 또한 절정에 달해, 이른바 「조선인·중국인 사냥」은 최악의 상태로 치닫고 있었다. 한적한 주택가에 자리한 소지지 경내의 조선인 보호설이 퍼지자, 자경단을 포함한 1,000여 명의 일본인이 조선인을 발견하는 대로 때려죽이라고 외치면서 츠루미 경찰서로 몰려든다. 이미 폭도화한 조직적인 움직임을 보이는 그들은 조선인 편을 드는 경찰도 때려죽이라고 아우성을 치고 있었다. 그때 군중들을 향해 오카와 서장은 경찰이 보호하고 있는 조선인은 모두 좋은 사람이며, 그만큼 자신을 신용할 수 없다면 자신을 죽이고 경찰서 안으로 들어가라고 설득을 한다. 당시 26세로 오카와를 가까이에서 접했던 모지 료(門司 亮)는 군중이 이성을 잃고 있을 때, 오카와 서장이 갑자기 「조선인이 독을 투입했다고 하는 우물물을 가져오라. 내가 먼저 제군들 앞에서 마실테니까. 그리고 이상이 있으면 조선인을 제군들에게 인도한다. 이상이 없으면 나에게 맡기라」고 말하여, 사람의 생명을 끝까지 지켰다고 술회하고 있다. 그의 용기 있는 결단력과 행동력에 의해서 301명은 9월 9일, 기선 가잔마루(華山丸)를 타고 위험이 고조에 달해 있던 수도권을 떠나서 고베(神戸) 등으로 이동할 수 있었던 것이다. 출신이 다르더라도 똑같은 생명이며, 그 양민과 사회를 지키는 것이 경찰의 책무라는 신념을 관철하여, 목숨을 걸고 사람들을 지킨 오카와 츠네키치의 우직한 행동은 현대 사회에 시사하는 바가 크다.

간토대지진 다음 해인 1924년 2월 15일자로 당시 구해준 고마움에 대한 츠루미 시오타(潮田) 거주 조선인들로부터의 감사장이 츠루미 경찰서에 전해졌다. 이 감사장에는 오카와 서장이 츠루미 시오타 마을에 거주하는 조선인 300여 명의 생명을 구해줬다는 내용과 감사의 뜻이 명기되어 있다.

〈사진2〉 요코하마시 도젠지(東漸寺)의 오카와 츠네키치 묘와 감사비
(2019년 3월 1일 촬영)

그 후 오카와 츠네키치는 오이소(大磯)경찰서와 아츠기(厚木)경찰서의 서장을 거쳐, 1927년 3월에 경찰을 사직하게 된다. 오카와의 손자는 조부가 조선인을 도운것이 퇴직의 한 요인으로 작용한 것은 아닐까 하는 의문을 품고 있지만, 명확한 이유를 확인할 수 없기에 그가 정년을 앞두고 경찰을 퇴임하게 된 사정은 별도의 기회를 만들기로 한다. 오카와는 경찰을 그만둔 뒤 요코하마 청과시장의 주사로 근무하다가 1940년 향년 63세로 세상을 떠났다.

그 뒤 1953년에 오카와 츠네키치의 인도적 용단을 잊지 않았던 재일한인 유지들[98]은 츠루미 시오타 3가의 오카와 가문 무덤이 있는 도젠지(東漸寺) 본당 오른쪽 입구에 다음과 같은 내용의 감사비를 세워서 그의 업적을 기렸다.(별도 사진 참조)

고 오카와 츠네키치 씨 비
관동대지진 당시 유언비어에 의해 격앙된 일부 폭민이 츠루미에 살던 조선인을 학살하려고 하는 위기에 처했을 때, 당시 츠루미 경찰서장 고 오카와 츠네키치 씨는 죽음을 각오하고 그 그릇됨을 강하게 꾸짖어 3백여 명의 생명을 구호한 일은 참으로 미덕이므로 우리들은 이에 고인의 명복을 빌며 그 미덕을 영구히 찬양 한다. 1953년 3월 21일 재일조선통일민주전선 츠루미위원회

한적한 주택가에 자리 잡은 사찰 뒤의 묘터에 있는 「오카와가문의 묘」에는 「생명의 존엄」을 몸소 실천한 위대한 인물이 잠들어 있음에 필자는 몇 번이고 감사의 인사를 드렸다.

지옥과 같았던 간토대지진, 당시 내무대신 미즈노 렌타로와 아카이케 아츠시, 쇼리키 마츠타로의 트리오, 자경단, 그리고 목숨을 걸고 도리를 관철한 오카와 츠네키치의 용단, 그들 중에서 일본의 자랑스러운 인물을 말하라고 한다면 역시 오카와 츠네키치 츠루미경찰서장이 될 것이다. 그 어떤 권력을 향유했던 인물이라 할지라도 역사적 평가는 인류 보편의 「정의」에 있다는 사실을 우리는 오카와 츠네키치를 통해 재삼 확인하게 된다.

인간의 도리, 유언비어에 흔들리지 않고 진실을 확인하는 작업, 그리

---

98) 재일조선통일민주전선. 1951년 1월에 조직된 북한정책지침을 지원하던 단체로 1955년 5월에 조총련이 결성되자 해체되었다.

고 사람의 목숨을 평등하게 여기고 자신의 목숨을 걸고 지킨 경찰의
참된 모습이 어두운 역사를 이끄는 하나의 빛을 발하였음을 기억하고
그 뜻을 세계의 시민들과 함께 공유하며 시민력으로 계승하는 것이 미
래사회를 이어가는 우리들의 책무라고 할 수 있을 것이다.

6 80년이 지나서야 연구자에 의해 언급된 정부 기록, 그러나 100년이 되어도 인정하지 않는 정부의 태도

초토화된 수도권 지역의 피해 규모 조사 및 사회 재정비, 대혼란 속
의 관헌 및 자경단들의 민간인 학살의 폭주 등의 어두운 역사는 그 뒤의
치안유지법 공포, 만주사변에서 중일전쟁, 제2차 세계대전으로 이어지
는 군국주의 정책하에 조선인 및 중국인 전시동원 노동자들에 대한 차
별과 착취, 학살 등을 반복하게 된다 (전시하의 각지의 역사적 상흔과
희생 노동자들에 대해서는 앞에서 소개했던 동의대 동아시아연구소 총
서 제8권의 원고 참조). 결과적으로 성숙하지 못한 근대국가 형성과 제
국주의, 무모한 군국주의 체제와 전쟁의 역사, 그리고 패전에 이르기까
지의 아시아태평양 각국의 2,000만 명 이상의 희생과 자국민 300만 명
이상이 희생99)된 부담을 고스란히 껴안고 일본은 다시는 전쟁을 일으

99) 일본으로 인한 전쟁피해에 대해서는 다음 기사에서 보다 구체적으로 조사한 결과
가 발표되어 있다. 「1945년 8월 15일, 천황제 정부는 포츠담 선언을 수락하고 연합
국에 항복하였다. 15년에 걸친 전쟁은 일본인의 군인 군속 등의 전사 230만 명,
민간인의 국외 사망 30만 명, 국내에서 공습 등의 사망자 50만 명 이상, 합계 310만
명 이상(1963년의 후생성 발표)의 희생을 가져왔다. 전후 일본 정부는 일관되게
침략전쟁을 인정하는 것을 거부하고 희생자수를 가급적 축소하여 계산하는 견지
에서 자료를 작성하여 전쟁 참화의 본격적인 자료를 작성해 오지 않았다. 1963년의

키지 않고 국제사회에서도 교전권을 갖지 않는다는 평화헌법을 받아들이며 국제사회에 복귀하였다.

전후 고도경제성장과 세계 7대 선진국의 하나로 자리 잡으며 사회부흥과 경제대국의 길을 지향해온 일본이지만, 잔인한 조선인 학살 사건이 있었던 간토대지진에 대한 진심 어린 역사적 반성의 태도는 보이지 않고 있다. 그런 일본 정부의 태도가 당시 상황을 집요하게 추적 연구해온 일본의 역사학자들에게도 수치스러운 역사로 느껴졌을 것이다.

간토대학살 사건 이후 80년이 지난 21세기, 고이즈미 정권 하에서 일본 정부의 간토대지진 관련 조사에 적극적으로 착수하는 움직임이 보이는데,[100] 여기서는 앞에서도 소개했듯이 방대한 조사보고서를 작성하여 공개하기 시작한 2006년도 이후의 보고서에 대해서 살펴보기로 한다.

후생성 자료도 「태평양 전국전재도시공폭희생자위령협회」 조사에 의해서 추산한 합계이다. 일본의 침략전쟁은 아시아·태평양 각국에 2,000만명 이상의 사망자를 포함한 사상 최대의 참담한 피해를 줬다. 이 숫자는 각국의 정부 공표 혹은 공적 발표에 기인한 것이다. 중국 1,000만 명 이상 (「중국 인권상황」중국 국무원=단, 37년 7월~45년 8월까지, 그 외에 2,000만 명이라는 보고도 있다), 베트남 200만 명(독립선언), 인도네시아 400만 명(샌프란시스코 강화회의에서 베트남 대표 발언). 필리핀 111만 1,938명(대일 배상 요구), 인도 150만 명(뱅갈 아사자만 추산한 합계, 정부 임명 기아조사위원회), 뉴질랜드 1만 1625명(정부 공표), 호주 2만 3365명(정부 공표), 그 외 태면(泰緬)철도건설에 투입된 노동자의 각국 사망자 7만 4025명(영국 조사) 등. 미얀마나 싱가포르, 조선 등을 제외해도 이러한 여러 나라의 공적 발표 사망자 만으로도 1,872만에서 2,872만 명을 헤아린다. 또한 일본 식민지 지배 하에 놓였던 조선에서는 36만 4,186명이 군인·군속으로 전장터로 끌려가서 사망·행방불명자 15만 명(추정), 강제연행 등에 의한 사망자·행방불명자를 포함한 20만 명을 넘는 사람들이 희생되었다.」『赤旗』2004년 11월 4일 기사 참조. 2023년 2월 24일 열람, https://www.jcp.or.jp/akahata/aik3/2004-11-04/faq12_01.html.
100) 물론 이에 대한 국회의 다양한 토론이 행해져 왔을 것으로 생각하지만 시간과 지면상, 이 글에서는 현재 인터넷에 공개된 내용을 우선 사례로 취급하고 있다.

6.1 일본 내각부 정책사이트의 보고서(1923 간토대지진)

『1923년 9월의 간토대지진의 재해교훈 계승에 관한 전문조사회 보고서』(2006년7월)[101] 개요

들어가면서

간토대지진은 근대화한 수도권을 덮친 유일한 거대 지진으로 그 피해의 크기나 사회적 영향과도 비교할 수 없는 재해였다. 그러므로 간토대지진 보고서는 아래와 같이 3부로 구성하여 작성되었다(제5회 전문조사회의사록 참여)

○ 제1편 발재(재해 발생)과 메카니즘(개요, 보고서)
○ 제2편 구원과 구제
○ 제3편 부흥과 사회적 영향

<제1편 발재(発災)와 메카니즘>

제1장 피해의 전체상

1923(다이쇼12)년 9월 1일 정오 2분 전에 발생한 간토대지진은 진도 7.9로 추정되는 근대화한 수도권을 덮친 유일한 거대 지진으로 간토 남부에서 도카이 지역에 이르는 지역까지 광범위한 피해가 발생하였다.

---

101) 2023년 2월 15일 열람,
　　　https://www.bousai.go.jp/kyoiku/kyokun/kyoukunnokeishou/rep/1923_kanto_daishinsai/index.html.

사망자수 105,385명, 전괴전소유출가옥(全潰全燒流出家屋)은 293,387채에 이르며, 전기, 수도, 도로, 철도 등의 라이프 라인에도 막대한 피해가 발생하였다.

제2장 지진의 발생기구

간토대지진은 지각을 구성하는 플레이트끼리 접촉면에서 순식간에 어긋나는 움직임에 의해 생긴 지진으로 진원지역에 가까운 지진으로는 1703(겐로쿠16)년의 겐로쿠지진(추정 크기는 진도 8.2)이고, 이와 같은 거대 지진 발생 간격은 200~400년으로 추정된다.

제3장 지변과 츠나미

간토 남부, 특히 가나가와현 서부 및 치바현 보소(房総)지역에 있어서는 지진이나 그 직후의 큰비로 인하여 붕괴와 산사태, 토석류 등에 의한 토사재해가 다수 발생하여 특히 현재의 오다하라시 네부강(小田原市根府川)에서는 토석류에 의한 매몰 64호, 사망자수 406명의 피해가 발생했으나 저지대나 도심부 건물 붕괴 그리고 화재에 가려져 그다지 사회적 관심을 얻지 못했다. 도쿄만 해안부의 간척지나 매립지, 사가미가와, 아라가와, 고이네강 등의 하천변의 낮은 지역에서는 지반의 액상화가 일어나서 지반 함몰이나 땅의 균열, 건물 침하, 경사, 지하수나 모래 분출 등의 현상이 있었다.

사가미만 주변과 보소반도 남단에서는 최대 높이 12m(아타미), 9m (다테야마)의 츠나미가 일어났으나 각지에서 겐로쿠지진이나 1854년의 도카이지진의 츠나미에 의한 재해 경험을 살려서 지진 직후의 적절한 피난 행동에 의해 인적 피해를 최소한으로 막을 수 있었던 지역이기도 하다.

제4장 흔들림과 피해

진도 7의 지역은 진원지에 가깝게 분포되어 있는데 진도 6 이상의 지역을 보면 진원지에서 떨어져 있어도 1,000년 전의 도네가와, 아라카와 등 강흐름에 따라서 분포하고 있다. 좀 더 상세히 보면 과거의 누마자와지(沼沢地)나 하천 유로였던 곳은 진도가 높아지는 경향이 있다. 지진에 의해서 미국식 건물이나 벽돌로 지은 건물이 도괴한 것에 대해 일본식 내진 설계의 건물이 피해 경감인 것을 계기로 하여 지진 다음 해인 1924(다이쇼13)년에 시가지 건축물법 구조 강도 규정이 개정되어 세계에서 최초로 법령에 의한 지진력 규정이 탄생하였다. 당시 일본열도에는 이미 세계적으로 보아도 가장 밀도가 높은 지진관측망이 깔려 있었다. 노우비지진[102]을 계기로 설치된 진재예방조사회는 보고서 제100호를 제출하고 해산하였는데 그 사업은 도쿄대학 지진연구소가 계승하였지만 당시의 보고서는 후세에도 높이 평가받고 있다.

제5장 화재피해의 실태와 특징

진재 전의 방화체제는 인민보호를 담당하는 경찰 행정의 일환으로 되어 있다. 소방조직은 도쿄, 요코하마는 전임 직원이 있었으나 많은 지역은 자원봉사자와 같은 사람들에게 맡겨져 왔다. 장비는 당국 최신의 것이 놓여졌으나 수원을 수도에 의존하고 있어서 단수와 화재가 동시다발일 경우에는 대응할 수 없었다. 지진이 점심 식사 전에 일어난

---

102) 濃尾地震. 1891년 10월 8일에 기후현과 아이치현에서 발생한 거대 지진으로, 진도 8.0의 일본 역사상 최대로 큰 내륙 지각내 직하형 지진이었다.

것도 있어서 부엌이나 화로에서 동시다발적으로 화재가 발생하여 수도의 단수로 인해 최신 장비도 도움이 안되었고, 마침 강풍으로 인해 화재는 순식간에 퍼졌기에 소방능력을 넘었던 것이다. 또한 피난자의 가재 등이 연소 촉진 요인이 되었다. 역으로 화재 차단의 원인을 보면 파괴 소방을 포함한 소화 활동이나 광장, 도로 등의 빈 터를 활용한 것을 알 수 있다. 화재 재해에서는 도쿄시의 혼조 피복창적지(被服廠跡地, 육군의류시설이 있었던 곳, 현재의 요코아미쵸 공원 일대, 후술－역자 주)의 비극이 유명한데, 그 원인이라고 하는 화재 선풍에 대해서는 연구해야 할 점이 남아 있다. 요코하마시에 있어서도 시가지 전역이 소실되고 석유탱크 화재는 12일이나 계속 불탔다.

나가면서 - 간토대지진(제1편)의 교훈 -

· 간토대지진은 근대 미증유의 대화재였지만 피해를 막은 예의 검토를 통하여 수많은 교훈을 얻을 수가 있고, 뒤의 화재 대책의 기초가 되었다고 평가할 수 있다. 이 좀에 대해서는 뒤의 제2편, 제3편에서 취급하기로 하고 여기에서는 예시만 남긴다.

· 이즈(伊豆), 보소(房総)를 덮친 츠나미 피해가 최소한으로 가능했던 것은 과거 재해 교훈이 전승되었기 때문이었다.

· 소방 체제에 있어서 지진과 화재라는 복수 요인에 대응할 수 있는 준비가 필요하다.

· 또한, 건물 내진화, 공간이나 녹지 확보 등 화재에 강한 마을 만들기, 화재시에 마을 내에서 서로 도우며 피해를 줄일 수 있도록 공조대처 등을 상시적으로 실시하는 것이 중요하다.

<제2편 구원과 구제>

재해 교훈의 전승에 관한 전문조사회 보고서 2008년 3월 1923 간토 대진재 「제2편」[103]

---

103) 이 보고서의 최종열람일은 2023년 2월 24일. 군대 및 경찰 대응에 관한 자세한 보고서는 다음 사이트.
[제2절 군대의 대응],
https://www.bousai.go.jp/kyoiku/kyokun/kyoukunnokeishou/rep/1923_kanto_daishinsai_2/pdf/10_chap2-2.pdf.
[제3절 경찰의 대응],
https://www.bousai.go.jp/kyoiku/kyokun/kyoukunnokeishou/rep/1923_kanto_daishinsai_2/pdf/11_chap2-3.pdf.
또한, 유언비어가 나온 배경과 그 실태에 대해서도 비교적 자세하게 조사한 기록이 공개되어 있다.
2008년의 제2편 제4장의 「혼란에 의한 피해 확대」에서 조선인을 취급하고 있는 사이트는 다음과 같다.
「제1절 유언비어와 도시」,
https://www.bousai.go.jp/kyoiku/kyokun/kyoukunnokeishou/rep/1923_kanto_daishinsai_2/pdf/18_chap4-1.pdf.
「제2절 살상사건의 발생」,
https://www.bousai.go.jp/kyoiku/kyokun/kyoukunnokeishou/rep/1923_kanto_daishinsai_2/pdf/19_chap4-2.pdf.
「컬럼6 (천재일기)에서 보는 유언비어와 계엄령」,
https://www.bousai.go.jp/kyoiku/kyokun/kyoukunnokeishou/rep/1923_kanto_daishinsai_2/pdf/20_column6.pdf.
참고로 필자 역시 경험한 여진의 공포에 대해서 다음 글에서 지진 뒤에 오는 여진이 유언비어를 더 퍼뜨리는 원인이 된다는 내용이 나오기에 일부 소개해 둔다. 9월 3일에는 「불령선인 공산주의자 습격해와서 폭거를 행한다는 풍설이 있다…유설비어 크게 사람들을 흔들리게 한다」 … 「많은 여진의 흔들림이 계속되는 속에서 유언이나 잘못된 정보가 전달된 것을 잘 알 수 있다」 「컬럼7 「가와이 키요카타 일기(河井清方日記)」로 보는 여진과 유언」 p.216 참조,
https://www.bousai.go.jp/kyoiku/kyokun/kyoukunnokeishou/rep/1923_kanto_daishinsai_2/pdf/21_column7.pdf.
그 외, 앞의 선행연구 부분에서 인용을 했던 「컬럼8 살상사건의 검증」,
https://www.bousai.go.jp/kyoiku/kyokun/kyoukunnokeishou/rep/1923_kanto_daishinsai_2/pdf/22_column8.pdf.
「나가면서—간토대지진의 응급대응에 있어서의 교훈」,
https://www.bousai.go.jp/kyoiku/kyokun/kyoukunnokeishou/rep/1923_kanto_daishinsai_2/pdf/23_owarini.pdf.

<제3편 부흥과 사회적 영향>

재해 교훈의 계승에 관한 조사회 보고서 2008년 3월 1923 간토대진
재「제3편」

이「1923년 9월의 간토대지진의 재해교훈 계승에 관한 전문조사회
보고서」의 2006년도 제1편에서는 당시 총체적인 지진 규모 및 각지의
피해 상황과 대응 등의 조사내용을 보고하고 있다.[104] 그 2년 뒤인
2008년 3월에 내각부 중앙방재회의가 발행한「1923 간토대진재(대지
진) 재해교훈의 계승에 관한 전문조사회 보고서」의「제2편」에서는 조
선인 학살과 유언비어에 관한 상당수의 조사내용이 다양한 항목 속에
기록되어 있다. 상세한 내용에 대해서는 아래 주에 그 사이트를 소개하
였는데, 유언비어와 민간인 학살 내용의 참고자료로서는 중요한 내용
들이 기록되어 있으므로 관련 연구자들에게는 중요한 참고자료가 된다.
특히「제2편 제4장의 혼란에 의한 피해 확대」조사보고서에는

간토대진재 시에는 요코하마 등에서 약탈사건이 발생한 것 외, 조선인
이 무장봉기하거나 혹은 방화를 했다는 유언을 배경으로 주민 자경단이나
군대, 경찰 일부에 의한 살상사건이 발생하였다. 유언은 지진 전의 신문
보도를 비롯하여 주민의 예비지식이나 단편적으로 얻을 수 있는 정보를
배경으로 유언 현상에 일반적으로 보이는「루머(낭설)의 폭주(意味づけの
暴走)」로 발생하였다. 3일까지는 군대나 경찰도 유언에 휘말려 또 증폭하

---

104) 中央防災会議災害教訓の継承に関する専門調査会「1923年 9月関東大震災の災
害教訓の継承に関する専門調査会報告書」「제1편」2006년 3월. 2023년 2월 24일
최종 열람,
https://www.bousai.go.jp/kyoiku/kyokun/kyoukunnokeishou/rep/1923_kanto_d
aishinsai/pdf/1923--kantoDAISHINSAI-1_03_TOC.pdf.

간토(関東)대지진 100주년, 올바른 정보력과 시민 사회 … 이수경 229

였다.[105]

고 기록하고 있다. 여기서 언급하고 있는 「주민 자경단이나 군대, 경찰 일부에 의한 살상사건이 발생」했다는 말은 지금까지 인정하지 않았던 정부에 의한 국가 범죄 및 민간인에 의한 범죄를 인정하고 있다는 의미가 된다. 바꾸어 말하면, 간토대지진 당시 학살 당한 사람들은 일본의 대지진 속에서 국가 기관과 민간이 공범이 되어 행한 범죄라는 것이 된다. 그러한 사실을 인정하기까지 80여 년의 세월이 흘렀고, 조사 내용이 2008년이 되어서야 공식적으로 국가에 기록되었고, 인정되었다는 것을 말한다.

위의 「제2편 제4장의 혼란에 의한 피해 확대」의 다음 세부 항목에서는 더 자세한 상황을 확인할 수 있다. 「제1절 유언비어와 도시, 제2절 살상사건의 발생, 컬럼6 (천재일기)에서 보는 유언비어와 계엄령, 컬럼7 「가와이 키요카타 일기(河井清方日記)」로 보는 여진과 유언, 컬럼8 살상사건의 검증, 나가면서 – 간토대지진의 응급대응에 있어서의 교훈」를 통해서 각 항목 내에서 유언비어 실태가 어떠했는지를 기록하고 있다. 참고로 당시의 군대 및 경찰 조직과 그 규모에 대해서도 소개하고 있는데, 앞에서 경찰 대응에 대하여 언급하고 있으므로, 여기서는 당시의 군대 상황에 대하여 기술한 「제2절 군대의 대응」을 살펴보기로 하자.

---

105) 中央防災会議災害教訓の継承に関する専門調査会 「中央防災会議災害教訓の継承に関する専門調査会報告書 平成20年 3月 1923年 関東大震災」 「第2編」 2008년 3월. 2023년 2월 24일 최종 열람, https://www.bousai.go.jp/kyoiku/kyokun/kyoukunnokeishou/rep/1923_kanto_daishinsai_2/index.html.

근대 일본 군대는 징병제도를 기반으로 형성되었고, 1923(다이쇼12)년 시점의 병력은 육군 24만 111명, 해군 7만 8,800명이었다.[106] 육군은 21개 사단(1개 사단=평시편제 약 1만 명)을 전국(한반도 포함) 주요도시에 설치하여 징병에 의해 모은 병사의 교육과 관할 지역(=사단) 치안유지를 맡겼다. 표준적인 사단은 2개 보병여단(1개 보병여단=2개 보병연대로 편성)과 기병·포병 연대, 공병·치중병(군수품 수송 보급 담당의 구 육군 병과의 하나-역자 주)의 대로 편정되어 보병 연대 병영 등을 사단 내의 요소에 분산 배치하여 각종 활동의 거점으로 하였다. 한편, 해군은 최신예 전함이나 순양함으로 편정된 연합함대를 중심으로 약 240척의 함정을 보유하고 진수부[요코스카(가나가와현), 구레(히로시마현), 사세보(나가사키현)], 요항부[오미나토(아오모리현), 마이즈루(교토부), 마공(타이완), 진해(조선)]를 거점으로 병사 교육이나 양상 경비에 임하였다. 이러한 군항에는 사령부 시설 외 함정 보급이나 수선, 병사 휴양 등을 담당하는 각종 항만 시설이 설치되어 많은 사람이 해군 관계 일에 종사하고 있었다. 이러한 육군·해군 부대를 각 중앙기관인 육군성·참모본부, 해군성·해군사령부가 통괄하였다.[107]

체계적인 제국주의 군대 편제 하에 수도권을 덮친 대지진으로 인해 많은 군대 및 재향군인회 등이 동원되었고, 그 와중에 발생한 조선인 등에 대한 살상 배경이 다음 글에서 설명되어져 있다.

2일부터 3일, 이재민으로 넘쳐나는 혼조 후카가와(本所·深川) 방면에

---

106) 内閣官房 『内閣制度七十年史』 大蔵省印刷局, 1955, p.565. 인용문의 일부이나 이 글의 편집 체제에 맞춰서 별도 주로 기입. 역자 주.

107) 「第2節 軍隊の対応」 内閣府災害教訓の継承に関する専門調査会 「災の災害教訓の継承に関する専門調査会報告書 1923 関東大震災」 「제2편」, 2008, p.79. 2023년 2월 24일 최종 열람,
https://www.bousai.go.jp/kyoiku/kyokun/kyoukunnokeishou/rep/1923_kanto_daishinsai_2/pdf/10_chap2-2.pdf.

서는 유언비어가 퍼져서 자경단에 의한 조선인·중국인에 대한 살상사건
이 다발하였다. 이에 군대도 깊이 관여하고 있는데, 현장 장병들은 「보호」
라는 명목으로 조선인을 구속하는 한편, 경우에 따라서는 폭행을 행하며
그 장소에서 살해를 하였다.[108] 이런 군대 행동은 이재민에게 「조선인
폭동」의 현실성을 오인시키기에 충분했을 것이다. 군대가 조선인·중국
인의 살상에 관여한 배경으로는 당시 일본인의 조선인·중국인에 대한
차별감정이 있었던 것은 틀림없지만 부대의 전개 방법 등에도 원인이 있
었다고 생각할 수 있다. 통상 주둔부대가 각각의 위수지역을 넘어서 다른
위수지역으로 출동하는 일은 없고, 특히 도쿄처럼 많은 부대가 주둔하는
위수지역은 더욱 더 그렇다. 그러한 속에서 나온 「경비」를 목적으로 하는
도쿄로의 출동 명령이나 계엄령 시행 정보는 재해 지역으로 향하는 응원
부대의 장병들에게 큰 동요를 주었을 것이다. 이 점은 나중에 경시청 감찰
관이었던 타나베(田邊保皓)[109] 경시도 지적하고 있다.[110] 또 「계엄령」이
라는 말이 장병들에게 잘못된 인식을 갖게 했다. 과거에 계엄령이 시행된
전례는 청일전쟁 때 히로시마, 러일전쟁 때의 나가사키·쓰시마·하코다
테(函館)·타이완 이외, 히비야 방화사건[111] 때 폭동진압을 목적으로 도
쿄시 및 주변 군부에 제9조 및 제14조가 적용되었을 뿐이었다. 이렇게
많지 않은 전례에서 현장의 장병들은 계엄령 시행의 목적을 폭동진압으로

---

108) 「震災警備ノ為兵器ヲ使用セ ル事件調査表」『関東大震災政府陸海軍関係史料』
    II, pp.160-165. 참고문헌은 인용문의 일부이나 이 글을 보다 이해하기 읽기 쉽고
    이해하기 쉽도록 별도 주에서 기입하였다. 역자 주.
109) 타나베는 그 해 11월에 자경단 단속 개황에 대해서 다음 글을 발표하고 있다.
    田辺保皓(1923.11)「自警団取締概況」『自警』1923.11월호.
110) 「震災の体験 より非常時に処する方策に関する所見」『大正大震火災誌』神奈川県警察
    部, 1926, pp.959-975. 이 참고문헌은 인용문의 일부이나 이 글을 보다 이해하기
    읽기 쉽고 이해하기 쉽도록 별도 주에서 기입하였다. 역자 주.
111) 러일전쟁 직후인 1905년 9월 5일에 전쟁 보상에 대한 불만을 품고 대국민회의
    개최라는 정보 속에 도쿄 히비야 공원에 모였던 수 만명의 러일강화조약(포츠머
    스조약) 반대 세력들이 폭동을 일으키며 경찰대와 충돌 등의 사상자가 나오자
    9월 6일에 진압을 위한 긴급 칙령의 계엄령을 발포하고, 군대를 동원한 무력 진압
    과 함께 여론 조성의 매체인 신문·잡지의 발행 정지·발매 금지에 이른다. 이
    사건은 결과적으로 1906년 1월에 가츠라(桂太郎) 내각이 사퇴하고 사이온지 긴모
    치(西園寺公望) 내각이 들어서는 계기가 된다.

인식한 것이다. 나중에 육군 자체가 반성하고 있듯이 계엄령에 대한 장병들의 이해가 없었던 것이 현장에서 여러가지 문제를 일으킨 하나의 원인이 된 것이다.(전게,「将来参考トナルヘキ所見」[112]) 또한 분산배치는 보급이나 명령 전달에 불편하기 때문에 중앙기관의 의사가 말단 장병까지 전달되기 어려웠고, 현장에서는 각각의 상황에 대응하는 경비 활동이 전개되었다. 군대의 경비 활동은 재해 시에 증가하는 범죄를 억지하기 때문에 필요했지만 군대가 죄도 없는 조선인·중국인을 살상한 행위는 깊이 반성해야 할 점이고 이와 같은 잘못을 두 번 다시 일으켜서는 안된다. 3일 가나가와현 지사 야스코치 아사키치(安河内麻吉)의 출동 요청에 응하여 보병 1개 중대와 기병대를 요코하마에 파견한 것을 시작으로 간토계엄령 사령부는 가나가와 방면에도 부대를 보냈다. 동시에 육군부대 담당 구역을 정리하여 기존의 도쿄 북부, 남부에 더해 가나가와나 오다하라(小田原)에도 방면경비대를 설치하였다. 그리고, 4일에는 치바·사이타마 양현에 계엄구역을 확장시키니 새로이 후지사와(藤沢)·나카센도(中仙道)·이치카와(市川)·후나바시(船橋)·치바·사쿠라(佐倉) 방면 경비대가 추가되었다. 여기에 지방에서 온 응원부대가 더해져 재해지역의 병력은 점차 증가하게 된다. 각 방면 경비대의 지휘관은 간토계엄사령부와 연락을 취하면서 해당 지역의 치안유지 책임을 지고 장병들은 이원(지방 공무원－역자 주)이나 경찰관과 연계하면서 경비·구호활동을 전개해 나갔던 것이다.[113]

정부 기관에서 조사 결과를 토대로「군대의 경비 활동은 재해시에 증가하는 범죄를 억지하기 때문에 필요했지만 군대가 죄도 없는 조선

---

112) 近衛·第一師団「将来参考トナルヘキ所見」『東京震災録』
113) 전게,「第2節 軍隊の対応」内閣府災害教訓の継承に関する専門調査会(2008)『災害教訓の継承に関する専門調査会報告書 1923 関東大震災』「第2編」, p.93. 2023년 2월 24일 최종 열람,
https://www.bousai.go.jp/kyoiku/kyokun/kyoukunnokeishou/rep/1923_kanto_daishinsai_2/pdf/10_chap2-2.pdf.

인・중국인을 살상한 행위는 깊이 반성해야 할 점이고 이와 같은 잘 못을 두 번 다시 일으켜서는 안된다」는 말을 기록하는데 80년이나 걸린 셈이다. 이 사건을 진실 그대로 기록하여 인정하려는 연구자와 인정하지 않으려는 일부 혹은 다수의 세력과의 보이지 않는 갈등 혹은 대립까지 생각하더라도 이 기록을 위해 부단한 노력을 한 시민력과 몰양심적인 위정자들의 거리 좁히기에 그만큼 긴 세월이 필요 했는지 모른다.

위의 글 이외에 2008년에 나온 상기 보고서 「제2편」의 「제4장 혼란에 의한 피해 확대」에서 「제1절 유언비어와 도시」, 「제2절 살상사건의 발생」, 「컬럼6 (천재일기)에서 보는 유언비어와 계엄령」, 「컬럼7 가와이 키요카타 일기(河井清方日記)로 보는 여진과 유언」, 「컬럼8 살상사건의 검증」, 「나가면서－간토대지진의 응급대응에 있어서의 교훈」에서 보다 구체적으로 확인할 수 있다.

특히 「第4章 混乱による被害の拡大 第1節 流言飛語と都市」에서 이 보고서 「제2편」을 주도한 스즈키의 분석에 의하면 유언비어의 배경에 있는 언론의 전달, 언어의 이미지, 곡해, 정보 공백 등의 전달 프로세스에 대한 설명과 더불어 당시의 루머의 다양한 예시를 소개하고 있는데, 그는 언론의 그러한 언어적 뉘앙스 혹은 선입견에 대해서 주시할 필요가 있다고 한다. 다음은 그 일부분의 내용인데, 대지진이 있던 9월 1일의 『도쿄아사히(東京朝日)신문』 조간에 게재된 뉴스 기사가 폭주에 영향을 줬을 것이라는 분석이다. 소개하자면,

이 기사에는 「카이센진」,[114] 「음모단」,[115] 「스이헤이샤인」,[116] 「소동」, 「순사부장」, 「여자를 덮치다」라는 문자가 널려 있다. 일단 주목할 것으로는 「카이센진(怪鮮人) 세 명 체포하다. 음모단 일당인가」라고 한 뒤, 폭주하게 된 유언비어와의 관련을 의심하게 하는 글자로, 「전 순사부장 여자를 덮치다 피해자 10수 명」의 기사 속의 「가짜 형사가 빈번히 나타난다」는 기술이다. 가짜 형사의 화제가 다음에 나타나는 경찰관으로 변장했다는 논점과 중복되어 있는 것이 신경 쓰인다. 물론, 1970년대에 프랑스의 지방 도시에서 일어난 여성 유괴 이야기 속에 동원된 반 유태인 주의의 테마(에드가르 모랑 『오를레앙의 헛소문』 참조)와 같이, 「불령선인(不逞鮮人)」, 「센진 슈라이」[117]라는 화제 속에 민족차별이나 대립이 식민지 체제나 지배에 뿌리 박힌 역사적인 구조로 이어져 있다는 것을 무시할 수는 없다. 그러나 잡지 기사가 어떤 신화적인 원형을 제시하는 것으로 전개한 여성 유괴의 소문이 여고생의 수다 속에서 증식하여 발전해간 것을 생각하면 이와 같은 「수상한 조선인(怪鮮人)」의 문자가 불특정 다수의 독자에게 「계기」를 제공해 버렸다고 생각해도 좋다.[118]

즉, 당시의 사회 상황 속에 불확실한 기사에 사용된 숱한 민족 차별적이고 자극적인 언어로 인한 독자들의 심리적 불안도 있었을 것이라는 설명이다. 그러나 과연 당시 얼마나 많은 사람들이 신문을 읽었을까? 물론 다수가 아니라도 루머가 퍼지는 것은 불안한 당시 상황을 생각한

---

114) 怪鮮人, 수상한 조선인의 의미.
115) 陰謀団, 어떤 나쁜 음모를 꾸미는 단체.
116) 水平社員, 차별적인 부락 해방을 추구하는 단체의 일원.
117) 鮮人襲来, 조선인이 습격해 오다는 말. 이때의 센진이란 표현은 조선인을 낮춰서 하는 차별 용어.
118) 「第4章 混乱による被害の拡大 第1節 流言飛語と都市」内閣府災害教訓の継承に関する専門調査会 「災の災害教訓の継承に関する専門調査会報告書 1923 関東大震災」, 「제2편」, 2008, p.203, 2023년 2월 24일 열람,
https://www.bousai.go.jp/kyoiku/kyokun/kyoukunnokeishou/rep/1923_kanto_daishinsai_2/pdf/18_chap4-1.pdf.

다면 그다지 시간이 걸리지 않았을 것이다. 그러한 용어의 양산, 파급을 무책임하게 유포한 언론의 반성이 필요하다는 지적은 충분히 납득가는 이야기이다. 이러한 용어가 난무하던 당시 계속되는 여진이 자아내는 불안한 상황 속에서 정부측 하달과 사이타마현의 자경단 결성 명령이 공공연한 학살의 도화선이 된 것이었고, 결과적으로 군대와 경찰, 그리고 민병들에게 강한 힘을 실어주는 계기가 된 것임을 부정할수 없다.

6.2 2014년의 제186회 참의원 국회 청원 내용

위에서 언급했듯이 80년이 지난 2008년에 정부 내각부의 「災害教訓の継承に関する専門調査会報告書 1923 関東大震災」「제2편」에 조선인 학살 사건이 군대와 경찰과 재향군인회와 민병 주민들의 자경단이 폭주하면서 이루어진 사실이 기록되었다.

이는 반성 없는 정부 당국의 태도에 대하여 두 번 다시 국가 범죄를 일으켜서는 안된다는 담당 연구자의 양심어린 선언과 반성의 뜻을 담은 정부 기록이라고 볼 수 있다. 그로부터 6년 뒤의 제186회 국회에 올라온 청원의 내용을 보면 다음과 같다.

···

신건 번호; 1707
건명; 간토대진재시 조선인 학살의 진상구명에 관한 청원[119]

---

119) 최종 열람은 2023년 2월 24일,
　　　https://www.sangiin.go.jp/japanese/joho1/kousei/seigan/186/yousi/yo1861707.htm.

1923년의 간토대진재 때 많은 조선인이나 중국인이 일본의 군대나 경찰, 민중에 의해 학살당했다. 또, 조선인으로 오인 받은 일본인 학살 사건이나 군대에 의한 노동운동가·무정부주의자 등의 학살사건도 일어났다. 그러나 특히 조선인 희생자에 대해서는 이름이나 인원수 등 그 실태가 거의 알려져 있지 않다. 사건 후 의원이 제국의회에서 내무성이나 지방행정이 유언비어 확대에 관련한 것을 추궁했으나 당시의 수상은 조사 중이라는 답만 한 채 90년이 지나고 있다. 오늘까지 학살의 실태에 대한 조사를 진행해 온 것은 각지의 시민이나 연구자이지 유언 유포에서 학살, 그리고 사건 은폐에 이르기까지 일본 정부의 관여가 밝혀지지 않았다. 그러나 2003년 8월에는 일본변호사연합회가 일본 정부에 대하여 책임을 인정하고 진상을 조사하도록 권고했으나 이것도 정부는 무시해 왔다. 다시금 이러한 제노사이드(대량 학살 - 역자 주)를 일으키지 않기 위해서라도 이 사건의 해명이 필요하다. 우선 배외주의적인 언동이 재일외국인에 대해서 공연히 반복되는 지금, 과거 일본이 자행했던 학살사건을 진지하게 반성하지 않으면 안된다. 진재 90주년을 맞은 오늘을 계기로 일본 정부가 주체적 그리고 진지하게 사건과 마주하여 학살사건의 진상을 규명하고 희생자에 대한 조사를 하도록 강력히 요구한다. 그러므로 다음 사항에 대해 실현해주길 바란다.

一 일본 정부는 군대나 경찰이 관련한 사건도 포함하여 학살 사건의 진상을 명확히 하여 이것을 공표할 것.
二 일본 정부는 조선인·중국인·일본인 희생자에 대해서 실태 조사를 행하여 이것을 공표할 것.
三 이상의 조사를 포함한 관계 자료에 대해서 개시와 항구적인 보존을 행할 것.

이러한 청원이 2003년 이후 조사해 온 내용을 공개하게 된 계기의 하나였을 수 있다. 그러나 아직도 정부 자체가 당시 사건에 대한 실태

조사 결과를 보고하고 정식으로 사죄나 반성을 표명한 적은 없다. 선진 민주국가라는 일본 국회의 민낯이라 해도 과언이 아닐 수 없다.

6.3 제190회 국회 질문주의서[120]

2016년 5월 27일, 제190회 국회에 앞에서 언급한 2003년의 일본변호사연합회 인권옹호위원회의 「권고서」와 2008년의 「災害教訓の継承に関する専門調査会報告書 1923 関東大震災」 「제2편」을 확인한 다시로 가오루 참의원에 의해 국회법 제74조에 의한 질문주의서가 야마자키 마사아키 참의원 의장 앞으로 제출되었다. 그 내용은 다음과 같다.

제190회 국회(상회)
질문주의서
질문 제131호

관동대진재시 조선인, 중국인 등 학살사건에 관한 질문주의서
우(右) 질문주의서를 국회법 제74조에 의해서 제출한다.
헤이세이 28년(2016년 – 역자 주) 5월 27일
다시로 가오루[121]
참의원의장 야마자키 마사아키(山崎 正昭) 전

----

120) 2023년 2월 24일 최종 열람,
　　 https://www.sangiin.go.jp/japanese/joho1/kousei/syuisyo/190/syuh/s190131.htm.
121) 田城郁. 1959~, 도치키현 우츠노미야 출생. 2010년에 민주당 의원으로 당선. 2016년 7월에 낙선. 2022년 6월에 민진당(민주당 후계 정당으로 창설했던 정당) 참의원에 당선되었으나 재임기간은 29일의 최단기 참의원.

간토대진재시의 조선인, 중국인 등 학살사건에 관한 질문주의서

1923년 9월 1일의 간토대진재시에는 조선인, 중국인 및 일본인이 학살되는 사건이 일어났다. 이 사건에 대해서는 이미 많은 역사 연구의 축적이 있고, 조선인에 대한 유언비어의 전파나 조선인, 중국인 등의 학살에 관민이 관여한 것이 뒷받침되고 있다.

1999년 12월, 일본변호사연합회 인권옹호위원회는 조선인 학살사건의 목격자로부터의 인권구제 신청을 받고 조선인, 중국인 등 학살 사건에 대해서 조사했다. 그리고 그 조사결과를 토대로 2003년 8월 25일에 「간토대진지 인권구제신청사건 조사보고서」 및 「권고서」(일변련총 제39호 2003년 8월 25일)를 고이즈미 준이치로 내각총리대신에게 제출하여 일본 정부에 피해자 유족에 대한 사죄 및 진상구명을 행하도록 권고하였다. 그러나 현재까지 일본 정부로부터 이 권고에 대한 회답이 명시되지 않고 있다. 이 조사보고서에 따르면 신청을 한 목격자는 간토대진재 발생 당시부터 일본에 거주한 재일조선인으로 신청인 아버지의 지인이 간토대진재 직후에 학살당하거나 혹은 조선인 시체가 잔혹하게 당하는 것을 보고 깊은 상처를 입었던 경험에서 신청에 이르게 되었다고 한다. 이 신청의 취지는,

一 간토대진재시의 조선인 학살은 「집단학살」이고 중대한 인권침해인 것을 밝혀라.
二 조선인 학살은 외국인 학살이므로 국제법에 의해 외국인(타민족)에 대한 집단 학살행위로서의 책임이 있음을 밝혀라.
三 집단학살의 가해 책임자를 일본의 국내법에 의해 처벌하지 않은 일본 정부의 책임을 명확히 하라.
四 일본 정부는 학살의 책임을 인정하고 사죄하라. 재일조선인, 재일외국인에 대한 집단학살의 재발 방지 조치를 취하라.

라는 것이다. 일본변호사연합회 인권옹호위원회는 신청을 받고 사건에 관한 제반 자료를 검증하여,

一 간토대진재시의 계엄령 시행 목적이 소우,[122] 그 밖의 범죄 행위를 예방·진압하는 치안행동적인 대응이었다는 점

二 군대에 의한 조선인 및 중국인의 학살이 일어난 점, 이러한 사건은 재판에도 군법회의에도 걸지 않았다는 점

三 국가는 치바현의 도쿄해군 무선전신소 후나바시 송신소에서 무선전신 등을 통하여 조선인이 방화·폭탄 소지·투척·우물에 독물 투입 등을 행하고 있다는 잘못된 사실 인식 및 「철저한 시찰을 더하여 센진(조선인 비하 용어-역자 주)의 행동에 대해서는 엄밀한 단속을 더해야」 한다는 허위 사실(유언)의 광범위한 유포를 행한 것, 그리고 사이타마현의 사례에서 보듯이 현청이 각 마을을 통하여 민간인에게 자경단을 조직하게 하여 경계태세를 취하게 한 것, 그런 것이 민간인으로 하여금 조선인 학살(소위 자경단사건)을 일어나게 한 요인이 된 것 등을 사실로써 확인하고 일본 정부에 좌측의 권고를 행하였다.

一 국가는 간토대진재 직후의 조선인, 중국인에 대한 학살사건에 관하여 군대에 의한 학살의 피해자, 유족, 및 허위 사실의 전달 등 국가의 행위에 유발당한 자경단에 의한 학살 피해자, 유족에 대하여 그 책임을 인정하고 사죄해야 한다.

二 국가는 조선인, 중국인 학살의 전모와 진상을 조사하고 그 원인을 밝혀야 한다.

또한 앞에서 기술한 조사보고서는 오른쪽 결론을 일본 정부가 이행해야 하는 이유로서,

군대에 의한 국가의 직접적인 학살행위는 물론, 내무성 경보국을 비롯한 국가기관 스스로가 조선인이 「불령행위」에 의해 진재 피해를 확대하고 있다는 인식을 전국으로 전파시키고, 각 방면에 자경

---

122) 騷擾. 소란을 피워서 질서를 어지럽히는 행위, 소동.

조치를 촉구하여 민중에 살인·폭행의 동기 부여를 한 책임은 중대하다. 그렇기에 국가는 그 책임을 밝히지 않고 사죄도 하지 않는다. 그 뿐만 아니라 국가로서 학살의 실태나 원인에 대한 조사도 하지 않는다. 학살 규모, 심각함으로 미루어보았을 때 장기간에 걸쳐 그 부작위한 책임은 중대하다고 말하지 않으면 안된다. 국가의 돌아가신 피해자나 그 유족에 준 인권 침해 행위의 책임은 80년의 경과에 의해 소멸하는 것은 아니라 사실을 조사하고 사건의 내용을 밝혀서 사죄해야 한다.

고 기술하고 있다.

또한, 동 조사보고서는 재일외국인에 대한 배외적인 언동이 강해지는 현상을 우려하여 「예측할 수 없는 큰 사건이나 재해가 일어났을 때 지금의 일본에서도 유언비어 등의 영향으로 재일외국인에게 부당한 민족차별과 혐오감, 배척적 감정을 일으킬 수 있는 가능성이 있다는 것을 자계(스스로 경계－역자 주)해야 한다. 사건 발생 80주년의 지금이야말로 국가가 사건 발생의 원인을 사실에 근거하여 규명하기 위해 즉시 조사에 착수할 것, 사건 발생에 관한 중대한 책임을 인정하고 사죄할 것, 그것을 통하여 걸리는 중대한 과오를 재발시키지 않기 위한 결의를 내외에 밝혀야 한다」고 지적하고 있다.

그 뒤, 내각부 중앙방재회의의 「재해 교훈의 계승에 관한 전문조사회」에 있어서 제3기 보고서 중의 「1923 간토대진재 보고서(제2편, 헤이세이 21년 3월)」도 결론 부분에 있어서 「군대나 경찰, 신문도 한 때는 유언의 전달에 기여하여 혼란을 증폭시켰다. 군, 관은 사태 파악 뒤에 유언 단속으로 바뀌었다」(p.224)이라고 기록하고 있다. 예를 들면, p.159에서 시작하는 「(四) 후나바시 송신소 문제」에서는 이 송신소에서의 허위 사실에 대해서 「공전 중에 조선인 폭동 유언을 사실로 오인한 내용의 것도 포함되어 있다」(p.160)는 것이 적혀 있고, p.206에서 시작하는 「제2절 살상사건의 발생」에 있어서도 「특히 3일까지는 군이나 경찰에 의한 조선인 살상이 발생하고 있었던 것」(p.207)이 명기되어 있다.

이상으로 간토대진재 인권구제신청사건 조사보고서에서 확인된 조선인, 중국인 등의 학살사건에 대해서는 내각총리대신을 비롯한 전 각료가 구성원인 중앙방재회의에 있어서도 정부의 기관인 군대가 조선인, 중국인 등의 학살사건에 관여하고 있는 것을 역사적인 사실로 적고 있다. 이상과 같은 사실 인정이 있음에도 불구하고 지금까지 일본정부는 유언비어의 전파나 학살에 정부 자신이 관여한 것을 공적으로 인정하지 않고, 정부 자신에 의한 학살의 피해에 대해서 조사를 행하는 일은 없었다. 그것은 1923년 9월 5일에 임시진재구호사무국 경비부에 정부 관계자가 모여 「조선인의 폭행 혹은 폭행하려 하는 사실을 최대한 조사하여 긍정에 노력할 것」, 「풍설을 철저하게 조사하여 이것을 사실로 하여 가능한 긍정하도록 노력할 것」(상세한 내용은 山田昭次 『関東大震災時の朝鮮人虐殺とその後 －虐殺の国家責任と民衆責任』創史社, 2011년 참조)이라는 방침을 결정한 것에 나타나 있듯이 조선인이 폭동을 일으켰다는 유언비어를 퍼트리고 학살에도 관여한 국가의 책임을 숨기기 위해서였다. 재일외국인에 대한 차별 선동(소위 헤이트 스피치 등)이나 폭력 등의 인권 침해를 용서하지 않는 국가의 자세를 제시하는 것이 더욱 더 중요한 현재에 있어서 과거의 중대한 인권 침해를 두 번 다시 반복하지 않는다는 진지한 반성 위에 서서 정치의 책임을 다하는 것이 요구되고 있다.

이상의 내용을 전제로 하여 이하 질문한다.

一 정부는 간토대진재시에 있어서 조선인, 중국인 등의 학살 사건에 일본 정부가 관여한 것을 사실로서 인정할 것인가?

二 일본변호사연합회의 「간토대진재 인권구제신청사건 조사보고서」 및 「권고서」(일변련총 제39호 2003년 8월 25일)은 어느 기관이 수리하고 내용을 정사할 것인가? 그리고 그 「권고서」에의 대응을 어떻게 할 것인지에 대해서 어떤 검토를 추가하여 회답하지 않는다는 결론에 이르른 것인지 설명을 요구한다.

三 중앙방재회의의 「1923 간토대진재 보고서」(제2편, 헤이세이 21년 3월)은 「과거의 반성과 민족 차별 해소의 노력이 필요한 것은 다시 확인해 둔다. 그 위에 유언의 발생, 그리고 자연 재해와 테러의 혼동이 현재도 일어날 수 있는 사태임을 인식할 필요가 있다」(p.224)이라고 적고 있다. 이번의 구마모토 지진에 있어서도 「구마모토의 조선인이 우물에 독을 던져 넣었다」 등의 루머가 인터넷상에 넘쳤다는 말이 전지지고 있다. 정부로서 다시 한번 이 중앙방재회의 보고서에 귀를 기울이고 보고서 지적 사항에 진지하게 대응해야 한다고 생각하는데 그 의사는 있는가?

우(右) 질문한다.

이 내용은 2003년 이후의 조선인 학살사건과 관계된 내용들을 확인한 뒤, 2008년 일본 전 각료가 구성원인 중앙방재회의 보고서에서도 인정한 조선인, 중국인 및 일본인 학살사건에 대한 정부로서의 정식 사죄도 인정도 하지 않고 있다는 점에 대해서 지적하고 있으며, 향후의 대응에 대해서 묻고 있다. 이에 대하여 당시의 아베 신조 수상은 열흘 뒤에 다음과 같은 답변서를 참의원 의장에게 제출하였다.

6.4 제131호에 대한 아베 수상의 답변서[123]

....

제190회(상회)
답변서 제131호
내각참질 190 제131호

---

123) 최종 열람은 2023년 2월 25일,
    https://www.sangiin.go.jp/japanese/joho1/kousei/syuisyo/190/touh/t190131.htm.

헤이세이 28년 6월 7일

내각총리대신 아베 신조

참의원 의장 야마자키 마사타마 전

참의원 의원 다시로 가오루군 제출 간토대진재시의 조선인, 중국인 등 학살 사건에 관한 질문에 대하여 별지 답변서를 송부한다.

참의원 의원 다시로 가오루군 제출 간토대진재시의 조선인, 중국인 등 학살 사건에 관한 질문에 대한 답변서

一에 대해서

질문의 「간토대진재시에 있어서 조선인, 중국인 등의 학살 사건에 일본 정부가 관여한 것」에 대해서는 조사한 바로는 정부 내에 그 사실 관계를 파악할 수 있는 기록이 보이지 않으므로 질문에 대해서 대답하는 것은 곤란하다.

二에 대해서

질문의 일본변호사연합회의 「간토대진재 인권구제신청사건 조사보고서」 및 「권(일변련총 제39호 2003년 8월 25일)」에 대해서는 헤이세이 15년 (2003년 – 역자 주) 8월 29일자로 내각 관방이 수리하여 같은 해 9월 3일자로 경찰청 및 법무성에 회부한 것으로 알고 있다. 또한 「내용을 정사하였는가?」 및 「어떤 검토를 더하여 회답하지 않는다는 결론에 이르렀는가?」라는 질문에 대해서는 조사한 바로는 정부 내에 그 사실관계를 파악할 수 있는 기록이 보이지 않으므로 답하기는 곤란하다.

三에 대해서

질문의 「지적 사항」의 의미하는 것이 반드시 명확하지는 않으나 정부로서는 재해 발생시에 있어서 피재자 분들의 안전안심 확보에 노력하는 것은 중요하다고 인식하고 있다.

위에서 보는 바와 같이 아베 정부는 근대 권력의 최대 세습 권력 수

혜자답게 간토대지진에서 비롯된 대학살 사건 이후의 20세기 정부가 해왔던 기존의 답변을 답습하며 역행하고 있다. 그 어떤 진실된 기록이 밝혀져도 그는 정치 특권층으로서 오랜 세월 권력 기반 속에서 성장한 정치가이자 과거사를 인정하지 않는 태도가 화려했던 선조들의 영화를 유지하는 것이라는 의도조차 보이는 모순된 답변을 보이고 있다. 이는 위안부 문제나 전시동원 노동자 문제와도 맥락을 같이 하는 역사에 대한 태도라고 볼 수 있는데, 사실관계를 떠나 그 정치 권력자의 인격은 물론, 한조일 간의 관계 회복, 혹은 동아시아 관계 회복 만이 과거사를 해결할 수 있는 지름길이라는 점을 깨닫게 해주는 답변서를 재확인한 셈이다.

6.5 간토대지진에 대한 도쿄도 고이케 유리코 지사의 자세

간토대지진의 혼란 속에서 이루어진 참살 사태는 앞에서도 말했듯이 수많은 증인들의 목소리가 기록되어 왔고, 도쿄도의 고이케 유리코(小池百合子, 1952년 7월 15일~) 지사 전까지의 역대 도쿄도지사는 재일한인 추모식에 항상 추도문을 보내 생명의 존엄성과 역사의 그릇됨에 대한 반성의 뜻을 보여왔다. 그러나 언론인 출신이자 7선 의원의 정치가로 독보적인 정치적 입지를 다져 온 고이케는 여성으로서는 첫 방위대신, 첫 자민당 총재선 출마, 그리고 첫 도쿄도지사 등 권좌를 거머쥐면서 야스쿠니신사 참배, 외국인 참정권 반대 공약을 표명하였다.

〈사진3〉 도쿄 요코아미쵸공원의 조선인 희생자 추모비[124]와 그 옆 도쿄도위령당.
(2022년 9월28일 촬영)

무엇보다도 신주쿠의 비좁은 한인 차세대 육성의 터인 도쿄한국학교
에 입학하려고 기다리는 대기 아동들을 적극적으로 받아들여서 차세대
글로벌 인재 교육을 시키려고 오랫동안 도쿄 제2한국학교 신설을 계획
해 왔던 한인 단체들의 의도를 무산시키며 혐한세력에 힘을 실어주는
우익적 성향을 나타내고 있다. 그러한 연장선상에서 고이케 지사는
2017년의 간토대지진 조선인 추모식에 송부해온 추도문을 한 번은 보
냈으나 그 다음부터 거부하며 Anti Korean 세력의 지지를 포섭하면서
자신의 정치적 기반을 다진다. 이러한 행보에 대해서 다양한 언론의 분

---

124) 간토대지진 조선인희생자 추모행사 실행위원회가 1973년 9월에 건립. 단, 이 행사
가 조일협회가 주최하는 만큼 조총련관련 행사라는 의도에서 거부를 했을 수 있
다. 그러나 조총련 민단을 떠나서 과거사에 대한 추념과 추도를 통하여 과거사를
초월할 수 있는 역사적 시점이 필요하다. 그렇기에 일본 내 원코리아 시대의 학살
사건에 이념적인 의미 부여보다 민단과 조총련 양쪽 단체에 과거사에 대한 추도
문을 송부하여 도쿄도의 수장으로서의 역사적 입장을 밝히면 된다. 당시 일본에
서 학살되거나 전시동원노동력으로 희생된 사람들, 그리고 북송사업으로 북에
가게 된 사람들의 대부분이 한국측 출신이다. 그러나 우리는 보다 큰 시점에서
「한민족의 수난」을 생각하고 일본의 수장으로 그 수난의 책임에 대해 추도하는
것은 수장의 의무이기도 하다. 이 슬픈 분단의 역사적 원인을 제공한 일본의 수도
의 수장이 현재는 물론, 미래까지 분단을 조장하기 보다는 아픈 과거를 진지하게
직시하는 자세가 중요하다.

석이 있는데, 우파적 성향의 정치가로서의 동향을 지적하는 보도가 적지 않다. 참고로 『한겨레』에서는 간토대지진과 관련하여 고이케 지사에 대하여 다음과 같이 보도하고 있다.

> 고이케 지사의 정치적 성향은 우파적이다. 대표적으로, 간토대지진 조선인 학살 피해자에 대한 추도문을 거부하고 있다. 심지어 각종 망언으로 유명했던 이시하라 신타로 전 도쿄도지사를 포함해 역대 정권에서 추도문을 빠짐없이 보냈다. 고이케의 이런 조처는 간토대지진 조선인 학살을 부정하는 일본 우익들 움직임에 힘을 실어주는 행보다. 그는 간토대지진 희생자 모두를 위한 추도문을 발표하고 있으니 조선인 희생자를 위해서 따로 추도문을 보내지 않는다고 주장한다. 학살과 자연재해 피해는 성격이 다르다는 비판에 「여러 역사인식이 있다고 생각한다」고도 말한 바 있다. 또한, 2007년 미국 하원에서 일본이 위안부 피해 문제에 대한 사과의 책임 인정을 요구하는 결의안을 채택했을 때도, 미국을 방문해 이를 저지하려 했다. 당시 그는 총리 보좌관 신분이었다. 일본의 핵무장에 대해서도 「검토해야 한다」며 찬성하는 입장이다.[125]

한편, 고이케 지사의 간토대지진 추도문 거부에 대한 일본측 정치가의 움직임으로는 최근, 도쿄도의회 다케이 요코(竹井ようこ, 입헌민주당) 의원이 「도의회 리포트」(2022년 겨울호)에서 다음과 같은 지적을 하고 있다.

> 도쿄도 인권플라자에서 간토대진재의 조선인 살해를 언급한 영상 상영이 인정되지 않았습니다. 이 일의 발단은 (도쿄도 고이케 유리코-필자 주)

125) 조기원 「대항마 없는 독주…도쿄도지사 재출마 고이케 유리코는 누구?」 『한겨레』 2020년 5월 28일 인터넷 기사 참조. 2023년 2월 17일 열람, https://www.hani.co.kr/arti/international/japan/946906.html.

지사가 간토대지진의 조선인 추모식전에 추도문을 보내던 것을 그만두었기 때문이라고 생각합니다. 도의회 입헌민주당은 「간토대진재시 조선반도 출신자에 대한 살상행위를 어떻게 인식하고 있는가?」, 「지사의 정치세력에 대해 눈치만 보고 있는 도의 상황을 어떻게 생각하는가?」라며 지사의 태도를 꾸짖었습니다. 지사는 「매년 3월과 9월에 도쿄도 위령당에서 열리는 대법요(식-필자 주)에서 도쿄에서 발생한 진대한 피해와 다양한 사정으로 돌아가신 모든 분들께 추모의 뜻을 표하고 있다」는 대답만 할 뿐, 뒤의 질문에는 답변조차 하지 않았습니다. 우리들은 지사가 애매한 답변을 반복하지 말고 과거의 판단 근거가 될 명확한 역사 인식을 밝혀야 한다고 생각합니다.(도쿄도의회 2022년 겨울호 리포트 p.2)

위에서 보는 고이케 지사의 태도나 답변 역시 2016년 6월의 아베 수상과 행보를 같이 하는 애매모호한 태도를 보이고 있음을 알 수 있다. 이러한 정치적 답변이 현재의 일본의 한계이다. 그들에게 중요한 것은 양심이나 진실이 아니라 어떻게든 권좌를 지키는 정치적 퍼포먼스로 지지를 받아야 하는 것이기에 지금의 일본에서 가장 큰 과제는 올바른 정의 사회를 구축할 수 있는 사회적 성숙함과 양심적 시민력 육성에 있다. 진정한 프라이드란 진실 왜곡이 아니라 사실을 사실대로 인정하는 용기 있는 사람들이 가지는 특권이다. 그렇기에 오카와 츠네키치와 같이 양심적이고 인명을 소중히 여기며 성숙한 시민 사회를 이끄는 정직한 정치인을 양산할 수 있는 기반을 다지는 것도 시민들의 역할이라고 재삼 일깨워 주는 부분이기도 하다.

참고로 이 글의 말미에 외신들이 보도한 기사를 참고자료도 첨부하였다. 그들의 글이 고이케 지사와 일본의 현실에 대해서 잘 정리되어 있어서 참고가 된다.

7 나가며-간토대지진의 상흔을 돌아보며-

이상으로 간토대지진 직후에 일어난 조선인 학살사건으로 보는 당시의 보도상황이나 비상시의 언론의 정보 전달 기능 역할의 중요성, 불안한 사태 속에서 작용하는 군중심리 등에 대해서 살펴 보았다. 또한, 80년 세월이 지나서야 연구자의 양심적 노력으로 역사적 과오를 정부 기록에 넣었으나 정부 각료들은 결코 인정하지 않는 모순적이고 무책임한 태도로 일관하고 있는 것도 확인할 수 있었다. 인권과 문화의 다양성을 인정하며 지구촌 공생사회를 추진 중인 세계적인 흐름에 역행하는 일본 정부는 차세대의 밝은 미래를 위하여 과거사를 정직하게 인정하고 미래의 응어리를 남기지 않도록 노력하여야 할 것이다. 인류사에 자랑할 만한 인물이라면 일본은 과연 누구를 이야기할 수 있을까. 필자에게 묻는다면 망설이지 않고 오카와 츠네키치 같은 인물이라고 말할 것이다. 그와 같은 시민력이 이 사회를 그래도 지탱하는 희망임을 되새겨보는 기회가 되었다.

한편, 이 글에서는 계속되는 여진의 공포 속에서 유언비어가 삽시간에 퍼지는 요인이 된 배경도 확인할 수 있었기에 그런 유언비어에 휘말리지 않는 정확한 정보 공유가 중요하다는 것을 확인하였다. 그런 내용을 개괄하자면 다음과 같다.

① 비상시 혹은 불안과 공포가 엇갈리는 불안정한 상황에서는 오보나 유언비어를 쉽게 신용해 버리는 대중 심리 구조가 간단히 만들

어진다는 것

② 정보 전달 기능이 있다고 하여도 국가 권력이나 정보를 전하는 측의 의도에 따라서는 반드시 사실 그 자체가 전해지는 것이 아니라는 점

③ 비상사태 때의 잘못된 정보는 사회를 더욱 무질서하고 혼란스럽게 만드는 요인이 된다는 점을 염두에 두고 언론 정보를 선별하는 능력을 키울 것. 반드시 비상시가 아니라도 현대 사회의 언론의 파급 능력은 거대한 힘을 갖기에 언론에 의한 여론 유도를 판단할 수 있는 올바른 주의력을 키우는 것이 항상 필요하다는 점

④ 사회 상황에 따라서 훈련 받은 군경도 민간인도 잔혹한 태도를 보일 수 있다는 점. 그러한 움직임에 저항할 수 있는 올바른 언론 정신과 미디어 사회의 시민력 육성이 과제

⑤ 과거의 그릇된 역사를 사회 전체가 공유하고 불행한 역사를 반복하지 않는 성숙한 시민 사회 구축

⑥ 다양한 당시의 증언과 자료 등을 교육 교재에 기록하여 계승하는 것(교육 현장의 역할)

⑦ 올바른 역사를 기억하는 시민들의 국경을 초월한 연대력 구축

필자가 이러한 생각을 하게 된 것은 단순히 이 글을 집필하면서 정리한 것은 아니다. 관련 현장을 답사하며 저변에 깔린 역사를 생각하였고, 숱한 피해자 및 관계자의 아픔을 접하며, 반성보다 합리화에 급급하던 가해자들의 태도를 보아온 슬픈 기억들이 작용하고 있다.

앞에서도 언급했듯이 요코하마에도 막대한 피해가 있었다. 또한 많

은 조선인이 학살을 당한 곳이기도 하다. 일찍기 개항과 더불어 다양한 서양문화를 접해온 요코하마는 다른 지방 도시와는 사뭇 다른 이국적인 정취의 항구 도시이다. 그러나 서양 문물에 대한 동경과 서양 세력을 접하며 제국주의를 전개한 일본에 있어서 자신들의 지배 민족에 대해서는 결코 일등 국민으로서의 관대함은 보이지 않았다. 그런 상대적 심리에서 파생되는 편견과 차별이 낳은 대학살의 흔적은 화려한 현대식 건물이 정비된 미나토미라이와 요코하마 항구 조망이 좋은 산 위에 조성된 쿠보야마(久保山) 공동묘지에서 확인할 수 있다.126)

다양한 사찰이 좁은 도로 주변에 자리한 산비탈의 구비진 길을 올라가면 쿠보야마 공동묘지를 관리하는 사무실이 보인다. 규모가 상당한 공동묘지인데, 관리 사무실 옆의 작은 공원에서 정면으로 보이는 곳에 한국식 큰 무덤이 보인다.

〈사진4〉 쿠보야마묘지 조선인 위령비 및 관동대지진 희생자 합동묘와 위령비
(2022년 9월 16일 촬영)

간토대지진 희생자들의 합동묘라고 적힌 거대한 비석과 함께 무덤이 있고, 그 왼쪽에 「순난조선인위령비」가 별도로 세워져 있다. 여기서 주

---

126) 소재지는 神奈川県横浜市西区元久保町3丁目. 묘지 관리는 요코하마시청 건강복지국에서 담당.

목할 것은 합동묘라고 만들어진 무덤이 일본에서는 흔치 않은 모양이라는 것이다. 일본 각지의 묘지를 비교적 많이 다녀 본 필자가 봉분 형태를 본 것[127]은 야마구치 시내에 있는 루리코지(瑠璃光寺) 근처의 모리(毛利) 가문의 무덤 정도이다. 원형의 봉분 형태가 만들어진 경위에 대해서는 관리사무실도 자세히 모른다고 하였지만 조총련계의 조선인 위령비와 별도로 조성되었고, 가까운 장소에 함께 있는 것으로 보아 다수의 희생자가 재일한인과 관련하고 있을 것이라는 생각을 불식할 수 없었다. 이 부분은 별도의 기회에 좀 더 깊이 있게 조사하여 다시 언급하기로 한다.

한편, 합동묘의 오른쪽에 세워진 비석에는 다음과 같은 설명이 새겨져 있다.

> 대지진 화재 횡사자 중 무연고자에 대하여 요코하마시는 이전에 합동 장례식을 치르고 묘비를 건설하였는데 그 뒤에 감사하게도 황실로부터 금 7만 5천 엔의 은사를 받고, 정부도 또한 일반의연금에서 금 2만 엔을 교부하였기에 이에 성스러운 뜻(천황의 뜻)을 받들어 합사를 위한 영장을 신설하고, 영구히 제사를 치를 수 있게 된 것이니 이는 첫째로 은혜로운 천황의 은덕, 그리고 일반인들로부터의 매우 큰 원호를 받은 것으로, 죽은 자도 그 은혜를 받들어 유혼(영혼)이 영원히 편안히 쉴 수 있으니 그 이상의 큰 영광이자 참으로 감격스러울 수밖에 없다. 여기에 영장 준공에 있어서 이러한 사실을 새기며 천황의 은덕을 전함과 동시에 영령들을 기리는 바이다.   다이쇼15년(1926년) 9월 1일 요코하마시[128]

이 비가 새겨진 것은 간토대지진으로부터 3년 뒤인데 그 사이에 합동

---

127) 재일한인이 의도적으로 만든 무덤은 제외.
128) 2022년 9월 16일 현지서 확인.

장례식과 묘비도 건설했으나 황실과 정부에서 돈을 더 내줘서 제사를 모실 장소를 마련하였으니 성은이 망극하여 기념비를 새겨서 영령들을 기린다는 요코하마시의 기록이 되어 있다. 의도적으로 더 많은 기금을 내준 것은 단순히 희생자들에 대한 배려였을까?

참고로 아이러니하게도 이 묘에서 왼쪽 언덕 아래쪽(K14)에는 일본 최장기 집권 정치인 중의 한 사람인 요시다 시게루(吉田茂, 1878~1967)와 그의 아내 유키코(雪子)의 묘가 있다(본가). 심근경색으로 89세의 나이에 세상을 뜬 요시다는 생전에 가톨릭 신자를 희망하여 도쿄의 성마리아 대성당에서 임종 때 영세를 받고(세례명; 요셉 토마스 모어) 밀장을 치렀다. 그 뒤 전후 첫 국장으로 도쿄 부도칸(武道館)에서 그의 국장을 치렀다. 그리고 그의 묘는 아오야마(青山)묘지에 마련되었으나 2011년에 요코하마시 쿠보야마묘지로 개장을 하였는데, 그는 현재 「叡光院殿徹誉明德素匯大居士」[129)라는 불교식 계명으로 조선인 희생자들 무덤 근처에 잠들어 있다. 천하를 쥐었던 정치가 요시다 시게루의 묘 치고는 매우 소박하다. 자세히 찾지 않으면 표시가 나지 않는 자그마한 묘이다. 화려한 정치를 해 온 생전과 달리 사후를 겸허히 받아들인 느낌조차 드는 곳이다. 그런 그의 국장이 열렸던 1967년 10월 31일에서 55년 뒤인 2022년 9월 27일, 전후 두 번째 국장인 아베 신조의 장례식이 같은 부도칸에서 열렸다. 요시다와는 여론의 평가가 달랐다. 국장에 대한 반대가 찬성보다 더 많았고, 16억 6,000만 엔이란 막대한 세금으로 국장

---

129) 鵜飼秀德「当初の6.6倍に爆増「16.6億円安倍国葬」が55年前の吉田茂国葬では吹かなかった逆風にさらされる納得の理由それでも専門家は「びっくりするほどあっさり終わる」と断言」『PRESIDENT』On line. 2022년 9월 9일자 기사 참조. 2023년 2월 25일 최종 열람, https://president.jp/articles/-/61436?page=2.

을 충당했다. 외교력을 자랑했던 그였으나 친분을 과시했던 외국 수장들, 특히 G7의 어느 수장도, 야마구치의 오타니 산장에서 외교술을 나눴던 푸틴 대통령조차도 무모한 전쟁에 전념하느라 부도칸을 찾지 않았다. 결과적으로 일본 내 아베 지지자들의 모임으로 끝났다는 비판과 함께 아베가 남긴 모순적 정치 문제들도 국회 안팎에서 잊혀져 가고 있다. 과거사 문제는 물론, 한일 관계를 넘어 동아시아 관계를 가장 복잡하게 만든 그가 가버렸다. 100년 전의 무고한 학살자의 원성이 기다릴 저승으로 화려한 국장을 꾸며서 아베 전 수상을 떠나보낸 일본의 조선인 학살사건을 인정하지 않는 정치인들 마음은 과연 편안할지 의구심도 들었다. 혹은 살아 있는 순간까지만 어떻게 살면 그것이 전부라는 현실주의자들의 이기성이 그대로 정치계에 스며들어 있는 것은 아닌지 쿠보야마 공동묘지에서 여러 생각이 교차했다.

또 다른 간토대지진의 흔적을 소개하자면 앞에서도 언급했던 「육군 피복본창(陸軍被服本廠)」을 간과할 수 없다. 스모로 유명한 료코쿠의 국기관(国技館) 근처 「요코아미쵸(横綱町)」공원은 간토대지진 때 가장 많은 사람들이 희생된 대참사의 장소이다. 간토대지진이 발생하자 당시 공원 조성 예정으로 비어 있던 광대하게 넓은 빈터였기에 근처의 주민 약 4만 명이 피난해 있었다. 넓은 빈터면 안전하다는 생각이었으나 지진 발생에서 4시간 정도 뒤인 16시경, 광범위한 화재로 인해 발생하는 회오리 불바람으로 인해 빈터에 피난해 있던 사람들 3만 8천 명이 타죽은 대참사가 일어났다. 도쿄 시내 사망자가 약 6만 명이었는데, 이 요코아미쵸가 있었던 혼조구 만으로 5만 명이 사망했고, 현장에서 화장한 시체의 유골만으로 3미터에 이르렀다[30]고 하니 얼마나 참혹했는지를 알 수 있다. 또한 혼조구 내 약 95%를 소실하였기에 지진 후 교량과 도로, 학교, 각 공원 등을 정비하여 겨우 지역 복구를 끝내고 1932년에 도쿄시로 편입되었는데, 태평양 전쟁 중의 공습으로 혼조구는 다시 구역 내 약 96%가 초토화되었다고 한다.[131]

〈사진5〉 요코아미쵸공원의 「도쿄도 위령당」 유래 간판 및 「도쿄도 위령당」
(2022년 9월 28일 촬영)

그 뒤 1947년에 스미다구(墨田区)가 되었고, 현재는 과거의 지옥 같은 흔적은 찾아볼 수 없으나 넓은 공원 곳곳에는 영혼을 기리는 각종 조난자비, 추모비(제2차 세계대전 중의 전사자 추모비 포함), 위령탑, 도쿄도 부흥기념관, 간토대지진 때 열풍으로 인해 녹아버린 마루젠 건물의 철 기둥 등과 함께 도쿄도 위령당이 건립되어 있다.

위의 도쿄도의 위령당은 간토대지진 이후 희생자를 추모하는 「진재 위령당」이었으나 1944년의 전쟁 말기, 수도권 공습으로 인한 미증유의 희생자를 추모하고 사망자의 유골을 이 위령당 안에 봉안하여 1951년

---

130) 혼조 · 무코지마(本所 · 向島) 웹사이트. 2023년 2월 25일 열람,
    https://smtrc.jp/town-archives/city/honjo/p07.html.
131) 위와 같음.

9월부터 명칭을 「도쿄도위령당」으로 개칭, 가장 피해가 많았던 도쿄 대공습의 3월 10일과 간토대지진이 있었던 9월1일에 대법요를 주최하고 있다. 고이케 도쿄 도지사도 이 위령당의 의식에는 참석하지만 바로 그 옆에 있는 조선인 추모비에는 일체 거리를 두고 있다. 앞에서도 언급했듯이 조일협회 주도의 추모식이라서 이념적인 거절을 할 것이 아니라 과거의 학살사건을 두 번 다시 반복하지 말자는 도쿄도 수장으로서 민단과 조총련계 양쪽 모두에 추도문을 보내 과거를 함께 직시하는 자세가 도쿄도의 지사다운 자세일 것이다. 그런 점에서 「추도문 거부」 행위는 결코 바람직한 처사라고 할 수 없다.

한편, 한국계 임의단체인 재일본대한민국민단에서는 매년 도쿄와 가나가와(요코하마 무로오지), 치바, 사이타마 등 각지에서 각 지방본부 행사로 위령과 추모 행사를 치른다.[132] 99주년 때는 민단중앙본부 인권 옹호위원회와 재일한국인 법조 포럼이 공동 주최로 「요코하마에서의 조선인 학살 경찰이 선두에 섰었다」는 사실을 입증하는 연구 발표(야마모토 스미코: 간토대진재시 조선인 학살의 사실을 알고 추모하는 가나가와 실행위원장)를 비롯한 인권세미나를 개최하여 계엄령 아래서 경찰이 선두에 서서 학살을 지시했던 것처럼 비상사태의 혼란 속 위험성을 재고하려는 기회를 마련함과 동시에 한일 시민 연대를 다지는 것을 알 수가 있다.[133] 결코 화려하지 않지만 신뢰를 구축하는 진심 어린 교류야말로 진정한 글로벌 사회를 배양하는 토양이 되어 내일의 위험 조차 함께 극복할 수 있는 든든한 공생의 기반이 될 것이다.

---

132) 「関東大震災 99年目の追念式 各地で犠牲者しのぶ 悲惨な歴史語り継ぐ 繰り返させぬために」『民団新聞』(제3021호), 2022년 9월 16일자 1면 참조.
133) 「追悼・人権セミナーで研究報告 歴史修正主義の流れに一石」『民団新聞』(제3027호), 2022년 12월 7일자 1면 참조.

대지진 직후의 난무하는 억측이나 유언비어의 사실 확인에는 통신 정비가 될 때까지 시간이 걸렸을 것이고 그 사이에 속출한 유언비어의 희생자들을 생각하면 보도 정신에 입각한 미디어의 사회적 역할의 중요성을 모두가 의식할 필요가 있다. 그렇기에 당국의 오보나 허설을 확인하는 것조차 쉽지 않았던 간토대지진 직후의 실태와 보도에 대해서 연구하는 것은 미디어가 가진 사회적 영향이 비대화하고 있는 오늘날의 언론 및 정보력의 다양한 존재와 그 영향을 생각하면서 정확하고 필요한 내용을 취사선택하는 능력도 키워야 한다.

야마다 쇼지(山田昭二)는 당시 중의원 본회의에서 조선인 학살에 유언비어를 흘린 국가 책임을 추궁하는 것에 대하여 야마모토 곤베이 내각의 책임 회피를 지적한 뒤, 「(국가 배상책임을 인정하는 – 역자 주) 그때는 오지 않은 채 일본 국가의 「수치스러운 도배질」의 80년 세월이 흘러가 버린 것이다. 그 「수치스러운 도배질」을 계속해 온 국가 책임을 묻는 것이 오늘의 일본 민중의 책임이라고 할 것이다」라고 역설하고 있다.134) 그러나 과거사에 대한 역사 청산은 반드시 과거만의 것이 아니라 현재 이후, 또 다시 반복될 과제에 대한 경종을 울리는 작업이기도 하다. 그렇기에 미래를 직시하며 역사 위에 살아가고 있는 오늘날의 우리들이 서로 지혜를 모아서 그릇된 과거사를 바로 잡아가는 일이야말로 미래의 불행한 역사를 방지하는 지름길이라고 할 수 있을 것이다.

---

134) 山田昭次(2003)「関東大震災時の朝鮮人虐殺事件―その国家責任と民衆責任―」『関東大震災80周年記念集会集』関東大震災80周年記念行事実行委員会, 6쪽.

【별첨자료】

미국의 경제 잡지로 알려진 『FORBES』의 2017년 10월 19일자에는 제이크 아델스타인(Jake Adelstein) 기자가 쓴 「The Pride And (Anti-Korean) Prejudice Of Tokyo Governor Yuriko Koike Is A Big Problem」(고이케 유리코 도쿄도지사의 오만과 한국 반대의 편견의 큰 문제)라는 기사가 실렸다. 환경활동가이자 유연한 보수 정치인이라고 자처하는 고이케 유리코 지사의 정치적 배경(1992년 정계 입문, 아베 정권과의 관계, 희망의 당 창당)과 극우 단체로 알려진 니혼카이기(기자는 「닛폰카이기」로 표기)와의 관계, 고이케 지사 및 희망의 당의 외국인 참정권 반대, 외국인 혐오주의(xenophobia)적 성향, 자이니치로 불리는 재일한인의 주거 고용 교육 차별 등 다양한 지적을 하고 있다. 그리고 1923년의 간토대지진 발생 때 자경단과 군인들에 의해 학살당한 재일조선인들에 대한 추모식 추도문 송부 거부와 현저한 배타적 혐한 행위를 보면 고이케가 과연 세계적 리더에 적합한지 의문스럽다고 역설하고 있다. 한편, 와세다대학 조교수인 로브 파히(Rob Fahey) 교수가 Tokyo Review에 투고한 고이케의 한국인 관련 문제(Koike's Korean Problem, 2017년 9월 1일) 또한 고이케 지사의 도쿄 제2한국학교 무산화와 간토대지진에 대한 추도문 송부 거부, 우익적 행보에 대한 자세한 내용과 더불어 재일 한인에 관해서도 잘 요약해 놓고 있어서 간토대지진과 한인 소개의 영문 기사 자료로 참고할 수 있다. 관련 기사 내용(일부 생략)을 원문 그대로 참고자료 1)과 2)의 형태로 첨부해 두기로 한다.

자료1) Jake Adelstein, The Pride And (Anti-Korean) Prejudice Of Tokyo Governor Yuriko Koike Is A Big Problem, *FORBES*, October 19, 2017(2023년 2월 17일 열람). The Pride And(Anti-Korean) Prejudice Of Tokyo Governor Yuriko Koike Is A Big Problem (forbes.com)

Tokyo Governor Yuriko Koike is a remarkable woman and a politician; unfortunately, she also has a remarkable prejudice against Japan's Korean residents and other foreigners that make some question her fitness as a leader on the international stage. In such acts as tacitly denying that thousands of Koreans were slaughtered by Japanese mobs in 1923, and demanding opposition to voting rights for Japan's resident foreigners--she has exhibited a streak of xenophobia and revisionism that is troubling.

Koike, who had a promising career as a foreign correspondent, entered politics in 1992. Last year, she became Tokyo's first female governor. On September 25th, hours before Prime Minister Shinzo Abe called for lower house elections, she founded a new national political party, Kibo No To (希望の党)aka The Hope Party.

She has promoted herself as an environmental activist and "tolerant conservative" but in her political career has served as an executive member of the political arm of extreme right-wing Shinto cult and political lobby, Nippon Kaigi. Newsweek Japan, in last week's cover story, dubbed her a "pushy hard-headed nationalist."

She has also been supported by political groups that seek to whitewash Japan's war atrocities.

In 1910, Japan officially annexed Korea, taking over the country. Japan's colonial rule was brutal. Japan conscripted Koreans as slave labor, forcing them to work in coal mines and factories. After World War II ended, many remained in Japan, having been more or less assimilated into the society. However, some wishing to keep their identity created their own school system, and retained their Korean nationality.

Most long-time Korean residents are physiologically indistinguishable from the Japanese, speak Japanese fluently, and are almost invisible foreigners yet subject to discrimination in education, employment and housing. The Japanese term for them is zainichi(在日). In recent years, antipathy towards them has been stoked by internet trolls, sensationalist media, and the silence of the Abe administration. And like the Jews in pre-war Nazi Germany, they are blamed for all of Japan's social and economic problems. 2 Channel, Japan's 4chan, is filled with conspiracy theories about them.

In particular, the hate-speech group, Zaitokukai, has led the anti-Korean resident movement. Koike has been a guest speaker at Zaitokukai supported events, although she has stated she doesn't remember the circumstances. Last year, Koike made a promise to shut down plans for a new Korean school part of her gubernatorial campaign.

This year, she declined to express regret for the massacre of ethnic Koreans under Japan's Imperial regime. On September 1st, 1923, Tokyo was devastated by the Great Kanto Earthquake.

After the quake, Japanese mobs killed thousands of ethnic Koreans in greater Tokyo, because of unverified rumors that the Koreans had poisoned wells and were looting buildings.

It has been customary for the governor of Tokyo to send a formal letter of condolence to Korean groups holding memorial services each year. This year, Koike announced that she would do no such thing. When questioned at a press conference, Koike even declined to say clearly whether she believes there was a massacre at all.

"I believe there are many views about it," Koike said at a news conference in September. "This is an issue that must be untangled by historians." It was her Charlottesville moment.

"It's an inexcusable statement," stated Professor Jeff Kingston, author of Contemporary Japan. "All of her predecessors sent such letters as gestures of contrition. The facts surrounding senjingari are verified and it is clear that several thousand (ethnic Koreans) were rounded up and executed by vigilante mobs and soldiers." The Asahi Newspaper, in an editorial noted, "How hollow Koike's remarks sounded. She apparently has no intention of confronting this dark chapter of Japanese history as a politician and to learn lessons from the episode." (중략)

The xenophobic ring of the party platform has not played well. The Mainichi Newspaper took the stance that Koike's opposition to foreign residents' right to vote clashed with her supposed call for diversity and tolerance. For many, it shattered hopes that her new party would live up to its name.

자료2) Koike's Korean Problem, Tokyo Review, September 1, 2017(2023 년 2월 19일 열람).

https://www.tokyoreview.net/2017/09/koike-korean-problem/

The Tokyo Assembly resumed its duties after recent elections this week, with Tokyo Governor Yuriko Koike's upstart party, Tomin First no Kai (Tokyo Citizens First), holding a solid majority in the chamber and giving the governor one of the most powerful mandates any leader of the city has ever had. But what should have been a triumphant week for Koike has been undermined by the governor herself, who made headlines not for her newly forged political clout but for her refusal to send a customary eulogy to a ceremony commemorating Koreans massacred in the wake of Tokyo's devastating 1923 earthquake.

Though her electoral platform was all about anti-corruption and blowing fresh air through the smoke-filled rooms of Tokyo's governance, Koike's views on issues such as constitutional reform and wartime history are, though by no means extreme within Japan's political spectrum, quite firmly right-wing. As a city governor rather than a national politician she has sidelined those views — which are after all rarely relevant to the governing of the Tokyo metropolis — and this has allowed her to strike a delicate balance between appealing to conservatives who defected from the LDP to vote for her, and energizing young voters and LDP opponents who turned out to support her reformist agenda.

Occasionally, however, an impetuous aspect of Koike's character seems to assert itself over her political calculations, causing the mask to slip and the balance to wobble; never more so than when dealing with questions related to Tokyo's Korean population and the city's troubled history with them. The 1923 incident whose commemoration ceremony she declined to send a eulogy to was a low point in that history, when vigilante groups (aided and abetted in some cases by the police and military) murdered several thousand Korean residents after false rumours that they were poisoning wells and looting homes spread through the city in the wake of the Great Kanto Earthquake of 1923. The contemporary government estimated between 200 and 500 murders — a lowball number produced as the government belatedly responded to international condemnation of the violence. Independent estimates, though based on limited data, suggest a death toll of over 6000.

The refusal to send a eulogy to this ceremony is not the first time that Koike has let her mask slip when dealing with the city's Korean residents. As far back as her election campaign in August 2016, she pledged to renege on former governor Yoichi Masuzoe's promise to lease a property in Shinjuku to be used as a new Korean school, alleviating waiting lists at the city's single existing school for Korean children. In both of these cases, Koike used lip service to hardline conservatives as an excuse for her actions. Right-wingers who had never cared in the slightest about Tokyo's lack of nursery spaces suddenly became hugely animated by the need for the

Shinjuku site to be turned into a nursery once there was talk of a Korean school opening there. On the topic of the 1923 memorial, meanwhile, Koike told the Tokyo Assembly that she acknowledged "different opinions" on the topic of the massacre, referring to the complaints of hardline conservatives who claim disputed estimates of the number of people killed as an excuse to ignore the event entirely. (She stopped short, at least, of claiming there was violence "on many sides.")

Does Yuriko Koike have a personal problem with Korean residents of Japan? If so, she would not be alone. The status of Japan's Korean population has been a major source of dispute throughout the post-war period, and racist sentiment aimed at Korean residents of Japan is a factor that serves to complicate the troubled international relationship between Japan and South Korea. In turn, the tribulations of that relationship feed back into negative sentiment about Koreans in Japan. While overt racism in the style of anti-Korean hate demonstrations by groups like the Zaitokukai is thankfully rare and limited to a small number of blowhards, an undercurrent of racist beliefs and distrust is far more widespread in the population.

As a result, it's entirely possible that Koike's negative actions towards the Korean community reflect a political calculus rather than (or alongside) a personal dislike — not least because suspicion and racism towards Zainichi Koreans was a major stumbling block for Tokyo's previous governor. Yoichi

Masuzoe was keen to build upon the working relationship between Seoul and Tokyo, and his plan to lease the Shinjuku school site, agreed upon in a meeting with former Korean President Park, incensed conservatives. Hard-right (uyoku) elements online attacked Masuzoe viciously over the plan, accusing him of supporting foreigners over the needs of Japanese people. While it's hard to say how much this contributed to his ultimate downfall in the wake of an egregious expenses scandal, it was notable that the right-wing press (which often, though not always, softpedals over scandals involving LDP heavyweights) went for the jugular over expenses, even as online right-wing activists bashed Masuzoe over his "pro-Korean" stances. Koike's decision to visit the proposed school site during her campaign and announce her plan to overturn the lease may, then, have been carefully calculated — a preempting of a problem that had undermined her predecessor.

If this is the calculation Koike has made regarding the Shinjuku school and the 1923 memorial ceremony, it is an ice-cold one, showing that she is willing to throw a sizeable minority group who have historically been treated poorly in the name of political expediency. There may be around 90,000 of them in Tokyo, with nearly 40,000 of those being Special Permanent Residents (who were born and have lived in Japan for most of not all of their lives), but they can't vote, even in local elections, making them a fairly safe target for an ambitious politician, in the short term at least. On the other hand, conservatives turn out to vote in droves, and while

Koike remains popular with them for now, she likely feels a need to balance out her attacks on the Tokyo LDP with some sops to their former supporters. In this sense, she is simply playing a numbers game, and lacks the moral compass required to recognize or care about the damage done in the process.

Koike's approach to dealing with Tokyo's Korean residents gives hints of her future trajectory — and shows how difficult it will be for this regional leader to become a major national opposition force. She likely intends to return to the national stage after 2020, and while a reintegration into the LDP as a returning star is a possibility, most commentators expect her to try to piece together a strong opposition coalition. Her willingness to pander to conservative hardliners at the expense of minority groups, however, strongly suggests that any attempt by Koike to position herself as an opposition figurehead would fail. Japan's opposition benches are a fractured place not least because its role is often to represent minority groups shut out of the LDP's mainstream policy processes. As such, many opposition politicians will balk at Koike's attitude and track record, resulting in yet more opposition division and in-fighting. The national politicians presently aligning themselves with Koike also hew strongly conservative and right-wing, suggesting that Koike will approach national politics not as an opposition unifier to the left of the LDP, but as a rabble-rousing figure to the LDP's right.

In the process, she will likely lose a large swathe of the uneasy coalition that has swept her to such a dominant position in Tokyo. Korean residents of Tokyo are a low-risk target, but things are more complex on a national level. Many hundreds of thousands of naturalized Koreans (who can vote), their families, and their friends live in Japan — over 130,000 have naturalised since 2000 alone — and they mostly live in urban areas that any opposition force would need to win to challenge the LDP. Notably, there is a higher concentration of Korean residents and naturalised Koreans in Osaka than in Tokyo, and Osaka has been far more proactive than Tokyo in enacting legislation against hate speech to shut down right-wing demonstrations in Korean areas and in front of Korean schools. It also seems likely that young people, who would need to be energized to turn out and vote for any hopeful opposition force, will be turned off by cynical political appeals to the worst instincts of older conservative voters. Petty anti-Korean gestures may be a low-risk strategy for the short-term — but if Koike cannot rein in these impulses, they will do no favors to her long-term ambitions.

제2부

일본 속 마이너리티의
현재적 표상

동아시아연구총서 제9권
일본 속 마이너리티의 시대사적 표상

재일제주인의 역사와 삶

이창익(李昌益)

일본 도카이대학 대학원에서 박사과정을 수료하였으며 현재 제주대학교 일어일
문학과 교수로 재직하고 있다. 한국일본근대학회 회장, 제주대학교 재일제주인센
터 소장, 인문대학 학장 등을 역임하였다. 재일제주인 생활사와 재일코리안 마이너
리티 문제에 관심을 갖고 연구하고 있다. 『오키나와 평화』(공저), 『제주와 오키나
와』(공저) 등 다수의 저서와 『오키나와에서 배운다 1~2』, 『재일을 산다—어느 시인
의 투쟁사—』, 『오키나와전과 트라우마』 등 다수의 번역서가 있다.

1 들어가며

19세기 말 식민지를 확보하기 위한 열강들의 움직임 속에서 청일전쟁, 러일전쟁을 거치면서 한반도를 둘러싼 정세가 일본으로 쏠리기 시작했고 급기야 조선을 병합하면서 일본의 강제 점령이 현실화되었다. 이후 한반도에서는 일본에 의한, 일본을 위한 정책이 시행되면서 조선인들의 생활은 날로 궁핍해졌다. 그 정책의 하나가 「산미증식계획(産米增殖計劃)」[1]이었다. 일본 내지(內地)로의 식량 공급기지를 만들기 위한 계획에 따른 일방적인 정책 때문에 농업이 몰락하였고 그 결과, 농민들의 생계는 궁핍의 직격탄을 맞게 되었다. 이와 같은 어려운 상황을 돌파하기 위한 하나의 방편으로 불가피하게 「도일」이라는 새로운 선택을 하게 되었고 그 행렬은 강점기 내내 계속해서 이어졌다.

농업과 어업을 주로 하던 제주도에서는 1900년대 초, 수십여 명의 해녀들이 물질 출가 노동[2]을 하러 일본에 진출한 이래, 해녀뿐만 아니라 농어민들도 돈벌이를 위해 일본으로 건너가기 시작했다. 이 어쩔 수 없는 일본 노동시장으로의 선택이 당시 제주 사람에게는 생계

---

1) 1922년, 일본 국내의 쌀 생산은 수요보다 768만 석이 부족하여 이를 한반도에서 들어오려는 계획. 쌀 증산을 위해 대자본이 투자되어 이에 소작농은 농업경비가 크게 증가하여 농지를 처분하게 되었다. 한반도에서 빠져나간 쌀은 1920년에 175만 석에서 1930년에는 542만 석으로 늘어나 많은 농민들이 일자리를 잃고 일본으로 출가 노동을 떠나는 계기가 되었다.

2) 『디지털 서귀포문화대전』「제주해녀의 출가노동」(전은자 기술)에 따르면 제주 해녀의 일본 출가는 1903년 미야케지마(三宅島)를 시작으로 주로 미에현(三重縣)에서 이루어졌다. 제주 해녀들이 출가하기 이전에 미에현 해녀들이 조선으로 출가했으나 제주 해녀에 비해 일의 능률이 떨어져서 오히려 제주 해녀들을 수입해 가기에 이르렀다고 한다.

를 해결하기 위한 기회의 땅이기도 했다. 일본으로의 노동시장 진출을 어렵지 않게 도왔던 것은 정기여객선의 취항이었다. 제주도와 오사카를 월 3회 잇는 기미가요마루호(君代丸号)[3]가 등장하면서 한반도의 어느 지역보다도 용이하게 일본으로 접근할 수 있게 되었다. 초기에는 도항증이 필요 없어서 돈만 있으면 배를 타고 일본에 건너갈 수 있었다.

노동 정주자(定住者)가 크게 늘어날 정도로 일본이 한반도의 노동자들을 필요로 했던 이유는 제1차 세계대전의 발발에 따른 산업의 활성화에 따라 어려운 공장일을 담당할 노동력이 부족했기 때문이었다. 전쟁물자를 만드는 군수산업 등 그와 관련된 산업이 가동되기 시작하자 내지의 일본인만으로는 공급을 충족시킬 수 있는 노동력이 턱없이 부족했고 또한 값싼 노동력이 필요해서 한반도에 눈을 돌리지 않을 수 없었다. 그와 함께 빈곤했던 한반도 상황과도 맞물리면서 노동자들이 대거일본으로 건너가게 되었다.

그런 와중에 전쟁이 끝나고 일본 내지의 경기가 악화되자, 행정당국은 일본인 노동자의 일자리 보호를 위해 출입국 허가제를 실시하여 도일 제한 조치[4]를 취하기도 했다. 그와 같은 어렵고 혼란스러운 여건속에서, 출가했던 사람들이 귀국하기도 했지만 계약 기간을 늘려 일을 계속하거나 일자리를 지속적으로 전전하면서 정주하는 사람도 늘어났

---

3) 러시아 군함을 개조해서 만든 여객선으로 1923년부터 해방 전까지 오사카와 제주도를 취항했다.
4) 당시 도항증명서 제도를 만들어 도일을 제한하는 조치를 취했는데, 제주 사람에 대해서는 제주도 당국과 일본의 고용주가 협력하여 질 좋은 노동자를 보냈다. 제주도 사람은 근면·성실하여 노동쟁의에도 가담하지 않는다는 이유로 다른 지역의 한국인들에게는 도항금지 조치를 엄격하게 실시했지만 제주도 사람들은 거의 제한받지 않았다고 한다.

다. 이 같은 상황 속에서 이미 정주한 가족을 찾아 함께 생활하기 위해서, 또는 일자리를 찾기 위해서 무턱대고 일본으로 들어오는 사람도 많아지기 시작했다.

해방 직후, 일본에 재류했던 210여만 명의 재일한국인들 가운데 75% 이상이 고향으로 돌아갔을 것으로 추정하고 있다. 그러나 자기 고향에 일정한 생활 터전을 확보하지 못했거나 유행병 등으로 일본으로 되돌아가는 상황도 발생했다. 당시 한반도 전역에서는 콜레라가 발병하여 제주도에까지 영향을 미쳤고 또한 제주도에서는 1948년에 비극적인 제주 4·3사건이 발발하여 어쩔 수 없이 밀항선을 타야만 하는 경우가 다발했던 것이다.

여러 형태로 일본으로의 본격적인 출가 노동이 시작된 이래 약 120여 년이 지나고 있다. 2021년 12월 말 현재, 일본에 재류하고 있는 한국인 수는 436,167명[5]이고, 그 가운데 제주도 출신자는 15% 내외로 추정하고 있으며 자연 감소와 귀화, 한국으로의 귀국 등의 원인으로 해가 거듭될수록 점점 줄어드는 추세이다. 언어와 생활환경, 문화의 변화도 현저해졌지만, 재일한국인 사회는 어느 정도의 정체성을 유지하며 명맥을 이어왔다. 특히 한국 사회에서 마이너리티(minority)의 존재로 살았던 제주도, 제주인들은 재일한국인 사회 속에서도 여전히 그 연속선상에 있었다. 그러기에 생존과 성공을 위해 상부상조하며 결속해 나갔다. 출신 마을을 중심으로 친목회가 만들어지고 종친회, 도민회 등 자신들의 이익을 대변하면서 고향을 돕고 향수를 달래려는 공동체가 우후죽순처

---

5) 『国籍・地域別 在留資格(在留目的)別 在留外国人』出入国在留管理庁. 이 중 한국적 409,855명, 조선적 26,312명으로 나타났고 재류 지역 순으로는 오사카 96,669명, 도쿄 91,624명 순으로 되어 있다.

럼 만들어졌고 결속력을 높였다. 오사카를 중심으로 만들어졌던 크고 작은 공동체6)가 발전하여 도쿄와 센다이 등 일본 전국에 마을친목회가 만들어졌고, 「광산김씨 종친회」, 「오현고 동문회」 등의 혈연・학연 중심의 친목회도 만들어졌다. 1960년대 이후에는 경제인이 중심이 된 도 단위의 「~~협회」라는 명칭의 공동체가 탄생했다.

　세월이 흐르면서 친목회를 비롯한 각종 공동체도 2세와 3세 중심의 시대가 되었고 정체성 약화와 귀화자, 무관심자가 늘어나면서 하나둘 씩 해체되었기도 해체 위기에 놓여있기도 하지만 여전히 왕성하게 활동하는 친목회도 있다. 이처럼 제주도를 구심점으로 하는 공동체와 그들이 행하였던 일들이 제주도의 사회 변화에 큰 원동력이 되었음은 누구도 부정할 수 없다. 이들의 삶과 역사는 제주 근대사의 중요한 한 페이지이기 때문이다.

2 재일제주인7) 도일의 역사와 일본 사회의 양상

2.1 어쩔 수 없었던 도일과 힘든 삶

　한일병합 이후 일본이 한반도의 물자 수탈을 위한 식민지 정책 확장으로, 한반도에 있던 사람들은 경제적으로 심한 고통을 받고 있었

---

6) 1922년 「서오리청년회 오사카지회」, 1924년 「김녕리청년회」, 「삼오공제회」, 「무릉 공제회」 등이 만들어졌다. 국제고려학회 일본지부『재일코리안사전』편집위원회 (2012) 『재일코리안사전(한국어판)』 선인, p.432.
7) 제주 출신(본적, 원적을 가진 자 및 그 가족) 재일동포를 가리키는 말.

다. 또한 제주도에서는 1911년부터 7년여 년에 걸친 대기근으로 주민들의 생계가 위협받고 있었다. 반면 일본은 제1차 세계대전 발발로 수출이 많이 이루어져 경제가 활성화되는 호기를 맞기도 했다. 군수산업을 중심으로 경·중공업 경기가 호전되어 자연스레 내·외수 시장의 경제가 발전하였다. 생산된 일용품과 공산품에 대한 수요가 창출되면서 가동되는 많은 공장에서 노동력이 모자라 인력난을 겪게 되자, 이를 확보하기 위해 각 기업은 한반도로 눈을 돌렸다. 해당 기업에서는 모집인을 보내어 노동자들을 일본으로 데려가기 시작했는데 제주도도 예외는 아니었다. 어업[8]과 농업이 생활 수단의 전부[9]라고 해도 과언이 아닌 1차 산업 중심 구조인 제주도는 몇몇 전분 가공공장 외에는 정규적인 수입을 얻을 수 있는 2·3차 산업이 거의 없었다. 또한 당시, 도내에서는 변변한 일자리를 구하지 못하여 외지로 출가해서 막노동에 종사하는 사람들도 있었으나 이마저도 구하기 쉽지 않은 실정이었다. 이와 같은 정치적·사회적 상황이 남녀불문하고 도일[10]의 길을 선택하도록 한 요인으로 작용하였다. 그러나 일본 국내의 사정에 따라 쉽게 도일의 길은 열리지 않기도 했다. 반면, 기업

---

8) 일본 어선들이 1907년경부터 황금 어장인 제주도 근해에 출몰했는데 근대 어법에 의한 어로작업으로 어장을 황폐화시켰다. 그 결과 제주 어민의 생계에도 지장을 초래했다.

9) 1912년 당시 한반도의 농·수산업 비중은 94.9%에 이르렀다.

10) 外村大(2010)에 따르면 조선인을 일본으로 향하게 만든 요인으로 ① 식민지기 조선 농촌에서의 만성적인 경작지 부족, ② 토지조사사업과 산미증식계획, 기타 소작인의 권리 불안정화 등의 식민지 통치 권력에 의한 시책의 영향으로 많은 조선 농민이 몰락해 가고 있었지만 조선 내의 노동시장에서는 이농자(離農者)를 흡수하지 못했던 점, ③ 그런 몰락해가는 농민을 다수 떠안고 있는 조선 남부와 일본 내지는 지리적으로 가깝고, 일본 내지 노동시장의 임금이 조선에서의 임금보다 높았던 점. ④ 일반적으로 사람들이 싫어하는 위험한 작업, 비위생적이며 장시간에 걸친 노동 등의 직종에 저임금으로 조선인이 종사하는 것을 환영하는 일본의 자본가가 존재했던 점 등을 지적하고 있다. p.34.

모집인이 한반도로 와서 노동자를 모집해가서 취업시키는 길은 어느 정도 열려 있어서 도일은 당시 상황에 따라 어렵기도, 그렇지 않은 시기가 비일비재했다.

제주도에서는 1923년 제주와 오사카를 왕복하는 정기여객선 군대환(기미가요마루호)이 취항하면서 일본으로 건너가는 노동력이 늘어나기 시작했다. 제주도 각 항구를 순회하면서 한 번에 최대 약 800여 명을 일본으로 실어 날랐다. 처음에는 남성 중심으로 도일했지만, 방적업 등 여성이 해야 하는 일자리도 많아져 점점 여성 도일자도 늘어났다. 자신의 처지를 한탄하는 노래[11]가 만들어지고 어쩔 수 없는 상황 때문에 가기는 하지만 돈을 벌 수 있다는 희망이 교차하기도 하면서 도일 행렬은 계속 늘어났다. 출가 노동 10여 년이 지난 1930년대부터는 미리 정착했던 가족과 친지를 찾아 이주하기도 해서 그 수는 점차 늘어났고 이를 계기로 일본에서 생활의 터전을 잡고 일하려고 하는 본격적인 이주 노동으로 이어졌다.

---

11) 구좌읍 한동리 여성들이 도일하면서 불렀던 노래라고 하며 가사는 다음과 같다. 「무정한 군대환은 무사 나를 태워완?/이토록 고생만 시켬신고!/청천하늘엔 벨도 많지만/내 몸 위엔 고생만 많구나!/이 몸은 이렇게도 불쌍하게/일본 어느 구석에 데껴져신고!/귀신은 이신건가? 어신건가?/날 살리레올건가? 말건가?/날개가 있어 시면나랑이라도 가건만/날개가 어신 것이 원수로다」.

연도	도항자			귀환자	잔류자 누계
	총수	남	여		
1926	15,862	11,742	4,120	13,500	28,144
1927	19,224	14,479	4,745	16,863	30,305
1928	16,762	11,745	5,017	14,703	23,564
1929	20,418	15,519	4,903	17,660	35,352
1930	17,890	12,029	5,861	21,416	31,786
1931	18,922	11,635	7,287	17,685	33,023
1932	21,409	11,695	9,719	18,307	36,125
1933	29,208	15,723	13,485	18,062	47,271
1934	**16,904**	**9.060**	**7,844**	**14,130**	**50,045**
1935	9,484	4,327	5,157	11,161	48,368
1936	9,190	4,739	4,451	11,095	46,463
1937	7,484	3,917	3,567	8,004	45,943
1938	8,979	4,780	4,199	8,972	45,950

〈표1〉은 1920년대 중반부터 1930년대 후반까지 제주에서 일본으로의 출가 상황을 나타낸 것으로 잔류자 누계가 1934년에 최고조에 이르고 있다. 초기에는 도항자 수와 귀환자 수가 비슷한 양상을 보이고 있지만 1930년대에 들어서면서 귀환자 수는 점점 줄어들면서 잔류자 수가 5만 명을 넘어서고 있다. 이 시기부터 재일제주인의 일본 정주가 본격화된 것으로 보인다. 그런 가운데 일본의 노동시장은 시시각각으로 변했다. 일본 내지가 불경기에 들어가는 시기에는 일본인의 내지 노동력이 줄어들고 있다고 항의가 들어오면 한국인에 대한 입국 제한 등 각종 불이익 조치가 취해지기도 했다. 이와 같은 조치 때문에 일본으로 들어가기 어렵게 되자 부산, 통영, 마산, 여수, 제주도 등에서 밀항으로 도일

---

12) 제주특별자치도(2010) 『재일제주인 애향백년』 제주발전연구원, p.105.

하는 일이 빈번히 일어났고 1970년대 말까지 이어지기도 했다. 그러나, 제주도 출신자들에게는 예외를 인정해주는 일13)도 있어서 1930년대 중반에는 제주도 인구의 4분의 1인 5만여 명에 이르는 등 증가일로14)였다.

2.2 밀항자가 많았던 제주 사람들의 삶

해방이 되자마자 출가했던 노동자를 비롯하여 강제 징용과 징병으로 끌려가거나 이주 노동으로 이미 일본에 정주하고 있던 사람에 이르기까지 예외 없이 앞을 다투어 귀국길15)에 올랐는데 제주 사람들도 마찬가지였다. 그러나 제주도는 상황이 그다지 좋지 못했다. 해방 직후 전국적으로 유행한 콜레라와 제주 4·3사건16) 등으로 인해서, 일본에 다시 돌아가려는 사람들이 늘어나기 시작했다. 이와 같은 혼란스러운 상황 속에서 이주 노동을 위해, 그리고 일본에 남아 있는 가족과 함께 생활하기 위해서는 정식 여권과 비자를 발급받을 수 없어 밀항을 통해서 일본으로 건너가야만 했고 그 수는 증가했다. 한반도 남부지역 출신 가운데 특히 제주 출신 밀항자17)가 많았는데, 그 원인은 자신들의 직계가족이

---

13) 桝田一二(1935)는 제주도 당국과 일본의 고용주가 협력해서 「질 좋은 노동력」을 관리하고 있던 것이 예외 조치를 인정받은 요인이었다고 분석하고 있다. p.25, p.35.

14) 1926년부터 1938년까지 제주인의 일본 출가 변동을 보면 1926년에 잔류자 누계가 28,144명에서 1938년에는 45,950명으로 불어나, 군대환 취항이 도일자 수를 증가시킨 한 요인으로 볼 수 있다. 제주특별자치도(2010)『재일제주인 애향백년』제주발전연구원, p.105.

15) 해방이 되자마자 귀국하려는 사람들이 폭증하여 한반도와 가까운 일본의 여러 항구로 많은 사람이 몰렸다. 특히 시모노세키, 하카타 등 규슈와 서일본 일대의 항구에는 숙박시설이 모자라 장티푸스나 이질 등의 병도 유행하였다. 특히 제주도로의 귀환은 계획 송환이 끝나는 시점까지 약 6만여 명이 귀환했다.(玄武岩(2007)「密航·大村収用所·済州島」『現代思想』No357)

16) 1948년 4월 3일 발생하여 수만 명의 희생자를 냈고 이를 피해 대략 5천 명~1만 명이 일본으로 피신한 것으로 추정하고 있다.

나 가까운 친인척, 고향의 친지들이 이미 일본에 자리를 잡고 있었고 그들을 통해 일자리를 구하기가 쉬웠기 때문이었다.

〈표2〉 한국인 불법입국자 출신지[18]

연도 출신지	1970	1971	1972	1973	1974	합계	비율 (%)
제주도	93	60	154	189	112	608	82.2
경상남도		10	18	16	5		6.6
경상북도	3				3	6	0.8
전라남도	12		2	4	4	22	3.0
전라북도		1		6		7	0.9
충청남도		4				4	0.5
경기도			9		3	12	1.6
기타지역	8	2	1	17	4	32	4.3
합계	116	77	184	232	131	740	

〈표2〉는 1970년대 초반의 밀항자 검거 수를 나타낸 것으로, 제주도 출신자가 압도적으로 많이 검거되고 있음을 보여주고 있다. 이 당시는 거의 배편으로 밀항하였고 밀항에 성공해도 오사카 등지에서 잡히는 사람이나 자수하는 사람들도 제주도 출신자가 많았다.

이와 같이 배를 이용하여 밀항으로 일본에 건너갔던 시기는 1980년대 초까지 꾸준히 이어졌고 밀항에 실패하면 대부분 오무라(大村) 수용소를 거쳐 강제 귀국시키고 성공한 사람들은 일본에 정착하여 오늘에 이르는 사람들도 많았다.

---

17) 불법입국자에 대한 검거는 45년 12월 남한의 미군정이 GHQ에 대해 요청했고 1946년 4월부터 시작되었다. 1970년~1974년의 밀입국자 현황에 따르면 총 740명 중 제주도 출신자가 608명으로 82.2%를 차지하고 있다.
18) 法務省入局管理局(1975)『出入局管理—その現況と課題—』

예를 들면 1960년대 말, 한국에서 군대를 제대하고 부산 영도를 통해 일본으로 건너간 L씨는 오사카를 거쳐 도쿄로 갔는데, 다음 해 이전에 제주도에서 교제하던 여성을 밀항으로 불러들여 결혼을 했고 도쿄 아다치구(足立区)에 정착했다. 다섯 가족을 이루고 몇 년이 지난 후 발각되자 자수했는데 강제 귀국 당하지 않고 정식으로 영주권을 얻어 현재까지 생활하는 케이스도 있다.

1980년대 이후에는 많은 사람들이 3개월 단기 비자를 받아 친인척 집에 머물면서 단순 노동[19]에 종사하기도 했다. 그들은 한국과 일본을 오가며 짧은 기간 동안 장시간의 집중 노동을 통해 수입을 얻었는데 비자 기간이 만료되어도 돌아가지 않고 일을 계속하다가 귀국 시점에 자수하여 강제 송환되는 사례도 꽤 있었다. 이렇게 불법입국자 신분이 되면서까지 연장 체류하는 이유는 당시의 수입을 한국에서의 수입과 비교해 보았을 때 단순 노동만 하더라도 일본에서의 임금이 한국보다 많았기 때문이다. 또한 1970년대와 80년대는 일본이 호경기가 지속되어 일자리를 얻기 쉬운 것도 일본에 밀항까지 하면서 출가 노동을 떠나게 되는 원인 중의 하나였다. 그래서 단기간 일하고 어느 정도 돈을 벌어 돌아가는 계절 노동자들이 꽤 증가하게 되었고 90년대까지 이어졌다.

2.3 재일제주인의 직업과 생활 형태

당시 일본으로 건너간 제주 사람들은 농·어업, 자유노동, 무직자 등

---

19) 이전과 마찬가지로 가방이나 신발, 플라스틱, 고무, 막노동 등의 일에 종사하였고, 재일한국인들이 경영하는 공장 등에 취업하기도 했다.

대부분 생활이 어려운 사람들이었다. 제주 해녀들이 처음으로 일본에 물질하러 간 곳은 미야케지마 지역이었으나 도일 해녀들이 많아지면서 치바현(千葉県)을 비롯한 전국 각지[20]로 퍼져나갔고 현재도 일부 지역에서 여전히 물질의 명맥을 이어가면서 활동 중이다.

1929년 6월 일본 내무성 경보국(内務省 警保局)의 조선인 직업통계에 따르면,[21] 소위 유식적 직업에는 단 1%도 없고 직공 23,059명, 인부 20,533명, 무직이 8,668명이고 재일제주인은 직공과 상업에 대부분 종사했다고 전하고 있다. 그러나 아래의 〈표3〉에서는 상업의 비율이 일반 직공에 비해 훨씬 낮게 종사하고 있음을 알 수 있다.

〈표3〉에서 보듯이 제주도 출신 도일자 대부분이 노동자 생활을 하고 있음을 알 수 있다. 이는 일본 전국으로 진출한 재일한국인의 평균 비율보다도 조금 높은 수치이다.[22] 제주에서 일본으로 노동하러 간 여성들은 대부분 방적, 신발, 봉재, 메리야스 생산 공장 등에서, 남성들은 군수 공장을 비롯한 당시 일본인들이 일하기 싫어하는 고무, 유리, 성냥, 에나멜 셀룰로이드, 비누와 같은 화학 계통의 일이나 철공, 법랑 등의 금속 계통의 일을 주로 하였다. 또한 일만 있으면 막노동에도 종사하기도 하였다. 오히려 자유노동이나 광업 노동 등에 종사하는 사람의 비율은 전체적으로 보면 그다지 많지 않은 편이었다.

---

20) 후쿠시마현(福島県), 아오모리현(青森県). 와카야마현(和歌山県) 등을 비롯한 여러 지역에서 활동했다.
21) 『재일제주인 애향백년』, p.16 재인용.
22) 도노무라의 전게서(p.101)에 따르면 노동업의 비율은 1935년 기준으로 82.82%이다.

직업		인원	비율
상업		3,010	7.48
농업		244	0.61
어업		1,780	4.42
노동자	계	35,074	87.14
	광산	1,150	2.86
	섬유	9,375	21.71
	금속	6,410	14.85
	화학	12,140	28.12
	자유노동	3,263	7.56
	기타	2,736	6.34
요리음식		19	0.04
기타		124	0.29
유업자 합계		40,251	93.22

이와 같은 노동에 따른 주변적 상황이 제주인 집성촌을 구성하는 하나의 큰 요인이 되었고 오사카의 이카이노(猪飼野), 히가시나리(東成), 니시나리(西成), 도쿄의 아다치(足立), 아라카와(荒川)를 비롯한 여러 곳에서 제주인들은 생활의 터전을 넓혀나갔고 협력을 강화해 나갔다. 그곳에 정주하기 시작하면서 제주의 일상과 문화를 그대로 옮겨 놓는 생활이 대부분이었다. 가까운 친인척끼리 모여 살고, 경조사를 함께 함은 물론 제주식 관혼상제가 일상적으로 재현되었다.

2.4 북송선과 고용희 가족

1959년 12월 이후 1984년까지 연인원 93,340여 명의 재일한국인과 그

---

23) 제주도청(1937) 『済州島勢要覧』, 도노무라 전게서 재인용, p.102.

가족들이 니가타(新潟)항을 통해 북송선에 올랐다. 이는 북한 정부의 지시를 받은 조총련계 사람들이 일본 정부에 북한으로의 귀국 요청 운동을 전개한 결과이기도 하지만, 일본 정부로서도 국내의 실업 문제나 차별 문제를 어느 정도 극복할 수 있다는 계산이 양쪽에 맞아 떨어진 결과였다. 북송 사업으로 1962년까지는 입북자가 증가했지만, 북한 생활이 어렵고 문화의 차이로 인해 이후로는 북한으로의 귀환자가 점점 줄어들었다.

재일제주인들도 예외는 아니었다. 재일제주인 몇 사람이 북송선을 타고 북한으로 갔는지에 대한 정확한 통계 자료는 없지만, 눈에 띄는 인물은 북한 김정은의 생모인 고용희(1952~2004) 가족이다. 제주도 출신인 그녀의 아버지 고경택은 1913년생으로 1929년에 도일하였고, 딸 고용희는 오사카 이쿠노구 츠루하시(鶴橋)에서 태어났다. 아버지를 따라 1962년 10월에 북송선을 타고 4인 가족이 함께 입북했다. 1952년생인 고용희는 입북하여 평양음악무용대학 졸업 후 만수대예술단에서 활동하다가 김정일의 처가 되었다. 김정일과의 사이에 2남 1녀를 두었고 차남이 김정은이다. 고씨 일족의 조상묘는 현재 제주시 봉개동에 있으며 조상묘가 그곳에 있다는 소문이 나자 지관들을 비롯한 많은 사람들이 묘를 찾는 바람에 묘를 옮기는 소동이 벌어지기도 했다.

2.5 재일제주인의 각종 친목회의 설립과 활동

1920년대 후반을 전후해서 자신들의 생활권 보장을 위한 수단을 모색하고 일본 생활의 어려움들을 조금이나마 해소하기 위해 서로 돕고 의지하는 자발적 공동체가 하나, 둘씩 만들어지기 시작했다. 그 구심점은 바로 자신들의 「고향」과 「친족」이었다. 이전부터 서로 알고 지냈거나 같은 마을, 친족들끼리의 만남이어서 자연스럽게 모이게 되었다. 이 곳의 주요 관심사는 일본에서 잘 적응하면서 살기 위한 상호부조, 일자리 정보교환, 풍습이 같은 제주 사람끼리의 혼사 등이었다. 공동운명체로서의 마을 단위 친목회가 일본 각지에서 만들어지기 시작했고 이후 다양한 명칭을 가진 공동체들이 만들어졌는데 「친목회」라는 명칭을 붙인 단체가 많았고 설립 목적도 거의 비슷했다. 전체적으로는 남부지역 출신들이 많이 거주하고 있는 오사카에서 시작되었는데, 공동체에서의 조직 인원은 최저 10명(전남 나주군)에서 255명(제주 구좌면 김녕리)에 이르며 100인 이상의 단체 가운데 상당수가 제주도 출신자들의 모임이었다. 도쿄에서 활동하고 있는 단체는 오사카에 비해 단체의 수와 인원이 훨씬 적었는데 애월읍 고내리 친목회가 대표적이다.

1930년대에 들어서면서 본격적으로 상당수의 각종 공동체가 설립된 것은 재일한국인 사회의 규모를 짐작하게 한다. 도일 초기보다 10여 년의 세월이 흐르면서 어느 정도 일본 사회에 적응하면서 생활하고 있음을 보여주는 증거라고 할 수 있다. 이후 1960년대 들어 재일제주인들의 공동체는 마을과 친족 단위에서 벗어나 제주도 단위의 친목회를 만들기 시작했다. 주로 경제인을 중심으로 제주도의 발전을 위해 뜻있는 인사들이 1961년 도쿄에서 「재일본제주개발협회」[24] 창립을 시작으로, 오사카 중심의 「재일제주경제인협회」, 「재일본제주도민회」, 「재일제주도친목회」, 「재일제주청년회」가 조직되었다.[25] 이들의 공통점은 고향인 제주도 전역에 대한 본격적인 지원 태세를 갖추었다는 점이다.

이와 같은 도 단위의 큰 조직을 만들게 된 목적은 작게는 자신들의

---

24) 현 관동제주도민협회의 전신.
25) 오사카에서 만들어진 4개의 큰 단체들은 1994년 관서제주도민회로 통합되었다.

상호부조, 크게는 향토에 대한 아낌없는 지원의 성격을 띤 모임들이어서 상당히 열성적이었고 가입 회원 수도 급격히 불어났다. 1960년대 이후, 관동과 관서에서 생겨난 이들 친목회는 도정 지원뿐만 아니라 자신의 고향마을을 지원하기 위해서 만들어졌다. 여기에 제주도가 지역구인 국회의원, 도지사를 비롯한 교육감이나 각 기관장들이 재일제주인 친목 단체들과 꾸준히 접촉하고 관심을 보였다. 직접 일본 방문 등을 통해서 현실을 설명하고 지원을 호소하여 기반 시설 설비를 비롯한 거의 모든 분야에서 대규모 지원사업을 이끌어낼 수 있게 되었다.

3 제주도의 적극적인 요청과 재일제주인의 화답

3.1 제주도와 재일제주인과의 돈독한 교류

1961년 5·16 군사 정변 이후, 제주도지사에 현역 해군 제독이었던 김영관 장군이 부임하였다. 그가 제주도의 여러 곳을 방문하면서 느꼈던 일 가운데 충격적이었던 것은 제주 도내에 학교 수가 많았고 인구 2천 명당 학교가 하나씩 있다는 사실이었다. 이렇게 여러 학교가 설립된 이면에는 재일제주인이 개인적으로 혹은 친목 단체가 학교 건물을 직접 지어주거나 학교를 운영하는 등 교육에 대한 크고 작은 기부와 투자가 있었다는 것을 알게 되면서 이들과의 교류의 중요성을 크게 인식하게 되었다.[26]

---

26) 김 지사는 제주도개발을 위해 재일제주인을 적극적으로 수용할 수 있는 방안을 생각했

이후 김 지사는 재일제주인들이 많이 사는 지역을 직접 방문하여 개인 또는 단체와의 적극적인 교류를 추진하였다. 그 결과, 1962년 4월, 제주개발협회 회원 십 수명이 향토방문단을 결성하고 1차로 제주도를 방문하여 교류의 물꼬를 트기 시작했다. 그 후부터 도 단위의 공동체에서뿐만 아니라 소규모 마을 단위 친목회별로 향토 지원사업을 시작했다. 보상을 바라지 않고 오로지 낙후된 고향 제주도의 발전과 부흥을 위해 힘을 모았고 각종 사업을 펼치기 시작했다. 1970년대 후반까지 친목 단체별 혹은 개인별로 350만 그루 이상의 밀감 묘목 보내기 운동을 계속 이어갔고 그 결과 제주도는 농업 수입이 급상승했다. 뿐만 아니라 마을의 숙원사업인 마을 안길 도로 포장을 비롯한 도 전역의 도로 개설, 전기·수도·전화 가설, 마을회관 건립을 비롯한 애향 운동장 건립 등 전체의 인프라 시설을 갖추는데 상당한 기여를 해왔다. 또한 교육 관련 기자재 및 학용품, 오르간을 비롯한 악기 기증, 마을버스 기증 등 교육뿐만 아니라 중산간 마을을 이어주는 교통수단 이용에까지 다양한 분야에 큰 역할을 다하였다.

　각 친목 단체들은 다른 친목회들과 큰 차별성을 가지고 활동한 것이 아니었기 때문에 창립 취지나 활동 방향이 거의 동일하게 진행되었지만, 해가 거듭될수록 서로 간에 경쟁적으로 사업을 진행해서 약간의 소란도 종종 발생했다. 현재까지 계속되는 지원사업의 일환으로「관서 제주청년회」에서는 1971년 이후부터 매년 제주대학교를 직접 방문하여 각종 도서와 도서구입 기금을 전달하는 사업을 하고 있는데, 최근 코로나로 직접 방문할 수 없게 되자 학교가 필요로 하는 도서를 구입하여 지원을 계속하고 있다.

───────────────

으며 국가 경축일 등에 그들을 초청하는 방안을 적극적으로 모색하겠다고 공언하였다.

3.2 마을은 공덕비로써 선행 기록

이처럼 개인적으로나 친목회별로 끊임없이 벌여온 각종 형태의 기부와 마을 발전을 위한 공헌들을 기리기 위해 제주도 각 지역에 「재일교포 공덕비」[27]가 세워져 있다. 2016년~2018년에 제주도와 제주대학교 재일제주인센터에서 「재일제주인 공덕비」를 조사하여 출간했는데 상당수의 재일제주인들이 마을에 기증과 기부를 통하여 마을 부흥을 꾀한 사례를 확인할 수 있다. 그러나 현재 이 공덕비들은 마을이 변화함에 따라 없어지거나 다른 곳으로 옮겨져 이에 대한 관리가 시급한 시점이다. 공덕비에 새겨진 모든 사례들을 일일이 열거할 수는 없지만 도로포장이나 마을회관 건립, 전기와 수도 가설, 교각 설치 등의 마을 사업이 중심이 되고 있고 장학금 기부나 수재의연금 등의 공적을 기록한 것들도 있다.

4 마치며

재일제주인들의 도일은 1900년대 초, 해녀들의 일본 진출 이후 대부분 생활고를 해결하기 위한 어쩔 수 없는 선택 중의 하나였다. 정기여객선의 취항으로 출가 노동이 원활하게 이루어졌고 종착지인 오사카를

---

27) 2022년 공덕비 조사에서는 905기에서 총 8,770여 명이 기재되었고 이 중 재일제주인은 약 7,000여 명으로 나타났다. 이들 공헌자들은 자신의 고향마을에 기반시설을 비롯한 의연금에 이르기까지 다양한 방면에 기부하였고 그 액수가 정확하지는 않지만, 천문학적 단위인데 그 일부에 해당한다.

중심으로 집성촌이 생겨났다. 이후 전국 각지로 진출한 재일제주인들은 어느 정도 생활이 안정되면서 상부상조하기 위한 크고 작은 조직들이 만들어졌고 이는 제주도 발전을 위한 기부활동의 기폭제가 되었다. 이 기부와 기증의 역사는 제주의 마을 곳곳에 세워져 있는 공덕비로도 일부 확인할 수 있다.

경제적 어려움을 극복하고자 도일했던 재일제주인의 고향 사랑은 무조건적이었고 어떤 대가를 바라지도 않았다. 고향에서의 어려웠던 시절을 생각하면서 기회가 될 때마다 지원을 거듭했다.

도일의 역사가 말해주듯이 120년을 맞는 재일제주인들의 삶과 역사는 후대에 나눔의 정신을 일깨우는 교훈으로 남아 있다. 그럼에도 현재의 그 후손들은 이들의 선행을 기억하고 있지 못하고 그저 경계인으로서의 「자이니치(在日)」로서만 존재하고 있을 뿐이다. 5세대를 이어가고 있는 재일제주인들의 삶과 역사 속에는 헤아릴 수 없을 정도의 희로애락으로 점철되어 있고 세월이 흐르면서 정체성을 비롯한 문화적 변화도 계속되고 있다. 그들의 삶의 역사 속에는 제주도의 과거와 현재가 반영되어 왔고 미래를 예측할 수 있는 신호들도 보인다. 그리고 그들의 삶이 투영된 시점의 역사 속에는 미래의 거울이 될 수 있는 삶과 역사 또한 함께 자리하고 있다.

동아시아연구총서 제9권
일본 속 마이너리티의 시대사적 표상

〈혼자〉가 된다는 것

—미나마타병(水俣病)을 견뎌온 어느 한 어부의 관계 맺기 실천—

시모다 겐타로(下田健太郎)

게이오기주쿠대학 대학원 문학연구과에서 역사학 박사학위를 취득했으며 현재는 구마모토대학 대학원 인문사회과학연구부 준교수로 재직 중이다. 2006년부터 현재까지 일본 구마모토현 미나마타시에서 미나마타의 기억을 테마로 한 간헐적인 필드워크를 진행해 왔으며, 구마모토대학의 국제인문사회과학연구센터·학제적 연구자원 아카이브 영역에서 전임연구 스탭으로서 핵심적인 역할을 담당하고 있다. 주요 업적으로는 『미나마타의 기억을 되살린다—전율하는 것과 이야기의 역사 인류학』(단행본, 제3회 이즈쓰 도시히코 학술상 수상), 『아일랜드 스케이프 회고록—섬 경관이 가교하는 역사생태학과 역사인류학—』(공저), 『생존자의 사회학—상중의 경치를 해석하다—』(공저) 등이 있다.

1 마이너리티〈가 되다〉

본고는 미나마타병과 함께 살아온 어부 오가와 마사토(緒方正人)라는 남성을 중심으로[1] 미나마타병을 둘러싸고 다양한 분단이 만들어 온 프로세스를 추적함과 동시에, 이러한 분단을 그가 어떻게 견뎌왔는지, 그리고 주변의 사람들이나 생물들과의 관계를 어떻게 다시 이어가고자 시도했는지를 검토하였다.[2]

1956년 공식적으로 확인된 미나마타병은 「칫소」라는 회사(당시 신일본질소비료 주식회사, 이하 「칫소」로 표기)의 공장 폐수에 포함되어 있던 메틸수은에 의해서 일본의 규슈 서남부의 시라누이해(不知火海) 연안 일대에 퍼진 중추신경계 질환이다.[3] 수은은 먼저 바닷속의 어류에 들어가서 물고기를 먹은 고양이나 새, 그리고 인간에게 심각한 중독 증상을 일으켰다. 그 원인은 1959년에 명확히 밝혀졌지만, 고도 경제성장을 위한 국책사업을 배경으로 정부는 1968년까지 공해로 인정하지 않았고, 칫소도 폐수를 계속 흘려 내보냈다.

미나마타병은 그 후 행정기관에서 인정을 받은 사람들만이 「환자」가 되어 보상금을 받는 구조 아래에 놓여있었다. 거기서는 보상이라는 시

---

1) 본인에게 실명을 사용하여 논문으로 투고하는 것을 승인받았다. 오가타에 대해서는 지금까지 오가타 자신이 쓴 저서 오가타(2001)나 인류학자인 쓰지 신이치(辻信一)의 수기=오가타・쓰지(1996)가 일본어로 간행되어 있다. 그리고 후자는 영어판=Ogata and Oiwa(2001)가 해외의 출판사에서 간행된 바 있다.
2) 「舫い」란 협의의 의미로는 배와 배, 혹은 배와 말뚝을 잇는 것을 의미하는 어부들의 언어이며 광의의 의미로는 관계나 연결고리를 만드는 것, 공동으로 무언가를 하는 것을 의미한다.
3) 시라누이해는 규슈 본섬과 아마쿠사(天草)의 여러 섬을 둘러싼 광활한 내해이며 면적이 약 1,200㎢에 달한다.

점에서 「환자」의 인정기준이 만들어졌으며, 기준은 국가의 정치적 의도에 따라서 변경·조작되기까지 하였다.[4] 국가 주도의 의료체제 아래서 이루어진 이러한 제도화는 인정환자/기각환자라는 분단을 만들었을 뿐만 아니라 「인정=보상」과 「구제」로 이어지는 것을 전제로 한 것이었다. 본고의 주인공인 오가와는 「환자」로서 인정을 요구하는 운동에서 벗어남으로 인해 이 「인정=보상=구제」의 도식 그 자체를 되짚어 보고자 시도하려 했던 점에서 특이한 인물이라고 말할 수 있다.[5]

사회과학자 구리하라 아키라(栗原彬)는 국가나 기업과 같은 시스템 전체의 생산력 증대가 국민을 풍족하게 만들고, 행복하게 한다는 근대시대 고유의 이데올로기가 미나마타병 발생의 기반을 만들고, 피해 확대를 심화시키는 데 기여했다고 지적하며 이러한 프로세스 안에서 「국가가 공공성이라는 이름으로 소수에게 희생을 강요하는 논리」를 찾아내고 있다.[6] 이러한 의미에서 규슈에서도 변경에 해당하는 지역에서 미나마타병을 얻게 된 사람들은 일본 속 마이너리티(소수파)라고 말 할 수 있을지도 모른다. 하지만 마이너리티의 존재 자체가 조금씩 불균형한 권력관계 속에서 메이저리티에 의해서 카테고리화되어 가는 과정을 답습한다면, 마이너리티로의 귀속을 명확하게 할 수 없다. 오히려 사람들이 「마이너리티」로서 주변화되어(혹은 「마이너리티」로 명시되는 집단의 내부까지) 분단이 생겨나는 프로세스에 주목할 필요가 있다.

그 한편으로 소수파라는 것은 네거티브한 맥락만으로 자리매김되는

---

4) 미야자와(1997) pp.438-443.
5) 인류학자 애나 칭(Anna Lowenhaupt Tsing)은 지배적인 언설이 지향하는 프레임워크의 외측에서 권력을 재확인함과 동시에 거기에 도전하면서 지배적인 카테고리의 한계를 실증하려는 에이전시를 가진 주체에 주목해가는 것의 유효성을 지적하고 있다.(Tsing(1993) p.232)
6) 구리하라(2005), p.92, p.209.

것이 아니다. 철학자 들뢰즈(Gilles Deleuze)와 가타리(Pierre-Félix Guattari)의 저작 『천 개의 고원(Mille Plateaux)』의 번역가 중 한 명인 우노 구니이치(宇野邦一)는 이 책을 「마이너리티 철학」으로써 해석하며 마이너리티〈인〉 것과 마이너리티가 〈되는〉 것을 구별하고 있다. 그에 따르면, 마이너리티〈인〉 것은 단지 소수파 집단에 속해 있는 상태를 의미하는 것임에 대해서 마이너리티가 〈되는〉 것은 「끊임없이 소속의 밖으로 이탈해가는 운동 그 자체」를 의미한다고 지적한다.7) 그것은 또 종속되는 그들 신체를 발견함과 더불어 생성과 변화를 보이면서 고정된 형태의 중심성을 밀어내는 운동이다.8) 여기서 우노가 시사하는 운동은 즉, 「자명한 것」을 다시 묻고 고정된 형식을 흔들어, 스스로 신체와 세계와의 관계를 별개의 것으로 다시 파악하려는 시도에 주목했다.9)

이상을 토대로 하여 본고에서는 국가주도적인 의료체제의 지배적인 언설의 압도적인 영향력 아래서, 「미나마타병 환자」라는 아이덴티티를 벗어나고자 시도해나간 오가타의 투쟁을 살펴보고자 한다.10) 본고는 오가타와의 이야기를 하나의 핵으로 하면서 현재에 이르기까지 계속 수행해온 약 28개월간의 필드워크에 기반을 두고 있다. 이하에서는 먼저 오가타와의 만남을 되돌아보면서 어린 시절 그가 어떤 방식으로 미나마타병을 경험해 왔는지를 살펴보고자 한다(제2절). 이어서 오가타가 미나마타병을 둘러싼 운동에 참가한 1974~85년을 중심으로 여러 분단

---

7) 우노(2001), pp.53-54.
8) 우노(2001), p.63.
9) 여기서 말하는 「자명한 것」이란 우리가 특별히 주제화하지 않고, 일상생활 속에서 당연한 것으로 받아들이고 있는 그것과 같은 경험을 의미한다.(cf. 하마모토(1984), p.288)
10) 본고에서는 시모다(2019b)와 일부 중복되는 내용이 포함되어 있으나, 새롭게 검토하여 다시 작성하였다.

을 가져온 제도적인 힘에 대해서 비판적으로 검토하고자 한다(제3절). 그리고 운동에서 이탈한 1985년 이후 오가타가 주변 사람들이나 생물들과의 관계를 어떻게 되살리려 했는지에 관한 시도를 검토하고(제4절과 제5절), 그의 삶에 대한 고찰을 추가하고자 한다(제6절).

오가타의 시도는 「개인을 분류하고, 개인에게 그 개별성을 각인시켜서 개인을 그 아이덴티티에 속박하게 하는」 권력의 양상을 문제시하면서 동시에 근대적인 자기 인식을 상대화하고, 「우리들이 어떤 사람일 수 있는가」라는 점을 다시 상상함으로써[11] 중요한 시사점을 찾을 수 있을 것이라 생각한다.[12]

2 끊기 어려운 연결고리

구마모토현(熊本県) 아시키타군(葦北郡) 아시키타정(芦北町) 메도(女島)는 미나마타시(水俣市)에서 북쪽으로 직선거리 10km 정도에 있다. 오가타가 태어나고 자라서 지금도 살고 있는 오키 마을은 메도 안에서도 바다에 면한 50여 세대 정도의 작은 마을로 7개의 소구역으로 구성

---

11) Foucault(1983) p.212, p.216. 본고의 일본어판 원고를 작성할 때에 영어문헌에서 인용한 것에 대해서는 번역서를 참고하였으나, 원서의 기술을 기반으로 약간 표기를 새롭게 한 부분이 있다.(이하 같음)

12) 마이너리티〈가〉 되는 것을 둘러싼 전술의 논의 중에서 우노가 프란츠 파농(Frantz Omar Fanon)을 언급한 것이 흥미롭다. 알제리의 독립운동을 주도한 파농은 식민지화와 탈식민지화의 프로세스를 견뎌온 민중을 「식민자의 존재로부터 자기 자신의 근거를 얻은 개개인의 총체」로 환원되었다고 말하며, 다른 이들의 방법을 빌려 쓰는 것이 아닌 자신을 다시 상상해보는 것의 중요성을 주장하였다.(파농(2021), pp.219-220)

되어 있다. 오가타가 사는 소구역인 고치도마리(東泊)는 밀물 때는 바로 앞에 바다를 조망할 수 있도록 민가가 나란히 자리 잡고 있고, 취락의 바로 뒤에는 나지막한 산이 있다(사진1). 포구에 만들어진 작은 정박장 바로 앞에 오가타의 집이 있고 집의 문패에는 이름 위에 「가이잔 고치마도리(海山東泊)」라고 새겨진 석패가 걸려 있다.

〈사진1〉 고치도마리 원경(필자 촬영)

필자가 오가타와 처음 만난 것은 2006년 8월경이었다. 대학생이었던 나는 그의 인터뷰 기사를 본 것을 계기로 그를 방문하고자 생각했다. 당시 나는 동물의 약을 연구하는 아버지를 통해 어두운 방에 진열된 실험동물을 볼 수 있었던(실험동물한테 볼 수 있었던 것을 느꼈다) 경험에서 인간의 이익을 위해 희생되는 동물의 목숨을 어떻게 받아들여야 하는지의 의문을 갖게 되었다. 그렇기에 기사 속에서도 「물고기가 오염되어 있다고 하면서도 우리는 물고기를 계속 먹어왔다… (그것은) 물고기를 원망하지 않았다고 하는 이유에서다. 『순환하는 생명의 세계』이기 때문에 생명의 모태를 배신하지 않았다」[13]고 말하는 그의 말에 충격을 받았다. 경제성장의 그림자와 독극물에 오염된 물고기들과의 유대를 가시화하고자 하는 〈그〉와 인간을 위한 실험에 동원되는 동물들의 목숨을 직시하지 못한 〈나〉 사이의 관계가 부모 자식 정도의 나이 차이가 나는 오가타와의 대화의 출발점이 되었다.

오가타는 부부가 소형 어선 「소교마루(甦漁丸)」를 타고 유자망이라 불리는 어로법으로 주로 갈치를 잡았으나, 어망에는 그 외에도 전갱이, 참조기, 샛돔, 망둥이, 꽃게, 새우 등 실로 다양한 어류가 잡혔다. 고기잡이를 마치고 돌아오자 자택에서 먹기 위해 선별해놓은 것들을 오가타의 아내가 회, 구이, 조림, 튀김 등으로 조리하여 내놓았고, 오가타는 소주를 한 손에 들고 상당히 기뻐하며 생선을 먹었다. 그리고 나에게도 좀 전에 잡은 생선을 대접했다. 그런 오가타는 소쿠리 한 가득 담긴 돌새우를 먹는데 정신이 팔린 나에게 웃으면서 다음과 같이 말을 건넨 적이 있다.

이 지역을 알고 싶으면 이 지역에서 나는 것을 먹는 것이 가장 빠르고 정확해. 머리로 생각하는 것보다 몸이 먼저 느끼잖아? 몸으로 체득한 것은 잊혀지지 않는 법이야.[14]

---

13) 미나마타병센터 소시샤(相思社) 『곤즈이』 제94호(2006년 5월), p.6. 인용문의 괄호 안의 내용은 필자에 의한 보완이다.(이하 같음). 그리고 본고의 일본어판 원고를 작성하면서 대화 중에 방언이 강한 부분에 대해서는 필자가 표준어로 옮겼다.
14) 2012년 8월 20일 청취함. 이하, 필자가 청취한 말을 인용할 때는 주에 연월일을 표시함.

식사 중에 오가타는 큰 사이즈의 새우부터 먹는 방법을 가르쳐 주면서 어릴 때 가족들과 함께 돌새우를 먹었을 때의 몸짓(돌새우가 든 소쿠리를 양손으로 솜씨 좋게 흔들며 비교적 큰 새우를 보이는 위치로 올려놓았다)을 재연하며 장난꾸러기처럼 웃으면서 「우리들은 어릴 때부터 이렇게 해왔어. 학교에서는 가르쳐주지 않지? 이게 민중의 지혜야」라고 말했다. 그때부터는 어린 시절 대가족이 식탁을 둘러앉아 경쟁하듯이 생선을 먹었던 시절의 벅찬 기억이 오가타의 몸에 배어 있음을 엿볼 수 있었다.

오가타는 1953년 어선을 운영하던 부친 오가타 후쿠마쓰(福松) 밑에서 20명 형제의 막내 아들로 태어났다. 어릴 적 마을 분위기에 대해 오가타는 「가족적인 분위기가 가득했던 것만은 확실하지만 어디부터 어디까지가 가족인지를 잘 모르겠다」고 술회했다.[15] 오가타가 태어날 당시 오키 마을에 있던 5척의 어선에 친척을 포함하여 인근 농촌 등에서 온 선원이 20~30명 정도 모여들어 마을이 북적였다.[16] 또한 당시부터 오키 마을에 살며 후쿠마쓰와는 다른 어선에서 일하던 남성 선원에 따르면, 오키 마을 거의 대부분의 사람들이 어선에서 일하며 낚아온 생선을 나누어 먹는 「거의 공동생활」을 하며 「오타가이(御互い)」 정신을 갖고 있었다.[17] 생선은 바다로부터 「노사리(のさり, 얻은 것)」로 여겨져, 어선은 어획량에 따라 생선을 선원들에게 나누어줄 뿐만 아니라, 고령자나 어린이에게도 주어야 할 몫이 배당되어 있었다.

오가타의 생가에는 그의 부모와 함께 형제, 본가를 이을 예정인 오가

15) 오가타 · 쓰지(1996), p.5.
16) 미나마타병센터 소시샤(相思社) 편(2004) 『풍양의 해변에서 제3집』 p.104.
17) 이노무에 · 아나미(2009), p.194.

타의 장손과 그의 가족, 숙식을 함께 하는 선원들이 있었지만, 아주 「위엄이 있었다」는 후쿠마쓰는 집에서도 강렬한 존재감을 보였다고 한다.[18] 그는 생선 없이는 생활을 할 수 없을 정도로 생선에 애착을 갖고 있었고, 아침, 점심, 저녁으로 회가 들어간 덮밥이 식탁에 올라왔다. 후쿠마쓰는 어린 오가타에게 깊은 애정을 쏟으며 늘 자신의 바로 근처혹은 무릎 위에 올려놓았고, 함께 농가에 물고기를 가지고 놀러갈 때나선원의 방이나 배의 목수가 있는 곳에 갈 때도, 그리고 마을에 들를때도 오가타를 데리고 나갔다.

이처럼 어린 시절의 오가타는 부친한테 깊은 사랑을 받았고 바닷가에서 물고기나 조개 등 많은 생물들을 접하면서 지내왔다. 2살 경에는날씨가 좋아 바다가 잔잔한 날에 후쿠마쓰와 함께 배를 타고 어망에들어 있는 물고기들을 맨손으로 「잡아가며 놀았다」.[19] 그리고 당시 이바닷가 마을의 해변에는 「발에 채일 정도로」 조개가 많았고, 무릎 높이까지 바다에 들어가면 「귤을 따는」 것처럼 해삼이나 성게가 많이 잡혔다고 한다.[20]

그런 마을에 이변이 찾아온 것은 1957년경이었다. 바다에는 죽은 물고기가 떠오르기 시작했고, 오가타의 집에 살던 20마리 정도의 고양이들이 차례차례 거품을 물며 죽기 시작했다.[21] 그리고 1959년에는 후쿠

---

18) 2008년 7월 13일. 오가타 생가의 아들에 대해서는 아베 외 편집(2016), pp.9-11을 참조했다.

19) 사이토 야스히로(西東靖博)와 그의 편집실 편(2007)『미래로의 제언 창세기를 맞이한 미나마타 미나마타만다라화회 보고집』미나마타병 공식확인 50년 사업실행위원회 위령부회, p.123.

20) 구마모토 일일신문(이하 구일(熊日)로 표기) 1986년 9월 12일.

21) 미나마타병 현지연구회『현지연 레포트 어업』(1989년 미간행. 이하『현지연 레포트』로 표기) 오키무라에 생긴 이변에 대해서는 「미나마타병 기다리게 하는 임금재판(水俣病待たせ賃裁判)」항소심『공술녹취서』(1984년 9월 30일, 이하『공술녹취

마쓰에게 급성극증형(急性劇症型) 미나마타병이 발병해서 오가타가 6살 때 처참한 죽음을 맞이했다. 후쿠마쓰의 선원으로 일했던 사람에 따르면, 발병 후에도 후쿠마쓰는 「지금까지 아무 문제 없이 생선을 먹어 왔는데, 왜 생선 때문에 병에 걸리느냐」고 말했다고 한다.[22] 발병 후 사망할 때까지의 약 3개월간 후쿠마쓰의 옆에서 「미쳐 죽어」가는 모습을 지켜본 경험은 오가타에게 너무나도 「엄청난 충격」이었고, 병실에서 부친의 상태를 지켜보다가 「아니 무언가 와장창하며 무너지는」 감각을 느꼈다고 한다.[23]

후쿠마쓰는 이 지역에서는 가장 먼저 급성극증형 미나마타병이 발병한 인물로 그 후 친척들도 차례차례 병에 걸렸다. 게다가 후쿠마쓰가 사망한 1959년에는 오가타의 조카들이 모친의 태내에서 수은에 중독됨으로써 태아성 미나마타병이란 위독한 장애를 안고 태어났다. 이러한 사실을 안 마을 사람들은 「기이한 병의 혈통」, 「미나마타병이 옮으니 가까이 다가가지 마라」는 목소리가 흘러나오기도 했다.[24]

신체를 매개로 하여 가깝게 연결된 생물들의 이상한 죽음, 그리고 가장 친밀한 관계에 있던 부친이 미쳐서 죽어가는 것을 눈앞에서 보는 것은 「한꺼번에 모든 것이 무너지는」 것 같았다는 오가타의 말이 보여주듯이 자명했던 그의 존립 기반 자체를 근본에서부터 위협받는 경험이었을 것이라 생각된다. 그 과정에서 「바다가 준」 물고기가 사람에게 죽음도 가져다주는 존재로 바뀌었다. 하지만 오가타도 말했듯이 물고기가 위험하다는 것을 알고도 그들은 생선을 먹는 것을 멈추지 않았다.

서」로 표기)를 참고했다.
22) 『현지연 레포트』.
23) 2013년 7월 13일.
24) 「모압재판(謀圧裁判)」『제36회 공판조서(공술) 속기서』(1979년 7월 9일).

「생선 때문에 왜 병에 걸리느냐」는 후쿠마쓰의 모습이 보여주듯이 그
것은 시라누이해가 그들의 「마음을 서로 나눈 환경」, 즉, 「물고기가 다
가오지 않으면 우리의 몸도 편치 못한 그런 우리의 바다, 우리의 해변」
이었기 때문이라 생각한다.[25]

3 첩첩산중인 분단

　오가타는 중학교 졸업과 함께 형의 배에서 함께 어업을 하기 시작했
고, 1973년에는 「와카시오마루(若潮丸)」라는 배를 만들어 동년배의 조
카 두 명과 어업을 시작했다. 차별을 두려워하여 미나마타병 인정 신청
을 망설이던 오가타는[26] 증상의 악화 등을 계기로[27] 20살 때(1974년
8월)에 환자 단체 중 하나였던 「미나마타병 인정 신청환자 협의회(水俣
病認定申請患者協議会, 이하 신청회)」에 들어갔다. 1975년에 신청회의
부회장, 1981년에는 회장으로 취임하여 운동을 주도하게 되었으며, 그
가 운동에 참가한 직접적인 동기는 부친의 「원수 갚기」였다고 한다.

---

25) 기모토(1976), p.69.
26) 「미나마타병 환자」로서 인정받기 위해서는 피해를 입은 사람들과 자신이 행정기관
　　(현)에 신청해야만 했다. 현은 신청자 검토를 실시하고 그 기록을 첨부하여 유식자
　　로 이루어진 「인정심의회」에 의견을 구해 그 답신을 받은 지사가 인정/기각을 결
　　정했다.
27) 미나마타병의 증상을 명확히 정의하는 것은 곤란하지만, 경증으로 여겨지는 만성
　　환자의 경우에도 신경증상에 의해 손발의 떨림이나 감각장애, 운동실조 등 생활
　　전반에 이르는 여러 가지의 불치 장애를 가지게 된다. 오가타는 중학생 시절부터
　　이명이나 신체의 떨림으로 고민하고 있었으나, 1973년경부터 떨림이나 후두부의
　　통증이 심해졌다. 1974년에는 급성간염으로 입원한 것을 계기로 증상이 더욱 악화
　　하였고 1975년경에는 밤에 잘 때도 경련이 있었다.(『공술녹취록』)

그런 오가타가 가장 먼저 직면한 것은 통칭 「엉터리 검진(デタラメ検診)」이었다. 그가 운동에 참여한 1974년은 미나마타병을 둘러싼 운동의 큰 전환점의 다음 해에 해당하는 시기였으며, 1973년에는 미나마타병 제1차 소송(1969년 제소)이 승소 판결을 받아 피해자와 칫소 간에 「보상협정」이 맺어졌다. 그 내용은 인정받은 환자에 대해서는 증상순위에 따라 일시금과 연금 등을 지급하며, 이후 인정받은 환자에게도 같은 보상을 적용한다는 것으로 이를 계기로 다수가 인정 신청을 하였으며 운동의 규모도 급속히 확대되었다.[28] 대량의 인정 신청자들에 직면한 구마모토현은 1974년에 규슈 각지의 대학과 국립병원에서 의사를 동원하여 7~8월에 집중적으로 검진을 시행하여 당초 2,000명이 넘는 신청자를 대량으로 「처분」하려고 했다.[29]

어떤 피해자가 「의료 체계 폐해의 극치를 보여줬다」고 말한 이 검진에 대해서[30] 오가타 자신은 「돈을 바라고 신청을 한 건가 … 거짓말은 하지 말라」는 말을 듣거나, 「피가 배어 나올 정도로 주삿바늘로 마구마구 찔러 댔다」며 당시를 회고했다.[31] 또한 이 검진에서 「의심받고 있는 것 같아서 비참」하다고 생각하며, 인정 신청을 취소하는 피해자도 있었다고 했다.[32]

28) 미나마타병을 둘러싼 운동은 1973년을 경계로 질소를 상대로 한 소수의 피해자에 의한 싸움에서부터 미나마타병의 인정제도를 둘러싼 행정의 책임을 추궁하는 다수의 「미인정환자」에 의한 싸움으로 변화되었다. 제1차 소송의 원고(「소송파」라 불리는) 몇 사람은 당초 「희귀병」 환자로서 자신들을 억압해왔던 사람들까지 인정 신청을 시작한 상황에 복잡한 심정을 토로했으며, 1973년 이전의 운동에 관여했던 사람들과 1973년 이후에 운동에 참가한 사람들 사이에서 감정적 괴리나 대립 감정이 생겨나기 시작했다.(예를 들어 미나마타병 센터 상상사 편(2003) 『풍양의 해변에서 제2집豊穣の浜辺から』第二集, pp.109-126을 참조)
29) 하라다(1985), p.137.
30) 구보타 등 편(2006), p.301.
31) 『공술녹취서』.
32) 하라다(1985), p.139.

인류학자 로버트·F·머피는「자신이 먼저 어떤 사람인지보다 우선 환자라고 생각하는 것」을 환자측이 수긍할 수 있도록 보장하는 조건이라며, 이를 통해 의료측은 환자를 개인이 아닌「증상사례」로 취급할 수 있다고 설명했다.[33] 병든 몸을 보고 미나마타병이 무엇인지를 묻는 것이 아니라 보상받을 만한「증상사례」인지 아닌지의 기준으로 사람들의 몸을 판단하려 한「엉터리 검진」은 행정 권력과 결탁한 의료의 폭력성과 함께「환자」라는 것이 어떤 것인지를 오가타에게 생각하게 한 중요한 계기의 하나가 되었다고 여겨진다.

오가타는 이 검진으로부터 2년 후인 1976년의 강연에서 마을 안에서 〈얼굴〉을 아는 관계 속에서 서로 증상을 비교해가며 인정받을 만한「무형의 심사회」가 있다고 말하며「의미 없는 제도를 없애고 스스로 자립해나갈」필요성을 호소했다.[34] 여기서부터는 행정을 통해 인정된「미나마타병」과 지역 내에서의 인식에 차이가 발생하고 있는 것, 더욱이 지역 내에서의 신체(적 징후)를 매개로 대화를 통해 오가타가 이러한 차이를 문제시하기 시작했음을 알 수 있다. 하지만 환경청은 1977년에 나온 보건부장 통지, 1978년의 사무차장 통지를 통해서 의도적으로 환자 인정기준을 좁히면서 대량의 인정 기각자가 생겨났다. 이에 대해「신청협」은 1978년 말에 행정 부작위(굳이 적극적인 행위를 하지 않은 것)에 의해서 인정 신청자가 입은 피해의 배상을 요구하는 소송－통칭「기다리게 하는 임금재판(待たせ賃裁判)」을 구마모토 지법에 제소하고 오가타가 원고단체장을 맡았다.

이러한 일련의 경위 속에서 인정/기각의 분단은 오가타가 사는 오키

---

33) Murphy(1990), p.22.
34) 구대자주강연실행위원회 편(熊大自主講座実行委員会 編, 1982), pp.55-57.

마을에도 확실히 깊은 그림자를 드리워 왔다. 이 마을에서 태어나고 자란 한 남성은 취직으로 기타큐슈시로 이사한 뒤 부친의 발병을 계기로 1979년 귀향했을 때의 이 섬의 모습에 대해 다음과 같이 말했다.

> 18년 만에 돌아와 보니 인정받은 사람들은 보상금과 연금으로 전혀 다른 생활을 하고 있었지만 미인정된 사람들은 이전보다 더욱 힘든 생활을 하고 있었습니다. 그리고 모두가 가난한 생활을 하고 있을 때는 전체가 가족 같았던 이 섬의 분위기가 완전히 무너져 있었습니다. … 운동을 하고 있던 사람도, 인정받으면 … 보상금을 받고 점점 빠져나갔습니다. 한편 하루살기도 버거운 사람들이 남게 되었습니다. 그러면 인정받은 사람은 뭔가 신청협을 버리고 간 것 같은 형태가 되는 것입니다. 그러니까 돈 얘기는 아예 꺼내지 않게 됩니다. 그리고 서로가 서로를 계속해서 의심하는 상황이 되었습니다.[35]

전절에서 살펴본 바와 같이 오키 마을의 사람들은 「거의 같이 생활」을 하며 같은 생선을 먹었음에도 불구하고 정치적으로 조작된 기준에 의해서 어떤 사람은 「인정」받고, 어떤 사람은 「기각」되었다. 게다가 거기에 보상금이 얽히게 되면서 지역 내의 중층적인 분단이 진행되었다.

이러한 상황 속에서 오가타는 1982년에 행한 인터뷰에서 다음과 같이 말하였다.

> 「기다리게 하는 임금재판」은 임금이라는 돈의 요구가 진짜 요점이 아니라 빨리 구제하라는 것입니다. 그것이 지금의 재판이라는 하나의 제도 안에서는 부작위의 위자료 청구라는 형태가 된다 … 이 운동에 참여함으로써 자신이 검증되어 간다.[36]

---

35) 구리하라 편(2000), pp.120-121.
36) 미나마타병을 고발하는 모임 편(1982년 2월 15일) 「미나마타 환자와 함께」 제140호.

이 이야기에서는 자신이 원하는 「구제」와 재판에서 다투는 사안의 차이를 인식하면서도 재판에서 어떤 활로를 찾으려는 그의 계획을 읽어낼 수 있다. 그러나 동시에 「자신이 검증되어 간다」는 이야기는 그런 차이를 의식하기 시작한 오가타의 갈등을 시사한다.

이 인터뷰에서 오가타는 「기다리게 하는 임금재판」을 「구제·인정을 압박하는」 운동으로 규정하고 있으며, 「구제」와 「인정」을 함께 이야기하고 있는데, 이 표현은 「제도를 없애고 자립해나갈 것」을 요구하면서 다른 한편으로는 환자로서의 「인정=구제」를 촉구하는 운동을 계속해 나가지 않을 수 없다는 당시 오가타가 처한 곤경을 명료하게 보여주고 있다. 미나마타병의 인정제도를 전제로 하는 이상, 「구제」나 「인정」이라는 「항의와 보상에 관한 보편적인 전문용어」[37]를 구사하면서 책임을 추궁해 갈 수밖에 없고, 그것은 결과적으로 국가 주도의 의료체제 아래에서 만들어진 「인정=보상=구제」라는 자명성을 강화하는 것으로 연결된다. 이처럼 제도 자체를 비판하면서 제도 안에서 사용되는 어휘를 내면화해 나가는 상황 또한 오가타를 「자기 검증」으로 향하게 하는 계기가 되었다고 생각한다.[38]

오가타는 1985년 9월에 열린 지원자와의 대화에서, 「칫소와의 직접 교섭을 통해서 추진해나가고 싶다」는 의지를 표명했지만,[39] 주위의 이해를 얻어내지 못한 채 「신청협」 안에서 고립되어 갔다. 이렇게 「탈락」이라는 말을 들으면서도 혼자 운동에서 빠진 오가타는 스스로가 「미쳤

---

37) Kleinman et al. eds. (1997) p.xi.
38) 오가타는 운동에 참여하고 있는 당시를 회상하며 「나도 운동용어나 제도용어를 사용하였기 때문에 인정이나 처분이나 이러한 단어를 속에서 헤매고 있었다」고 말했다.(본원의 회 편, 2006년 4월)『魂うつれ』제25호, p.12)
39) 다카쿠라(1998) p.224.

다」고 부르는 약 3개월간의 정신적 갈등에 들어간다.

오가타는 이 선택에 대해 「스스로 사다리를 걷어찼다」 또는 「발판을 스스로 잘라냈다」고 표현했다.[40] 「미쳤던」 기간 동안은 하루 종일 무언가를 중얼거리고, 주위를 그냥 맴돌고, TV를 향해 호통치고, 때려 부수는 행동으로 인해 병원에 들어갈 때까지의 비정상적인 정신상태였다고 하지만,[41] 「스스로 사다리를 걷어찼다」는 표현 및 「태어났을 때부터의 기억을 몇천 번, 몇만 번 반복해서 되새겼다」[42]는 오가타의 말은 「미친」 것이 그에 의해 선택된 탐구의 과정이기도 하였음을 시사하고 있다. 1987년 6월에 사이슈 사토루(最首悟)에 의한 청취록에서 오가타는 「미친」 것에 대해 다음과 같이 말하고 있다.

> 반대 방향에서 잡아당기는 것은 자연스러운 것인가. 자연스럽게 말이 통하는 데까지 간다. … 민감해져서 멀리 있는 것이 보이거나 들리기도 한다. 누군가가 인간 사냥을 하고 있다. (누군가가) 찾으러 오는 것처럼 (느껴져) 숨는다. 하지만 열심히 격려해준다. 누가? 풀, 나무, 바다, 물고기, 새. 나를 감싸고 지켜주려 한다. 그것이 3개월 정도 계속되었다. … 낚시를 하고 있는 사람들이 빈 캔을 바다에 내던진다. (빈 캔이) 바다에 떨어질 때 (나도) 아픔을 느낀다.[43]

「자연스럽게 말이 통한다」는 감각, 그리고 강조한 부분의 이야기에서는 「미친」 것은 객체로서의 사물이 소실되어 가는 경험이기도 했음을 그 과정에서 그가 자신의 몸을 감싸 안는 자연과의 연결고리를 재발견해 나갔음을 알 수 있다.

---

40) 2013년 7월 15일.
41) 오가타·쓰지(1996), pp.102-123.
42) 2006년 8월 29일.
43) 最首(1992), p.61.

4 내부의 타자

1986년 9월 오가타는 「미친」 것에 대해서 「자문을 계속해 나가던 때에 돌연 6살 때의 자신의 혼이 절규하는 소리가 들렸다」[44]고 회상했다. 또한 칫소에 대해서는 「이 정도의 죄를 지었으니 이제 정신 차려도 될 것이라고 생각한다」[45]고 말하면서 「영혼의 아픔」을 어떻게 공유할 수 있을지에 대해서 모색하기 시작했던 걸 떠올렸다. 이를 위한 방법으로써 오가타가 선택한 것은 직접 「상대」로 칫소와 다시 마주하는 것이었다.

오가타는 1987년 12월부터 약 5개월에 걸쳐서 일주일에 한 번씩 「영원의 배(常世の船)」라고 이름 붙인 목조선을 타고 미나마타의 칫소 공장 앞까지 가서 단독으로 총 24차례에 이르는 농성을 벌였다. 「1분이라도 1초라도 좋다, 나를 전부 나타낸다」[46]는 생각으로 오가타가 농성을 개시한 것은 1987년 12월 7일의 일이었다. 새벽에 메도(女島)를 출발해 「영원의 배」로 몇 시간에 걸쳐 미나마타 항구로 간 오가타는 칫소 정문 앞까지 걸어가자 준비해 온 거적에 「칫소의 민중이여」, 「피해민의 민중이여」, 「세상의 민중이여」라는 세 방향을 향한 호소문을 쓰기 시작했다. 칫소에 대한 호소문에는 「이 미나마타병 사건은 사람이 사람을 사람으로 생각하지 않게 된 그때부터 시작되었다…칫소의 민중이여 빨리 돌아오라」고 쓰였는데, 「사람이 사람을 사람으로」의 앞 글자인 「사

---

44) 熊日 1986년 9월 18일.
45) 熊日 1986년 9월 19일.
46) 오가타・쓰지(1996), p.144.

람」을 쓸 때 「손이 떨려서 제대로 쓸 수 없었다」고 한다.[47] 오가타에 따르면 칫소와 「영혼」이 아닌 「사람」으로서 다시 만나고 싶다고 생각하더라도 실제로 그렇게 쓰는 것은 곤란했다. 그럼에도 오가타는 거적깃발에 「사람」이라는 글자를 썼다. 이를 통해 「무언가 분함에서 한 걸음 벗어났다는 기분」이 들었다고 한다.[48]

덧붙여 공장에 출입하는 사원 한 사람 한 사람과 마주해가는 경험 또한, 오가타의 원한을 풀어나가는 것으로 연결되었다고 생각한다. 오가타는 필자에게 직접 「상대(만나고 싶다)」의 중요성을 거듭 강조하는 동시에 「얼굴이 보이는 관계, 일대일로 마주했을 때 상대방도 나와 별로 다르지 않음을 느낀다」고 말했다.[49] 확실히 칫소 앞에서는 「혼자일 때는 인사를 하는 사람이 집단 안에서는 전혀 무표정」한 묘한 사태에도 직면했다.[50] 그러나 조리(草履, 지푸라기를 엮어 만드는 신발)를 엮고 있는 오가타를 보고 옛날을 그리워하는 직원이나 「나도 만들어 주세요」라고 말을 건 사람도 있어 오가타는 그들의 얼굴에 「여유로운 시간의 흐름」이나 「회사원 간의 얼굴이 순간 사라지고 다른 표정이 나타나는」 모습을 느꼈다.[51] 몸을 맞대고 이런 대화를 거듭해 나가는 것은 그들이 자신과 그다지 다르지 않은 「인간」임을 오가타에게 일깨워주는 과정이기도 했을 것으로 짐작된다.

그러나 만약 칫소에서 일하는 사원들도 오가타와 같은 「인간」이라고 한다면, 왜 미나마타병이 일어나고 만 것일까. 80년대 후반 이후의 오가

---

47) 『도보신문(同朋新聞)』 제651호(2012년 2월 1일).
48) 『도보신문(同朋新聞)』 제651호.
49) 2012년 8월 20일.
50) 熊日 1989년 1월 13일.
51) 오가타・쓰지(1996), p.141-142.

타의 사색은 미나마타병 문제를 둘러싼 당시의 정치적 상황과도 연동되면서 깊어져 갔다.

　당시 「미나마타병의 폭심지」로 불리는 미나마타만에서는 만 내에 퇴적된 수은 오염 진흙과 만 내에 서식하고 있던 수은에 오염된 물고기를 매립하기 위한 공사가 구마모토현에 의해서 진행되어 매립지가 서서히 완성되고 있었다. 이런 상황에서 구마모토현은 매립지를 주요 무대로 한 지역 진흥 계획을 잇달아 내놓았다. 그리고 「레저랜드 계획」이나 「집객력 있는 관광 레크레이션의 기지」 등의 문구에서 알 수 있듯이, 이러한 계획에 공통적인 점은 과거와의 단절을 강조하는 자세였던 것이다.52) 이러한 이야기를 들은 오가타는 매립지가 완성된지 약 4개월 후인 1990년 7월 아내와 공동으로 『미나마타병 의지의 글』(구마모토현 지사・미나마타 시장 앞으로)를 보냈다. 여기에는 매립지의 개발 구상이 「국가, 칫소에 의한 의식형성(동원)」, 「미나마타병 사건을 없던 일로 하려는 모략」, 「고해의 아픔을 깨닫지 못하는(자들의) 헛소리」라고 쓴 다음, 「이제 인위적인 개조는 부디 그만두어 주었으면 한다」는 호소가 쓰여 있다.

　「고해의 아픔」이라는 표현과 관련해 주목할 만한 것은 『의지의 글』을 제출하기 위해 현청을 방문한 당일의 오가타 부인이 말한 이야기다. 거기서는 오가타의 행동을 조금씩 이해할 수 있게 되었다는 자신의 변화와 함께, 「지금, (자신의) 신체와 자연이 일체화된 것을 느낀다. 바다나 물고기가 아프다고 말하는 것이겠지요…그러면 나도 아픔을 느낀다」고, 바다나 물고기의 아픔을 자신의 내면에서 느낀다는 신체 본래의 모습이 적혀 있다.53) 이는 「고해의 아픔」이라는 표현이 비유적인 것이

---

52) 시모다(2019a), pp.167-168.

아니라 오가타의 신체감각에서 유래한 말이라는 것을 시사한다.

이처럼 오가타는 칫소 사람들한테서 자신과 다를 바 없는 「인간」을 발견함과 동시에 스스로 느낀 「영혼의 아픔」을 「바다의 아픔」으로 연결시켜 왔다. 여기서 그는 자신도 안고 있는 「인간의 죄」라는 인식에 도달하게 된다. 그것은 아무도 받아들이지 않았던 「영혼의 아픔」을 마주하기 위해 미나마타병을 일으킨 죄를 「인간의 죄」로써 무엇보다도 자기 자신이 「인간」으로서 다시금 짊어지고자 하는 것이었다. 오가타는 『의지의 글』을 제출한 지 약 1년 후인 1991년 8월, 다음과 같이 말한다.

> 미나마타병 사건이란 무엇인가. 그것은 인간의 죄의 깊음을 깨닫는 것이 아닌가…물론 나 자신 안에도 죄가 있다. 예를 들어 발생 당시 내가 칫소 사원이었다면 공해를 숨기는 방향으로 움직였을 것이다.[54]

여기서 말하는 「인간의 죄의 깊음」이란 무엇인가. 앞에서 살펴본 대로 거적 깃발에 적힌 호소문에는 「칫소의 민중이여 빨리 돌아오라」고 적혀 있었다. 아울러 『의지의 글』에서는 「국가, 칫소에 의한 의식형성(동원)」이라는 단어가 사용됐다. 이러한 말은 오가타가 칫소의 사람들에게, 「나와는 다르지만, 여전히 내가 취할 수 있었을지도 모르는 모습」[55]을 찾아간 프로세스와 대응하고 있는 것은 아닐까. 「내가 칫소였다면」이라는 앞의 언설은 90년대 중반에는 이렇게 바뀌었다.

---

53) 『「미나마타」환자와 함께』 재217호(1990년 9월 5일).
54) 마이니치신문 1991년 8월 31일.
55) 데구치(2003), p.155.

칫소만의 죄인가. 나 자신 안에 칫소는 없는 것일까. 인간의 깊은 죄에 사고가 다다르면, 자연을 오염시킨 아픔을 느끼는 것이 아닐까요?[56]

「나 자신 안의 칫소」라는 표현은 「자연을 오염시킨 아픔」의 감각과 연관되어 있다는 점에서도 알 수 있듯이 오가타 자신도 결코 「자연을 오염시킨」다는 점에서 무관할 수 없다는 그의 위기감에서 비롯된 말이기도 하다. 필자와의 대화에서는 「나 자신 안의 칫소」라는 말은 현대사회에 있어서는 누구도 가해성과 피해성을 가질 수밖에 없는 상황과 함께 「인간의 어리석음, 위태로움, 무기력함」이 나타나고 있다. 그와 동시에 오가타는 자신을 의심하는 것의 중요성을 거듭 강조하고 있었다.

미나마타병 환자여도 몸에 의한…극단적으로 돈을 갖고 싶다 라든가, 권력을 가지고 싶다 라든가 하는 정도로 역시나 인간은 변질되어 간다… 그러니 너도, 나도 언제 변질될지 모르는 것처럼 자신을 의심하며 살아갈 필요가 있다고 말하는 거야![57]

즉, 「나 자신 안의 칫소」라는 착상은 미나마타병이 발생했을 당시에 칫소에서 일하고 있던 사람들처럼 언제든지 동원될 수 있는 「내부의 타자」를 오가타 자신도 안고 있다는 것과 더불어 「내부의 타자」에 대한 끊임없는 배려야말로 중요하다는 점을 오가타가 깨달아갔음을 시사한다. 그리고, 이러한 자신에 대한 배려의 태도는 「인간」으로서 미나마타병으로 사망한 모든 생물에게 「사과」를 한다는 삶의 방식에 접합되어 간다.

---

56) 요미우리신문 1995년 3월 13일.
57) 2006년 8월 28일.

5 살아있는 것에 울리는 소리

나 자신 안으로 「인간」으로서의 가해성을 발견한 오가타에게 미나마타만 매립지는 매립된 물고기들, 나아가서는 미나마타병으로 인해서 죽어간 생물에 대한 자신의 죄 ─ 「인간의 죄」도 상기시키는 장소가 되었다.

오가타는 1990년대 후반 이후 「본원의 회」라는 그룹의 일원이 되어 모임의 조직을 꾸리는 데도 착수하게 된다. 그 배경에는 「재생」의 어필을 주안점으로 진행해간 매립지의 정비, 활용이나 미나마타병의 정치적 화해 (1995~96년) 전에 문제의 수습을 걱정한 피해자들이 법적・의료적・경제적 「구제」로는 치유되지 않았던 심정을 표현하기 위한 장으로써 매립지를 새롭게 재조명한 것을 들 수 있다.[58] 매립지의 별도의 활용법을 모색하고 있던 사람들 중에서도 매립지에 석상을 설치한다는 발상이 생겨나서 이를 실행하는 주체로써 95년에 「본원의 회」가 발족하게 된 것이다. 그리고 현재 이 모임의 멤버 개개인이 자기 자신의 손으로 조각한 석상(총 56개)이 매립지의 바닷가 일각에 바다를 바라볼 수 있도록 설치되어 있다.

오가타에 의한 석상에 대해서는 별고(2017)에서 논했기 때문에 상술하지 않겠지만, 본고에 있어서 흥미로운 점은 그가 1990년대에는 「사죄를 하는 기분」이 된 자기 자신의 「분신」과 석상을 자리매김한 것에 대해, 2002년에 「태아」, 「올챙이」, 「정자」를 모티브로 하는 석상을 건립한 이후, 인간 이외의 생물의 시점에서 미나마타병의 이야기를 풀어내기 시작했다는 것이다. 이 석상에는 눈이 두 개 새겨져 있고, 고개를

---

58) 시모다(2017).

숙인 그 눈빛은 오염된 어류들이 묻혀 있는 아래쪽, 즉 「인간의 죄」를 상징하는 매립지를 바라보고 있다(사진2).

〈사진2〉 「태아」를 모티브로 한 오가타의 석상(필자 촬영)

오가타는 이 석상의 제작과 병행하면서 2000년 이후에 「생명」이나 「소생」을 주제로 하는 기도 행사를 고안해 「본원의 회」 멤버들과 함께 미나마타만 매립지에서 실시해 왔다. 그 중에서도 2002년 8월 24일(음력 7월 16일) 밤에 미나마타만 매립지에서 열린 행사는 흥미롭다. 오가타는 물고기를 뜻하는 「이오(イオ)」라는 방언을 사용하여, 아이누의 「이오만테(イオマンテ, 곰 보내기)」를 「이오만텐(イオマンテン, 魚滿天)」으로 바꿔서, 「이오만텐의 밤(이하 「魚滿天」으로 표기)」이라는 행사를 개최한 것이다.[59] 행사 준비 중에 오가타는 「미나마타병은 물고기가 오염된 것에서 시작된 것으로 … 물고기는 우리에게 있어서 말하자면

수호신 같은 생물입니다」[60]라고 자리매김하고 있었다. 물고기들이 다시 찾아오기를 기원하며 갈치 등 살아있는 물고기가 바쳐진 이 행사에서 오가타는 참가자들을 향해 다음과 같이 말했다.

> 지금 시라누이해의 물고기는 매우 적어진 상태입니다. <u>도대체 그 많던 물고기들은 어디로 갔을까, 하늘로라도 갔을까. 생명이 짧아졌다는 생각이 듭니다.</u> 오늘 저녁, 산 물고기를 바쳐 생명을 모시는 의식을 거행하고, 다시 이 시라누이해로 돌아오길 바랍니다. 그리고 지상의 생명이 길어지기를 바랍니다. 우리는 생물들을 공경하고 그 생명과 연결되는 사람이 되고 싶습니다.[61]

여기서는 인간 이외의 생명과 「연결되기」를 바라는 것과 더불어 지상에 있는 사람들을 내려다보는 「하늘」의 물고기들의 시선이 「생명이 짧아진」 인간의 존재 방식을 문제시하는 계기로 이야기되고 있다.

물고기들에게 보여지는 이 감각은 그가 인생의 대부분을 지내온 바다에서의 경험에서 유래한 것이다. 오가타는 며칠에 걸쳐서 많은 갈치들이 잡힌 어느 아침, 그의 고기잡이 방식을 흉내 내려는 다른 어부들에게 다음과 같이 말했다.

> 배의 움직임을 보고 있어도 남의 흉내를 내는 자는 금방 알 수 있다. … <u>역시 물고기도 사람을 보고 있다.</u> … (물고기도) 기왕이면 자신을 정말

---

59) 아이누인들은 수렵에서 얻은 어린 곰을 소중히 사육시켜 어느 정도 성장하면 「코탄 (마을)」을 방문한 것에 감사하며 재방문을 기원하며 어린 곰의 혼을 「카무이모시리」(신의 나라)에 보왔다(아이누민족박물관(1993), pp.159-162; 기무라·혼다 편 (2007), p.72). 오가타는 「이오만테의 밤」이라는 가요곡(작사: 기쿠타 가즈오, 작곡: 이토 히사오)를 통해서 「이오만테」를 알았다고 한다.
60) 『魂うつれ』 제9호 (2002년 4월), p.6.
61) 『魂うつれ』 제11호 (2002년 10월), p.5.

좋아해 주는 사람, 소중하게 여기는 사람에게 잡혀가고 싶다고 (생각하고 있을) 것이다. 이쪽이 욕심을 내면 (물고기에 의해) 금방 알아차린다. 「생각하는」 것보다 「느끼는」 것이 먼저다. 「생각하는」 것보다 「느끼는」 것을 중요하게 생각하는 것이 좋다.[62]

이 이야기는 오가타에게 물고기와 기분을 서로 교감하거나, 물고기에게 보이는 사태가 「생각하는」 것과는 다른 차원의 경험임을 시사하고 있다. 필자가 오가타의 고기잡이를 도와주면서 「생각하는」 것과 「느끼는」 것의 차이를 가장 강하게 의식한 것은 신선도를 유지하기 위해서 물고기들의 목을 부러뜨릴 때의 경험이었고, 그곳에서는 목숨이 끊어지는 순간의 물고기의 몸서리가 필자의 몸에도 전해져 오는 감각을 느꼈다. 오가타는 「이오만텐(魚滿天)」을 만들어가는 상상력의 원천을 물고기를 죽일 때의 감각에서 찾으면서 다음과 같은 이야기를 해주었다.

물고기를 죽인 나는 역시 <u>죄의 깊이라는 것을 느끼는 거야.</u> … 돈으로는 해결되지 않는다는 것을 감각적으로 이해하고 있어. (그런 감각이) 몸속에 있어 … 그것은 반대로 만약 나 자신이 죽임을 당하거나 목숨을 잃는 쪽이라면, 물고기 쪽이었으면 하는 상상성을 만들고 있지.[63]

물고기와 서로 상대하는 장면에서 「생각하기」 이전에 몸으로 느껴졌던 것이 「이오만텐(魚滿天)」에서 볼 수 있었던 것과 같은 「상상성」을 만들어간다. 이러한 것들은 삶과 단절될 때 생기는 신체감각을 바탕으로 살아있는 것의 시점에서 자신에게 다시 시선을 돌리는 오가타의 성찰의 기본적인 방식을 시사하고 있다. 어느 날 고기잡이를 하는 동안

---

62) 2012년 8월 21일.
63) 2006년 8월 28일.

배 위에 있던 오가타는 미나마타만 쪽을 향해 매립된 수은이나 오염된 물고기들을 생각하며 다음과 같이 말했다.

> 피해자라는 표현을 나는 싫어하지만, 피해/가해라는 것은 어떻게 하든 보상 문제로 연결돼 버린단 말이지. 그것보다 수난이랄까, 공고(共苦), 함께하는 고통. 산업사회의 독을 받아들인 자들이라는 인식. 고양이도 물고기도 그렇지만 자연계의 일원으로서 함께 독을 받아들였다고 할까. 바다도 그렇지만 그렇게 받아들이는 방식도 있다고 생각해.[64]

이제부터는 「독」조차도 받아들여서 안고 가는 「자연」의 존재와 함께 거기서 연속되는 오가타 자신의 모습이 떠오른다. 「수호신」임과 동시에 「함께하는 고통」을 받아들인 자신의 일부이기도 한 물고기. 여기에는 「사람」과 「물고기」라고 하는 일반적인 카테고리에서는 분리할 수 없는 자연과의 일체감이 나타나 있다. 이 이야기를 할 때 오가타의 눈은 오염된 어류들이 잠든 매립지 쪽을 바라보고 있었다. 분명히 배 위에서 필자와 대면 관계에 있었던 것은 틀림없지만, 그 목소리는 그 자리에 없는 누구에게도 닿을 것 같이 말한 것처럼 느껴졌다.

이 점에 관해 주목되는 것은 오가타가 「표현이라고 하면 보통은 인간이 상대라고 생각하지. 그렇지만 내가 무엇인가 표현할 때는 자연계에 대한 응답이라고 할까 인간만이 아니라…자연계에도 보여준다」고 말했던 것이다.[65] 오가타는 또 메도(女島)의 농촌 지역에 사는 여성들이 고치마도리 해변까지 해조류를 따러 오던 어린 시절을 회고하며, 그녀들이 현지의 마을 사람들에게 「받아가요~」라는 말을 했었던 것에 대해

---

64) 2008년 7월 9일.
65) 2013년 3월 21일.

한층 더 밝은 표정으로 이야기해 주었다. 그리고 주어도 목적어도 없는 이 문구가 마을 사람들에게 「받아가기」 위해서 한 말이기도 하지만 「바다 자체를 향해 말하고 있는 것이라고 생각한다」고도 말했다.[66]

이러한 이야기를 토대로 다시 「이오만텐(魚滿天)」 행사로 돌아가면, 그것은 물고기를 향해 소리를 내면서도 미나마타병에 의해 깊은 상처를 입은 「내려준 것」으로써의 물고기라는 증여 관계에 기초한 연결고리를 인간측으로부터의 「응답」에 의해 관계를 맺으려는 시도이기도 했을 것이라 생각한다.

6 〈혼자〉로서 살아간다

철학자인 미셸 푸코(Michel Foucault)는 인간에 의한 인간의 통치지배는 무언가의 형식의 합리성을 전제로 하기 위해 그러한 합리성의 산물을 공격하는 것이 아니라, 「눈앞에 존재하는 합리성의 형식」 그 자체를 물을 필요가 있다고 설명하고 있다.[67] 오가타가 다시 묻고자 한 것 또한 「인정=보상=구제」라는 도식에 의해서 사람들을 분단해 「미나마타병 환자」라는 자기형성의 거푸집에 밀어넣고자 하는 「합리성의 형식」 그 자체였다. 오가타는 그러한 합리성이 생겨난 세계에 대해서 스스로 「사다리를 걷어차는」 등의 지배적인 언설과는 다른 방식으로 자신을 확증하려고 시도했다.

---

66) 2019년 3월 21일.
67) Foucault(1988), p.84.

한편, 칫소 사람들과 대화를 계속해 나가면서 「내부의 타자」를 발견하고, 「인간으로서의 깊은 죄」를 계속 마주함으로써 생물들과의 유대를 다시 관계지으려는 오가타의 시도는 자신을 세계로부터 떼어내 자기 안에 가두거나 또는 가상의 세계로 도피하는 방식과는 전혀 다른 것이었다. 오히려, 거기에는 사람이나 생물을 일반적인 카테고리로써 파악하는 것이 아니라, 상대로서 마주하며 거기서 얻은 신체감각을 자신의 성찰로 연결하고자 하는 오가타의 일관된 자세를 엿볼 수 있었다.

다만, 오가타의 〈자기〉는 「타자가 아닌 나」라는 근대적 인간관에 근거한 자기라기보다는[68] 자기와 타자의 경계가 끊임없이 요동치는 〈자기〉라는 점에 특징이 있다. 예를 들어, 오가타가 1985년 이후에 찾아낸 〈자기〉는 한편으로는 「공고(共苦)」라는 말에 드러나는 생물(피해자)로서의 자기였고, 다른 한편으로는 「내부의 칫소」를 품고 있는 인간(가해자)으로서의 자기였다. 그리고 오가타의 이러한 〈자기〉가 사람이나 생물과의 관계에 따라서 끊임없이 흔들리고, 흔들림으로써 새로운 관계를 만들어가는 프로세스를 본고에서 명확히 했다.

어느 날 오가타는 스스로의 〈자기〉와 개인주의적 발상에 근거하는 개인을 대비시키면서, 「고독하고, 고독하다는 개인주의적인 사고방식이기 때문에 틀어박혀 버린다 … 당신도 혼자, 나도 한 마리라고 하지 … 이렇게 어디를 가도 통용되는 개념은 없어…혼자라는 것의 의미를 생각하라고 말하는 거야, 당신에게」라고 이야기해 준 적이 있었다.[69]

---

68) 마쓰다(2021) p.11. 인류학자인 마쓰다 모토지(松田素二)는 동 논문에서 「자기의 존재를 위해서는 항상 타자를 필요로 하는」 것을 「아프리카적 인간상」을 근거로 해서 종래의 「인간관」을 상대화하면서 새로운 관계성을 창출하는 것의 중요성을 지적하고 있다.
69) 2006년 8월 28일.

또 다른 장면에서 스스로의 〈자기〉에 대해서 「나라고 하는 개체이면서, 타자와도 연결되어 있다」고도 말한 적이 있다.[70] 〈혼자〉 혹은 〈한 마리〉라는 지점으로 내려왔을 때 처음 발견되고 느껴지는 연결의 그물망. 오가타는 이러한 연결을 통해 살아가면서, 예전에는 대립 관계에 있는 것으로 파악되어 온 2항 사이를 요동치면서, 〈혼자〉가 된다는 것의 의미를 새로운 지평에서 열어가려고 하고 있다.

본고는 이러한 오가타와의 대화의 과정에서 필자가 느껴온 충격을 이해하고자 하는 시도이기도 했다. 실험동물을 앞에 두고 서 있을 뿐이었던 〈나〉(제2절)는 앞으로 되돌아 본다면 살아있는 것과 자연을 자신의 바깥쪽에 두고 그저 바라보기만 하는 것으로 파악하고, 나와 관계를 맺고 있지 않은 무언가인 것처럼 느끼고 있던 필자의 태도에서 유래한다. 그러나 오가타와의 대화를 통해 이러한 태도는 무수한 생명이 자라는 바다를 외면하고 미나마타병을 일으킨 감각과 절대 무관하지 않다는 것, 그리고 자신의 무감각이 내포하고 있는 깊은 죄와 계속 마주하는 것의 중요성을 깨닫게 되었다.

이러한 오가타에 의한 관계 맺음의 실천은 한 사람 한 사람의 삶의 방식에 물음을 던짐과 동시에 현대사회에 있어서의 우리들의 「생(生)」을 매개로 하여 지탱하고 있는 여러 존재와 어떻게 마주할 것인가라는 점을 생각하게 만든다는 점에서도 귀중한 시사점을 던져주고 있다. 오가타에 의하면 실천을 비롯하여 미나마타의 관계를 맺어간 날들의 그러한 관계가 어떠한 의의를 가져올 수 있을지 앞으로도 계속해서 탐구하고 싶다.

---

70) 2018년 8월 11일.

[附記]

　마지막으로 미나마타에서 따뜻하게 협조해주신 분들께 진심으로 감사드린다. 오가타 마사토 씨의 협조가 없었다면 이 글은 집필할 수 없었을 것이다. 그리고 본고의 집필을 응원해주신 동의대학교 이경규 교수님, 임상민 교수님, 원고 번역을 담당해 주신 동의대학교 스탭 여러분, 그리고 동의대학교와의 교류에 힘써주신 스즈키 히로타카 교수님께 깊은 감사의 말씀을 드린다. 본 연구는 구마모토대학 대학원 인문사회과학연구부 부속 국제인문사회과학연구센터・학술적연구자원 아카이브영역 및 JSPS연구비(과제번호: 20K13287, 22H00036)의 조성을 받은 성과물이다.

「찍는 자」와 「찍히는 자」 사이의 역사적 간극

―구와바라 시세(桑原史成)가 찍은 1960년대의
미나마타병 투쟁부터 오늘의 공동성(共同性)까지―

가무로 유미(香室結美)

구마모토대학 대학원 사회문화과학연구과에서 학술박사 학위를 취득했으며, 현재 구마모토대학 문서관 특임조교로 재직 중이다. 구마모토대학 문서관의 미나마타병 관련 자료 기증 접수와 공개 그리고 타 공해 관련 자료관과의 연계를 추진하고 있으며, 미나마타시립 미나마타병 자료관의 자료관리위원회 위원으로서 활동하고 있다. 주요 업적으로으로는『〈미나마타병〉Y씨 재판 결정 방치 사건 자료집―메틸수은 중독 사건의 구제에 관한 재고와 관련하여―』(공저), 『행동의 창조―나미비아 헤레로인의 식민지 경험과 아름다움의 제상』, 『Contemporary Gender and Sexuality in Africa』(공저)가 있다.

들어가며

　미나마타병이 퍼진 미나마타시(水俣市)가 중심에 자리잡은 시라누이해(不知火海) 연안 지역은 문자로만 알려진 곳이 아니라, 영상으로 기록된 장소이기도 하다. 미나마타병이란 질소주식회사 미나마타 공장의 폐수 중에 함유된 메틸수은이 원인으로 발병하는 공해병으로 중추신경계 질환에 해당한다. 본고에서는 국가와 지역에서 주변으로 밀려난 1960~70년대의 미나마타병 환자의 투쟁을 마이너리티(소수파)[1]의 투쟁으로서 파악하고, 1960년 이후 미나마타병을 계속 촬영해 온 구와바라 시세(1936년~)의 사진에 초점을 맞추고자 한다. 사진이란 카메라를 들고 무언가에 초점을 맞춘 후에 셔터를 누르면 누구나 찍을 수 있는 부담 없는 매체이기도 하지만, 구와바라는 과연 어떻게 미나마타병을 찍어서 세상에 내놓았을까. 미나마타병을 찍은 사진은 찍는 것(찍는 자)

---

1) 미나마타병 환자・피해자와 가족을 묶어 「마이너리티」라고 부를 수 있는지는 논란의 여지가 있다. 원래 미나마타병 피해에 관한 실태조사가 철저히 이루어지지 않은 데에다가 행정에 의한 환자 인정 조건이 까다롭기에 누가 「미나마타병 환자・피해자와 가족」인지 분명치 않다(행정에 의한 미나마타병 「환자」 인정에 대해서는 시모타 켄타로(下田健太郎)씨의 논고도 참조해 주길 바란다). 또한 환자나 피해자, 그리고 그 가족은 탄탄한 조직체를 갖고 있지 않다. 국가나 질소의 와해 전략에 의해 다층적인 대립축이 만들어져, 다수파인 국가나 질소 편에 붙어 살아남은 사람들도 있었다. 그 자체가 책망받을 일이 아니며 오히려 「끝까지 투쟁한 사람」을 지나치게 낭만적으로 만들고 초점을 맞추는 것도 문제는 작지 않다. 또 「마이너리티」라고 불리는 것에 대한 위화감이나 거부감을 가지는 당사자도 있다고 생각되어, 자칭이 아닌 일방적인 카테고리는 위험하다. 그렇다고 해도 전염병이라는 오해나 병에 대한 사회적 차별(겉으로 볼 때 경증이거나 증상이 없어 보이는 환자를 가짜 환자라고 부르는 차별도 포함)이 현재에도 계속되고 있다는 사실과, 오염에 의한 경제적 그리고 신체적 피해를 계속 받아 왔음에도 오염에 대한 실태조사나 보상이 제대로 이루어지지 않았다는 사실이 사람들의 인권을 침해했다는 점, 피해를 받아 온 사람들이 불균형한 상태에 놓여 왔음은 확실하다.

과 찍히는 것(찍히는 자)이 어떤 관계로 있을 때에 어떤 형태로 존재할 수 있을까. 본고는 미나마타병을 「찍고」「찍히는」 측의 각각의 시점과 경험이 뒤섞여 사진이 목적지를 잃고 끌려다니는 몇 가지 사례를 들고, 사진을 찍는 것과 찍히는 것이 때로는 엇갈리고 때로는 함께하면서 이미지의 목적지를 결정하고 있음을 말하고 싶다. 또한 구와바라는 국교 정상화 1년 전인 1964년부터 25년 동안 한국을 찍은 「한국 현대인을 목격한 증인」[2]으로 평가받기도 한다.[3] 그 외에도 베트남전쟁, 캄보디아, 소련 붕괴 이후의 러시아, 오키나와 등을 촬영했으며, 그들 지역이 각각 어떤 문제에 대면했는지 현장에서 그 역사적 변천을 기록한 인물이기도 하다.

원인 규명과 대책의 지연, 지역사회에서의 인간관계 단절, 배경에 있는 정치 및 경제적 이해관계 등 인간이 연쇄적으로 일으킨 다양한 문제(부작위를 포함)는 「미나마타병 문제」나 「미나마타병 사건」으로 불린다. 환경성(環境省)과 같은 국가의 행정기관이 「미나마타병 문제」라는 용어를 사용하는 것에 비해, 오염 기업 칫소와 오염을 막을 대책을 취하지 않았던 정부, 그리고 현과 같은 행정의 책임을 규명하려는 사람들은 「미나마타병 사건」이라는 용어를 사용하는 경향이 있다. 사건이라는 말은 그 현상이 가해와 피해의 관계로 구성되어 있음을 강조한다. 구와바라 역시 「사건」이라는 용어를 사용하는데, 본고도 마찬가지로 미나마타병을 둘러싼 사항을 사건으로 파악한 사람들의 의사를 존중해 「미나마타병 사건」이라는 용어를 사용하였다.

구와바라 이후로 약 20년이 지나 1978년에 미나마타에 들어가 사진

---

2) 니시무라(2013) p.168.
3) 1970년 한국 여성과 결혼해 현재도 같이 살고 있다.

을 찍게 된 사진가 아쿠타가와 히토시(芥川仁)는 구와바라를 비롯한 사진가들이 미나마타병 사건이라는 사회 문제를 영상으로 널리 세상에 알린 사실에 대해 언급하면서 아래와 같이 말하였다.[4]

미나마타병 사건이 하나의 기업이 일으킨 공해병이라는 틀을 넘어 일본의 근대화가 짊어진 과제나 환경문제의 밑동에 있는 보편적인 과제를 제시할 수 있었던 것도 이들 사진가의 성과였다고 생각합니다.

미나마타병 사건이라는 것은 가해자와 피해자, 건강피해나 환경오염, 그리고 문제를 어떻게든 해 보려는 에너지, 그것들이 하나의 덩어리가 되어 우여곡절을 겪으며 시간이 흘러간다…. 그러한 큰 너울 속에서 미나마타병 사건과 마주친 사진가들의 작업을 되돌아보면, 각각의 사진가의 의사를 넘어 매번 사건이 요구하는 과제를 짊어지고 현장과 만나 기록하며, (사건을) 확산시킴으로써 사진가로서의 자신의 역할을 완수하면 (다음 사진가나 사람들로) 바뀌어 가는 것이라 생각합니다.

덧붙여 아쿠타가와는 「미나마타병 사건의 그 시대 그 시대가 각각의 사진가를 불러들였다」고 말하였다. 이 표현대로라면, 구와바라는 피해를 입은 시라누이해의 연안 지역, 그리고 미나마타병 사건에 이끌린 사진가라고 할 수 있을 것이다. 구와바라의 사진은 유진 스미스(William Eugene Smith)나 쓰치모토 노리아키(土本典昭)와 같은, 이후의 사진가나 영상 작가들이 미나마타에 오게끔 만드는 계기가 되었다.

다음 장에서는 우선 미나마타병에 관한 역사적 배경과 사진에 찍힌 사람들에 대해 소개하고(2-1), 1960년대에 그와 그녀들의 존재를 찍는

---

4) 본 단락은 미나마타시립 미나마타병자료관(2007) p.23을 참조. 인용문 중의 괄호는 필자에 의한 보충된 부분이다. 이하, 이야기를 인용할 때는 같은 표기법을 이용한다. 또한 본고의 일본어판 원고를 작성하며 이야기 가운데 사투리가 강한 부분이나 번역이 어려운 부분에 대해서는 필자가 손을 댔다.

것과 사진에 찍히는 것이 어떤 의미를 갖는지에 대해 구와바라의 촬영과 사진을 중심으로 기술하고자 한다(2-2). 제3장에서는 촬영된 사진에서 발생한 문제와 찍는 것과 찍히는 것 사이에 있는 긴장 관계에 대해 동시대의 구와바라 이외의 사례를 넣어가며 고찰한다. 그리고 제4장에서는 1960~70년대의 미나마타병 투쟁 시기와는 사회정치적 상황이 다른 오늘날에 있어, 미나마타병의 사진을 공개하거나 찍는 것에 대한 바람직한 자세를 고찰하고 오늘날의 사진가의 시도를 기술하겠다. 마지막으로 제5장에서는 구와바라와 피사체와의 관계성에 대해 재차 고찰하고 피사체의 존재를 능동적으로 파악함으로써, 사진이 촬영자와 피사자에 의해서 공동으로 만들어져 갈 가능성에 대해 조명해 보고자 한다.

2 피해의 가시화

2.1 1960년 미나마타병의 「종식」과 공해인정 이후 환자의 분열

본 장에서는 먼저 미나마타병의 발생부터 1960년경의 「종식」기, 그리고 그 후의 환자들의 분열까지 역사적 배경을 다루면서 사진에 찍힌 사람들이 어떤 사람들이었는지, 그와 그녀들이 당시 어떤 상황에 놓여 있었는지를 이야기하고자 한다.

미나마타병이 공식적으로 확인된 것은 1956년 5월 1일이었다. 이날 두 명의 환자가 미나마타시 칫소 미나마타 공장 부속병원에서 진료를 받았는데, 원인불명의 병이 발생했다며 미나마타 보건소에 신고가 들어왔다. 이후 구마모토대학 의학부 연구반이 미나마타병의 원인 규명에 착수하고 1959년에 유기수은이 원인 물질로 추정된다고 발표했다. 그러나 그 시점에서는 칫소 미나마타 공장의 폐수가 직접적인 병의 원인이라는 인과관계는 증명되지 않았다.

1957년에 환자와 그 가족들이 미나마타병 환자 가정 상조회(이하, 환자 상조회)를 결성하고 칫소에 대한 보상요구 등 운동의 거점으로 삼았다. 그러나 칫소는 원인이 아직 확정되지 않았다며 요구에 응하지 않았고, 1959년에 정식 보상이 아닌 「제3자의 선의」[5]라며 소액의 「위로금」을 환자와 그 가족에게 지급했다. 미나마타와 그 주변 지역의 사람들, 그리고 환경에 끼친 피해는 일본 전체로 보면 규슈의 한 지방에 국한되었다. 그리고 미나마타에서도 소수 어민의 문제에 불과한 것으로 취급되었다. 「너희 때문에 우리 보너스가 적다. 우리들 생각도 조금은 해 줘라.」, 「어민들의 구걸이 회사에 손해를 끼친다. ─ 한탕 뜯어내려고 회사(칫소)에 왔느냐.」 이런 발언들을 환자를 향해 쏟아냈다.[6] 압도적인 국가권력, 지역에서 질소의 경제력, 그 경제권역에서 생계를 꾸리는 지역주민, 그리고 원인불명의 병에 대한 공포로 오염 피해자들은 국가의 이익과 지역의 일상을 어지럽히는 존재로, 때로는 가해자인 것처럼 취급되었다.[7]

칫소에 불리하게 작용하는 원인 규명과 실태조사는 계속 방해를 받았다. 인과관계를 찾고자 해도 공장의 비협조적인 자세, 일본의 고도경

5) 요네모토 코지(米本浩二)(2022) p.48.
6) 요네모토(2022) p.47.
7) 벳푸 미나코(別府三奈子)(2007) pp.297-301.

제성장을 뒷받침하는 주요 원료의 생산회사인 칫소를 지키고 싶어하는 통상산업성(현 경제산업성), 도쿄공업대학 교수를 비롯한 체제에 선 학자들이 유기수은설에 대한 반론과 다른 가능성을 주장하며 방해를 놓아 원인규명과 실태조사는 애매하게 중단되고 말았다. 당시 오염 피해자들에 대한 보호는 커녕 방치와 무시만 당하고 지역사회에서 소외되는 억압의 대상이 되었다고 할 수 있다.

앞서 언급한 「위로금 계약」, 그리고 어획 금지나 공장의 폐수 처리 설비(메틸수은에 대한 제거 능력은 없었다)가 정비되었다는 이야기가 나오자, 1960년경 일반인들에게 미나마타병에 관한 문제는 마치 종식된 것처럼 여겨졌다. 그러나 실제로 원인 물질을 포함한 폐수는 계속해서 바다로 흘러가고 있었다. 미디어에서도 1960년부터 공해를 인정한 1968년경까지 미나마타병에 관한 보도는 많지 않아, 이 시기는 보도의 공백기로 불린다.[8] 중대한 오염이 진행되고 있었지만 언론 역시 미나마타병을 들여다보지 않던 시기였다. 그러던 와중에 1963년 2월 구마모토대학 연구반의 반회의에서 칫소 미나마타 공장 아세트알데하이드 제조 공정의 수은에서 유기 수은 화합물을 검출한 사실이 보고됐다.[9] 그럼에도 정부나 구마모토현은 아무런 대책을 취하지 않았고 다른 아세트알데하이드 제조생산 공장에 경고도 하지 않았다. 그리고 1965년 니가타현에서 새로운 메틸수은 중독이 발생한다.

몇 년 뒤인 1968년 9월 일본 정부는 미나마타병의 원인이 칫소 미나마타 공장의 폐수라는 견해를 발표하고 미나마타병을 공해병으로 인정했다.[10] 정부가 칫소의 책임을 인정하자 환자 상조회는 칫소에게 책임

---

8) 오이시(大石)(2004), 고바야시(小林)(2007).
9) 구마모토 일일신문(熊本日日新聞) 1963.2.17.

을 물으며 피해에 대한 보상액을 제시하라고 다시금 요구했다. 그러나 칫소는 제3의 기관에 보상액의 기준 설정을 요구하였고, 1969년에 후생성은 위원회를 설치해 조정을 시도했다. 같은 해, 환자 상조회는 후생성에 보상의 처리를 맡기는 「위임파」(54세대)와, 끝까지 칫소와 직접 교섭하겠다며 소송으로 보상 문제를 해결하고자 한 「소송파」(29세대)로 나뉘었다.[11] 소송파는 환자 상조회 속에서도 소수파가 되었으며 위임파와 소송파는 격렬하게 대립하기 시작했다.

1969년 6월 소송파는 칫소를 상대로 손해배상을 청구하며 구마모토 지방법원에 제소를 하였다(1973년 승소). 이 소송의 원고 대표가 「지금부터 우리는 국가권력에 맞서게 된 것입니다」[12]라고 말한 것은 유명하다. 소송파는 칫소와 그 배후에 있는 국가와 싸운 셈인데, 이들은 또한 자신들이 사는 지역 내에서도 칫소가 가진 힘에 대한 의의를 주장하는 존재, 그리고 다수의 의견에 찬동하지 않는 환자들 속에서 소수파가 되어 공격을 받았다. 후술하겠지만 소송파는 승소를 위해 미디어를 아군으로 삼아 취재를 환영한다는 전략을 취해서 도쿄와 전국의 지원을 받게 된다.

1969년 공해 문제를 연구한 우이 준(宇井純)은 미나마타병을 둘러싼 사회를 기록하는 행위의 무력함에 대해 「내가 내 무덤을 팠다」고 한탄하면서 미나마타병으로 인해 멸망해가는 인류의 발걸음을 끝까지 지켜보겠노라 기록했다.[13] 우이와 구와바라가 내세운 슬로건은 「내 무덤이

---

10) 질소는 아세트알데하이드 제조 공정에서 부수적으로 나오는 메틸수은을 포함한 폐수를 30년 이상 바다에 흘려보낸 것 같다. 덧붙여 정부는 본래 지켰어야 할 지역 주민들을 오염에 노출시킨 채 질소의 아세트알데하이드 제조를 국익으로 여기고 계속 추진하였다.

11) 요네모토(2022) pp.67-69. 54세대는 후생성이 제시한 문서에 날인한 세대수.

12) 벳푸(2022) pp.84-85.

될지 미나마타 공장의 못자리가 될지 모르겠지만 아무튼 땅을 파자」[14]는 것이었다. 이처럼 환자 편에 섰던 우이나 구와바라의 활동은 미나마타병이 전국적으로 「끝났다」고 여겨졌던 1960년대에 전개된 것으로, 미나마타병 사건이 얼마만큼 끝나지 않았는지를 가시화하는 투쟁이기도 했다.

2.2 구와바라 시세의 미나마타

구와바라가 미나마타에 처음 발을 딛은 것은, 1960년 7월 「미나마타병은 끝났다」는 여론이 조성되었을 때였다.[15] 고향 집에 돌아올 때에 친구가 찔러넣어 준 잡지 『주간 아사히』(1960년 5월 15일자)에 게재된 11쪽짜리 기사 「르포르타주, 미나마타병을 보자—가난한 어민들의 숙명」이 그 계기가 되었다. 구와바라는 기사를 읽고 미나마타병의 현실에 놀라, 미나마타를 다루는 기록에 대한 창작 의욕이 샘솟았다고 한다. 당시 도쿄의 사진학교를 졸업하고 보도사진 작가로서 성공하겠다는 야심을 품고 있던 구와바라는 「주제 발굴」에 고심하고 있었다. 히로시마, 나가사키, 부락 문제, 그리고 안보투쟁처럼 이미 저명한 사진가가 찍고 무수한 사람들이 매달려 있는 주제가 아니라 독자적인 주제를 찾으려던 야심에 가득 찬 시기였다.

---

13) 도미타(富田)(1969) 서론 「도미타 하치로(富田八郎)」는 우이의 필명이다. 1962년 구와바라와 칫소 미나마타 공장 부속병원에서 칫소의 극비 자료를 촬영했다. 우이는 그 기록을 보고 미나마타병의 원인이 공장 폐수의 유기수은임을 공장측이 실험으로 확인했음을 알았다.

14) 구와바라(1970) p.187.

15) 본 단락은, 구와바라(1989) pp.24-30 『ごんずい』 160, pp.3-15(2021년, 미나마타병센터 소시샤(水俣病センター相思社)); 구와바라 시세, 온라인 교류회(2022.3.14. 쿠마모토대학, 이하 「교류회(2022)」)을 참조.

미나마타병에 대한 보도가 줄어드는 와중에 아사히 신문 구마모토판은 독자적인 스탠스를 따라 그해 4월과 5월에 기사를 게재하였다. 그 취재를 발전시킨 것이 구와바라가 읽었던 『주간 아사히』의 르포였다.16) 아사히 신문의 취재팀에 의해 구와바라가 미나마타에 가게 되었으니, 미나마타병을 둘러싼 투쟁이 한 사람이 한 것이 아니라 각각의 열성적인 작업이 사슬처럼 연결되어 가능하게 된 것임을 새삼 깨닫는다.

구와바라는 시마네현 기베무라(島根県木部村, 현재의 쓰와노초 津和野町)의 농촌 출신이다.17) 전쟁이 끝나고 얼마 되지 않아 그가 아이였을 무렵에 마을을 달리던 목탄 차량에 다가가 벨브를 들여다보다가 갑자기 고온의 가스가 끓어올라 오른쪽 눈을 다쳤다. 그래서 그는 왼쪽 눈으로 초점를 맞추고 셔터를 눌렀다. 관청에서 근무하던 아버지는 당시 비싼 카메라를 아들에게 사 주었다. 구와바라의 사진을 잘 알고, 사건 역사의 기록을 평생의 업으로 삼았던 저널리스트 니시무라 미키오는 「「카메라라면 너도 할 수 있다. 나머지 눈을 소중히 여기며 살아라」는 생각이셨을 것이다」라고 말했다. 구와바라는 고향의 지인들에게 사진을 찍어주면 그들이 기뻐하였다고 하는데, 가혹한 미나마타병 환자의 사진이라도 환자 가족에게 「선물」을 하며 「만족스러워 했던 것도 그 자취」가 아니겠냐며 니시무라는 말했다. 또한 사회 운동가로 반전 활동을 벌이던 공산당원이 구와바라의 고향인 기베무라 마을의 촌장에 취임하면서 「오르그(Organize)」와 같은 좌익 용어를 어린 시절부터 접했던 것이나 인근 구리광산에서 흘러나온 비소에 기베무라 마을의 물이 오염되었던 경험도, 구와바라가 이후 생애를 걸고 전쟁과 동란, 사건

---

16) 벳푸(2007) p.319.
17) 본 단락은 니시무라(2013) 『ごんずい』160, pp.3-4 참조.

속의 민중의 모습을 쫓는 데에 영향을 준 게 아니냐는 사실이 지적된다.

미나마타병의 문제를 알게 된 구와바라은 아버지에게서 돈을 빌려서 카메라를 마련하는 등 두 달 동안 준비를 하고 미나마타로 향했다.[18] 미나마타에 들어가기 전, 『주간 아사히』 기자에게서 미나마타시립 병원장의 명함을 소개장 겸 받았다. 1960년 구와바라가 원장과 대면했을 때에 원장은 사진으로 무엇을 할 수 있느냐며 낮은 목소리로 구와바라에게 일갈을 가했다고 한다. 구와바라는 원장이 상대에게 예의만 차린 이기적인 대화를 원하지 않음을 간파하고, 꾸밈없이 대답하는 것이 좋다고 판단했던 것 같다(원장의 위엄과 날카로운 시선에 눌려 무심코 진심을 이야기해 버렸다고 하는 이야기도 있다). 공해를 알리고 싶다는 명분이 아니라 사진작가를 지망하고 있기에 미나마타병을 찍어 사진전을 열고 싶다는 개인의 야망을 원장에게 전달했다. 그러자 원장은 「괜찮을 것 같네요!」라고 대답하며 이례적으로 병원 내 촬영을 허용해 주었다. 시립병원을 취재한다는 것은 수십 명의 환자에 대한 기록이 가능해졌음을 의미했다. 또한 시립병원에 딸이 입원해 있다는 여성이 권유하여, 어촌 집들을 안내 받을 수 있었다. 그날은 사진을 찍지 않았지만, 여성에게 소개를 받으며 몇 채를 돌고 인사를 함으로써 혼자 돌아다니는 것보다 훨씬 무거운 신뢰나 안심과 같은 관계를 구축할 수 있었다고 한다. 이후에는 혼자서 돌아다니다가 가까워진 어부의 집에서 촬영을 이어갔다. 이른 아침 고기잡이 촬영이 있을 때는 어부의 집에 머물렀다. 도쿄에서 학창 시절을 보낼 때에는 소주를 마시지 않았기에 어부의 집에서 소주를 마실 때에 고생했다고 한다.

구와바라는 미나마타에 오랫동안 머물지 않았다.[19] 1960년에 2개월

---

18) 본 단락은 구와바라(1989), pp.30-32, 교류회(2022), 『ごんずい』160, pp.6-7 참조.

이 가장 길었고 이후에는 2주나 1주일 정도 짧게 있으며 취재를 했다. 지역 사람들은 구와바라를 지나가는 사람으로 취급하지 않았을까. 구와바라는 온라인 교류회(2022년, 구마모토대학)에서, 사진에 찍히는 상대와의 거리감에 관한 필자의 질문에 다음과 같이 대답해 주었다. 「제 성격도 있어서 친해지면 집에 묵게 되는데요. 거리감에 대해서는 어떻게 표현하고 답해야 할지 모르겠네요. …… 굳이 말하자면 너무 붙지도 않고 너무 떨어지지도 않는 그런 거리가 아닐까요. 오랫동안 머물지 않았기 때문에 상대의 마음속까지 얼마나 깊게 볼 수 있었는지는 잘 모르겠습니다. 그러나 도리어 시간이 짧기에 볼 수 있던 상대의 속마음도 있습니다.」 체류 기간이 짧은 만큼 짧은 시간에 승부를 걸고 돌아오게 되기에 사진작가로서의 기술이 필요했다. 하지만 체류 기간이 짧은 「손님」이라서 현지인들도 촬영 날짜를 배려해주고 무리한 부탁도 들어준 부분도 있다. 「그건 제가 그분들에게 많이 도움을 받은 부분인데요. 체류 기간이 짧은 게 오히려 순발력이 있었던 것은 아닐까요.」 상대와 어떻게 마주할지는 사진가의 성격과 관계가 있는 것 같은데, 구와바라는 상대의 기분을 읽어내는 힘과 자신이 시골 출신이라는 점, 체구가 크지 않은 점 때문에 어촌 사람들이 거부감을 갖지 않았을 것이라고 보고 있었다.

1960년 10월 7일에 환자를 가족으로 둔 한 여성이 구와바라 앞으로 편지를 보낸다.[20] 구와바라가 사진을 보내준 것에 대한 감사 인사였다. 그녀는 남편을 미나마타병으로 잃은 후에 세 아이를 데리고 시아버지 간호에 내몰리고 있었다.

---

19) 본 단락은 교류회(2022) 참조.
20) 본 단락은 미나마타병연구회(1996) p.1001 참조.

아직도 원인불명인 미나마타병의 현실을 봐 주시고 불행에 허덕이는 가족들을 위로해 주신 것에 감사드립니다.
  모처럼 작업해 주시는 데에 기뻐해 주시는 분도 있겠지만 의심을 당하거나 여러가지 일이 있었으리라 생각합니다. …… 칫소의 폐수 때문에 일어난 병이라는 것은 알고 있어도, 그것이 확정되지 않은 지금, 법률의 무기력함이 답답해 견딜 수 없습니다.
  …… 정치의 중심지 도쿄에서 한 사람이라도 더 많은 언론인이 오셔서 실제 상황을 보시고 우리에게도 어서 행복이 찾아와, 아직도 산 송장처럼 병상에 누워 있는 사람이 하루빨리 완치될 수 있는 방법을 찾아 정부도 선처해 주셨으면 합니다. 모처럼의 취재를 무의미하게 끝내지 말고, 미나마타병을 위해 크게 보도해 주시길 바랍니다. 우리는 그때처럼 여전히 괴로워 하고 있습니다.

편지에는 환자들이 처한 불합리한 상황을 널리 세상에, 그리고 정치의 중심지인 도쿄에 알려 정부가 어떻게든 해줬으면 하는 뼈아픈 바람이 적혀 있다.

구와바라는 1962년 8월에 두 번째 취재 촬영을 하고, 1962년 9월에 도쿄의 후지 포토 살롱에서 첫 개인전 「미나마타병－공장 폐수와 연안 어민」을 연다.[21] 개인전에는 많은 관객이 왔고 큰 반향을 불러일으켰다. 1960년대 초반의 정리된 사진 기록으로는 구와바라의 촬영이 유일하다고 해도 좋을 것이다. 구와바라의 사진은 어둡고 수수했지만, 대형 신문사나 TV 방송국이 거론하며 세간의 주목을 모아, 미나마타병을 널리 알린다는 의미에서도 성공적이었다. 그의 사진은 현지의 기대에 부응했다고 할 수 있을 것이다. 구와바라는 1962년에 일본사진비평가협회에서 신인상을 수상했다. 구와바라의 스승인 사진 평론가 시게모리

---

21) 본 단락은, 구와바라(1965), (1989) pp.65-68, 『ごんずい』160, p.9 참조.

고엔(重森弘淹)은 「언론이 요구하는 것과 대중이 지지하는 것 사이에 있는 깊은 단절을 이렇게 여실히 드러낸 것도 많지 않다 … 그것은 사진계 쪽에서 보면 흔히 말하는 수많은 보도 사진가들에게 자극을 주고 반성의 기회를 주는 것이었다.」[22]고 말하였다. 시게모리는 구와바라의 사진이 매스컴의 세계에서는 이미 과거의 테마가 되어 버린 「미나마타병」을 파헤쳤다고 평했다.

그 후 구와바라는 1965년에 첫 사진집 『미나마타병』을 간행했다. 구와바라는 다른 보도보다 앞서 환자 개인에게 카메라를 돌려, 「이 사진집에는 환자들의 투병 생활과 가족들의 헌신이 높은 표현력으로 가시화되어 있으며 인간의 보편적 존엄과 고뇌, 사회 모순과 불합리가 전달된다」고 평가를 받았다.[23] 시게모리는 구와바라가 사실주의의 수법으로 어민 하나하나에게 날카롭게 다가가 격정적으로 될 것 같으면서도 걸음을 멈춰 냉정하게 촬영을 한 점, 사진의 학술적·자료적 가치, 기록예술로서 뛰어난 점, 집요하게 움직임과 표정을 응시하며 어디까지나 「본다」는 사진작가의 기본자세에 충실한 점을 평가했다.[24]

이 책에서 구와바라는 「보도사진(photo document)은 해결되지 않고 남겨진 정치적·사회적 문제들을 본질까지 깊이 파고들어 추구하는 데에 있다」고 말하며, 「많은 사람들에게 (산업공해를) 고발하는 의의를 찾았다」고 적었다.[25] 구와바라는 1960년대의 작업으로 중증의 미나마타병이나 오염으로 어업을 할 수 없게 된 시기의 어민들의 빈곤, 가족 간의 돌봄·간병과 같은, 미나마타병의 피해가 가장 심각했던 시기를

---

22) 구와바라(1965) p.91.
23) 벳부(2007) p.302.
24) 구와바라(1965) p.92.
25) 구와바라(1965) 서문.

기록으로 남겼다. 또 그 시대 사람들의 일상생활의 모습이나, 매일의 표정도 필름에 남긴 것이다. 그 후 구와바라는 유진 스미스가 일본에 오게 된 계기가 된 『사진 기록 미나마타병 1960~1970』[26](1970) 등을 출판한다.

3 「찍는 자」와 「찍히는 자」의 관계성

그런데 구와바라의 사진을 둘러싸고 뜻밖의 사태가 발생한다.[27] 1970년 구와바라가 미나마타에서 많은 도움을 받은 환자 가족인 어부 M씨의 집을 방문했는데, 「(당신은 더 이상) 친구가 아니야! 왜 위임파와 대립하는 소송파에게 딸의 사진을 빌려줘서 전국의 텔레비전에 딸의 얼굴이 나오게 하느냐」며 절교를 당했다. M씨는 위임파(2.1 참조)의 회장이 되어 있었고, 그의 딸 K씨(1974년 사망)와 위임파의 환자 가족 등을 찍은 사진 패널이 구마모토시와 다른 지역에서 소송파가 데모를 할 때 선두에 내걸린 것에 화가 났던 것이다. 구와바라는 자신의 사진이 데모에서 활약하는 것을 처음에는 기쁘게 생각했는데, 이는 미나마타의 현실을 깨닫지 못한 것이었다고 훗날 이야기한다.[28]

문제의 패널은 1962년 개인전 전시가 끝나고 당시 신인이었던 구와

---

26) 이 사진집의 띠지에는, 「공해, 이 무서운 현실을, 렌즈를 통해 냉혹하리만치 10년을 기록한 저자가, 미나마타의 어부를 대신해 고발한다!」고 되어 있다.
27) 본 단락은 구와바라(1986), pp.190-191, (1989), p.62, (2021), pp.26-27, 미나마타시립 미나마타병자료관(2007), p.37 참조.
28) 「생명의 기록~사진가 구와바라의 미나마타」(2016, RKK).

바라가 자택에 보관하기 곤란해지자 미나마타시에 전달한 것이었다.[29] 그때 환자 지원을 하고 있던 미나마타병 시민회의(1968년 결성)의 중심 멤버이자, 미나마타 시청에 근무하고 있던 인물이 직원조합 사무소에서 보관(방치)되어 있던 패널을, 소송 응원을 위한 데모에 사용하자고 의견을 내놓았다. 패널은 1969~70년대 환자 지원 데모 활동 등에서 「활용」된 듯하다. 구와바라의 이 에피소드는 환자 지원을 오랜 세월 이어온 한 단체가 발행하는 계간지에 실렸다. 이 단체는 이 에피소드에 「피사체 환자의 가족이 어디에 소속된 지도 신경 쓰지 않고 사용한 것은 지원 운동 측의 중요한 반성 과제」[30]라는 코멘트를 남겼다. 사진을 찍었을 때의 문맥, 즉 찍는 자와 찍히는 자의 관계, 찍을 때의 상황이나 조건, 촬영 배경 등이 사진을 「활용」할 때에 무시되거나 잊혀 고려가 부족하게끔 되는 경향이 있다. 피해를 누구에게나 한눈에 전달하게끔 「활용」된 사진이, 사진에 찍힌 사람을 힘들게 만들자 「찍고」, 「찍히는」 관계에 결정적인 균열을 만들게 된 것이다.

다큐멘터리 「생명의 기록~사진가·구와바라 시세의 미나마타~」(2016년, RKK)에서는, 미나마타병이 공식적으로 확인되고 60년이 지난 것을 계기로, 구와바라가 지금까지 촬영했던 약 200명의 미나마타시의 사람들을 항구에 모아 과거의 사진을 가슴 위에 들게 하여 촬영을 하는 작업을 영상에 담은 것이다. 「이 작업을 통해 미나마타의 약 반세기를 한 장의 사진으로 이야기할 수 있지 않을까?」라는 구와바라의 아이디어였다. 미나마타의 환경을 잘 이야기해 주리라 싶어 바다를 배경으로 선정하였다. 구와바라는 카메라를 매고 혼자 걸어 다니며 각각의 집들을

---

29) 본 단락은 구와바라(1989) pp.61-65, (2021), 『ごんずい』160, pp.14-15 참조.
30) 『계간 미나마타 지원』99 가을호, p.26(2021, 동경 미나마타병을 고발하는 모임).

찾아다녔다. 때로는 여러 차례에 걸쳐 개인과 직접 이야기하면서 단체 사진에 대한 협조를 부탁했다. 그러나 이미 사망한 사람도 있었고 미나마타병의 증세 때문에 집을 나가지 못하는 사람도 있었다. 개중에는 구와바라의 방문을 달가워하지 않는 사람도 있었다.[31] 40여 명이 촬영에 동의했으나, 촬영 당일인 2016년 4월 16일 새벽에 지진까지 일어나 최종적으로는 34명이 항구에 모였다.

구와바라에게 절교를 선언한 M씨 부부는 사망했으나 딸(K씨 자매)의 가족이 미나마타에 살고 있었다. 구와바라가 머뭇거리면서 그녀의 집 앞까지 갔지만 어떤 이야기나 인사도 할 수 없었다. 구와바라가 촬영한 K씨의 사진은 미나마타시립 미나마타병자료관의 (구)상설전에도 전시되어 있었는데, 「이제 좀 쉬게 해 주지 않을래요?」라는 유족의 말을 자료관이 존중해서, 2016년의 전시장을 새단장한 후에는 K씨의 사진을 내렸다. 구와바라는 K씨의 사진을 둘러싸고 생긴 문제를, 미나마타 취재에서 가장 크게 좌절한 일로 가슴이 아프다고 말했다.

구와바라가 찾아간 집에는 위임파도 있고 소송파도 있었다. 한 소송파 집안은 위임파 가정이 촬영에 참여한다는 소식을 듣자 「위험한 말」이라며 난처한 표정을 지었다. 이 남성의 반응은 지금도 지역사회에서 환자와 환자 간의 역사적 갈등이 살아있음을 보여준다. 그가 망설이는 데에는 위임파 가족의 사진을 소송파가 활용한 것도 영향이 있을지 모른다. 결국 이 남성은 단체 사진 참가에 동의해 주었다. 대답을 들은 구와바라는 기쁨에 마음이 들썩거렸는지 남자와 헤어질 때 비틀거리면

---

31) 구와바라도 많은 환자들이 받아주었지만 촬영할 때에는 말하기 힘든 여러 일이 있었고 많은 이야기를 들었다고 한다. 미나마타 사투리로 강하게 「민폐」라고 이야기하며 거절당한 절망감을 느낀 적이 있다고 한다.(미나마타시립 미나마타병자료관(2007), p.3)

서 승리 포즈를 취하곤 「50년의 생각이 통했는지 너무너무 기쁘다」고 말했다. 구와바라는 1960년대부터 미나마타에 올 때마다 촬영한 사람들의 집을 돌아다니며 인사를 했다. 이때도 단체 사진을 찍겠다는 확고한 목적은 있었지만, 그와 동시에 구와바라는 집집마다 돌아다니고 사람들과 이야기를 나누며 그의 촬영이 받아들여지고 있는지, 앞으로도 사람들을 찍어 사진을 공개하는 것이 좋을지 등의 의사 교환을 하고 있었던 모양이다. 그리고 촬영장에 와 준 사람을 정면에서 찍는 방법으로, 지금까지 찍혀 주었던 사람들의 허가나, 현재 찍힐 의사를 확인한 것은 아닐까? 구와바라는 촬영 2주 후 미나마타를 방문해 완성된 사진을 건네며, 찍혀 준 사람들에게 「정말 고맙다」고 이야기했다. 이 촬영은 구와바라의 사진 활동의 일부이기는 했지만 모인 사람들에게 감사하는 자리가 되기도 했다.

미나마타에서 일어난 다른 사례로 1971년 유진 스미스와 아이린 미오코 스미스(アイリーン・美緒子・スミス)가 촬영한 태아성 환자 아이를 목욕시키는 어머니의 사진을 둘러싼 문제가 있다.[32] 이 사진은 1972년 잡지 『라이프』에 게재되고 전 세계로 퍼져나가 미나마타병의 고통과 문제를 전국에 알린 걸작이지만, 친족들은 새로운 전시나 출판을 하지 말 것을 요구하였다. 후세에 남을 사진을 일단 촬영하는 것과 훗날의 발표 여부에는 촬영자의 사진에 대한 생각이나 의욕뿐만 아니라 찍는 자와 찍히는 자의 관계성과 찍히는 쪽의 수용 방식이 크게 영향을 미친다.

지역과 촬영 대상은 다르지만 구와바라가 미나마타시에 들어간 해에

---

32) 이시이(2021) 『魂うつれ』78(2022, 염원 모임). 본고에서 상세한 내용까지 기재하지 못하나 상기 문헌을 참고하기 바란다.

출판된, 일본을 대표하는 사진가 도몬 켄(土門拳)의 사진집『지쿠호(筑豊)의 아이들』(1960)[33] 속의「찍는 자」와「찍히는 자」는 관계에 대해 이야기해 보고자 한다. 사진집은 양질의 종이가 아닌 갱지에 인쇄되었고 누구나 살 수 있도록 100엔에 팔았다. 일본의 에너지 정책이 석탄에서 석유로 전환되면서 탄광이 문을 닫자, 국가의 실업 대책이 정비되지 않아 많은 실업 노동자들이 남겨진 후쿠오카현 지쿠호의 탄광 마을을 도몬은 2주에 걸쳐 촬영했다. 지쿠호는 빈곤의 구렁텅이에 있었고, 부모의 실업이 자녀의 빈곤으로 직결되었다.

1960년 도쿄신학대학 학생이었던 후나토 요시타카(船戸良隆, 현재는 목사)는 도쿄에서 지쿠호를 위한 모금 활동을 할 때,『지쿠호의 아이들』을 뜯어서 문판에 붙여 PR에 이용했다.[34] 나흘 동안 약 10만 엔이 모였는데 아이들의 사진이 없었다면 그 정도 기부금은 모이지 않았을 것이라고 말했다. 기부금은 지쿠호 교회의 협력으로 빵과 돈지루(역자주:일본식 고깃국)를 나눠주는 데에 사용되었다. 모금 활동의 성공으로 후나토는 현지 아이들을 지원하기 위한 활동을 계속하며「지쿠호의 아이를 지키는 모임」을 결성했다.「도몬 켄 사진집은 음지의 역사의 증거이며 어느 시대에나 사회의 왜곡된 구조에서 발생하는 피해자는 사회적 약자임을 보여 준다」고 역사학자들은 지적한다. 사진집은 당시 전국적으로 지쿠호 문제를 알리고 아이들에게 식사를 제공하는 데 일조했다. 사

---

33) 실은 구와바도 지쿠호에서 이 자매를 촬영한 적이 있다. 그녀들은 어떤 각도에서 구도를 잡아도 그림이 되었다. 그러나 그 후『지쿠호의 아이들』이 발표되고, 역량 차이에 압도당한 구와바라는 지쿠호의 사진을 오랫동안 창고에 넣어 두었다. (구와바라(1989), 주고쿠신문(2014.5.20.), 실체도 없이 이름만 남을 뻔했던 구와바라의 지쿠호는『구와바라 시세 사진전집3 지쿠호/오키나와』(2004, 풀뿌리 출판회)로 세상에 알려졌다.
34) 본 단락은 아사히 신문 석간(2021.7.28.)을 참조.

진집이 사회에 끼친 영향은 크다.

그런데 사진에 찍힌 사람들은 사진을 어떻게 인식했을까? 아버지가 타향으로 일을 하러 나가 자식과 둘만 살던 여성은 1990년 도몬 사망 당시 신문사 취재에서 「사진집을 보내줬지만 얼마 지나지 않아 버렸습니다. 그리 좋은 추억은 아니었어요」라고 말했다.[35] 사진집에는 실업대책사업에 종사하던 그녀의 모습과 작은 칼을 사지 못해 식칼을 들고 공작을 하는 아들의 모습들이 찍혀 있었다. 「사진이 남아 있으면 아이들도 비참할 테고 부모로서도 창피해요. 가장 가난했던 시기였으니까요. 겨우 하루 벌어 하루 먹고 살고 있었죠」라고 말했다.

또한 다큐멘터리 『지쿠호의 아이들』은 현재, 「빈곤의 상징」의 종국에는(2020년 NHK)에서는 표지를 장식했던 당시 10세 소녀의 소식이 상세히 나온다. 전기가 끊긴 방에서 양초에 불을 켜는 자매의 생활, 그리고 이들의 매력적인 모습과 표정이 사람들의 관심을 지쿠호 문제에 끌어들이는 동력이 되었음은 확실하다. 표지의 소녀는 그 후 마을을 떠나 세 명의 아이를 길러, 어느덧 70세가 되어 있었다. 본인은 취재에 응하지 않았지만, 그녀의 장녀는 그녀가 사진집에 관해서도 지쿠호에 관해서도 아무런 이야기를 하지 않았고, 지쿠호에게 돌아가지도 않았다고 한다. 다만 자신이 죽으면 지쿠호에 남겨진 아버지의 유골과 함께 보타산(普陀山)에 뿌려달라는 말을 남겼다고 한다.

도몬은 사진에 찍힌 사람들에게 사진집을 보내고 있었기에, 그와 찍힌 자들과의 관계성이 반드시 일방적이라고는 할 수 없다. 또한 모몬이 1950년대 이후 아이들을 촬영하게 된 계기로 꼽히는 것은 1946년의 둘째 딸의 사고사였다. 그 자신이 가난 속에서 자랐기 때문에 가난한 아이

---

35) 본 단락은 아사히 신문(서부)(1990.9.16.)을 참조.

들을 바라볼 수 있었다는 지적도 있다.[36] 도몬이 촬영한 아이는 그에게는 생판 남이 아닌, 딸이자 자기 자신이기도 했다.

하지만 도몬의 사진이 사회적으로 완수한 역할과 사진에 찍힌 자들 가운데 일부의 싸늘한 반응 사이에는 간극이 보인다. 구와바라의 사례를 보아도 찍는 자와 찍히는 자 사이에는 영원한 긴장 관계가 있는 것 같다. 시대가 변하면서 사진을 둘러싼 사회적 상황이 변하거나 사진이 사용되는 방식에 따라 긴장은 더 고조되거나 명백해진다. 단적으로, 「개인의 프라이버시가 중시되게끔 변해서」로 결론 내릴 수도 있다.[37] 그러한 가운데, 이 긴장 관계는 찍는 자와 찍히는 자 사이에서 특히 차별, 빈곤, 병과 같은 부정적인 사실이나 현상과 사회 문제, 혹은 당사자가 부끄럽다거나 열등감을 느끼거나 보이고 싶지 않다고 느끼는 사적인 일이 포함된 사실이나 현상을 찍는 경우에는 필연적으로 발생하기에 해소되기는 어렵지 않을까?

4 이미지를 함께 만들기

구와바라가 처음으로 미나마타 시내에서 본격적으로 사진을 전시한 것은, 미나마타를 줄곧 촬영해 왔던 사진작가 7명의 사진이 전시된 2007년의 사진전 「미나마타를 본 7명의 사진가들」(미나마타시립 미나

---

36) 「도몬켄, 육안을 초월한 렌즈」 Gallery Talk 도몬켄 기념관 학예원 다나카 고타로 (田中耕太郎) 강연회(2022.7.17., URL:
　　https://www.youtube.com/watch?v=J-DP3j3JIbo&t=32s, 최종검색일: 2022. 9 .27.).
37) 일본에서 사생활과 개인정보보호에 관한 법정비가 진전된 것은 1980년대 이후이다.

마타병자료관)이다. 사진 찍는 것 자체는 쉽다. 그러나 발표는 신중해야 한다고 생각해서, 원칙적으로 이 사진전에서는 7명의 사진작가 개개인이 각각의 전시 사진에 대해 가족들이 클레임을 거는 일이 없도록 조치를 취했고, 만약 클레임이 들어오면 사진작가 본인이 대응하겠다는 「긴장감」을 갖고 개최했다.38)

이 사진전에서는 심포지엄(2007년 4월 30일)이 열려 구와바라도 이에 참가했다. 구와바라는 미나마타에서 전시를 하지 않은 이유로, 미나마타병 사건이 일어난 현장에서 하는 전시에는 찍힌 사람 하나하나의 사진전에 대한 반응이 여실히 나타나기 때문이라고 말했다.39) 벚꽃이나 산을 찍는 것과는 달리 미나마타병 사건에서는 환자를 찍었고, 앞으로도 그들을 찍을 것이다. 구와바라는 찍히는 측에는 개인의 프라이버시와 권리의 주장이 있다고 말한다. 「미나마타의 기록이라고 하는 것은 앞으로 할 작업도 그렇겠지만, 자신이 저작권을 갖고 있는 예전에 찍었던 필름의 사진까지도, 안이하게는 다루기 어려운 시대가 왔음을 고백하지 않으면 안 됩니다」라고 말하곤, 두려웠지만 7명이라서 전시할 수 있었다고 구와바라는 유머러스하게 말했다. 사진전에서 한 전시를 바탕으로 만들어진 사진집 『미나마타를 본 7명의 사진가들』(2007년, 겐쇼보(弦書房))에 K씨의 사진을 실지 않은 것을 보면 아마 전시도 이루어지지 않았던 것 같다. 그렇지만 가족과 상의하지 않고 독단적으로 진행한다는 예고 아래 진행된 심포지엄 슬라이드쇼에서, 구와바라는 K씨의 사진을 3장 정도 화면에 띄웠다. 그녀의 사진이 구와바라에게 얼마나 중요한지, 그리고 가족의 마음은 알지만 어떤 식으로든 보여주고

---

38) 미나마타시립 미나마타병자료관(2007), p.25. 심포지엄 당시까지 클레임은 없었다.
39) 본 단락은 미나마타시립 미나마타병자료관(2007), p.2, pp.25-27을 참조.

싶은 구와바라의 갈등이 느껴졌다.

찍힌 사람 또한 자신이 찍힌 사진을 「보는」 주체임과 동시에 사진에 대해 주장하는 주체이기도 하다. 그리고 한때 친했던 K씨의 아버지 M 씨에게 절교당한 구와바라의 체험처럼, 사진가에게 있어 껄끄러운 부분은 발표된 사진이나 제삼자에 의한 「활용」을 사진가 자신이 완전히 제어하기 어렵다는 점에 있다. 이 사진전의 대응에서도 사진이 누군가는 보여지는 것이라는 점, 사진을 본 사람들에게 영향을 준다는 두려움, 찍은 사람들에 대한 책임, 그리고 찍힌 사람들이 어떻게 반응할지를 구와바라가 뼈저리게 이해하고 있고 이를 존중해 왔음을 알 수 있다. 한 번 중대한 역할을 한 사진이라도, 그 후 같은 역할을 해낼 수 있다고는 할 수 없다는 점을 구와바라의 신중한 대응이 잘 이야기해 준다.

심포지엄 주제 중에 「시대의 변화에 맞는 미나마타병의 사진과 표현이란 무엇인가」라는 주제가 있었다.[40] 구와바라와 다른 사진가들이 찍은 사진에는 전달력도 있었고, 기록성도 있었다. 그러나 현재 당시와 같은 표현력을 갖고 있는가, 그리고 이제는 프로가 아니라 아마추어인 지역 사람들이 미나마타를 주변에 알리고 표현해 나가는 시대를 맞이하고 있는 것은 아닌가 하는 논의였다.

1960년대에는 구제받을 수 없는 피해와 고통과 궁핍한 생활, 고립, 이후 소송파들은 어떻게든 재판에서 이겨야 하는 상황의 가시화를 환자들 자신이 갈망했다.[41] 하지만 이후 1960~70년대와 이후 재판 투쟁

---

40) 본 단락은 미나마타시립 미나마타병자료관(2007), pp.14-19를 참조.

41) 본 단락은 미나마타시립 미나마타병자료관(2007), pp.14-19를 참조. 지금도 복수의 소송이 걸려있는데, 이들의 싸움은 하라 가즈오(原一男)가 영상화하였고, 구와바라도 재판 투쟁을 계속 촬영하였다. 이날의 심포지엄에서 사진가인 아쿠다가와(芥川)는 아직 찍을 게 쌓였으며, 사진의 역할은 끝나지 않았다고 말했다. 따라서 표현하기 좀 힘들지만, 시대의 변화에 따라 사진을 찍는 것에 대한 의미와 방법도 변화

의 성과로서 피해보상이나 구제책을 환자들이 받을 수 있게끔 변화가 일어나면서 환자 중에 「이제 이런 사진을 찍으면서까지 우리 모습을 드러내지 않아도 되는 것 아니냐」는 사람이 있을 것이란 지적이 나왔다. 현재 많은 환자들이 안고 있는 증상은 손발 저림이나 감각장애 등 겉으로 보기에 식별이 어려운 것으로, 구와바라가 초기에 촬영한 것과 같은 극증형(劇症型)이 아니라는 점에 관해서도 언급이 있었다. 환자와 피해자 각자의 투쟁 형태와 생각, 그리고 어업 위주였던 생활방식도 바뀌어 세분화되었다. 이 같은 와중에 사진가들, 그리고 현지인들이 무엇을 어떻게, 어떤 방법으로 표현해 나갈 것인가가, 이때 다시금 주제로 떠올랐다고 생각한다. 구와바라는 개인의 권리가 강화된 지금, 사진만으로 표현하는 한계를 지적하며 전문가가 아닌 주민이, 수십 명에서 백 명까지 인터뷰를 하고 이를 적은 다음에 기록할 것을 제안하였다.

사진전 이후 구와바라는 2013년에 사진집 『미나마타 사건』을 출판해 제33회 도몬 켄 상을 수상하였다.[42] 프로사진가로서의 기교를 닦아온 구와바라였지만, 과연 프로가 찍었구나 싶은 사진보다는 초기의 작품이 낫다는 이야기를 듣자, 「보는 사람의 마음은 반드시 촬영자의 생각과는 맞지 않는 법이구나」하고, 새삼 기록이란 무엇인가를 생각하게끔 되었다고 말한다.[43] 그러한 체험을 거쳐 2013년도 사진집의 구성은 촬영자

를 맞이하고 있음을 지적하고자 한다.

42) 수상 이유는 「저널리즘으로 거리감을 유지한 일관된 자세」가 꼽혔다. 「구와바라가 실로 하나의 지역과 시대를 통틀어 이해하고, 사진으로 남기려는 강한 의지에 자극을 받았음을 알 수 있다」고 평했다.(artscape 리뷰 「구와바라 시세 『시라누이해』」 이지와 고타로(飯沢耕太郎, 2015.5.9.), URL: https://artscape.jp/report/review/10099629_1735.html, 최종검색일: 2022.9.27.)

43) 본 단락은 구와바라(2013), pp.162-163 참조.

의 생각을 한 걸음 후퇴시켜 반드시 구도나 빛의 상태가 좋지 않아도 사진의 가장 큰 특징은 기록이라고 하는 관점에서 미공개 사진을 포함시켰다고 한다. 1960년부터 2013년까지의 사진이 담긴 이 사진집에는 '기록'에 더 중점을 두었기 때문인지 현지인들과 미나마타병 사건을 통시적으로 보는 구와바라의 시각이 나타난다. 이 사진집은 구와바라가 50년 이상 미나마타병 사건에 계속 관여했다는 증거이기도 하며, 사람들이 죽고 고령화하는 가운데 미나마타병이 아직 가시화해야 할 문제로서 존재한다는 것을 다시 한번 세상에 알렸다고도 할 수 있다.

2022년 구마모토시에서 사진전[44]이 열렸다. 전시의 구성은 2013년 사진집과도 중복되는데 1960년의 환자들의 사진으로 시작해 환자(소를 제기한 원고) 지원을 위해 열린 2022년 집회에서 찍은 단체 사진으로 끝이 난다. 유족에 대한 배려 때문인지 K씨의 사진은 전시되지 않았다. 사진 작품으로서의 스토리라기보다는 지난 미나마타병 60년간의 기록의 전시였다고 생각되는데, 다른 사진들이 전부 흑백사진인 가운데 컬러로 된 단체 사진으로 이 전시를 마무리 짓는 것에 눈길이 갔다. 이 사진은 이른바 일반적인(아마추어도 찍을 수 있을 것 같은) 단체 사진으로, 그야말로 사건의 기록이다. 단체 사진이라고 하면, 제3장에서 기술한 2016년 항구에서의 단체 사진도 있다. 두 사진 모두 구와바라가 촬영하는 것을 찍히는 측에서 정면에서 받아들이며 이미지의 완성에 참가하고 있다. 현재의 구와바라에게 자신의 영상 표현보다 우선시되는 것은 찍히는 측의 의사일지도 모른다.

일반적으로도 찍는 쪽의 힘이 강했던 시대는 끝나가고 있다.[45] 지금

---

44) 「9명의 사진가가 본 미나마타」(2022.4.27.~6.10., 구마모토일일신문사, 신문박물관).
45) REALTOKYO 특별기고 「아라키는 살해당할 만한가?」 이자와 고다로(2018.4.25.),

까지 전문적인 사진가에게 찍힐 수밖에 없었던 피사체가, 스마트폰이나 SNS의 보급으로 스스로 자신을 좋아하는 형태로 찍고(담고), 디지털 이미지를 순식간에 올리고 공유할 수 있게 되었다. 아마추어들이 고성능 기기를 들고 다니며 나날이 연출의 질을 높이고 있다. 뜻만 있으면, 자신의 손으로 그럴듯한 사진을 모두와 공유할 수 있게 된 것이다. 사진을 찍는 행위를 비판하고 싶다면, 그것을 전 세계에 알릴 수도 있다. 동시에 찍히는 행위에 대한 영향력은 기술의 발달과 함께 더욱 예측할 수 없게 되었다. 일단 이미지가 공개되어 인터넷에 올라가면, 그 이미지를 지우기는 어렵다. 이처럼 모두가 아마추어 사진가인 시대에 프로에게는 무엇이 요구될까?

필자가 전공하는 인류학적인 맥락에서 이야기를 해보면, 영국 인류학에서는 1860년대 이후에 사진이 사용되게끔 되었는데, 당시의 문화 개념에 따라 사진은 연구대상으로 삼은 문화나 그곳에서 사는 사람들을 역사적 변화가 없는 정적인 존재로서 화상에 담아내는 경향이 있었다. 신장 등을 기록하기 위해서 피사체와 자를 나란히 대고 찍는, 찍고 싶은 장면(특히 문화나 관습을 나타내는 장면)만을 찍는 스타일이다. 그러한 사진은 어디까지나 기술이나 논증의 보완물이었다.[46] 그러나 최근에는 인간의 다양한 감각과 경험을 그려내는 참여형·협동형 민족지 성격을 띤 연구인 감각민족지[47]와 같은 논의가 있다. 「찍는다」는 행위가 일방적이 아닌 공동의 것으로 다시 받아들여져서 찍힌 것을 함께 보거나, 함께 찍거나, 서로를 찍거나, 이야기하면서 특정 주제를 환

URL: https://realkyoto.jp/article/izawa-kotaro/(최종검색일 2022.9.27.).
46) Edwards(1992).
47) Pink(2009).

기하여, 관계성을 구축하고 또다시 구축해 가는 시도가 이루어지고 있다.[48] 공동의 작업으로 인간의 생활이나 문화적인 운영이 기록되고 이야기되어 환기되는 방법이다.

인류학적 시도에 시사점을 주는 사례로 2015년 미나마타시로 이주해 구마모토현 아시키타군 아시키타마치(熊本県葦北郡芦北町) 산간부에 있는 구로이와(黒岩) 촌락에 다니면서 사람들의 일상생활과 미나마타병에 의한 피해, 토지 풍경을 촬영하고 있는 사진가 도요타 유키(豊田友希, 구마모토시 출신, 1987~)의 사진을 꼽을 수 있다.[49] 촬영을 시작했지만, 미나마타병에 대해 어디까지 발을 들여놓아야 할지 모르는 가운데, 「무엇을 찍고 있는지 모르겠다」는 소리가 마을에서 나왔다고 한다. 그래서 그녀는 촬영을 시작한 지 1년 반 만인 2017년에 지역의 마을회관에서 사진 상영회를 개최했다. 어디까지 전해졌는지는 모르지만 주민들 얼굴에 따뜻한 미소가 넘쳐 겨우 안심했다고 한다. 「상대가 있고, 생활이 있기에 신뢰 관계가 필요하게끔 돼요. 사진을 찍은 사람이 자리에서 사라지지 않도록 찍고 보여주며 왕래를 하면서, 비로소 하나의 작품이 완성되는 것이 아닐까요?」라고 도요타는 말한다. 찍는 자가 찍히는 자의 존재와 의사를 무시하지 않을 때, 사진은 찍는 자와 찍히는 자라고 하는 두 사람에 의한 공동의 이미지 제작이 된다. 함께 찍는, 혹은 함께 이미지를 「만드는」 것이, 근래 미나마타병을 찍기 시작한 도요타에 의해서 시도되는 것이다.

.

---

48) Walsh-Dilley(2017).
49) 본 단락은 도요다가 자비로 출판한 『세상의 전언－흔들리는 노트』(2022)를 참조.

5 나가며

현재 우리는 「미나마타병을 찍을」 때에 찍는 사람은 찍히는 사람들의 프라이버시 문제나 개개인의 역사적 배경을 무시할 수 없다. 찍는 것과 찍히는 것을 분리된 행위로서 이항 대립적으로 이해하면 일방적으로 찍고 공표해도 상관없는 것처럼 여겨진다. 그러나 하나의 사진, 혹은 이미지를 만들고 이를 공적인 것으로 삼기 위해서는 그 사진에 대한 양측의 허가나 능동적인 참여가 하나로 모일 필요가 있음을 본문에서 기술했다.

또한 본문에서는 미나마타병을 찍거나 사진을 공개하는 것에 대해 찍히는 자의 동의가 명확했던 1960년대 이후, 미나마타병에 관련한 사진에 있어 이전에 찍었던 사진에 대한 공개나 새로운 촬영이 더더욱 복잡해졌다는 역사적 변화를 다루었다.

구와바라는 공개에 대해 갈등하면서도 끈질기게 현지와 지속적인 관계를 맺으며 환자의 집을 계속 돌고, 찍은 사진을 상대방에게 돌려주며 자신의 사진과 찍힌 사람들을 정면에서 마주해 왔다. 모든 것이 잘 된 것은 아니었겠지만, 구와바라의 자세나 태도는 현재에 있어 「미나마타병을 찍는 것」에 대한 하나의 대답을 제시하고 있다고 생각한다. 즉, 장기간 머물지 않아도, 일정한 거리를 유지한 채 정기적으로 현지에 다니며 집집마다 돌아다니고 인사하며, 꾸준히 카메라에 찍혀 준 상대와 대화하면서 사진을 돌려주는 이 같은 태도를 말한다. M씨의 의견도, 구와바라가 M씨의 집을 방문하지 않았다면 드러나지 않았을 것이다. 사람을 찍는 사진가의 실천은 인류학의 실천과 마찬가지로 의사를 가진 인간을 대상으로 삼고 있다. 인류학자들 또한 사진작가나 사진에 찍힌 자들에게 배워, 현대적인 「공동의 바람직한 모습」에 대해 모색할 필요가 있을 것이다.

사진을 함께 보는 자리나 대등하게 토론하는 자리는 자연발생적으로 생겨나는 것이 아니라, 찍는 자와 전시시설, 그리고 연구자나 아티스트들이 자각하고 움직여 만들어 낼 수밖에 없다. 사진이 장래에 끼칠 영향을 예측하는 것은 간단하지 않고 사람의 생각도 바뀐다. 각각에게 있어 올바른 모습이야 다 다르겠지만, 미나마타병이라는 문맥에서는 도요타의 예와 같이, 「찍는 자」와 「찍히는 자」 사이에는 어떠한 커뮤니케이션이나 피드백이 돌아오는 길을 항상 마련할 필요가 있다. 그 길을 만드는 것 자체가 바로 프로의 일일지도 모른다. 그렇게 함으로써 향후에는 찍히는 자도 자각을 하게끔 되어 자신이 찍힌 사진의 의미와 영향을 생각하며 스스로가 그 사진을 맡아 이미지 만들기에 참여한다면 사진을 공개하는 것에 관한 허가나 거부와 같은 능동적인 움직임이 나타나게 될 것이다. 즉 「찍힌다」고 하는 수동적으로 생각되던 행위가 촬영자와 동시에 사진을 「찍는」 혹은 이미지를 「만드는」 능동적인 공동성을 갖게 되는 것이다.

사진작가가 자신이 좋아하는 것을 마음대로 찍는 것이 어려워진 현재, 찍히는 자의 능동성을 이끌어 내고 이를 사진의 일부로 생각함으로써 지금까지 없었던 사진을 만들어 내는 것도 새로운 가능성이 되지 않을까? 실은 굳이 여기에서 논할 필요도 없이 이미 많은 사진가에 의해 실천되고 있을지도 모른다. 사진에 계속 찍혔던 사람이 사진에 찍힐 때 무엇을 느끼고 무엇을 보고 있었는지, 사진에 찍힘으로써 무엇을 말하고 싶었는지, 찍히기 싫었는지, 다음에 찍힌다면 어떻게 하면 좋을

지 등을 생각하며, 사진을 함께 보고 이야기하거나 같은 것을 보는 공간을 공유하는 것은 사진가나 사진에게 분명 무의미한 일은 아닐 것이다. 찍는 자와 찍히는 자, 그들 사진을 서포트해 준 사람들, 그리고 앞으로 그 사진들을 보거나 세상에 내놓을 다양한 사람들의 사고와 행위 사이에서 사진은 무르익고 때로는 투쟁하고 때로는 쉬며 이미지 자체의 매력과 스토리의 깊이를 더해가는 것은 아닐까?

고찰을 시작했을 때에 미나마타병 사건에 환자 입장에서 관여하는 것은 사진가 자신도 소수파가 되어 싸우는 것을 의미하는 것은 아닐까 생각한 적도 있다. 구와바라가 사진을 찍은 배경에는 어릴 적에 고향 농촌에서 눈을 다쳐 카메라를 받은 것이나 고향에서 운동가와 만난 것, 비소 오염과 같은 그 자신의 소수성을 들 수도 있고, 시라누이해 연안 지역 어촌에서 병을 앓으며 주변인이 되어 살아가는 사람들과의 친화성도 거론되기 때문이다. 그러나 구와바라는 자기 자신을 다수파 쪽에 두지 않았고, 그렇다고 해서 찍는 상대에게도 동화되지 않는, 제3의 위치에 서고자 했던 것 같다. 그것은 적당히 거리를 유지하고, 자신의 흥미와 상대의 움직임 사이에 자리를 잡으면서 확신의 순간을 신속하게 셔터에 담는 투쟁인 것이다.

때때로 구와바라는 미나마타병을 잊고 다른 지역의 촬영에 뛰어든다. 그가 항상 미나마타병 사건과 겹쳐지는 것은 아니다. 그러나 동시에 정기적이고 지속적으로 시라누이해 연안 지역으로 「돌아가기」에 그 땅과 그 사람들과도 깊이 연관되어 있기도 하다. 구와바라의 사진은 많은 사람들에게 미나마타병의 현상을 알리고 다른 표현자들을 미나마타와 그 주변 지역으로 오게 만들었다. 구와바라의 촬영은 어디까지나 그 자신의 투쟁처럼 보이지만, 미나마타병 투쟁사의 일부라고 할 수 있을 것이다. 1장에서 기술한 다른 사진가들이나, 다른 연구자나 지원자, 구와바라를 미나마타로 이끈 기사를 쓴 기자 역시 미나마타병 사건에 이끌려 미나마타로 가서 사건을 움직여 온 행위자들이다. 미나마타병 사건은 피해를 직접 입은 사람들 뿐만 아니라 사건에 관여하려고 한 그 외 많은 사람들의 작업이 연결되어 계속 분출되는 것이다.

마지막으로 그동안 충분히 조명을 받지 못한 곳에 사진가들의 가족이 있다. 사진가들이 미나마타나 다른 지역에서 사진을 찍는 데에 있어 그 배우자는 사진을 찍기 위해 뛰어다니는 당사자들을 경제적으로 지원하며 가정을 지켰다. 그런 가족의 지원이 없었다면 미나마타를 찍은 사진은 나오지 않았을 것이다. 사진가 본인이 죽었을 때, 그 사진(인화한 사진, 필름, 밀착 인화지, 디지털 데이터를 포함)이나 취재 메모나 노트, 관련 자료 등을 관리하는 것은 남겨진 가족들, 혹은 신뢰할 수 있는 보관 기관이나 조직뿐이다. 사진가의 사진을 찍혀 있는 사람들의 의사를 포함해 어떻게 계승할까? 보관 기관에서도, 사진가와 사진에 찍힌 사람들과 그 가족을 함께 생각하면서 이 사건의 어떤 해결이나 치유를 향해서 공헌하고 싶다.

[附記]

동의대학교 이경규 교수님과 임상민 교수님, 원고 번역을 도와주신 스탭 선생님들, 구마모토대학의 스즈키 히로타카 교수님께 진심으로 감사드린다. 또한, 본 연구는 구마모토대학 대학원 인문사회과학연구부 부속 국제인문사회과학연구센터·학술적연구자원 아카이브영역, 구마모토대학 문서관 및 JSPS 연구비(과제번호: 20K13284, 22H00036)의 조성을 받은 성과물이다.

동아시아연구총서 제9권
일본 속 마이너리티의 시대사적 표상

귀화 재일조선인과 「민족명」 재판
-회보 『우리이름』을 중심으로-

임상민(林相珉)

일본 규슈대학 대학원에서 비교사회문화박사 학위를 취득하였으며, 현재 동의대학교 일본학과 조교수로 재직하고 있다. 재일조선인 문학/문화, 식민지 조선의 일본인 경영 서점 및 서적 유통 등을 연구하고 있다. 주요 논저에는 『전후 코리안 표상의 반·계보—〈고도경제성장〉 신화와 보장받지 못한 주체—』, 「동북아 해역의 서적 유통 연구」 등이 있다.

1 들어가며

이 글에서는 일본 사회에 완전 동화되기보다는 차이를 만들어가며 공존의 방식을 모색해 온 귀화 재일조선인(=코리아계 일본인)의 「민족명」을 되찾기 위한 법적 투쟁의 동시대적 의미를 고찰하는 것을 목적으로 한다. 특히, 1985년 12월에 오사카를 중심으로 결성된 「민족명을 되찾는 모임」의 회보 『우리이름(ウリイルム)』(1986.2~1994.9, 총35호, 사무처장 정양이, 회보는 3개월에 1회 발행)을 중심으로, 일본 국적의 귀화 재일조선인이 일본 국적법 10조(부득이 한 경우 통명 변경 가능)에 기초하여 회원들의 이름을 민족명으로 바꾸기 위한 약 9년간의 법적 투쟁이 재일조선인 내부에서는 어떠한 의미를 가지며, 또한 자녀세대의 본명 사용과 민족적 아이덴티티 확립의 프로세스에 대해서 탐색하고자 한다.

먼저, 본 모임의 결성 및 회보가 발행된 1980년대의 재일조선인 사회에 대해서 간단하게 살펴보면, 1980년 전후는 재일조선인 2세, 3세의 비율이 전체 인구의 80%를 차지하기 시작하면서 재일조선인은 국적을 유지한 채 일본에 정주하는 것이 바람직하다고 하는 「제3의 길」 논쟁[1]

---

1) 논쟁의 발단은 당시 법무성 관료였던 사카나카 히데노리(坂中英徳, 1945년 조선 청주 출생)가 「금후 출입국 관리 행정의 바람직한 모습에 대해서」(1975년도 입국 관리국 우수논문 선정)라는 논문 속에서, 재일조선인의 삶의 방식을 (1) 귀국지향, (2) 귀화지향, (3) 한국과 조선 국적인 채 일본에 정주 지향으로 분류하고, 일본 입장에서 (3)이 가장 마이너스라고 말하며 귀화하기 쉬운 환경을 만들어 주는 것이 중요하다고 주장하고 있다. 이에 대해 이누마 지로(飯沼二郎)는 귀국지향은 조국의 정세가 불안정하기 때문에 기대할 수 없고, 그렇다고 해서 귀화지향은 동화주의로 직결되기 때문에 찬성할 수 없으며, 오히려 사카나카 히데노리가 부정적으로 평가했던 국적을 유지한 채 일본에 정주하는 것이 바르게 평가되어야 할 「제3의

이 전개되었고, 1959년부터 시작된 전후 일본의 최대 이주였던 재일조선인의 북한송환사업이 종료된 것은 1984년이다. 즉, 1980년대는 재일조선인의 세대교체와 뉴커머의 일본사회 진출에 따라 일본에서의 정주지향이 더욱 뚜렷해졌고, 동시에 재일조선인 마이너리티 미디어는 급속히 정치적인 이념 논리에서 벗어나 일본과의 공존의 방식에 대해서 적극적으로 모색하기 시작한다.

특히, 후술하듯이 『휴먼레포트: 우리들이 갈길』(1984년 1월~, 나고야), 『코리아취직정보』(1989년 9월~1993년 5월, 오사카), 『우리생활』(1987년 11월~1995년 8월, 도쿄), 『미래』(1988년 6월~1996년 12월, 오사카), 『새누리』(1989년~2005년, 도쿄), 『안녕!』(1989년 12월~), 『나비야』(1989년 9월~) 등의 생활·문화 정보잡지는 재일조선인의 세대교체와 이에 따른 삶의 방식 및 공존의 방식에 대한 다양한 담론을 형성해 나가는 동시에, 국제화와 이문화라는 키워드에 부합하는 내용으로 지면을 구성하면서 다문화사회로 진입한 일본에서 국적과 인종을 구별하지 않고 모두가 공생할 수 있는 사회를 지향하며 생활자의 시점에서 발신하기 시작한다.

또한, 전후 재일조선인과 직접적으로 관련된 법령을 살펴보면, 1965년에 체결된 한일법적지위협정을 통해 재일한국인에게도 의료보험이 적용되었고, 1979년 국제인권규약 비준(공단주택·공영주택의 분양 및 임차 자격이 인정), 1982년 난민조약 비준(국민연금법 및 아동부양수당법, 특별아동부양수당법, 아동수당법의 국적조항 철폐), 1977년 사법연

길」이라고 주장한다. 이후, 두 사람 모두 기본적으로는 「귀국사상」을 부정하는 것이기 때문에, 정신적으로 조국과 일체화되어 있는 재일조선인 1세로부터 많은 비판을 받게 된다.

수원 입소 인정, 1982년 국공립대학 교수 및 국공립 초중고 교원이나 지방자치체의 공무원 채용 확대 등, 1980년 전후는 국제화에 따라 재일조선인에 대한 제도적 측면에서의 국적 차별은 서서히 개선되기 시작한다.

그리고 1985년에는 여성차별철폐조약을 비준함으로써 국적법을 부계우선주의에서 부모양계주의로 개정하고, 이를 통해 외국인과 결혼한 일본국민은 호적의 성을 외국인 배우자의 성으로 변경하는 것이 인정되었고, 일본국민과 외국인 배우자 사이에서 태어난 자녀의 성을 외국인 부 또는 모의 성으로 변경하는 것도 인정되었다. 또한, 호적법 개정은 귀화정책에도 영향을 미치게 되는데, 예를 들면 개정 이전과 같이 귀화 후 사용하는 이름을 일본식 이름으로 표기하도록 강요하는 것은 완화되었고, 이에 따라 민족명 그대로 귀화하는 재일조선인도 등장하기 시작했다.[2]

따라서, 이 글에서는 1980년 전후에 일어난 재일조선인의 세대교체와 1959년부터 시작된 북한송환사업이 종료되면서 재일조선인의 정주의식이 강하게 작동하기 시작한 시기에 결성된 「민족명을 되찾는 모임」의 회보 『우리이름』을 중심으로, 완전 동화되기보다는 차이를 만들어가며 공존의 방식을 모색해 온 귀화 재일조선인의 민족적 아이덴티티 확립의 프로세스에 대해서 탐색하고자 한다.

---

2) 김경득(1997) 「국적법 개정과 재일한국인」 『서울국제법연구』4(2)호, 서울국제법연구원, p.58.

2 | 1980년대 재일조선인 담론과 생활정보지

1980년대는 1959년부터 시작된 북한송환사업[3]이 최종적으로 종결되는 시기이고, 이에 따라 재일조선인 잡지는 재일 3세를 주축으로 뉴커머(new comer) 층이 일본사회에 등장함으로써 의식주나 취직, 결혼 등의 생활정보 또는 아이덴티티나 모국어 문화의 계승을 주요 테마로 하는 미디어가 나오는 시기이다. 특히, 이와 같은 세대교체와 남북 관계의 변화에 따라 일본에서의 정주 지향이 더욱 뚜렷해졌고, 동시에 재일조선인 미디어는 급속히 정치적인 성향을 벗어나 문화적인 색채를 띠며 변모해갔다. 달리 말하자면, 1980년대는 일본인과의 공존의 방식에 대한 고민이 적극적으로 이루어지기 시작한 시기라고도 할 수 있는데, 동시대에 발행된 재일조선인 잡지를 정리하면 다음과 같다.

---

3) 북한송환사업(일본에서는 「북조선귀국사업」, 북한 및 조총련에서는 「귀국운동」 또는 「귀환운동」이라고 부름)이란 전후 일본에 거주하는 재일조선인들이 1959년 12월 14일부터 수차례의 중단과 반복을 거치면서 1984년까지 9만 3340명이 일본을 떠나 북한으로 향한 전후 최대의 집단이주다(일본인 동반 가족은 6731명, 중국인 가족은 6명). 귀국자 중에는 약 1800명의 일본인 아내도 포함되어 있었는데, 2002년에 일본 요미우리신문이 북한에서 귀국한 일본인 아내의 궁핍한 생활을 보도하면서 동 기사를 시작으로 일본에서는 송환사업을 재검토하는 많은 서적이 출판되었다. 이와 같은 이른바 송환사업 검증 현상은 당시 가장 정치적 문제로 화두가 되었던 납치문제·핵문제를 둘러싼 일본인의 북한 및 조총련에 대한 분노와도 연동되면서, 당시 송환사업을 지지했던 사회당과 공산당, 그리고 신문, 잡지, 지식인의 비난이 대대적으로 전개되었다.

<표1> 1980년대 재일조선인 발행 잡지 목록(28종)

季刊在日同胞(1980, 한국사료연구소)	架橋(1980, 재일조선인작가를 읽는 모임)
韓青通信(1981, 재일한국청년동맹)	シアレヒムー一粒の力(1981, 씨알의힘사)
書堂(1981, 조선아시아관계도서센터)	ナグネ(1983, 동인 나그네)
コリア研究(1984, 코리아연구소)	ヒューマンレポート(1984, 휴먼레포트사)
ケナリ(1985, 일조우호촉진 교토부인회의)	季刊ソウル—東京(1985, 서울—도쿄 편집위원회)
コリア就職情報(1986, 코리아패밀리서클)	ウリイルム(1986, 민족이름을 되찾는 모임)
民主女性(1986, 재일한국민주여성회)	季刊コリア研究(1986, 코리아연구소)
同胞と社会科学(1986, 재일본조선사회과학협회)	青鶴(1987, 재일한국·조선인문제학습센터)
ハンギョレ(1987,장의균씨를구출하는모임)	季刊民涛(1987, 민도사)
ウリ生活(1987, 재일동포의생활을생각하는모임)	MILE(1988, 판·퍼블리시티)
RAIK通信(1988, 재일한국인문제연구소)	日本植民地研究(1988, 용계서사)
済州島(1989, 신간사)	季刊青丘(1989, 청구문화사)
月刊Asia(1989, 아시아비즈니스사)	ナビヤ(1989, (주)싱크넷)
セヌリ(1989, 새누리문화정보센터)	アンニョン！(1989, 재일본대한민국청년회)

먼저, 1980년대 재일조선인 마이너리티의 생활과 밀착된 정보지에 대해서 간단하게 살펴보면, 『휴먼레포트: 우리들이 갈길』은 1984년 1월에 나고야를 거점으로 발행된 계간 잡지이며, 재일 사회의 세대교체라고 하는 과도기에 따른 다양한 문제를 조사하고 이를 통해 앞으로의 방향성을 제시하고 있다. 편집발행인은 창간호부터 서해석이 담당하고 있고, 최초 계간잡지로 출발했지만 7호(1986.11)부터는 연 1회 발행으로 변경되었으며, 18호(1998.05) 발행 이후 일시적으로 휴간되었다가, 2010년 9월에 「2010년 특별호」를 간행한 이후의 계속 발행 여부는 확인되지 않고 있다(정가 1000엔).

잡지의 내용적인 측면에서 보면, 국적법 개정과 법적지위문제, 그리고 재일 3세의 교육문제 및 취업과 관련된 각종 데이터 자료를 제공하고 있는데, 2010년 특별호에서는 12년간 휴간되었던 잡지를 복간하면서 본 잡지의 역할에 대해서, 「세상의 본질과 우리들이 나아가야 할 길을 확인하면서, 재일이 일본 사회에서 살아가는 데에 있어 소중한 정보를 제공하고, 공유하고, 발전시켜갈 커뮤니케이션지, 말하자면 재일의 생활 편리첩의 역할」[4]을 다하고자 하는 뜻을 밝히고 있다.

다음으로, 『코리아취직정보』는 코리아패밀리서클이 1986년 9월부터 오사카에서 발행한 취업 계간 잡지이며, 편집·발행인은 강성개, 현재 1993년 5월에 발행된 21호까지 확인된 상태이다. 21호 편집후기에는 「일본에서 태어난 외국인 학생 제군은 부디 자신의 국적이 마이너스로 작용하는 것은 아닐까 하는 소극적인 의식을 가지지 말고, 정정당당히 취직 활동을 도전해 가길 바란다. 참고로, 본 잡지의 소재지는 목차에서 공지한 바와 같이 변경됩니다. 앞으로도 잘 부탁드립니다」라고 기술하고 있듯이, 이후에도 지속적으로 발간되었을 것으로 추정된다. 다만, 1992년 1월에 발행된 19호가 「104페이지」이었던 반면(1991년 5월에 발행된 17호는 「140페이지」), 21호는 「48페이지」로 대폭 축소되어 발간되었다.

그리고 잡지의 내용적인 측면에서 보면, 구인광고 및 재일조선인·외국인이 근무하는 일본기업 소개, 외국계 기업에 대한 설문조사, 자격증 관련 직업 소개, 한일기업 교류 등과 같은 취업 관련 정보를 중심으로 기사가 소개되어 있다. 특히, 대학교의 취업 부서 및 취업 상담 일지, 그리고 재일조선인은 물론 일본에 거주하고 있는 재일외국인의 취업관 등을 소개하면서, 일본에서 외국인으로서 취업하는 의미에 대해서 다양한 사람들을 통해서 전하고 있다(이후, 1988년 7월에 발행된 6호부터

---

4) 徐海錫(2010.9) 「編集後記」『ヒューマンレポート』 2010特別号. 현재 동 잡지는 일본 국립국회도서관 디지털자료로 열람이 가능한 상태이다.

는 취업정보, 비즈니스, 역사와 문화, 소설과 논고, 여행, 인터뷰 등으로 대분류되어 발행).

잡지의 구성적인 측면에서 보면, 매호에서는 특집호를 기획해서 발행하고 있는데, 예를 들면 「재일외국인에게 물어보았습니다」(창간호), 「재일코리안을 위한 해외여행 매뉴얼」(2호), 「새로운 문화를 창조하는 아티스트」(3호) 등을 기획하고 있고, 특집호가 없는 호에는 좌담회 및 대담(「신춘대담 최양일 vs 강진화」4호), 인터뷰 기사를 싣고 있다. 또한 잡지의 정치적인 측면을 살펴보면, 2호 편집후기에서 「조은신용조합(朝銀)과 상은신용조합(商銀)의 구인광고가 나란히 실리는 것이 나의 꿈」[5]이라고 말하고 있듯이, 조총련을 지지하는 재일조선인과 민단 지지자가 대립하고 있는 모습을 통해서, 동 취업 정보지 역시 모든 재일조선인을 대상으로 하고 있다고는 볼 수 없다. 특히, 본 잡지에는 한일기업 교류 등의 기사 및 한일 고대문화 교류를 살펴보기 위한 한국의 지역문화 탐방 등, 한국과의 다양한 교류가 소개되어 있다. 또한, 1988년 10월에 발행된 7호의 광고 지면에는 88서울올림픽의 공식 마스코트 호돌이 그림과 「고마워!! 호돌이군!」이라는 문구를 생각할 때(당시 북한은 서울올림픽에 불참 선언), 동 잡지의 정치적 입장이 한국 쪽으로 편중되어 있고, 세대교체에 따라 매년 증가하는 재일조선인의 일본 귀화 및 통명 사용에 대한 움직임에 부정적인 입장을 취하고 있다.

『우리생활』은 1987년 11월부터 1995년 8월까지(12호) 도쿄의 「재일동포의 생활을 생각하는 모임」에서 발행한 생활정보잡지이며, 편집은 『우리생활』 편집위원회에서 담당하고 있다. 본 잡지는 최초 연 2회 또는 3회를 목표로 발간되었지만, 1990년 11월에 발간된 7호까지는 연

---

5) 編集部(1987.3) 「編集後記」『コリア就職情報』コリアファミリーサークル, 2号, p.130.

2회, 그리고 1991년 5월에 발간된 8회부터는 연 1회로 횟수가 축소되어 발행되었다. 또한, 동시대에 발행되고 있는『민도』『계간 청구』『호르몬 문화』등의 잡지가 짧은 기간에 많은 호수를 발간하고 있다는 사실을 언급하면서,「사상을 담당하는 잡지는 사상을 담당하고, 문예를 담당하는 잡지라면 문예를 담당하며, 생활을 짊어져야 하는 잡지이면 생활을 담당하는 것, 항상 초심을 잊지 않는 것이 중요하다고 생각한다」(10호)라고 말하고 있다.

잡지의 내용적인 측면에서 보면, 지면은 좌담회, 창작, 역사탐방, 영화비평, 칼럼, 동포교포, 독자소식 등으로 구성되어 있고, 매호 동시대에 이슈화되고 있는 주제를 특집으로 엮고 있다. 예를 들면,「결혼문제를 생각하다」(창간호),「재일동포 문화의 창조를 목표로」(2호),「귀화 동포는 말한다」(5호),「1995년 해방 50주년의 여름」(12호) 등, 재일동포가 지니고 있는 다양한 현실적인 생활의 고민과 문제들을 함께 공유하며 해결해 나가기 위한 본격적인 재일동포의 생활종합지 성격을 띠고 있다. 특히, 본 생활정보잡지의 기사 구성은「『우리생활』은 문예지도 아니며 사상지도 아니다. 그렇다고 해서, 창작이나 논문을 배제하는 것 역시 아니다. 다만, 모임의 성격상, 지금의 이국땅에서 생활해 나가기 위해 필요한 극히 일반적인 지식과 정보를 서로 교환할 수 있는 생활정보지를 목표로 하고 있다」[6](창간호, 편집후기)라고 말하고 있듯이,

---

6) 編集部(1987.11)「編集後記」『ウリ生活』창간호, p.186. 정치적인 측면에서 보면,「종래의 남북으로 분리된 재일 조직의 어느 쪽에도 속해 있지 않기 때문에, 재일조선인 사람들과의 접촉의 장도 그다지 가지지 못하고 생활하고 있는 사람들이 의외로 많으며, 더욱이 그 숫자 역시 증가하고 있습니다.「우리생활」이 그러한 사람들의 목소리까지도 귀 기울여 의견과 정보 교환의 마당으로 성장해 나갔으면 하는 바램입니다」(5호)라고 말하고 있듯이, 민단과 조총련의 두 조직 사이에서 분열된 주체를 살아가고 있는 사람들을 언어화하는 것을 목적으로 하고 있다. 특히,「애당초 민족을 사용언어(만)로 파악하려고 하면 재일은 이미 훨씬 이전에 소멸했다.

특정 장르의 기사에 한정하지 않고 생활, 문화와 관련된 다양한 원고를 모집하고 있다.

『미래』7)는 1988년 6월부터 1996년 12월(87호)까지 오사카에서 발행된 월간 조선정보잡지이며(Korean Information Magazine, 창간호부터 16호까지는 격월간, 정가 400엔, 55쪽 내외), 발행은 KYCC(이후 주식회사 팬 퍼블리시티으로 변경), 편집장은 논픽션 작가로 유명한 고찬유이다. 주식회사 팬 퍼블리시티(사장은 오호일)는 본 잡지의 발간은 물론, 광고 및 디자인, 기획 설계, 인재 파견업을 운영하는 회사이며, 1991년 6월에 발간된 21호에는 동 회사의 도쿄 및 규슈 영업소 개소 소식을 알리면서, 본 잡지를 포함한 다양한 출판물의 판로를 전국적으로 확보하고 구독자 역시 확대할 수 있는 환경을 만들었다고 전하고 있다.

잡지의 내용적인 측면에서 보면, 1991년 12월에 발간된 27호의 투고

그렇다고 해서 국적만으로도 정의할 수 없다. 그렇다면, 무엇일까─. 이와 같이 딱 잘라 말할 수 없는 모든 것을 포함한 존재, 그것이 재일인 것이다.」(10호)라고 재일조선인을 재규정하고 있듯이, 민단과 조총련이라는 고정적이고 경직된 구조에서 배제된 사람들을 언어화해서, 재일조선인의 새로운 시대정신을 반영한 공감의 장소와 담론의 장으로 만들어가고자 했다.

7) 잡지의 운영적인 측면에서 보면, 1996년 종간호의 휴간 안내 기사에는 「『미래』는 1988년에 창간된 이래, 조선 관계의 문화생활 정보잡지로서 월간으로 발행해 왔습니다만, 이번 호를 마지막으로 휴간에 들어가며, 내년 봄부터 인터넷을 통한 새로운 형태의 정보 발신 기지로서 새롭게 태어나게 되었습니다.」(87호, p.56)라고 안내하고 있듯이, 동 잡지는 재일조선인의 세대교체에 따른 사회적 의식 변화와 급속도로 국제화가 진행되면서 인터넷을 포함한 멀티미디어 시대의 개막에 따라, 보다 적극적으로 정보를 발신하기 위해 잡지를 종간하고 홈페이지를 개설한다고 밝히고 있다(처음에는 일본어 발신, 이후 조선어, 영어로 확대 발신 계획). 다만, 홈페이지 개설과 관련해서는 편집부로부터 정기 구독자들에게는 잔여기간을 계산해서 구독료를 환불해 준다고 전하고 있고, 또한 종간호 직전에 발간된 86호에는 「연간 구독을 희망하는 분들에게는 본 잡지 1권 400엔×12개월=4800엔+배송료의 가격을, 배송료·세금 포함해서 4000엔의 할인 가격으로 직접 받아보실 수 있도록 보내드리고 있습니다.」(1996년 11월, 86호, p.56)라는 안내를 보면, 잡지의 종간과 인터넷 홈페이지를 통한 정보 발신의 전환은 오랜 논의를 거쳐 결정되었다고는 보기 힘들다.

정보 모집 광고에서 「MILE(미래)는 문화 · 생활 · 취직 · 결혼 등 조선 청년에게 도움이 되는 정보를 제공하고, 사람과 사람의 교류를 촉진하기 위한 정보잡지입니다. 뉴스, 문학작품, 그림, 각종 정보, 설문조사 등, 편집부로 많이들 보내 주세요」라고 원고를 모집하고 있듯이, 재일조선인 사회와 문화는 물론이고 조국정세 및 세계정세까지도 소개하고 있다. 특히, 1994년 1월에 발간된 50호 기념 특집호에는 「재외 조선민족을 생각하다」라는 기획 기사가 실려 있는 것에서 알 수 있듯이, 본 잡지는 미국의 코리아타운(1992년 1월~3월 연재, 이후 1993년 10월 49호에는 동 연재의 출판기념 파티를 소개), 중국의 조선족, 그리고 사할린의 한인 등, 일본 국내의 재일조선인뿐 아니라 전 세계의 재외 한인의 생활을 소개하고 있다.

또한, 본 잡지는 재일조선인 집필자뿐만 아니라, 동시대에 활약하는 다양한 분야의 유명인의 인터뷰를 싣고 있다. 예를 들면, 영화 평론가 사토 다다오, 만화가 치바 데츠야, 여배우 구로야나기 데츠코, 영화감독 야마다 요지 등, 각 분야의 최전선에서 활약하고 있는 유명인의 작업 현장 및 인생철학을 소개하면서 젊은 세대들에게 삶의 방식에 대한 다양한 메시지를 전하고 있다. 특히, 본 잡지는 매호 「PAN How to 취직」 및 「PAN How to Work」 등의 직업 소개란을 통해서, 젊은 세대들에게 동포기업 및 취업 가능한 일본기업, 그리고 사회인이 가져야 할 기본적인 마인드와 자세 등을 다각적인 측면에서 교육시키고 있다.

『새누리』[8]는 「만남을 원하는 인간정보지」라는 부제목에서도 알 수

---

8) 편집 겸 발행인은 박철민(朴鐵民)이다. 박철민은 1945년 오사카(大阪)에서 태어나, 도에이(東映) 영화배우양성소를 졸업하고 요요기(代々木) 소극장 연극집단인 「변

있듯이, 1989년 11월에 창간되어 2005년 81호까지 발간된 재일 사회의 만남과 결혼에 관련된 정보를 중심으로 내용을 구성한 문화정보지이다. 창간 당시에는 계간이었으나, 2000년부터 월간으로 간행하였다. 도쿄의 새누리문화정보센터출판국에서 발행하였고, 가격은 500엔이다. 일본에서의 정주 지향이 더욱 뚜렷해진 시기에 발행된 『새누리』는 결혼이나 문화 정보지로서 일상의 내용이나 한국의 관광, 또는 생활정보를 담았다. 특히 한국인의 결혼문화에 대하여 소개한 내용이 많은데, 특집으로 혼수(1992.12), 부케(1993.1), 육아용품이나 한국인의 생활용품에 관한 내용이 많다. 이 외에도 한국의 식문화, 민속촌 가이드, 해외 코리안 소개, 원코리아 페스티발, 한신아와지 대지진 이후 재일코리안의 삶, 재일동포의 생활과 교육 문화에 관한 좌담회(1996.9)나 재일동포 역사 포럼(1996.10), 김지하 시인(1999.8), 한국인 강제이주를 테마로 하는 국제심포지움(1999.8) 등을 특집으로 기획하고 있고, 여성 에세이집이나 시 작품, 음악, 가수(김연자 외)를 소개하는 코너와 같이 교양과 대중적인 오락에 대해서도 소개하고 있다.

『안녕!』9)은 재일한국청년회의 회보지로 1989년 12월에 창간되어 연

신(變身)」과 재일조선연극단, 금강산가극단을 거쳐, 1984년에 연극・영화기획집단 「마당 기획」을 설립했다. 그리고 1986년에 새누리문화정보센터를 설립하고, 1989년에 재일코리안을 중심으로 한 문화정보지로 창간한 것이 바로『새누리』이다. 박철민은 이 외에도 2003년에 TV J-Korea를 설립하고, 재일코리안의 문화, 지식, 기업인, 시민운동단체나 해외 코리안과 네트워크를 구축하였고, 한일 바이링걸 연극과 영화에서 배우와 연출가로 활약하였다.

9) 거의 매호마다 일본에서 활약하는 인물을 인터뷰한 기사가 게재되어 있는데, 예를 들면 재일뮤지션 조박(趙博), 재일 축구선수 출신의 감독 이국수(李国秀), 가수 사와 도모에(沢知恵), 프로레슬러 쵸슈리키(長州力), 작가 사기사와 메구무(鷺沢萌), 여성 풍수가 리노이에 유치쿠(李家幽竹), 라쿠고가 쇼후쿠테 긴페(笑福亭銀瓶), 여성 레게가수 부심(PUSHIM), 작가 쓰카 고헤이(つかこうへい) 외에도 가수 강수지, 아이돌 그룹 SES 등 한국인의 이름도 보인다. 1990년대 재일한국인뿐 아니라 재일외국인을 위한 다양한 정보지가 출간되기 시작한 가운데,『안녕!』은 비교적 오

2회 발행되고 있다. 창간호의 발행인은 안형균(安亨均)이고, 재일한국 청년회중앙본부선전부의 편집으로 재일본대한민국청년회중앙본부에서 발행되고 있다. 1970년대 초, 민단 산하의 청년조직으로 활동하던 재일한국청년동맹(약칭: 한청 혹은 한청동)과 재일한국학생동맹(약칭: 한학 혹은 한학동)에 대해 1972년 7월 7일 민단 제20회 중앙위원회는 두 조직을 민단 산하에서 제명 처분을 내린다. 이후에 청년회 활동은 공백기를 거쳐 1977년 2월 27일, 민단중앙회관에서 결성대회를 개최하면서 탄생한 조직이 재일한국청년회이다. 정식 명칭은 재일본대한민국 청년회로, 한국에 뿌리를 둔 18세에서 35세까지의 청년에게 회원자격이 주어진다. 청년회 회원을 위한 정보지로 출발한 『안녕!』은 연2회 발행되고 있고, 재일의 생활에 관한 정보와 한국의 정치에서 유행에 이르기까지 다양한 정보를 발신하고 있다. 8호(1994.07)부터는 회원정보지에서 「21세기를 향해 재일코리언과 아시아를 연결하는 정보지」를 표방하면서 잡지 체제 또한 새롭게 단장하고 있다. 17호(1999.07)부터 「재일코리언과 아시아를 연결하는 정보지」로 「21세기를 향해」라는 문구를 삭제하고 있고, 38호(2010.10)부터는 다시금 재일을 위한 정보지로 리뉴얼하면서 재미있고 유익한 정보, 엔터테인먼트 정보까지도 소개하는 잡지로 변모하고 있다.

『나비야』는 「생활 속의 국제화」, 「이문화 교류 매거진」이라는 캐치 프레이즈를 내걸고 씽크네트가 1989년 9월에 창간한 잡지이다. 잡지의 성격은 일본인, 재일외국인, 유학생 등을 대상으로 한 일종의 생활정보

랫동안 발간을 지속해 온 잡지라 할 수 있다. 홈 페이지(https://www.seinenkai.org)에서 소개하고 있는 재일한국청년회의 주요활동 내용은 권익옹호운동, 문화서클, 한국어 강좌 실시, 모국방문 사업 등이다.

지로 분류할 수 있다. 매호 다양한 테마로 특집을 다루고 있고, 영화, 서가, 이벤트 가이드 등의 정보를 싣고 있다. 창간호의 표지는 「꿈을 꿨다. 하늘을 날고 있는 이상한 꿈. 그것은 푸르고 투명한 유리구슬 같았다. 바라보고 있는 것만으로 왠지 사랑스러워 견딜 수 없게 되어버린다. 조금 손을 뻗으면 닿을 것 같다. 꿈으로 본 지구의 모습은 너무도 아름답고, 신선했다. 거기에는 지구본 여기저기에 그어져 있는 선은 어디에도 보이지 않았다. 초록으로 둘러싸인 광대한 땅에, 노란 아이가 동그마니 보였다. 검은 아이도, 하얀 아이도 있었다. 도도히 흐르는 강이 있고, 멀리 저편에 하얀 것을 머리에 얹은 산들이 길게 늘어서 있었다. 모두 그들에게 주어진 것이다. 시장이 있고, 광장이 있고, 어른들이 있고, 아이들 세계가 있었다. 거기에는 분명한 삶의 영위가 있었다. 화내고, 슬퍼하고, 기뻐하고, 노래하는, 인간의 미래가 있었다」라는 문구로 장식하고 있다. 이 표지의 문구는 「교류LAND 지구호 여행으로」라는 창간 특집이 전하고자 하는 메시지라 볼 수 있다. 2호(1989.12)는 「국제화의 전환점」, 3호(1990.03)는 「황금의 나라 지팡구는 어디에」, 4호(1990.06)는 「말과 이문화 발견」을 각각 특집으로 다루고 있다. 재일 한국인뿐 아니라 다수의 일본인이 집필에 참가하고 있다.

이상과 같이, 1980년대에 발행된 재일조선인 관련 생활, 문화 정보지는 재일조선인의 세대교체와 이에 따른 삶의 방식 및 공존의 방식에 대한 다양한 담론을 형성해 나갔으며, 뿐만 아니라 국제화와 이문화라는 키워드에 부합하는 내용으로 지면을 구성하면서 다문화사회로 진입한 일본에서 국적과 인종을 구별하지 않고 모두가 공생할 수있는 사회를 지향하며 생활자의 시점에서 발신했다는 사실을 확인할수 있다.

3 『우리이름』과 연대의 (불)가능성

먼저, 오사카의 「민족명을 되찾는 모임」에서 발간한 회보『우리이름』에 대한 서지적 정보에 대해서 살펴보도록 하자. 창간호에 실린 「민족명을 되찾는 모임」의 회칙은 다음과 같다.

1. 목적
본 모임은 「귀화」와 「혼혈」 등에 따라 일본국적의 조선인을 둘러싼 문제를 재일조선인 스스로의 동시대적 문제로 받아들이고, 먼저 각자의 이름을 법적으로 「민족명」으로 바꾸는 노력을 기울인다.
2. 자격
본 모임의 취지에 찬동하며, 정해진 회비를 납부하는 자는 누구라도 회원이 될 수 있다.
3. 활동
하나, 당사자의 재판 진행 과정을 널리 세상에 알리기 위한 정보 전달 활동을 한다.
둘, 재판을 지원해 줄 사람을 모으고, 회원 확대에 노력한다.
셋, 학습모임 등을 개최하여, 회원에게 「회보」를 발행한다.
4. 재정
본 모임은 회비 · 모금 운동을 통해 운영한다.
하나, 회비는 월 300엔(연, 3,600엔)
회원이 되어 주세요!10)

위의 회칙 목적에서 알 수 있듯이, 본 모임은 일본 국적을 선택한 귀화 재일조선인 및 일본인과의 결혼을 통한 일본 국적의 혼혈 재일조

---

10) 우리이름編輯部(1986) 「会則」『우리이름』創刊号, 民族名をとりもどす会, p.8.

선인을 대상으로, 현재의 일본명을 법적으로 「민족명」으로 변경하는 것에 찬동하는 사람들을 회원으로 모집해서, 재판 지원 및 정보 공유, 그리고 일반인에게는 어려울 수 있는 관련 법령 학습을 목적으로 한다.

그리고 이와 같은 귀화 재일조선인의 「민족명」 변경이 가능하게 된 것은 동 모임이 결정되기 직전에 개정된 1985년 1월의 신국적법 이후인데, 본 회보의 창간호에서는 「결성 호소문」을 통해 신국적법의 성과와 문제점에 대해서 다음과 같이 지적하고 있다.

> 일본 패전 후 41년을 경과한 오늘날, 재일조선인 사회의 세대교체가 착실하게 진행되고 있다. 식민지 지배에 의한 간접적, 직접적으로 도항할 수밖에 없었던 조선인 1세는 15%에도 미치지 못하는 숫자이다. 또한 조선인 2세, 3세의 국제결혼이 60%를 넘고 있다는 상황 역시 새로운 문제로 제기되고 있다. 이러한 상황 속에서 작년 1월에 국적법과 호적법이 개정되었다. 이번 법 개정에 의해 일본국적을 가진 채로 김과 스미스 등의 외국성을 호적명으로 사용할 수 있게 되었다. 국제결혼에 따라 일본인이 외국성을 사용할 수 있는 길이 열린 것과 그 자녀 역시 아버지나 어머니의 외국성을 당연히 사용할 수 있게 되었다. 이 사실은 역으로 개정 이전의 구법의 배타성을 나타내는 것이기도 하다. 그러나 이번 개정은 「귀화」가 다소 간소화됨에 따라 「귀화」자의 수가 증가는 하겠지만, 「귀화」에 대한 배타적 측면을 없애지는 못했다.[11]

특히, 1994년의 종간호에 의하면, 1987년의 첫 재판부터 1993년까지 모든 회원의 이름이 일본 국적을 유지한 채 민족명으로 변경되었고(승률 100%), 이것은 한국 국적과 조선인 국적의 재일조선인에게 커다란 의미를 제공했을 뿐 아니라, 민족과 국적이 다르다는 것을 제시한 사건

---

11) 우리이름編集部(1986) 「結成の呼びかけ」 『우리이름』 創刊号, 前掲書, p.1.

이라고 전하고 있다.

다음으로 회보의 내용적인 측면에서 보면, 민족명을 둘러싼 법리적 해석 및 귀화의 문제점, 법정 진술서, 호적법 및 국적법 관련 자료 소개, 일본 국적 재일조선인과 혼혈의 교육 문제, 그리고 일본의 신문기사 뿐 아니라 한국의 언론 보도를 소개하고 있고, 재일조선인 모임 〈도깨비어린이회〉(오사카)와 공동 개최한 공부모임의 소개 등, 민족명을 되찾기까지의 회원들의 다양한 일상의 투쟁 기록을 소개하고 있다(18호부터「회원·독자 페이지」를 신설, 엽서 등을 통해 회보에 대한 감상 및「민족명을 되찾는 모임」에 대한 의견 게재). 특히, 동 모임 및 회보는 단순히 일본인에게 일본 국적 재일조선인의 문제를 알리는 것에 그치지 않고, 재일조선인 내부에 존재하는 귀화 재일조선인에 대한 또 다른 차별과 배제에 대한 투쟁을 기록하고 있다는 점에서 의미가 크다고 볼 수 있다.

또한, 본 회보에는 단순히 일본 국적의 재일조선인의 법적 투쟁 및 민족명을 되찾기까지의 기록뿐 아니라, 일본인 학자 및 변호사에 의한 학술적·법리적 투고 논문 및 집회 등에 대해서 소개하고 있다. 예를 들면, 1986년 8월에 발행된 3호에는「민족명을 되찾는 교토 집회 안내, 박실 씨를 격려합시다!」라는 제목으로 다나카 히로시(田中宏, 당시 아이치현립대학 교수)가 강연자로 이름을 올리고 있고, 조언자에는 1969년부터 1991년까지 잡지『조선인-오무라수용소를 폐지하기 위하여』를 편집·간행한 이누마 지로(飯沼二郎)의 이름이 소개되어 있다.

「민족명을 되찾는 모임」은 1994년 9월에 해산 이후,「민족차별과 싸우는 연락협의회」(민투련, 히타치취직차별재판을 계기로 1974년에 결성) 산하의 민투련일본국적자부회로 계승되었고, 1994년 12월 25일에

는 회보『무지개처럼(虹のように)』을 발행하게 된다. 민투련 일본국적 자부회의 대표를 맡은 정양이는 일본국적자 조선인 문제를 해결하기 위해 결성된 민족명을 되찾는 모임의 9년간의 활동을 일단락 짓고, 민투련 일본국적자부회로서 새로운 출발을 하게 되었다고 밝히고 있다. 또한, 1974년에 결성된 민투련은 실천과 교류, 그리고 공투라는 3원칙 아래에 일본국적 재일조선인 문제에도 큰 관심을 가지고 있으며, 「민족 명을 되찾는 모임」과는 이전부터 공동투쟁의 관계에 있었다고 소개하 면서 상호 연대를 강조하고 있다.

회보 편집을 담당한 윤조자도 창간준비호에서 「무지개는 여러 다른 색이 각각의 색채를 살리며 함께 있어야 빛나고 아름답다. 다양한 인간 과 다양한 민족이 서로를 인정하고 배우며, 다민족 다문화 공생 사회를 목표로 서로 빛나며 살아가기 위해서, 전국각지의 활동을 소개하고 또 한 문제제기를 하면서 네트워크 형성의 역할을 다하고 싶다」[12]며 본지 의 편집방침을 설명하고 있다. 이와 같은 편집방침은 표지에 「무지개처 럼」이라는 회보 이름을 한글 및 일본어와 함께, 베트남어, 브라질・포 르투갈어, 중국어, 필리핀・타갈로그어, 파키스탄・우르두어로 병기한 것에서도 확인할 수 있다.

또한, 대표 정양이는 창간준비호에서 「민족차별과 싸우는 연락협 의회의 규약이나 강령에 일본국적 조선인문제가 거론되어, 민단에서 는 이번 봄부터 일본국적자도 구성 멤버로 인정하기로 결정하였습니 다」[13]라며 1994년부터 민단이 귀화 재일조선인을 회원으로 수용하고

---

12) 尹・チョジャ(1994)「編集後記」『虹のように』創刊準備号, 民闘連日本国籍者部 会, p.17.
13) 鄭良二(1994)「出発にあたって」『虹のように』創刊準備号, 前掲書, p.2.

있듯이, 귀화 재일조선인에 대한 인식이 서서히 변해가고 있음을 알 수 있다.

다음으로, 「민족명을 되찾는 모임」의 정치적인 입장에 대해서 간단하게 살펴보면, 앞서 소개한 「회칙」과 「결성 호소문」에서도 말하고 있듯이 일본국적의 재일조선인을 동시대적 문제로 공론화해 나가는 취지에 찬동하는 사람이라면 국적 및 이념 불문하고 누구라도 회원이 될 수 있다. 특히, 정치성과 관련된 회보의 내용을 보면, 민단과 조총련, 한국과 북한 등의 이념과 진영의 논리를 둘러싼 기사는 찾아볼 수 없고, 본 모임은 「민족명」을 되찾기 위한 투쟁에 나설 수밖에 없었던 차별적인 일본 국적법 및 일본 국적을 선택한 귀화 재일조선인과 그렇지 않은 재일조선인, 그리고 일본인과 재일조선인 사이에서 태어난 혼혈 등으로 구분해서 관련 내용을 싣고 있다.

다만, 본 회보의 종간호에서 최초 「민족명」 취득자인 박실은 9년 동안의 활동 중에서 가장 기억에 남는 것은 1989년 6월 17일에 본인의 재판에서 승소한 일과 다음과 같은 또 하나의 사건을 소개한다.

> 9년 전인 12월 15일, 오사카 다이유지(太融寺)에서 개최된 「되찾는 모임」 결성 집회에, 당시 한국에서 교토대학으로 연수생으로 유학을 온 장의균이 참가했습니다. 그는 87년에 귀국한 뒤, 그해 7월 5일에 돌연 육군보안사령부에 의해 연행되어, 지금 현재도 국가보안법 위반의 「스파이죄」로 감옥에 갇혀 있습니다. 얼마 전에 구원회에 도착한 그의 편지 일부분을 소개합니다. (중략)그는 물론 「스파이」가 아닙니다. 현재, 8년 형기의 7년이 경과해도 「비전향 정치범」이라는 이유로 가석방되지 못하고 있습니다. 일찍이 재일 민족단체뿐만 아니라, 조국의 양심적인 사람들도 우리들 일본적 조선인을 동포로 인정하지 않았습니다. 하지만 시간은 흘러 이제는 조국 사람들도 우리들을 동포로 여기며, 같은 시대를 살아가는 동료로

받아들이기 시작했습니다. 일본적 조선인은 확실히 증가하고 있습니다. 그 존재는 21세기의 일본과 남북 조선에게 커다란 의미를 가지게 될 것입니다.[14)]

박실이 말하는 장의균으로부터 온 편지에는 「박 선생님과 「민족명을 되찾는 모임」에 함께 참석한 일이 떠오릅니다. 나에게 민족의 아름다움을 깨닫게 해 주어 내 마음 속에 또 하나의 다른 고향이기도 하고, 지금까지도 내 마음 한편을 지탱해 주는 기둥입니다」라는 내용으로, 유학시절에 참여한 동 모임을 통해 「민족」과 「고향」에 대해서 새롭게 인식하기 시작했다고 전하고 있다.

하지만, 장의균이 한국에서 국가보안법 위반으로 체포되었을 당시의 신문기사에 주목하면, 「정치권 침투 간첩 장의균 검거」(매일경제, 1987년 9월 4일), 「운동권 조종 정치세력화 기도」(경향신문, 1987년 9월 4일), 「저항세력 이용 사회혼란 노려 간첩 장의균 재야 침투 배경」(조선일보, 1987년 9월 5일) 등과 같이, 북한과 조총련의 지령을 받고 한국에 침투한 「간첩」으로 소개되고 있다.

특히, 일본에서 「T・K생」이라는 필명으로 1973년부터 1988년까지 한국의 민주화운동과 독재정치를 진보잡지 『세계(世界)』에 비판적으로 연재된 「한국으로부터의 통신(韓国からの通信)」에 대해서, 장의균이 「T・K생의 글을 만들어 주는 정보제공자」 중의 한 명이라고 말하며, 일본 유학을 통해 일본에서 조총련으로부터 간첩 교육을 받은 뒤, 귀국 후에는 야당 정치권에 침투하여 「반정부 운동권의 동향을 조총련에 보고해 왔다」[15)]라고 보도하고 있듯이, 본 회보에서 한국 및 북한에 대해

---

14) 朴実(1994)「ウリイルム終刊に寄せて」『우리이름』第35号, 民族名をとりもどす会, p.13.

서 직접적으로 비판 또는 평가를 하고 있지는 않지만, 장의균에 대한 언급 자체만으로도 한국 정부 및 민단 입장에서는 본 모임 및 회보가 조총련 및 북한과 연결되어 있는 공산 진영 및 좌익적 활동으로 인식되었을 가능성 역시 배제할 수 없다.

4 1985년 국적법 개정과 귀화 담론의 변용

다음으로, 「민족명을 되찾는 모임」의 동시대적 의미에 대해서 살펴보도록 하자. 동 모임의 사무처장을 맡고 있는 정양이는 1994년 9월 1일에 발간된 제35호 종간호에서, 동 모임의 활동의 동시대적 의미에 대해서, 「많은 재일조선인(한국, 조선적)은 생활 실체상 어쩔 수 없이 통명(일본명)을 사용하고 있지만, 우리들 일본국적자의 민족명(법적으로도) 사용은 한국, 조선적 재일조선인에게도 충격을 주었다. 이른바 한국, 조선적 재일조선인의 통명 사용의 역전이며, 일본 국적자라고 해도 민족명을 사용하는 의미의 엄중함을 몸소 표현했기 때문이다. 이를 정리하자면, 민족과 국적은 별개라는 사실을 구체적으로 제시한 것이다.[16]라고 총평하며, 「민족」과 「국적」은 별개의 문제이고, 무엇보다도 중요한 것은 재일조선인 각자의 마음가짐이며 그 구체적 표현이 「민족

---

15) 「만물상」, 『조선일보』(1987.09.05). 지명관(1924.10.11~2022.1.1)은 2003년에 당시 잡지 『세계』의 편집장 · 야스에 료스케(安江良介)로부터 의뢰를 받아, 교회 목사들이 반출한 자료 및 관계자로부터의 인터뷰를 정리해서 「T · K생」이라는 필명으로 집필했다고 밝히고 있다.
16) 鄭良二(1994) 「会を解散するにあたって」 『우리이름』第35号, 前掲書, p.1.

명」 사용이라고 말하고 있다.

그렇다면, 본 회보에서 강조하는 귀화 재일조선인의 「민족명」 법적 투쟁과 1985년의 국적법 개정을 통해서, 재일조선인의 귀화를 둘러싼 담론이 어떻게 변용되는지에 대해서 살펴보도록 하자. 예를 들면, 1991년 11월 1일에 발간된 24호의 「회원 소식」란에서 조신자(趙信子)는 「본명의 즐거움」에 대해서 다음과 같이 말하고 있다.

> 직업 특성상 여러 직업과 입장의 사람들을 만날 기회가 많은데, 그때마다 다양한 반응이 있다. 건넨 명함에 적혀 있는 이름을 잠시(이상하게 이 시간이 길다) 물끄러미 바라보고, 그리고 내 얼굴을 힐끗 보고, 또 다시 명함으로 시선을 돌리는 사람, 그것을 몇 번이고 반복하는 사람도 있다. (중략) 그 밖에도 다양한 반응이 있지만, 최근에는 초면인 사람을 만날 기회가 있는 경우에는 「어떤 반응이 돌아올까?」하고 기대가 된다. 나로서는 더욱 「드문 이름이네요」라든지, 「나라는 어디신가요?」라며 편하게 질문을 해 주는 편이 좋지만, 초면에 그렇게 직접 물은 사람은 과거에 딱 한 명(그녀는 해외에서의 생활 경험이 있고, 외국인과도 같이 일할 기회가 많다)뿐이었다. 그때는 「아, 이 사람은 나를 무시하지 않는구나」라고 느껴 매우 기뻤다.[17]

조신자는 회사생활을 하는 과정 속에서 다양한 사람을 만나게 되고, 따라서 본인의 이름을 보고 어떻게 반응하는지 기대되며 이것이야말로 '본명의 즐거움'이라고 말하고 있는데, 주의할 점은 일본국적의 재일조선인으로서의 조신자가 일본이름 대신에 본명을 사용하기 시작한 것은 대학교에 입학하면서부터라는 사실이다.

김광섭은 「국적」과 「이름」, 「민족 언어」의 세 가지 차원에서 개인의

---

17) 趙信子(1991) 「本名のおもしろさ」 『우리이름』 第24号, 民族名をとりもどす会, p.7.

아이덴티티가 결정된다고 하면서, 특히 귀화 재일조선인의 아이덴티티를 (A) 소극적 민족성 1(민족명 사용, 민족언어 사용불가), (B) 적극적 민족성, (C) 일본에의 동화, (D) 소극적 민족성 2(일본식 이름 사용, 민족언어 사용 가능)로 유형화하고 있다.[18] 특히, 김광섭은 귀화 재일조선인의 경우, 민족명을 사용하며 민족언어를 사용할 수 있는 (B) 적극적 민족성이 가장 이상적이라고 평가하고 있는데, 이와 같은 평가 기준에서 보면 위의 조신자가 「민족명」을 통해 민족적 아이덴티티를 확립해 가는 과정은 본 모임 및 회보의 가장 이상적인 귀화 재일조선인의 모습이라고 할 수 있을 것이다.

그리고 귀화 재일조선인이 「본명의 즐거움」을 공론의 장에서 이야기할 수 있게 된 것은 1985년의 일본국적법 및 일본호적법 개정과 이에 따른 귀화제도의 동화주의적 성격의 변화, 그리고 재일조선인 내부의 세대교체와 맞물리면서, 그전까지 귀화를 「동화」의 상징으로 인식했던 기존의 담론은 「권리」로서의 일본국적 취득에 대한 논의가 시작되었기 때문에 가능해졌다고 볼 수 있다.

또한, 재일조선인의 시대별·민족별 결혼 상황을 보면, 1970년 초반까지는 조선인 동족 간의 수가 절반 이상을 차지했던 반면, 1976년에는 일본인과의 혼인 비율이 52.0%, 1980년에는 56.7%로 증가한다. 달리 말하자면, 1985년 국적법 개정으로 부계우선주의에서 부모양계주의로 전환되면, 일본인과의 사이에서 태어나는 자녀는 출생과 동시에 일본국적을 취득하게 된다.[19] 즉, 국적법 개정 이후에는 일본국적 취득자

---

18) 김광섭(2005)『재일 코리안과 일본국적 취득문제-법·제도와 아이덴티티를 중심으로-』서울대학교 대학원 석사학위논문, pp.72-73.
19) 김현아(2020)「1980년대 재일조선인의 국적취득과 아이덴티티-국적법 개정을 중심으로-」『한국일본연구단체 제9회 국제학술대회』한국일본학회 학술대회, p.253.

수가 증가하게 되고, 이에 따라 앞서 소개한 (A)에서 (D)의 각 유형을 횡단하며 아이덴티티를 확립해 나가는 경우가 많아지게 되며, 이것은 결과적으로 재일조선인 집단 아이덴티티가 「동화」 담론에서 「권리」 담론으로 변화하게 된다.

이와 같은 1985년 국적법 개정을 경유하면서 같은 해 12월에 결성된 「민족명을 되찾는 모임」의 회보에 주목하면, 「본명의 즐거움」을 이야기하는 귀화 재일조선인으로서의 조신자의 아이덴티티는 「일본에의 동화」 또는 「소극적 민족성 2」에서 「적극적 민족성」의 (B) 유형으로 변화하고 있다는 사실을 알 수 있다.

다만, 주의할 점은 앞서 설명한 바와 같이 「본명의 즐거움」을 강조하는 조신자의 경우, 「민족명」을 사용하기 시작한 것은 대학교에 입학한 이후, 즉 민족적 아이덴티티가 확립된 성인이 된 이후부터라는 사실이다. 예를 들면, 현재까지 일본 국내 통상 안타왕을 기록하고 있는 야구 선수 장훈(일본명, 하리모토 이사오=張本勳)은 귀화에 대해서 「앞으로 자식에게는 가능하면 자신이 일본인에게 매도당하거나 무시당해 온 괴로움을 겪게 하고 싶지 않은 마음도 있습니다. 이것이 가장 심각하게 생각한 것입니다」[20]라고 말하고 있고, 1976년 교진(巨人) 구단으로 이적 후에도 「지금 저의 마음은 확고합니다. 지금 제가 귀화를 하지 않는 것은 그 필요성이 없기 때문입니다. 하지만 필요하다고 판단될 때에는 귀화할지도 모릅니다. 자신의 자녀들에게는 제가 어렸을 때와 같은 마음의 상처를 맛보게 하고 싶지 않습니다. 이것이 저의 솔직한 심정입니다」[21]라며, 귀화에 대한 고민의 중심에 자녀 문제가 자리잡고 있다고

---

20) 張本勳(1974)「帰化説をはじき返した豪打V7の『血』」『サンデー毎日』11/17号, 毎日新聞出版, p.44.

말하고 있다.

또한, 일본국적으로 귀화한 야구선수 김일웅(일본명, 니우라 히사오=新浦寿雄) 역시, 「일본으로의 귀화는 장남이 태어났을 때, 그 아이의 국적을 어떻게 하면 좋을지에 대해 고민하기 시작한 것이 계기가 되어, 내가 경험한 불합리한 취급을 자녀에게는 느끼게 하고 싶지 않았다」22) 라며 귀화라고 하는 선택이 「자녀에 대한 애정」이라고 설명한다.

즉, 귀화 재일조선인의 「민족명」 변경 문제는 단순히 「소극적 민족성 1」과 「소극적 민족성 2」에서 「적극적 민족성」 (B) 유형으로의 변화라는 문제뿐만 아니라, 귀화 재일조선인 미성인 자녀세대에게 「민족명」을 되찾아 주는 것이 어떠한 의미를 내포하고 있는지에 대해서, 1980년 전후에 일본인 교육자 및 재일조선인 사회 내부에서 전개되었던 본명호명운동과의 관계성 속에서 살펴볼 필요가 있다.

5 미성년 자녀세대와 본명호명운동

그렇다면, 「민족명을 되찾는 모임」은 미성인 자녀세대의 「민족명」에 대해서 어떻게 인식하고 있었는지에 대해서 살펴보도록 하자. 먼저, 『우리이름』에 실린 자녀세대의 「민족명」 사용과 관련된 글을 살펴보면, 1991년 2월 1일에 발행된 21호에 실린 「정말! 자신의 아이인데」와 「정양이의 돌격 인터뷰, 게스트 홍대표 씨·오사다 마리코 씨」에서는

---

21) 八木晃介(1977) 「ネズミ色のチマ、チョゴリ」 『月刊ペン』1月号, 月刊ペン社, p.215.
22) 新浦寿雄(1994) 『ぼくと野球と糖尿病』 文芸春秋, p.68.

국적법 개정 이후인 1988년 12월에 홍대표(洪大杓)와 오사다 마리코(長田真理子)의 차녀를 귀화 재일조선인인 아버지의 「성」을 따서 「홍유기(洪有紀)」로 신고했지만, 구청에서는 일본인 어머니의 「성」을 따서 「오사다 유키(長田有紀)」로 호적에 기재되는 사건이 발생한다. 1985년 국적법 개정 이후 부계우선주의에서 부모양계주의로 전환되면서 재일조선인과 일본인 사이에서 태어난 아이는 일본 국적을 취득할 수 있게된 대신, 조선인 「성」으로 출생신고를 하는 경우에도 개정 이전과 동일하게 일본인 남편·아내의 「성」을 사용해야 하며, 만약 재일조선인 부모의 「성」으로 변경하고자 하는 경우에는 일본인 남편 또는 아내가 조선인 「성」으로 바꾸거나, 자녀가 독립적으로 호적을 만드는 경우에만 재일조선인 부모의 「성」을 가질 수 있었다.

따라서, 위의 글에서는 이와 같은 1985년 국적법 개정의 미비함과 절차의 번거로움을 지적하면서, 「우리 아이의 이름을 되찾기 위해」(1991년 2월 16일, 도쿄 고우토구(江東区)문화센터)라는 주제로 집회를 개최하면서 「본명을 되찾는 모임」의 전국적 확대와 일본인과의 연대를 도모하고 있다. 다만, 홍대표의 자녀 이름을 둘러싼 법적 투쟁은 어디까지나 자녀의 의지와는 상관없이 부모의 판단 하에 진행된 사례라는 점에서, 「민족명」 사용과 민족적 아이덴티티 확립과의 관계성을 추적하는 것은 불가능하다.

그렇다면, 학교라는 교육현장에서 가장 객관적으로 학생들의 생활을 관찰하고 있는 교사들은 재일조선인 아동의 본명 사용을 어떻게 인식하고 있었는지에 대해서 살펴보도록 하자. 1990년 5월 1일에 발행된 18호에 실린 좌담회 「교육현장에서 바라본 일본국적 조선인 아동 학생」에서는 교토의 초등학교 교사이며 「교토시외국인교육연구회」에 소속되어 있는 아카미네 미스즈(赤峰美鈴), 오사카 히라카타시(枚方市)의 초등학교 교사이며 「히라타카시동화교육연구회」에 소속되어 있는 오 오무라 가즈코(大村和子), 효고현 아마가사키시(尼崎市)의 고등학교 교 사이며 효고현 「재일조선인 교육을 생각하는 모임」에 소속되어 있는 후지와라 시로(藤原史朗)가 참석하고 있다.

먼저, 사회자인 정양이가 「현장의 이야기・일상의 실천에 대해서 이 야기해 주세요. 특히, 일본 국적뿐만 아니라 일반적인 재일조선인 자녀 들이 본명을 호명하는 것에 대한 어려움과 의의」에 대해서 의견을 구하 자, 후지와라 시로는 다음과 같이 교육 현장의 현실을 전하고 있다.

> 저는 「이름은 즉, 민족의 긍지」라고는 생각하지 않고, 「이름은 인격이 며 인간으로서의 생명의 근원이다」고 생각합니다. 두 개의 이름—본명과 통칭을 부여받은 것은 분명 힘든 상황입니다. 본명으로 살아가는 것은 분열된 자신을 통일시켜 나가는 과정입니다. 그리고 다음 단계에서 민족 의 긍지가 나온다고 생각합니다. 「나는 나다」라고 말할 수 있는 상황이 비로소 출발점입니다. 그러나 이런 이야기가 이전에는 반발을 동반하면 서도 학생들에게 직접적으로 받아들여졌지만, 요즘은 잘되지 않습니다. 「본명선언」을 진지하게 받아들이려 하지 않는 풍조입니다.[23]

교토의 초등학교 교사인 아카미네 미스즈 역시, 「본명으로 생활하는 아이는 부모가 어느 시점에서 본명을 쓰기 시작했고, 그러한 부모의 의지로 처음부터 본명으로 입학을 합니다. 교사・학생 간의 권유와 노 력으로 본명을 쓰는 경우는 예전보다 상당히 적어졌습니다」(p.2)라고 말하고 있듯이, 「민족명을 되찾는 모임」이 활동하기 시작한 1980년대

---

23) 鄭良二 他(1990) 「座談会 教育現場から見た日本籍朝鮮人児童生徒」『우리이름』第 18号, 民族名をとりもどす会, pp.1-3.

후반은 「본명선언」을 실천 목표로 했던 본명호명운동이 일단락된 시기에 해당한다.

본명호명운동(本名を呼び名のる運動)은 1971년에 오사카의 외국인 교육 문제에 적극적으로 참여한 일본인 교사가 중심이 되어 결성된 「일본 학교에 재적하는 조선인 아동 학생의 교육을 생각하는 모임(日本の学校に在籍する朝鮮人児童・生徒の教育を考える会)」이 전개한 운동이며, 동 「생각하는 모임」에서는 기관지『무궁화(むくげ)』(1971.11~)를 발행해서 민족학교가 아닌 일본 학교에 진학한 재일조선인 아동들의 민족 교육에 대한 다양한 정보 교환 및 실천적 운동을 전개해 나간다.[24]

하지만, 1980년 전후의 재일조선인 내부의 세대교체와 맞물리면서 전개된 본명호명운동은 재일조선인 커뮤니티가 형성되어 있는 오사카 지역 외로 진학하는 학생 및 오사카 지역 내에서도 민족교육이 전혀 이루어지고 있지 않는 학교에 진학하는 재일조선인 학생들이 겪는 마찰 및 갈등 등, 본명을 사용하는 학생들에 대한 역차별로 좌절하는 학생들이 다수 발생하면서, 동 「생각하는 모임」에서 본명호명운동은 소극적 운동으로 그 성격이 변화하게 된다.[25]

이와 같은 「생각하는 모임」과 본명호명운동의 추이를 경유하면서

---

24) むくげ編集部(1977)「第1回シンポジウム─本名で生きて、教え子にいきく」『むくげ』第39号, 考える会運営委員会, p.27. 예를 들면「본명을 부르며 스스로 이름을 말한다고 하는 것─그것은 민족적 자각과 자부심을 위해서는 빼놓을 수 없다고 한다. 하지만 배타와 동화의 벽 앞에서 현실적 실천은 어렵기만 하다. 도대체 본명 실천이란 무엇인가? 재일조선인에게 그리고 일본인에게 그것이 의미하는 바는? 재일조선인 학생 스스로의 삶의 방식에서 배우며, 다시 한번 서로 생각해보는 시간을 가집시다」라고 심포지엄을 기획하고 있듯이, 동 모임이 실천 목표로 내걸고 있다.

25) 임상민(2021)「야구선수 장훈과 본명 호명 운동」『일본문화학보』제88집, 한국일본문화학회, pp.42-44.

『우리이름』의 본명선언과 관련된 글에 주목하면, 위의 좌담회에서 아카미네 미스즈는 본명선언을 학생이 주위로부터 국적과 관련된 괴롭힘 때문에 다른 학교로 전학을 갔지만, 그곳에서도 「지역 사회의 뿌리깊은 차별의식을 통감」하고 좌절하는 학생이 존재한다는 사실을 보고하고 있다. 또한, 후지와라 시로는 본명 선언을 한 학생이 부모의 의지로 일본 국적을 취득한 결과, 같은 재일조선인 사이에서조차 「자책감」을 느끼는 학생이 생겨나는 경우를 소개하고 있다.

그렇다면, 귀화 재일조선인 아동은 어떠한 프로세스를 거쳐 본명을 사용하게 되는지에 대해서 살펴보도록 하자. 예를 들면, 1986년 8월 1일에 발행된 3호에는 「가족 메시지」란을 통해 「박(朴)이라는 성」(박행자, 초5)과 「박(朴)이라는 의식을 가지기까지」(박광, 중3)라는 글이 실려 있다. 예를 들면, 초등학교 5학년 박행자는 본명을 사용하는 이유에 대해서 다음과 같이 설명하고 있다.

> 나는 박(朴)입니다. 아라이(新井)가 아닙니다. 일본 군대가 만든 성 따위 싫습니다. 박이라는 성은 아버지의 성입니다. 아라이는 내 성이 아닙니다. 학교에도 박행자라는 이름으로 다니고 있습니다. 유치원 때는 아라이 사치코(新井幸子)였습니다. 나는 유치원 때는 잘 몰라서 「쭉 아라이 이름을 쓰고 싶다」고 말했습니다. 지금 생각하면, 「왜 그런 만들어진 성을 좋아했을까」라는 생각이 듭니다. (중략) 나는 1, 2학년 때, 「뻐금뻐금 몬스터(ぱくぱくもんすた)」라는 말을 들었습니다. 나는 「왜 내가 뻐금뻐금 몬스터라는 소리를 듣지 않으면 안 되는 거야」라고 생각했습니다. 아버지도 박이라는 진짜 성 쪽이 절대로 좋다고 생각합니다. 아라이 따위 만들어진 성은 정말 싫다.[26]

---

26) 朴幸子(1986) 「朴っていうみょう字」 『우리이름』第3号, 民族名をとりもどす会, p.6.

초등학교 5학년 박행자는 어머니의 성을 「일본 군대」가 만든 것으로 인식하고 있고, 아버지의 성 「박(朴)」의 일본식 발음을 조롱하며 부르는 「뼈금뼈금 몬스터」의 역사적 함의에 대해서는 정확하게 파악하고 있지 못하다.

또한, 중학교 3학년 박광 역시, 「나는 초등학교 4학년 4월 말의 일이었습니다. 어머니가 나를 불러, 본명 즉 「박」이라는 이름으로 바꾸지 않겠냐고 했습니다. 내가 고민하자, 어머니는 「아버지를 배신하게 되는 거야」라고 했습니다. 그때, 나는 왜 아버지를 배신하게 되는지 알지 못했습니다. 다만, 그렇게 되면 아버지가 불쌍하다는 생각이 들어, 본명을 사용하는 것에 찬성했습니다.」[27]라고 설명하고 있듯이, 박광이 본명을 쓰기 시작한 것은 민족적 아이덴티티에 대한 본인의 의지와 이성적인 판단에 의한 것이 아니라 「아버지가 불쌍하다」는 감정적인 어머니의 권유에 의한 것이다. 물론 이와 같은 아버지를 생각하는 따뜻한 마음 역시 민족적 아이덴티티를 구성하는 하나의 중요한 요소는 될 수는 있지만, 이와 같이 「불쌍하다」고 생각하는 아버지조차도 왜 일본 국적을 선택할 수밖에 없었는지, 그리고 일본인 어머니와의 국제결혼을 통해 왜 일본인 이름을 사용해 왔는지에 대한 역사적 고민과 사유는 부재하다.

즉, 『우리이름』에 실린 자녀세대의 본명과 관련된 글은 부모의 의지 및 권유로 본명을 사용하는 경우가 많고, 이것은 1970년 후반에 일본인 교사가 중심이 되어 전개했던 본명호명운동과 마찬가지로 정신적으로 차별을 쉽게 극복하지 못하는 「약한 아이」에 대한 배려가 부족하다고 하지 않을 수 없다. 또한, 인권교육이 제대로 이루어지지 못하고 있는

---

27) 朴光(1986) 「朴という意識をもつまで」 『우리이름』 第3号, 前掲書, p.6.

학교 및 재일조선인 커뮤니티 이외의 지역으로 진학해서 겪게 되는 아이덴티티의 분열과 같이, 자녀세대가 겪어야 하는 현실적인 문제를 외면한 채 부모의 의지에 따라 민족적 아이덴티티를 강요당하는 경우 역시 존재했다는 사실을 확인할 수 있다.

6 나오며

「생각하는 모임」의 기관지『무궁화』에는 오사카의 시립중학교와 고등학교를 졸업한 재일조선인 「P」의 편지가 소개되어 있다. 특히, 편지 속에서 「P」는 「선생님에게 호소하고 싶은 것이 있다」고 하며 학교별·교사별 교육환경 및 교육방식의 단절성에 대해서 문제시하고 있다. 예를 들면, 중학교 당시에는 재일조선인 학생은 전원 본명 통학이 원칙이었고, 수업 시간에도 재일조선인의 민족문제를 언급하는 선생님도 있었기 때문에, 학교라는 공간이 역사적 마이너리티로서의 재일조선인과 언제나 함께하며 지켜준다는 「기대감」과 「신뢰감」이 존재했다고 말한다. 하지만, 중학교 졸업 후에 진학한 「오사카시립K고등학교」는 사정이 전혀 달랐고, 선생님들은 재일조선인 문제에 대해서는 일절 언급조차 하지 않았을 뿐 아니라 오히려 역사를 왜곡하는 선생님마저 존재했다. 결국, 선생님들의 민족교육 및 인권교육에 대한 무관심과 몰이해로 인해 조선문화연구 동아리 부원은 「P」만 남게 된다. 그리고 졸업 후, 우연히 참석한 고등학교 동창회에서 「P」는 선생님에게 「올해 재일조선인 교육에 대해서는 어떠한 대책을 계획하고 계십니까?」라는 질문을 던지게 되는데, 당시 선생님의 반응을 다음과 같이 소개하고 있다.

> 그 선생님은 조금 취해 있었던 탓도 있었지만, 「얼굴만 보면 바로 그런 다니까. 아직도 그런 얘기를 하니? 너무하는구나」라고 말씀하셨다. 나는 너무나도 한심한 생각이 들어서 조용히 말씀드렸다. 「K고등학교도 그렇고 조선인은 너무 불쌍합니다」. 그러자, 그 선생님은 눈을 부릅뜨고 화를 내셨습니다. 「너, 자꾸 그런 소리할 거면, 다른 곳으로 가면 되잖아. 어디에 그런 학교가 있다는 거냐. K고등학교 그만두고, 다른 곳으로 가면 되잖아. 왜 있는 건데」라며, 졸업한 나를 호통쳤습니다. 이것이 현실입니다, 선생님 …….[28]

재일조선인 문제를 언급하는 「P」를 향해 「눈을 부릅뜨고」 호통치며 다른 학교로 가라는 선생님의 반응과 이와 같은 상황에 체념한 듯 「이것이 현실입니다, 선생님」이라고 토로하는 「P」를 통해서 알 수 있는 것은 같은 오사카 지역 내에서도 학교별·교사별 인권교육에 대한 인식과 교육방식이 전혀 다르다는 사실이다. 그리고 더욱 심각한 것은 이와 같은 본명호명운동이 전국적으로 확산되면, 재일조선인 과소지역에 거주하는 아동들은 또 다른 차별에 노출된다.

예를 들면, 재일조선인 과소지역인 시코쿠 젠츠지시(善通寺市)에 거주하는 신의웅은 자녀를 오카야마(岡山)에 있는 민족학교에 입학시키려고 결심했을 당시, 오사카에 거주하는 재일조선인 인권활동가로부터 「아이를 지역 학교에 보내지 않고 일부러 오카야마의 조선학교에 보내다니 한심하군요」라고 비판을 받았다고 하면서, 다음과 같이 분노를 표출하고 있다.

---

28) P(1977.10.31.)「【シンポジウム】本名に生きて―教え子に聞く、ある手紙」『むくげ』 42号, p.12.

왜 화가 나는가 하면, 무엇보다 아마도 가가와(香川)의 상황도 모르면서 발언하고 있기 때문입니다. 오사카는 재일조선인이 가장 집중해 있는 곳으로, 그러한 마음만 있다면 민족문화를 접할 수 있다. (중략) 그에 비해, 젠츠지시는 어떠한가. 가가와현에 거주하는 재일조선인은 약 1200명, 우리들이 살고 있는 젠츠지시에는 인구 3만 8000명 중 20명도 채 되지 않고, 일본 전국적으로 볼 때 차별은 「평등」하게 행해지고 있다고는 하지만, 재일조선인이 집중해 있는 곳보다도 과소지역에 있는 편이 불안한 마음이 드는 것은 당연하다. (중략) 이런 곳에서 아이를 지역 학교에 보내게 되면, 아마도 젠츠지시에서 단 한 명의 재일조선인 학생이 될 것이다. 다소 태연하게 살아갈 수 있는 곳에서 불안한 마음으로 살아가고 있는 사람에 대해서 무책임한 발언은 삼가해 주었으면 좋겠다.[29]

신의웅이 분노를 표출하며 오사카에 거주하는 재일조선인 인권활동가를 비판하는 이유는 차별은 어디에서나 모두 「평등」하게 존재한다고 하는 논리를 「재일조선인 과소지역」에도 무차별적으로 대입시키려 하기 때문이다. 신의웅이 오사카를 「태연하게 살아갈 수 있는 곳」이라며 비꼬아 이야기하는 이유는 오사카에서 살아가고 있는 사람은 「재일조선인 과소지역」이기 때문에 느껴야 하는 「불안한 마음」을 이해하지 못하기 때문이다.

재일문학을 대표하는 작가 양석일 역시, 재일조선인이 다수 거주하고 있는 지역과 그렇지 못한 지역 간의 커뮤니티 문제에 대해서, 「오사카에서 태어나 자란 나는 일본 사회에서 포섭하고 있는 제도로서의 차별, 인권규약이나 난민조약, 민족 학교에 대한 교육 기회의 균등과 지문날인문제 등에는 민감하게 반응을 해도, 오사카나 도쿄와 같은 대도시 속에서 커뮤니티를 만들어 살아가고 있는 재일동포의 수는 전체의 30

---

29) 金永子・申義雄(1995.2) 「瀬戸大橋を渡って」『ほるもん文化』5号, pp.170-171.

퍼센트 미만에 지나지 않는다. 남은 약 50만 명의 재일조선인은 이름을 숨기고, 숨을 죽이며 살아가고 있다.[30]고 지적하고 있듯이, 재일조선인 밀집 거주 지역인 오사카와 도쿄의 재일 커뮤니티 이외의 지방에서 생활하는 재일조선인은 차별과 범죄에 노출되어 있다는 점에서, 오사카 재일조선인 커뮤니티의 사례를 일반화시키는 것은 대단히 위험하다.

이 글에서는 이상과 같은 문제의식을 바탕으로 1980년 전후에 일어난 재일조선인의 세대교체와 1959년부터 시작된 북한송환사업이 종료되면서 재일조선인의 정주의식이 강하게 작동하기 시작한 시기에 결성된 「민족명을 되찾는 모임」의 회보 『우리이름』을 중심으로, 완전 동화되기보다는 차이를 만들어가며 공존의 방식을 모색해 온 귀화 재일조선인의 민족적 아이덴티티 확립의 프로세스와 미성년의 자녀세대에게 「민족명」을 사용하게 하는 것은 어떠한 문제들이 발생하는지에 대해서 탐색했다.

앞서 설명한 바와 같이, 1980년대는 국제인권규약 비준(1979년) 및 난민조약 비준(1982년), 여성차별철폐조약 비준(1985년) 등과 같이, 전후 일본이 다문화 공생 사회로 변모해 나가는 시기이며, 또한 재일조선인 마이너리티 사회 역시 급속히 정치적인 이념 논리에서 벗어나 일본과의 공존의 방식에 대해서 적극적으로 모색하기 시작한 시기이기도 하다.

또한, 1980년대에 발행된 재일조선인 잡지 미디어는 이와 같은 일본 내부의 인권과 관련된 정책의 변화 및 재일 3세를 주축으로 뉴커머 층이 일본사회에 등장하면서 일본인과의 공존의 방식에 대한 고민이 적

---

30) 梁石日(2006)「金嬉老事件とは何だったのか―「われ生きたり」金嬉老」『未来への記憶』アートン, p.132.

극적으로 이루어지기 시작한 시기이며, 따라서 이와 같은 일본에서의 정주 지향의 변화를 반영한 다양한 잡지가 발행되었다. 특히, 주제별로 살펴보면 귀화와 행정차별, 본명과 통명, 재일조선인 아동의 민족교육, 그리고 본명을 통한 취업 등, 각 잡지에서는 「제3의 논쟁」과 관련된 글들을 게재하면서 재일조선인의 세대교체와 이에 따른 삶의 방식 및 공존의 방식에 대한 다양한 담론을 형성해 나갔다.

다만, 회보 『우리이름』에서는 귀화 재일조선인의 「민족명」 변경을 둘러싼 법적 투쟁을 통해 「동화」가 아닌 「권리」로서의 귀화 재일조선인 담론을 형성해 나갔지만, 미성년 자녀세대의 본명과 관련된 글은 부모의 의지 및 권유로 본명을 사용하는 경우가 많고, 이것은 1970년 후반에 일본인 교사가 중심이 되어 전개했던 본명호명운동과 마찬가지로 정신적으로 차별을 쉽게 극복하지 못하는 「약한 아이」에 대한 배려 부족에 의한 아이덴티티 분열을 초래하는 결과를 낳게 된다. 또한, 인권 교육이 제대로 이루어지지 못하고 있는 학교 및 재일조선인 커뮤니티 이외의 지역으로 진학해서 겪게 되는 재일조선인 아동의 아이덴티티 분열과 같이, 자녀세대가 겪어야 하는 현실적인 문제를 외면한 채 부모의 의지에 따라 민족적 아이덴티티를 강요당하는 경우 역시 존재했다는 사실을 확인할 수 있다.

그렇게 생각하면, 세대교체와 정주 지향의 동시대적 상황 속에서 민족의 역사성을 계승하면서도 다양성과 개별성을 모색하려고 했던 「민족명을 되찾는 모임」의 법적 투쟁은 부모세대에게는 재일의 또 다른 공존의 방식을 모색하려는 시도였다고 평가할 수 있지만, 젊은 자녀세대에게는 부모세대가 일방적으로 추진한 「민족명」 재판을 통해 스스로가 민족되기를 선택하는 것이 아닌 민족이기를 강요당했다는 점에서,

일본 귀화와 민족적 아이덴티티 사이에는 분열된 주체로 살아가기를 구조적으로 제도화한 재판이었다고 해석할 수 있다.

[附記]

본 연구는 「귀화 재일조선인과 법적 투쟁-회보『우리이름』을 중심으로-」(『일본어문학』제96집, 2022년)를 수정・가필하여 작성한 것이다.

참고문헌

일본의 「국가주의」 내셔널리즘과 공생 윤리 – 권오정

- 윤철수(2021) 「재일코리안의 씨명에 관한 재판 사례」 동의대학교 동아시아연구소・도쿄가쿠게이대학 코리아연구실 『일본의 다문화와 재일 코리안』, pp.107-114
- 李修京(2014) 「終わらない戦争」 『神奈川大学評論』第78号
- 市野川容孝(1999) 「福祉国家の優生学―スウェーデンの強制不妊手術と日本―」『世界』1999年5月号
- 大江健三郎(1970) 『沖縄ノート』 岩波新書
- 司馬遼太郎(2018) 『明治という国家』(新装版) NHK出版
- 鈴木貞美(2005) 『日本の文化ナショナリズム』 平凡社
- 田中宏(1996) 『外国人の地方参政権』 五月書房
- 谷川稔(1999) 『国民国家とナショナリズム』 山川出版社
- 平山裕人(2014) 『アイヌの歴史』 明石書店
- 在日大韓民国民団中央本部(1997) 『韓国民団50年の歩み』 五月書房
- Banting, Keith and Kymlicka, Will(2006) eds. *Multiculturalism and the Welfare State: Recognition and Redistribution in Contemporary Democracies* Oxford University Press
- Breuilly, John(1993) *Nationalism and State 2nd ed.* Manchester University Press
- Fichtner, Paula Sutter(1997) *The Habsburg Empire: From Dynasticism to Multinationalism* Krieger Publishing
- Gellner, Ernest(1983) *Nation and Nationalism* Blackwell Publishers(加藤節 監訳(2000) 『民族とナショナリズム』 岩波書店)
- Hobsbawm, Eric(1990) *Nation and Nationalism* since 1780(浜林正夫・嶋田耕也・庄司信(2001) 『ナショナリズムの歴史と現在』 大月書店)
- Kedourie, Erie(1960) *Nationalism 4th ed.* Blackwell Publishers
- Kymlicka, Will(2007) *Multicultural Odysseys*(稲田恭明・施光恒 訳(2018) 『多文化主義のゆくえ』 法政大学出版局)

- Pearson, Raymond(1983) *National Minorities in Europe, 1848~1945* Palgrave Macmillan
- Rothschild, Joseph(1974) *East Central Europe between the Two World Wars* University of Washington Press(大津留厚 監訳(1994)『大戦間期の東欧—民族国家の幻影』刀水書房)
- Thomas, Raymond(1991) *Histoire du Sport*(蔵持不三也 訳(1993)『スポーツの歴史』白水社)
- Zimmer, Oliver(2003) *Nationalism in Europe* 1890~1940 Palgrave Macmillan

〈참고사이트〉
- 국사편찬위원회 블로그(history.go.kr 2022.12.13.)
- 外国人技能実習機構OTIT(otit.go.jp 2023.1.3.)
- 外国人採用サポート(global-saponet.mgl.mynavi.jp 2022.11.10.)
- 厚生労働省HP(mhlw.go.jp 2023.1.13.)
- 国立教育政策研究所(2012)『我が国の学校教育制度の歴史について』(nier.go.jp 2023.1.2.)
- 衆議院日韓請求権協定における個人の請求権に関する質問主意書(shugiin.go.jp 2022.12.22.)
- 人権情報ネットワーク「ふらっと」(jinken.ne.jp 2023.1.2.)
- 総務省統計(stat.go.jp 2022.12.7.)
- 毎日新聞電子版「外国人受け入れの新制度創設」2022.2.17
- 文部科学省「近代教育制度の創始」(mext.go.jp 2023.2.4)
- NHK福祉情報サイト「ハートネット」『優生思想と向き合う—戦時ドイツと現代の日本—』2020.9.17. 公開(nhk.or.jp 2023.2.21.)

〈신문〉
- 読売新聞「実習生来日前『搾取』重く」(2023.1.1.)

- 石原真衣(2020)『〈沈黙〉の自伝的民族誌─サイレント・アイヌの痛みと救済の物語』北海道大学出版会
- 石原真衣 編著(2021)『アイヌから見た北海道150年』北海道大学出版会
- 榎森進(2008)『アイヌ民族の歴史』草風館
- 岡本隆史・石川禎浩・高嶋航 編訳(2020)『梁啓超文集』岩波書店
- 海保嶺夫(1974)『日本北方史の論理』雄山閣
- 笹山晴生・佐藤信・五味文彦・高埜利彦ほか(2016)『詳説日本史B改訂版』山川出版社
- 更科源蔵・吉田豊訳(2018)『アイヌ人物誌─松浦武四郎原著「近世蝦夷人物誌」』青土社
- シドル・リチャード著, ウィンチェスター・マーク訳(2021)『アイヌ通史─「蝦夷」から先住民族へ』岩波書店
- 鈴木啓孝(2010)「近代日本における「多民族国家」的日本観の起源─原敬を中心に」韓日次世代学術FORUM『次世代人文社会研究』第6号, 東西大学校日本研究センター, pp.103-122
- 全国歴史教育研究協議会編(2018)『改訂版日本史用語集A・B共用』山川出版社
- 中川裕(2019)『アイヌ文化で読み解く「ゴールデンカムイ」』集英社新書
- 浪川健治(2004)『アイヌ民族の軌跡(日本史リブレット50)』山川出版社
- 原敬(1967)『原敬日記』第6巻, 福村出版
- 平山裕人(2016)『シャクシャインの戦い』寿郎社
- 村田優樹(2022)「二〇世紀初頭のウクライナ・ナショナリズムとロシア・ナショナリズム─「独立説」と「一体説」の系譜」『現代思想 2022年 6月 臨時増刊号 総特集 ウクライナから問う─歴史・政治・文化』青土社, pp.43-51

- 安里進ほか2012(2004)『沖縄県の歴史(県史47)』山川出版社
- 石垣直(2016)「【コラム】親族・門中」『大学的沖縄ガイド―こだわりの歩き方』沖縄国際大学・宜野湾の会編, 昭和堂, pp.92-94
- 楪澤和夫(2020)『これならわかる沖縄の歴史Q&A第2版』大月書店
- エヴァンズ=プリチャード2001(1937)『アザンデ人の世界: 妖術・託宣・呪術』向井元子訳, みすず書房
- 太田好信 2010(1998)『(増補版)トランスポジションの思想: 文化人類学の再想像』世界思想社
- 太田好信(2017)「先住民から学び, 変容する学問をめざして:共同研究: 政治的分類:被支配者の視点からエスニシティ・人種を再考する」『民博通信』158, pp.20-22
- 押野素子(2020)「Black Lives Matterをどう訳すか: スローガンに込められた意味と背景」『現代思想: 総特集ブラック・ライブズ・マター(2020年10月臨時増刊号)』青土社, pp.137-140
- 河出書房新書編集部(2020)『Black Lives Matter: 黒人たちの叛乱は何を問うのか』河出書房新社
- クリフォード, ジェイムズ(2003)「民族誌的自己成型: コンラッドとマリノフスキー」『文化の窮状: 二十世紀の民族誌, 文学, 芸術』太田好信・慶田勝彦・清水展・浜本満・古谷嘉章・星埜守之訳, 人文書院, pp.121-147
- クリフォード, ジェイムズ(2020)『リターンズ―21世紀に先住民になること』星埜守之訳, みすず書房
- 慶田勝彦(2004)「水俣の民族誌的近代」『水俣の経験と記憶: 問いかける水俣病』丸山定巳ほか編, 熊本出版文化会館
- スティーガー, マンフレッド・B(2011)『新版グローバリゼーション』櫻井純理・高嶋正晴訳, 岩波書店
- 田名真之(2016)「墓―死者の家, 玉御殿, 亀甲墓」『大学的沖縄ガイド―こだわりの歩き方』沖縄国際大学, 宜野湾の会編, 昭和堂, pp.201-215
- ターナー, ヴィクター2020(1969)『儀礼の過程』ちくま学芸文庫

- 長島信弘(1972)『テソ民族誌: その世界観の探求』中公新書
- 浜本満(2001)『秩序の方法: ケニア海岸地方の日常生活における儀礼的実践と語り』弘文堂
- 浜本満(2014)『信念の呪縛: ケニア海岸地方ドゥルマ社会における妖術の民族誌』九州大学出版会
- 山口昌男2002(1971)『アフリカの神話的世界』岩波新書
- 渡辺靖(2020)『白人ナショナリズム: アメリカを揺るがす「文化的反動」』中公新書

〈자료집〉

- 『개벽』제40호, 개벽사(1923년 10월 임시호)
- 『동아일보』(1923.9.7.), 영인본
- 『매일신보』(1923.9.2.~7.), 영인본
- 『신한민보』(1923.9.6.), 영인본
- 『육해군관계자료Ⅱ권 육군관계자료』일본경제평론사(1997)
- 『大阪毎日新聞号外』(1923.9.1.), 마이크로필름
- 『大阪毎日新聞号外』(1923.9.4.), 마이크로필름
- 『いはらき新聞』(1923.9.5.)
- 「震災の体験 より非常時に処する方策に関する所見」『大正大震火災誌』神奈川県警察部(1926)
- 『東京震災録』(1926)
- 「震災警備ノ為兵器ヲ使用セル事件調査表」『関東大震災政府陸海軍関係史料』Ⅱ(1997)
- 内務省社会局 編輯(1986)『復刻版 大正震災志』東京:雄松堂出版
- 『写真説明 横浜の歴史』横浜市市民局市民情報室広報センター(1989)
- 「関東大震災 99年目の追念式 各地で犠牲者しのぶ 悲惨な歴史語り継ぐ 繰り返さ

せぬために」『民団新聞』제3021호(2022.9.16.)

- 「追悼・人権セミナーで研究報告 歴史修正主義の流れに一石」『民団新聞』제3027호)(2022.12.7.)
- 内閣官房(1955)『内閣制度七十年史』大蔵省印刷局
- 毎日新聞社編(1984)『昭和史第4巻』東京: 毎日新聞社
- 山上萬次郎(1905)『最近統合帝国地理 中學校用』東京: 大日本図書株式会社

〈참고논문〉

- 姜德相(2014.6)「一国史を超えて: 関東大震災における朝鮮人虐殺の50年」『大原社会問題研究所雑誌【特集】関東大震災90年——朝鮮人虐殺をめぐる研究・運動の歴史と現在(1)』제668권, 法政大学大原社会問題研究所
- 김대상(1982.10)「관동대지진의 한국인 학살」『신동아』
- 高柳敏男(1983)「朝鮮人虐殺についての研究と文献」『季刊三千里 特集 関東大震災の時代』제36호
- 李修京(2004)「関東大震災直後の朝鮮人虐殺と日韓報道」『山口県立大学 国際文化学部紀要』제10호
- 山辺健太郎(1963.10)「震災と日本の労働運動——朝鮮人問題と関連して——」『現代史資料月報』東京: みすず書房
- 江口渙「「天皇を爆ダンで」関東大震災で巻き起こった騒動「朴烈大逆事件」はデッチ上げだった!?朴烈はただ笑って答えなかった」『文春オンライン』(bunshun.jp)
- 関原正裕(2021)『関東大震災時の朝鮮人虐殺における国家と地域: 日本人民衆の加害責任を見すえて』一橋大学大学院社会学研究科 博士学位論文
  https://hermes-ir.lib.hit-u.ac.jp/hermes/ir/re/72500/soc020202100703.pdf

〈참고문헌〉

- 伊藤正徳(1943)『新聞五十年史』東京: 鱒書房
- 大江志乃夫(1978)『戒厳令』東京: 岩波書店
- 大畑 裕嗣・三上俊治(1986)「関東大震災下の「朝鮮人」報道と論調(上)」『東京大学新聞研究所紀要』제35호(非賣品)
- 姜德相(1975)『関東大震災』東京: 中央公論社
- 姜德相 外 解説(1963)『現代史資料6 関東大震災と朝鮮人』東京: みすず書房

- 鎌田敬四郎(1929)『五十年の回顧』東京: 朝日出版社(非賣品)
- 関東大震・災亀戸事件四十周年犠牲者追悼実行委員会編(1963)『関東大震災と亀戸事件』東京:刀江書院
- 関東大震災80周年記念行事実行委員会編(2004)『世界史としての関東大震災 アジア・国家・民衆』東京: 日本経済評論社
- 木村愛二(1996)『読売新聞・歴史検証』東京: 汐文社
- 現代史の会編(1984)『ドキュメント関東大震災』千葉縣: 草風館
- 島袋和幸(2013)『関東大震災・虐殺事件:「秋田・三重・沖縄三県人虐殺」〈検見川事件〉の真相: 附〈埼玉県妻沼事件〉〈千葉県南行徳村事件〉』東京:沖縄の軌跡
- 尚友倶楽部・西尾林太郎編(1999)『水野錬太郎回想録・関係文書』東京: 山川出版社
- 名越二荒之助(2002)『日韓共鳴二千年史―これを読めば韓国も日本も好きになる』도쿄: 明成社
- 秦郁彦編(2002)『日本近現代人物履歴事典』東京大学出版会
- 李修京(2003)『近代韓国の知識人と国際平和運動』東京: 明石書店
- 李修京(2005)『帝国の狭間に生きた日韓文学者』東京: 緑陰書房
- 李修京 外(2005)『フロンティアフロンの文学雑誌『種蒔く人』の再検討』東京: 論創社
- 李修京編(2006)『韓国と日本の交流の記憶―日韓の未来を共に築くために―』東京: 白帝社
- 羽島知之(1992)『シリーズその日の新聞 関東大震災(上) 激震・関東大震災の日』東京: 大空社
- 平沢計七(2020)『一人と千三百人/二人の中尉 平沢計七先駆作品集』東京: 講談社
- 朴慶南(1992)『ポッカリ月が出ましたら』東京: 三五館
- 松尾章一(2003)『関東大震災と戒厳令』東京: 吉川弘文館
- 松尾章一 監修, 坂元昇 外(1997)『関東大震災政府陸海軍関係史料Ⅱ巻陸軍関係史料』東京: 日本経済評論社
- 美土路昌一(2000)『明治大正史Ⅰ言論篇』東京: クレス出版
- 山田昭次(2011)『関東大震災時の朝鮮人虐殺とその後―虐殺の国家責任と民衆責任』東京: 創史社
- J.Milton, 임상원 역(1998)『아레오파지티카(Areopagitica)』나남출판
- *Oxford Advanced Learners Dictionary,* Oxford University Press, 2018

- Warren K.Agee, Phillip H.Ault &Edwin Emery(1979), *Introduction to Mass Communications*, NewYork: Harper&Row.

재일제주인의 역사와 삶 ― 이창익

- 김시종·사타카 마코토, 이창익 역(2020)『재일(在日)을 산다 어느 시인의 투쟁사』 보고사
- 김찬정, 박성태·서태순 역(2010)『재일 한국인 백년사』제이앤씨
- 도노무라 마사루, 신유원·김인덕 역(2010)『재일조선인 사회의 역사학적 연구』 논형
- 문경수, 고경순·이상희 역(2016)『재일조선인 문제의 기원』도서출판 문
- 이창익(2014)『재일한국인 연구의 동향과 과제』보고사
- 이창익(2017)『在日コリアンの離散と生の諸相』明石書房
- 제주대학교 재일제주인센터(2014)『재일한국인 연구의 동향과 과제』재일제주인 센터
- 제주특별자치도(2010)『재일제주인 애향백년』제주발전연구원
- 제주특별자치도·제주대학교 재일제주인 공덕비 조사림(2022)『재일제주인 공덕 비 공헌자 조사 사업 결과보고서』
- 津波高志(2012)『東アジアの間地方交流の過去と現在』彩流社
- 桝田一二(1976)『濟州島海女, 地理學論文集』弘詢社
- 山泰幸編著(2017)『在日コリアンの離散と生の諸相』明石書房

- アイヌ民族博物館(1993)『アイヌ文化の基礎知識』草風館
- 阿部浩・久保田好生・高倉史朗・牧野喜好編(2016)『水俣・女島の海に生きる──わが闘病と認定の半生』世織書房
- 井上ゆかり・阿南満昭(2009)「芦北漁民 松崎忠男: 女島聞き書」『水俣学研究』1(1)
- 宇野邦一(2001)「マイノリティ いくつかの問い」宇野邦一・野谷文昭 編『マイノリティは創造する』せりか書房
- 緒方正人(2001)『チッソは私であった』葦書房
- 緒方正人 語り・辻信一 構成(1996)『常世の舟を漕ぎて──水俣病私史』世織書房
- 木村英明・本田優子 編(2007)『アイヌのクマ送りの世界──ものが語る歴史13』同成社
- 久保田好生・阿部浩・平田三佐子・高倉史朗 編(2006)『水俣病誌』世織書房
- 熊大自主講座実行委員会 編(1982)『うしてらるるもんか 熊大自主講座講義録「僻遠」第2巻』熊本日日新聞情報文化センター
- 栗原彬(2005)『「存在の現れ」の政治──水俣病という思想』以文社
- 栗原彬 編(2000)『証言 水俣病』岩波書店
- 最首悟(1992)「魂の探求」村井勇 編『焼いたサカナも泳ぎだす──映画『阿賀に生きる』製作記録』記録社
- 下田健太郎(2017)『水俣の記憶を紡ぐ──響き合うモノと語りの歴史人類学』慶應義塾大学出版会
- 下田健太郎(2019a)「成長する景観──恋路島からみた水俣」山口徹 編『アイランドスケープ・ヒストリーズ──島景観が架橋する歴史生態学と歴史人類学』風響社
- 下田健太郎(2019b)「〈水俣病患者〉から〈普遍なる一人〉へ──不知火海に生きるある一漁師の自己の技法」『社会人類学年報』45
- 高倉史朗(1998)「水俣病認定申請患者協議会の闘い」水俣病患者連合 編『魚湧く海』葦書房
- 土本典昭(1976)『逆境のなかの記録』未来社
- 出口顯(2003)『レヴィ＝ストロース斜め読み』青弓社

- 浜本満(1984)「現象学と人類学」綾部恒雄 編『文化人類学15の理論』中央公論社
- 原田正純(1985)『水俣病は終っていない』岩波書店
- 松田素二(2021)「現代世界における生の技法／哲学としての集合的創造性」同 編『集合的創造性—コンヴィヴィアルな人間学のために』世界思想社
- 宮澤信雄(1997)『水俣病事件四十年』葦書房
- Fanon, F.(2021) The Wretched of The Earth. Translated by R. Philcox. New York: Grove Press(鈴木道彦・浦野衣子訳(1969)『フランツ・ファノン著作集3 地に呪われたる者』みすず書房)
- Foucault, M.(1983)"The Subject and Power," In H. L. Dreyfus and P. Rabinow eds. Michel Foucault: Beyond Structuralism and Hermeneutics. Second Edition. Chicago: The University of Chicago Press(山田徹郎訳(1996)「主体と権力」『ミシェル・フーコー—構造主義と解釈学を超えて』筑摩書房)
- Foucault, M.(1988) "Politics and Reason," L. D. Kitzman ed., Politics, Philosophy, Culture: Interviews and Other Writings of Michel Foucault, 1977~1984. London: Routledge(田村俶訳(1987)「全体的かつ個別的に—政治理性批判をめざして」『現代思想』15(3))
- Kleinman, A., V. Das and M. M. Lock. eds.(1997)Social Suffering. Berkeley: University of California Press(坂川雅子訳(2011)『他者の苦しみへの責任—ソーシャル・サファリングを知る』みすず書房)
- Murphy, R. F.(1990) The Body Silent. New York: W.W. Norton. & Company(辻信一訳(2006)『ボディ・サイレント』平凡社)
- Ogata, M. and K. Oiwa.(2001)Rowing the Eternal Sea: The Story of a Minamata Fisherman. Translated by Karen Colligan-Taylor. Lanham, MD: Rowman & Littlefield
- Tsing, A. L.(1993)In the Realm of the Diamond Queen: Marginality in an Out-of-the-Way Place. Princeton, New Jersey: Princeton University Press.

- 石井妙子(2021) 『魂を撮ろう─ユージン・スミスとアイリーンの水俣』文藝春秋
- 大石裕(2004) 「「政治」の中のメディア言説: 水俣病新聞報道に関する一考察」『法學研究』77(12)
- 桑原史成(1965) 『水俣病　写真集』三一書房
- 桑原史成(1970) 『写真記録 水俣病 1960~1970』朝日新聞社
- 桑原史成(1986) 『水俣 終わりなき30年─原点から転生へ』径書房
- 桑原史成(1989) 『報道写真家』岩波新書, 岩波書店
- 桑原史成(2013) 『水俣事件』(The MINAMATA Disaster 桑原史成写真集) 藤原書店
- 桑原史成(1921) 「Another Stories (5) 松本勉さん」『季刊 水俣支援』99秋号
- 小林直毅編(2007) 『「水俣」の言説と表象』藤原書店
- 富田八郎(1969) 『水俣病　水俣病研究会資料』水俣病を告発する会
- 西村幹夫(2013) 「偉大なノーテンキということについて」『水俣事件』桑原史成著, 藤原書店
- 別府三奈子(2007) 「新聞写真が描く初期水俣病事件」『「水俣」の言説と表象』小林直毅編, 藤原書店
- 水俣病研究会編(1996) 『水俣病事件資料集[下巻]』葦書房
- 水俣市立水俣病資料館(2007) 「水俣を見た7人の写真家たちリレートーク in みなまた」
- 米本浩二(2022) 『水俣病闘争史』河出書房新社
- Edwards, Elizabeth (ed) 1992 Anthropology and Photography, 1860~1920, Yale University Press.
- Pink, Sarah 2009 Doing Sensory Ethnography, SAGE.
- Walsh-Dilley, Marygold 2017 Theorizing Reciprocity: Andean Cooperation and the Reproduction of Community in Highland Bolivia, The Journal of Latin American and Caribbean Anthropology 22(3)

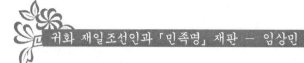
- 김광섭(2005)『재일 코리안과 일본국적 취득문제—법·제도와 아이덴티티를 중심으로—』서울대학교 대학원 석사학위논문
- 김경득(1997)「국적법 개정과 재일한국인」『서울국제법연구』4(2)호, 서울국제법연구원
- 金永京·申義雄(1995.2)「瀬戸大橋を渡って」『ほるもん文化』5号
- 김현아(2020)「1980년대 재일조선인의 '국적취득'과 아이덴티티—'국적법 개정'을 중심으로—」『한국일본연구단체 제9회 국제학술대회』한국일본학회 학술대회
- 朴光(1986)「朴という意識をもつまで」『우리이름』第3号
- 朴幸子(1986)「朴っていうみょう字」『우리이름』第3号, 民族名をとりもどす会
- 梁石日(2006)「金嬉老事件とは何だったのか—「われ生きたり」金嬉老」『未来への記憶』アートン
- 徐海錫(2010.9)「編集後記」『ヒューマンレポート』2010特別号
- 우리이름編集部(1986)「会則」『우리이름』創刊号, 民族名をとりもどす会
- 우리이름編集部(1986)「結成の呼びかけ」『우리이름』創刊号, 前掲書
- 임상민(2021)「야구선수 장훈과 본명 호명 운동」『일본문화학보』제88집, 한국일본문화학회
- 尹·チョジャ(1994)「編集後記」『虹のように』創刊準備号, 民闘連日本国籍者部会
- 鄭良二(1994)「会を解散するにあたって」『우리이름』第35号
- 鄭良二(1994)「出発にあたって」『虹のように』創刊準備号, 前掲書
- 鄭良二 他(1990)「座談会 教育現場から見た日本籍朝鮮人児童生徒」『우리이름』第18号, 民族名をとりもどす会
- 趙信子(1991)「本名のおもしろさ」『우리이름』第24号, 民族名をとりもどす会
- 編集部(1987.3)「編集後記」『コリア就職情報』2号, コリアファミリーサークル
- 編集部(1987.11)「編集後記」『ウリ生活』창간호
- むくげ編集部(1977)「第1回シンポジウム—本名で生きて, 教え子にいきく」『むくげ』第39号, 考える会運営委員会
- P(1977.10.31.)「【シンポジウム】本名に生きて—教え子に聞く, ある手紙」『むくげ』42号

- 新浦寿雄(1994)『ぼくと野球と糖尿病』文芸春秋
- 張本勲(1974)「帰化説をはじき返した豪打V7の『血』」『サンデー毎日』11/17号, 毎日新聞出版
- 八木晃介(1977)「ネズミ色のチマ, チョゴリ」『月刊ペン』1月号, 月刊ペン社
- 「만물상」『조선일보』(1987.09.05.)

찾아보기

〈동아시아연구총서 제9권〉

일본 속 마이너리티의 시대사적 표상

초판인쇄 2023년 02월 23일
초판발행 2023년 02월 28일

편　　자 동의대학교 동아시아연구소
저　　자 권오정·스즈키 히로타카·게이다 가쓰히코·이수경·이창익·
시모다 겐타로·가무로 유미·임상민
발 행 인 윤석현
발 행 처 박문사
등록번호 제2009-11호
책임편집 최인노

우편주소 서울시 도봉구 우이천로 353 성주빌딩
대표전화 (02) 992-3253(대)
전　　송 (02) 991-1285
전자우편 bakmunsa@hanmail.net
홈페이지 www.jncbms.co.kr

ⓒ 동의대학교 동아시아연구소 2023 Printed in KOREA

ISBN 979-11-92365-31-2　93910　　　　　　　**정가** 34,000원

이 저서는 2020년도 정부(교육부)의 재원으로 한국연구재단의 지원을 받아 수행된
연구임. (NRF-2020S1A5C2A02093140)